사회병리학

이슈와 경계   허경미 저

Social Pathology

Issues and Boundary

박영사

Preface

머리말

이 책은 범죄와 비범죄(decriminal)의 경계를 명확하게 선을 그을 수 있는 것인지에 대한 고민에서 출발하였다. 필자가 범죄학을 강의하고 연구하면서 끊임없이 가졌던 의문은 늘 범죄화와 비범죄화의 경계선이 모호하다는 것이었고, 누가, 왜, 어떤 과정을 거쳐, 그 이슈를 범죄로 혹은 비범죄로 규정지었는지 그리고 그 결과의 실효성 혹은 참담한 실패에 관한 것이었다.

한때 우리 사회가 그토록 열광하고, 추구하고, 갈망하던 이른바 정의(justice)가 사실은 평범한 시민의식을 가진 시민이 일상적으로 마주치는 상황에서 착한 사마리아인이 될지 아니면 셰익스피어의 작품 베니스의 상인 속의 두 인물 중 주인공 샤일록이나 포샤가 될 것인지의 갈등을 말하는 것과 다르지 않다.

그동안 범죄학을 포함한 형사사법학, 그리고 이를 바탕으로 한 정부의 형사사법정책은 범죄와 일탈의 경계가 분명하다는 전제 하에 쏟아졌다. 경우에 따라서는 관련 규제들이 문제를 해결하는 효과를 내기도 하였지만, 오히려 문제를 더 복잡하게 만들고, 사회생태학적인 문제해결 능력을 떨어뜨리는 역효과를 가져왔다.

바로 이러한 모순과 경계선상에 놓인 범죄학계의 이슈들 중 필자가 선정한 가장 대표적인 논제들은 무관용주의(zero tolerance), 낙인, 섹스팅, 리벤지 포르노(revenge porno), 페도필리아, 비행청소년의 시민의식, 사이버게임 중독은 폭력을 부르는가, 피의자의 무죄추정의 원칙, 대중의 알권리, 제노포비아를 불러일으키는 보도태도, 핵티비즘(hacktivism)과 어나니머스, 정신장애범죄, 마리화나 합법화, 전자발찌의 명과 암, 성범죄자의 취업제한, 성적 소수(LGBT) 수용자의 행복추구권, 만성질환 수용자의 의료권, 고령 수용자의 호스피스권, 수용자 노동의 적정한 대가는 어느 정도일까? 등이다.

　　이 책은 이러한 이슈들에 대하여 독자들과 함께 비틀어보기를 시도하려는 것이다. 예를 들어 범죄에 대한 무관용주의인 제재가 결국 교도소의 과밀수용을 낳고, 이를 해결하기 위해 교정시설을 민영화하고, 이 민영화로 교정산업을 활성화시켜 주식시장에 회사를 상장하고 투자자들이 이 교정산업을 황금알을 낳는 거위라고 인식하기 시작했다면 이것이 과연 우리가 기대했던 무관용주의의 결과일 것인가를 함께 고민해보고 싶은 것이다.

　　기실 사회의 어떤 이슈에서든 충돌과 모순이 있고 해당 문제를 해결할 수 있는 단 하나의 길만이 존재하는 것이 아님을 우리는 잘 안다. 그러므로 필자는 더욱 그동안 우리가 당연시하던 사고에서 약간은 벗어나 범죄와 비범죄의 그 경계일 수도 있는 그러나 결국 구성원들이 문제의식을 가지는 병리적인 현상에 대해서 다양한 관점과 시각으로 사안을 분석하고 보다 지혜로운 의견을 함께 나누길 제안한다.

　　이 책은 대학이나 대학원에서는 사회병리학, 신종범죄론, 사회문제론, 사회일탈론 등의 텍스트로 활용될 수 있도록, 그리고 대중에게는 교양서로 읽기에 큰 부담이 없도록 가능한 평이하게 집필하려고 노력하였다. 또한 이슈를 뒷받침하는 각종 법령과 관련 통계, 국외의 사례 등을 가능한 최신의 내용으로 그리고 체계적으로 정리하고, 각 이슈별 토론주제를 제시함으로써 독자의 몰입과 이해를 돕고자 하였다.

　　판도라의 상자를 여는 것처럼 기대와 설렘을 안고 오랫동안 이 책의 출판을 기다렸다. 독자 여러분과도 그 기대와 설렘을 함께 나누고 싶다.

2019년 1월에
계명대학교 쉐턱관에서
저자 허경미

Contents

차 례

 제1부 ┃ 무관용주의와 낙인

제2부 ┃ 사랑이라는 가면 속의 일탈

제3부 ┃ 대중의 알권리와 프라이버시권

제4부 | 정신장애범죄와 어나니머스

제5부 | 마리화나 합법화로 가는 길

🍂 제6부 ‖ 보안처분: 재사회화의 그늘

🍂 제7부 ‖ 범죄자 처우: 도전과 공존의 딜레마

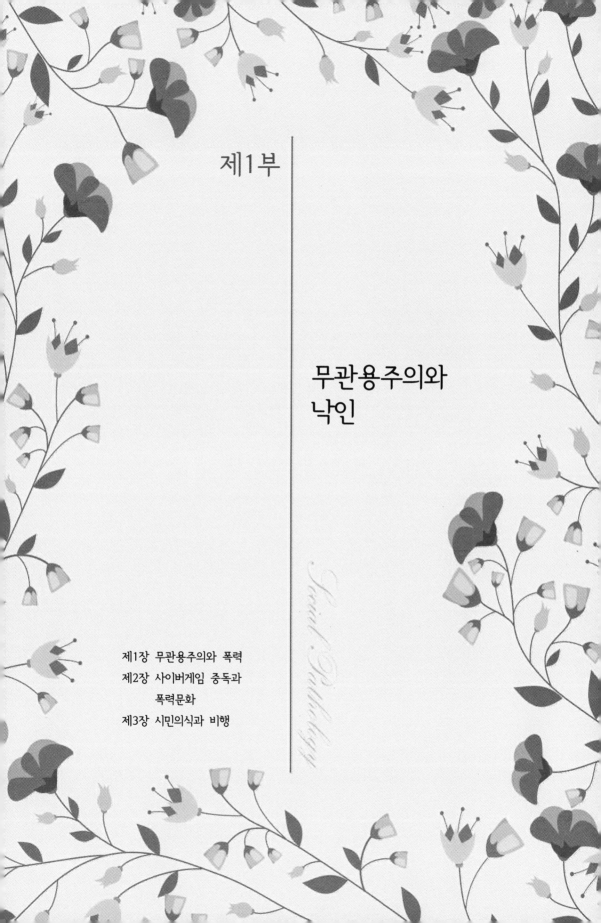

제1부

무관용주의와
낙인

제1장
무관용주의와 폭력

Ⅰ. 문제의 출발

범죄학계에서 무관용주의(zero tolerance)는 도입초기부터 범죄자에 대한 냉정하고 엄격한 처벌과 사회와의 격리조치가 시민사회의 안전을 지키고 삶의 질을 향상시키는데 기여하고 있는지에 대한 회의적인 시각은 여전하다. 무관용주의가 오히려 시민사회의 질서유지능력과 이웃공동체로서의 자율적인 생태환경조성을 방해한다는 비판도 있다.[1] 무엇보다 무관용주의는 가해자와 피해자, 그리고 지역사회가 범죄문제를 함께 해결하려는 회복적 사법이념(restorative justice)과 충돌함으로써 결과적으로 범죄문제를 단순의 법의 문제, 국가의 형벌권 아래에 예속시켜 경찰국가화 현상을 초래한다는 비난에 직면해 있기도 하다. 특히 무관용주의의 최초 도입국가인 미국은 총기로부터의 학교안전을 명분으로 내세웠지만 실제로는 사회 전역에 걸쳐 깨어진 창문이론(broken window theory)을 접목하여 경미한 사범까지도 구금형주의로 처벌하는 형사정책을 시행함으로써 법집행의 형평성 시비 및 인권침해라는 비판에 직면해있다.[2]

한국의 경우에도 학교폭력을 야기하는 학생들에 대하여 반드시 학교폭력예방 및 대책에 관한 법률[3]상 학교폭력대책위원회의 심의를 거쳐 이 법상 규정된 제재뿐만 아니라 이를 학교생활기록부에 기재토록 하는 등 매우 엄격하게 조치하고 있다. 그런데 한국의 입시제도에서 학교생활기록부는 고교 및 대학입학사정에 활용되는 중요한 자료이므로 학교폭력의 가해 사실의 기록은 가해학생에게는 매우 불리한 낙인

(labelling)이 될 수 있다. 현행 형의 실효 등에 관한 법률상 만 19세미만의 소년범의 경우는 죄의 경중에 상관없이 3년이 지나면 범죄경력이 삭제됨에도 불구하고 학교폭력 가해자로 퇴학당한 경우 관련 기록이 평생 동안 보존토록 하는 조치는 형벌에 준하는 정도의 무관용주의적인 조치라고 할 수 있다. 이미 교육계 및 형사사법계에서는 이와 같은 제재가 오히려 학생들의 단순한 지위비행을 더 악화시키거나 교사의 자율적인 학생지도, 인성교육 등의 기회를 제한하는 등의 역효과를 낳는다는 비판들이 제기되고 있다.

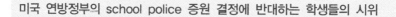

미국 연방정부의 school police 증원 결정에 반대하는 학생들의 시위

자료: National Education Association, 2016.[4]

Ⅱ. 비행청소년에 대한 무관용주의의 배경

비행청소년에 대한 무관용주의는 학교총기금지법(The Gun-Free Schools Act of 1994: GFSA)에 명시되면서 도입되기 시작하였다. 이 법은 초중등학교법(Elementary and Secondary Education Act of 1965)을 개정한 것으로 의회는 학교총기금지법을 승인하면서 연방보조금을 받는 모든 공립학교에 무관용정책(zero-tolerance)을 도입하도록 하였다.[5] 빌 클린턴 대통령은 1994년 3월 31일 학교총기금지법에 서명하였다.

이 법은 총기를 가지고 등교하는 경우 해당 지방교육기관의 최고관리책임자가 사안별로 재량성을 발할 수 있는 경우를 제외하고는 1년 동안 의무적으로 정학처분을 하도록 하였다. 그리고 학교는 직접 총기휴대학생을 형사사법기관 및 소년원 등에 이송할 수 있도록 하는 무관용주의적 처분을 도입하였다. 학생들에 대한 이러한 무관용주적 교육 및 형사정책은 1999년 4월 20일에 발생한 콜로라도 칼럼바인 고등학교 총기난사사건(Columbine High School Massacre)으로 더욱 강화되었다.[6]

그런데 무관용주의는 1990년대 초부터 미국 전역에서 제정된 이른바 삼진아웃법(three-strikes-and-you're-out laws)으로부터 파급되었다. 이 법은 사소한 폭력범이라도 2-3회 정도 반복하여 유사한 범행을 하는 경우 중범죄로 간주하여 최대 종신형에 이르기까지 구금형으로 엄격하게 처벌토록 하였다. 이러한 엄격성이 청소년의 학교총기금지법(The Gun-Free Schools Act of 1994: GFSA)에까지 반영되고, 비행학생에 대한 정학처분 및 형사적 제재를 강화하는 촉매제 역할을 하게 된 것이다.[7]

한편 무관용주의는 더욱 확대되어 미국의 연방정부, 50개 주, 컬럼비아지구 등은 모두 상습범에 대한 삼진아웃제법 혹은 그와 유사한 법을 제정하고 있다. 즉, 연방정부를 포함한 30개 주는 일부 범죄에 한하여 가석방 없는 종신형제를, 그리고 이 30개 주 가운데 7개 주는 비폭력적 범죄의 경우에도 이것을 적용하고 있다. 나아가 검사가 상습범죄 피고에 대하여 종신형을 청구할 것인지 여부에 대한 기소재량권을 가지고 있다.

그런데 성인 강력범이나 상습범에 대하여 엄격하게 적용되어야 할 무관용주의적 삼진아웃제가 학교폭력을 비롯한 경미한 청소년사범에게도 적용되기 시작하였고 다양한 문제들이 양산되었다.

즉, 첫째, 학교 내 사소한 시비나 폭행, 청소년의 술 또는 담배 소지, 복장규정위반, 음란물 소지나 거짓말, 교사에 대한 반항 등의 행위 역시 정학이나 퇴학, 구금형의 대상이 되었다. 심지어는 유치원생도 종이클립, 장난감 총, 기침약 등을 학교에 가져 오는 것과 같은 사소한 위반으로 정학 처분을 받았다.[8]

그런데 이러한 행위들은 대부분 아동기 혹은 청소년기의 일탈비행 수준에 머물거나 부모나 보호자의 관심소홀이나 방치 등의 경우에 일어날 수 있는 행위들이라는 점이다. 나아가 이러한 일들이 발생했을 때 회복적 사법주의 이념을 바탕으로 한 써클(circle)과 같은 방식으로 대상 학생들과 그 부모, 그리고 학교 및 지역사회가 대화와 관심을 통해 문제를 해결할 수 있는 기회를 선행한다면 상당부분 문제를 해결할 수 있음에도 불구하고 무관용주의는 이를 허용하지 않음으로써 결과적으로 정학과 퇴학, 형사제재 등으로 문제학생, 소년범죄자라는 낙인을 찍는다는 비난에 직면하였다.[9] 또한 학생들에 대한 정학 및 퇴학조치로 인해 학생들의 학습 기회를 평생 동안 감소시키고 경찰체포 위험을 증가시킴으로써 결국 학교가 구금으로 가는 파이프라인으로서의 역할을 한다는 비판도 불러일으키고 있다.10

둘째, 청소년사범에 대한 강력한 구금형 집행에 대한 청소년의 인권침해적 시비를 불러일으키고 있다. 특히 무관용주의의 시행초기인 1997년 미국의 청소년수용인구 중 가출, 무단결석, 불복종, 외출금지위반, 음주 등의 청소년의 지위비행으로 인한 구금률은 6.5%에 해당하였다. 이는 청소년에 대한 무관용주의적인 제재의 문제점에 대한 비판이 일어나면서 그 집행의 정도가 감소되는 추세를 보이고 있지만, 2013년에도 4.7%를 차지함으로써 여전히 해당 문제가 해소되지 않았음을 알 수 있다.

이러한 문제에 대하여 유엔인권위원회(U.N. Human Rights Committee) 역시 우려를 나타내며, 미국이 청소년 및 정신장애인 등에 대해서도 가석방 없는 종신형제를 적용하는 것은 인권침해라며 이의 개선을 요구하고 있다.11 즉, 유엔인권위원회는 밀러 대 알라버마(Miller v. Alabama) 판결12 및 그래함 대 플로리다(Graham v. Florida) 판결13을 주목하면서 청소년사범에게 가석방 없는 종신형제를 성인범과 동일하게 적용하는 것이 인권침해적인 요소가 있으며 이를 시정할 것을 요구하였다.

이와 같이 성인범과 같이 청소년 범죄자에게까지 의무적으로 가석방 없는 종신형제를 적용할 정도로 엄격한 처벌을 요구하는 무관용주의가 형사사법 전반에 반영됨으로써 청소년에 대한 국친사상적(parent patriot) 형사법이념은 배제되어 청소년의 구금률을 높이고, 나아가 사소한 비행으로 평생 동안 범죄자로서의 낙인과 사회복귀를 차단시키며 궁극적으로 그 인권을 침해하는 악순환을 가져왔다는 비난에 직면한 것이다.14

셋째, 무관용주의가 인종적인 차별성을 보인다는 지적도 대두되고 있다. 즉, 학생들과 교사들이 가지는 인종적, 문화적 편견 그리고 사회경제적 지위의 불균형성으로 인해 동일한 일탈행위라 해도 흑인을 비롯한 소수인종 청소년의 경우 백인학생 및 교사들의 대응과 인종적, 문화적 편견이 무관용주의적 문제해결 태도로 이어진다는 것이다.15 실제로 미국 사회의 전체 교사 중 백인의 비중은 83%이며, 또한 이들 대부분이 여성인 것으로 나타났다. 그리고 비행청소년 처벌의 인종적 편향성은 소수인종이 가장 적은 지역에서 가장 높게 나타나 학생들과 교사의 유대성이 중요한 변수로 작용하였음을 알 수 있다. 백인교사들은 피부색에 따라 청소년들의 행동을 더욱 과격하고 폭력적인 것으로 인식하는 것으로 나타났다.16

넷째, 학교폭력사범에 대한 무관용주의적 접근과 교정(correction administration)의 상업화의 관련성도 제기되었다. 전국적으로 2013년~2014년에 미국 전역의 학교에서 경찰에 의해 체포된 70,000여 명의 학생들 중 70%가 흑인 및 히스패닉계이고, 이들은 백인계 학생들 보다 세 배 정도 체포될 가능성이 더 높은 것으로 나타났다. 그리고 이들이 실제로는 교정산업 민영화의 영리수단으로 전락하였으며, 이러한 교정산업의 수익을 극대화시키는 장치로 무관용주의가 매우 적극적으로 기여하였다는 비판들이 제기되고 있다.17 특히 흑인과 히스패닉계 가정의 청소년들은 민영교도소의 수익 창출원으로 악용된다며 인종차별이라는 비판이 제기되고 있다. 나아가 청소년에게도 가석방 없는 종신형을 선고하거나 전자발찌 등을 조건으로 가석방, 집행유예 등의 방법으로 형기를 늘리거나 전자발찌 유지비용을 민영교정회사에 납부케 함으로써 결과적으로 교정 상업화의 희생양이 되고 있다는 비난도 이어지고 있는 실정이다.18

이와 같이 미국은 무관용주의를 형사사법체계 및 교육체계에 최초로 도입하여 시행 중이지만 엄격한 무관용주의로 인한 여러 가지 문제점이 나타나자 점차 회복적 사법주의의 차원에서 문제를 해결해야 한다는 반성론이 일기 시작하였다. 즉, 학교폭력에 대한 무관용주의와 회복적 사법주의 차원의 접근방법은 [표 1-1]과 같이

┃표 1-1┃ 학교폭력에 대한 무관용주의 및 회복적 사법주의의 차이

무관용주의	회복적 사법주의
비행은 학교규칙을 위반하거나 학교를 위험에 빠뜨리는 행위로 인식	비행은 타인의 신체, 정신, 정서에 해를 끼치는 행위로 인식
행위자에 대한 비난, 처벌에 관심	행위자와 피해자의 감정 및 요구를 해결하는데 관심
학교당국, 사법당국이 징계나 형벌로 문제를 해결	가해자와 피해자, 주변인들의 대화와 조정, 그리고 중재로 문제를 해결
행위자에 대하여 고통, 제재, 처벌을 함으로써 향후 범죄를 예방에 초점	선택에 대한 책임인식, 가해자에 대한 배상과 화해에 초점
공동체 규범, 법적 절차 준수 강조	상호 만족스런 결과 및 관계회복 강조
갈등, 비행은 개인의 학교, 공동체에 대한 비행으로 간주	갈등, 비행은 학교, 공동체의 기회차이에서 발생하는 문제로 간주
개인의 일탈은 타인에게 부정적 영향을 준다고 인식	개인의 일탈은 치유가 가능하다고 인식
학교당국, 학교 내외 조직이나 단체는 학교문제에 중립적, 객관적 태도를 취하여야 한다는 인식	학교당국, 학교 내외 조직이나 단체는 학교문제의 해결자로서 적극적으로 개입하여야 한다고 인식
행위자의 수용성이란 처벌수위를 저항 없이 받아들이는 것이라고 인식	행위자의 수용성이란 자신의 행위책임을 인정하고 이해하며 문제를 해결하려는 것이라고 인식

자료: Michigan Virtual, 2018.19

그 차이가 있다.

비행청소년에 대한 무관용주의와 회복적 사법주의 차원의 접근방식의 차이는 현실적으로는 처벌과 관용, 분리와 통합, 억제와 치유 등의 상대적인 관점의 형사사법정책 및 교육정책을 낳게 한다.

그런데 한국은 성폭력, 가정폭력, 아동학대 사범 등에 대하여 강력한 무관용주의적 기조를 유지하고 있다. 그리고 이에 덧붙여서 학교폭력에 대해서도 형사사법당국은 무관용주의적 처벌의지를 강조해왔다. 나아가 교육당국 역시 학교폭력 가해사실을 가해학생의 생활기록부에 등재토록하고, 퇴학의 경우 이를 영구보존토록 규정화함으로써 무관용주의적 태도를 견지하고 있다. 그러나 이러한 조치는 미국이 직면하고 있는 청소년비행사범에 대한 무관용주의의 병리적 현상에 비추어본다면 다이버전이 필요한 시점이라고 할 수 있다.

III. 무관용주의적 문제해결의 문제점에 대한 우려들

앞에서 살펴본 것과 같이 비행청소년에 대한 무관용주의는 비행청소년에 대한 강력한 제지로 다른 학생들의 잠재적인 비행의지를 억제할 것이라는 신념을 바탕으로 하고 있다.[20] 따라서 비행청소년에 대한 퇴학과 정학조치, 그리고 제복경찰의 증가는 이러한 신념을 확신시키는 도구라고 할 수 있다. 무관용주의는 공동체 사회에서 작은 규범이라도 위반한 경우 적극적이고 강력하게 대응함으로써 사소한 법규위반이라도 용인되지 않을 것이라는 인식을 주어야 한다는 이른바 깨어진 창문이론(broken window theory)에 근거를 두고 있다.[21] 무관용주의는 사소한 법규위반에도 사회가 개입하지 않으면 무질서와 폭력이 학교와 공동체사회를 교란시키며 더욱 큰 폭력과 범죄로 이어질 것이라는 우려에서 출발한다. 그러나 비행청소년에 대한 정학 및 퇴학, 구금형 처벌 등이 학교생활의 무질서를 줄이거나 학교환경을 더 안전하게 개선하는데 기여한다는 선행연구는 찾기 어렵다. 오히려 학생들에 대한 징계는 학생의 학습수준과 학습 환경에 부정적인 영향을 미친다는 다양한 연구들이 제시되고 있다.

즉, 초등학교 때 정학을 받은 학생은 그렇지 않은 학생들보다 중학교 입학추천을 받지 못하거나 중학교 입학 후에도 또 다시 정학을 받을 확률이 높아 정학조치가 비교육적이라는 것이다.[22] 또한 무관용주의를 적용하여 퇴학률이 높은 학교일수록 학생들의 전체적인 졸업률이 낮아지고, 상급학교 진학률이 떨어지며, 형사사법시스템과의 접촉률이 높아지는 현상을 보인다며, 학교가 정학이나 퇴학을 비행학생이나 성적부진학생들을 학교 밖으로 퇴출시키는 도구로 이용하였다는 비판적인 연구도 있다.23

또한 가출, 무단결석, 불복종, 외출금지위반 등의 지위비행 청소년을 구금형으로 처벌할 경우 그렇지 않은 경우 보다 오히려 학교나 가정으로의 정상적인 복귀가 어렵다는 연구들도 발표되었다.24

미국심리학회의 연구에서는 정학율과 학교분위기에 대한 상관성에 대한 연구에서 문제학생을 퇴출시키는 것이 학교안전에 도움이 되지 않으며, 오히려 학생 정학율이 높은 학교일수록 학부모 및 교사의 학교 분위기 및 학교 운영에 대한 평가가 낮은 것으로 나타났다.25 높은 정학율과 퇴학률을 가진 학교는 학교의 규모에 상관없이 학교수준평가에서 낮은 등급을 차지하는 것으로 나타났다.26이 밖에도 학교폭력 및 비행청소년에 대하여 그 인종적, 성별, 그리고 경제적 수준 등에 따라 차별적으로 적용됨으로써 처벌로서의 공정성과 법적 균형성을 상실하였다는 점을 지적한 연구들이 지속적으로 발표되고 있다.27 특히 무관용정책으로 흑인계 학생들의 정학률이나 퇴학률은 백인계보다 월등하게 높았고, 히스패닉이나 아시안계 등의 소수인종 보다도 더 거칠고 강하게 처벌받는 경향이 높은 것으로 나타났다.28 특히 흑인과 히스패닉계 가정의 청소년들은 민영교도소의 수익 창출원으로 악용된다는 비난도 제기되고 있다. 나아가 청소년에게도 가석방 없는 종신형을 선고하거나 전자발찌 등을 조건으로 가석방, 집행유예 등을 하는 방법 등으로 형기를 늘리거나 전자발찌 유지비용을 민영교정회사에 납부케 함으로써 결과적으로 교정 상업화의 희생양이 되고 있다는 비난도 제기된다.29

이와 같은 연구결과들은 무관용주의가 학교의 질서정연한 안전과 효과적인 학습환경의 조성에 필요하고 기여하는지에 대한 근본적인 의문을 갖게 한다.

한국의 경우 학교폭력에 대한 무관용주의적 대응방식의 한계를 지적한 연구는 교육학 및 범죄학, 법학계에서 찾을 수 있다. 즉 학교폭력에 대하여 교육과 예방적, 회복적 사법주의 관점으로 접근할 것을 주장한 전종익·정상우의 연구(2013)30, 박상식의 연구(2013)31, 홍봉선·남미애의 연구(2014)32 등이 있다. 또한 소년사법의 역할을 강조한 강지명의 연구(2014)33가 있으며, 무관용주의의 폐해를 분석한 강경래의 연구(2012)34, 미국의 학교경찰제도의 무관용주의화의 문제점을 지적한 허경미의 연구(2013)35, 한유경 외(2013)의 연구36 이주연·박주형. 학교폭력 대책 강화에 따른 단위학교 사안 처리과정에서의 갈등 분석. 교육과학연구, 2013, 44.4: 73－97. 등이 있다.

특히 이 가운데 강지명(2014)은 가해학생에 대한 징계조치와 학교폭력가해사실 생활기록부 기재는 가해학생에 대한 인권침해라고 규정하고, 학교폭력을 소년사법 체계에서 처리되어야 하는 문제라고 지적하고 있다. 한유경 외(2013)는 단위학교에 서는 정부의 학교폭력 대책이 강화됨에 따라 학교폭력 사안을 처리하는 과정에서 이전보다 심각한 문제를 겪고 있다고 주장하고 있다.

Ⅳ. 한국의 현실: 학교폭력과 무관용주의

1. 학교폭력의 실태

경찰청에 의하면 [표 1－2]와 같이 2012년 이후 지난 5년간 경찰에 검거된 학교 폭력사범은 2012년을 기준으로 2016년에 46.4%가 감소하였다.

▌표 1-2▐ 학교폭력 검거현황

구분	2012	2013	2014	2015	2016
계	23,877	17,385	13,268	12,495	12,805
폭행	14,637	11,048	8,974	9,188	9,396
금품갈취	5,912	2,603	1,582	1,153	1,161
성폭력	509	1,067	1,295	1,253	1,364
기타	2,819	2,667	1,417	901	884

자료: 경찰청, 2017 경찰백서, 2018, 139.

학교폭력 유형 중에서는 매년 폭행 비중이 가장 높은 것으로 나타났다. 2012년 도부터 2014년까지는 금품갈취가 두 번째의 비중을 차지했지만 2015년도부터는 성 폭력이 폭행 다음으로 많이 발생한 것으로 나타났다.

한편 교육부가 지난 2012년부터 조사한 학교폭력 실태는 경찰청의 검거통계와는 다른 양상을 보인다. 이는 경찰 통계는 경찰이 입건한 사건을 대상으로 집계분석한 것이고, 교육부의 조사는 학생들을 대상으로 한 응답결과를 집계분석한 것이 그 차 이일 것으로 보인다. 즉, 금품갈취 등이 더 많이 발생하지만, 그 정도가 미미한 경

우 피해학생이 경찰등에 신고하지 않아 입건되지 않았을 것으로 해석할 수 있다.37

교육부는 2012년부터 학교폭력예방법 제11조에 근거를 두고 초등학교 4학년부터 고등학교 3학년 재학생 전체를 대상으로 매년 2회에 걸쳐 학교폭력 관련 경험과 의식을 조사하고 있다. 여기서는 교육부가 2018년 1차 조사 결과를 분석하여 발표한 자료를 활용하기로 한다.

최초 조사가 시작된 2012년 이후 매년 피해경험 학생의 비율은 지속적으로 감소하다가 2018년에 다시 증가 추세를 보였다. 들어 증가하고 있는 것으로 나타났다. [표 1-3]은 2012년부터 2018년까지 매년 1차 조사에서 학교폭력 피해가 있다고 응답한 경우이다.

▎표 1-3 ▎학교폭력 피해 현황

구분	2012	2013	2014	2015	2016	2017	2018
응답률(%)	12.3	2.2	1.4	1.0	0.9	0.9	1.3
명수(천명)	172	94	62	44	39	37	50

자료: 교육부, 2018년 학교폭력실태조사 주요 결과. 재구성.

[표 1-4]는 2012년부터 2018년까지 매년 1차 조사에서 학교급별로 학교폭력 피해가 있다고 응답한 경우이다. 학교급별로는 2018년 1차의 경우 초등학생은 2.1%(2만 6천 4백 명), 중학생 0.5%(6천 3백 명), 고등학생 0.3%(4천 5백 명)가 피해 경험이 있다고 응답하였다.

▎표 1-4 ▎학교급별 학교폭력 피해 현황

구분	2012	2013	2014	2015	2016	2017	2018
초(%)	15.2	3.8	2.4	2.0	2.1	2.1	2.8
중(%)	13.4	2.4	1.3	0.7	0.5	0.5	0.7
고(%)	5.7	0.9	0.6	0.4	0.3	0.3	0.4

자료: 교육부, 2018년 학교폭력실태조사 주요 결과. 재구성.

피해 유형별 결과를 살펴보면 [표 1-5]와 같다. 2013년 이후 언어폭력이 가장 높은 건수를 보였다. 2018년의 경우 언어폭력이 가장 높아 5.7건, 집단따돌림 4.3건, 스토킹 3.0건, 신체폭행 2.7건, 사이버괴롭힘 2.5건, 금품갈취 1.6건, 성추행·성폭력 1.3건, 강제심부름 1.0건 순으로 나타났다.

┃표 1-5┃ 학교폭력 피해유형별 응답 현황   (건, 학생 천 명 당)

구분	2013	2014	2015	2016	2017	2018
언어폭력	13.6	9.4	6.6	6.2	6.3	5.7
집단따돌림	6.6	4.6	3.6	3.3	3.1	4.3
스토킹	3.7	3.0	2.6	2.0	2.3	3.0
신체폭행	4.7	3.1	2.4	2.2	2.2	2.7
사이버괴롭힘	3.6	2.5	1.9	1.7	1.6	2.5
금품갈취	4.0	2.2	1.5	1.2	1.2	1.6
성추행·성폭행	1.3	1.0	0.9	0.8	0.9	1.3
강제심부름	2.4	1.3	0.9	0.8	0.7	1.0

자료: 교육부, 2018년 학교폭력실태조사 주요 결과. 재구성.

한편 학교폭력 피해 장소는 '교실 안'(29.4%), '복도'(14.1%), '급식실·매점 등'(9.2%) 등 주로 '학교 안'(66.8%)에서 발생하였다. 학교폭력 피해 시간은 '쉬는 시간'(32.8%), '점심 시간'(17.5%), '하교 이후'(15.0%), '수업 시간'(8.5%) 등의 순으로 나타났다. 학교폭력 목격 후 경찰이나 교사에 알리거나 가해자를 말리는 등의 행동을 한 경우는 도와줬다'는 응답은 68.2%이었다.[38]

이와 같이 경찰청의 학교폭력사범의 검거율이나 교육부의 매년 학교폭력실태조사의 결과 초등학생들의 피해발생률이 중학생 보다는 4배 이상, 고등학생의 경우보다는 7배 이상 높다는 특징을 보인다. 그리고 학교폭력이 대부분 학교 안에서 발생한다는 것을 알 수 있다.

또한 학교폭력이 대부분 교실이나 복도, 매점 등에서, 그리고 그 행태가 언어폭력이나 따돌림, 스토킹 등으로 나타난 것은 앞서 표에서와 같이 경찰의 검거통계의 특징과는 매우 다른 양상이다. 그리고 이러한 특징은 학교폭력을 해결하는 방식이 무관용주의적인 접근 보다는 교육당국과 학부모 등의 좀 더 적극적인 지도와 개입 방식으로 문제를 해결할 수 있음을 보여주는 현상이라 할 것이다.

2. 학교폭력예방법 및 초·중등교육법 등의 대응

학교폭력 문제가 심각해지자 정부는 지난 2004년 1월 29일 법률 제7119호로 학교폭력 예방 및 대책에 관한 법률[39]을 제정하여 같은 해 7월 30일부터 시행하였고, 이 후 수 차례 개정을 거쳐 현행법은 법률 제15044호로 2017년 11월 28일 개정되어 시행중이다. 이 가운데 학교폭력 피해자 지원 및 가해자 처벌에 대한 주요한 정책 변경은 2008년과 2012년 개정법이다.

학교폭력예방법은 학교폭력의 예방과 대책에 관하여 필요한 사항을 규정함으로써 피해학생의 보호, 가해학생의 선도·교육 및 피해학생과 가해학생간의 분쟁조정을 통하여 학생의 인권을 보호하고 학생을 건전한 사회구성원으로 육성함을 목적으로 제정되었다.

2004년 학교폭력예방법은 "학교폭력이란 학교내외에서 학생 간에 발생한 폭행·협박·따돌림 등에 의하여 신체·정신 또는 재산상의 피해를 수반하는 행위로서 대통령령이 정하는 행위"로 규정하였다. 그러나 2008년 개정법은 "학교폭력"이란 학교 내외에서 학생 간에 발생한 상해, 폭행, 감금, 협박, 약취·유인, 명예훼손·모욕, 공갈, 강요 및 성폭력, 따돌림, 정보통신망을 이용한 음란·폭력 정보 등에 의하여 신체·정신 또는 재산상의 피해를 수반하는 행위를 말한다."고 규정함으로써 학교폭력의 유형을 구체적으로 적시하고, 또한 사이버상 음란 및 폭력행위를 포함시켰다. 그리고 2012년 개정법은 2008년의 규정과 함께 따돌림과 사이버따돌림을 구분하였고, 피해자 중 장애학생의 개념을 포함시켰다.[40]

이에 따라 학교폭력이 발생할 경우 학교폭력예방법 제17조는 학교폭력대책자치위원회의 결정을 통하여 학교폭력의 가해학생에 대하여 1. 피해학생에 대한 서면사과, 2. 피해학생 및 신고·고발 학생에 대한 접촉, 협박 및 보복행위의 금지, 3. 학교에서의 봉사, 4. 사회봉사, 5. 학내외 전문가에 의한 특별 교육이수 또는 심리치료, 6. 출석정지, 7. 학급교체, 8. 전학, 9. 퇴학처분(의무교육과정에 있는 가해학생에 대하여는 비적용) 등을 학교의장에게 요청할 것을 규정하고 있다.

그리고 학교폭력예방 및 대책에 관한 법률 시행령 제19조는 가해학생에 대한 처벌기준을 정할 때는 1. 가해학생이 행사한 학교폭력의 심각성·지속성·고의성, 2. 가해학생의 반성 정도, 3. 해당 조치로 인한 가해학생의 선도 가능성, 4. 가해학생 및 보호자와 피해학생 및 보호자 간의 화해의 정도, 5. 피해학생이 장애학생인지 여부 등을 고려하도록 하였다.

그런데 교육부는 2012년 1월에 학교폭력 가해자에 대하여 엄벌주의적·무관용주의적인 제재방침을 밝히며, 초·중등교육법(제25조), 초·중등교육법시행규칙(제21조), 학교생활기록작성및관리지침(교육부훈령제195호)[41] 등의 개정을 통하여 학교폭력 가해자에 대한 처리내용을 [그림 1-1]과 같이 학교생활종합기록부의 학적사항에 등재하도록 하였다.[42]

┃그림 1-1 ┃ 학생생활기록부 기재란

```
 2. 학적사항

  ┌─────────────────────────────────────────────────────────┐
  │   년    월    일   ○○ 중학교 졸업                        │
  │   년    월    일   □□ 고등학교  제1학년  입학 (   년  월  일  전출 )│
  │   년    월    일   △△ 고등학교  제 학년  전입 (퇴학)    │
  │   예시: ** 학교폭력대책자치위원회 결정에 의거, □□ 고등학교에서 전입 │
  └─────────────────────────────────────────────────────────┘
```

    이에 따라 2012학년도부터 초·중·고등학교의 학교폭력대책자치위원회에서 결
정된 가해학생에 대한 조치사항을 '학적사항'의 특기사항, '출결상황'의 특기사항,
'행동특성 및 종합의견'란에 입력하며, 학교폭력대책자치위원회에서 결정된 가해학
생에 대한 조치사항의 삭제 시기는 [표 1-6]과 같다.

┃표 1-6┃ 학교폭력의 학교생활기록부 기재 및 삭제

가해학생 조치사항 「학교폭력예방 및 대책에 관한 법률」 제17조제1항	학교생활기록부 영역	삭제 시기
제1호 피해학생에 대한 서면사과	행동특성 및 종합의견	· 졸업과 동시(졸업식 이후부터 2월 말 사이 졸업생 학적반영 이전) · 학업중단자는 해당학생이 학적을 유지하였을 경우를 가정하여 졸업할 시점
제2호 피해학생 및 신고·고발 학생에 대한 접촉, 협박 및 보복행위의 금지		
제3호(학교에서의 봉사)		
제7호(학급교체)		
제4호(사회봉사)	출결상황 특기사항	· 졸업일로부터 2년 후 · 졸업 직전 학교폭력대책자치위원회의 심의를 거쳐 졸업과 동시 삭제 가능[43] · 학업중단자는 해당학생이 학적을 유지하였을 경우를 가정하여 졸업하였을 시점으로부터 2년 후
제5호(학내외 전문가에 의한 특별교육 이수 또는 심리치료)		
제6호(출석정지)		
제8호(전학)	학적사항 제9호(퇴학처분) 특기사항	
제9호(퇴학처분)		· 삭제 대상 아님

출처: 교육부, 학교생활기록 작성 및 관리지침 제18조.[44]

3. 학교폭력 가해 사실의 학교생활기록부 기재·보존

    한편 학교폭력대책자치위원회의 조치결과를 학교생활기록부에 기록·보존하면서
이에 반발하는 학생 및 학부모들이 증가하고 있다. 이는 [표 1-7]과 같이 교육부
가 2017년 국정감사 자료로 제출한 학교폭력조치 및 재심, 행정소송현황에서 확인

┃표 1-7┃ 학교폭력조치 및 재심, 행정소송 현황

구분	심의건수	재심신청 및 인용건수			행정소송건수
		소계	피해자(인용)	가해자(인용)	
2014	19,521	901	493(155)	408(174)	80
2015	19,968	979	571(182)	408(178)	109
2016	23,673	1,299	799(233)	500(223)	77

출처: 교육부, 2017년 국정감사자료.

할 수 있다.

학교폭력예방예방법 제17조의2는 학교폭력대책자치위원회의 조치결과에 이의가 있는 피해학생 및 그 보호자 그리고 학교폭력대책자치위원회가 결정한 전학 및 퇴학조치에 대하여 이의가 있는 경우 가해학생 및 그 보호자는 각각 그 조치를 받은 날부터 15일 이내 또는 그 조치가 있음을 알게 된 날부터 10일 이내에 초·중등교육법 제18조의3에 따른 시·도학생징계조정위원회에 재심을 청구할 수 있다고 규정하고 있다.

학교폭력대책자치위원회의 조치 결과에 대한 심의건수가 2014년부터 지속적으로 증가하기 시작하였으며, 이는 피해자와 가해자 측 모두의 재심건수가 증가한 것으로 나타났다. 2014년의 경우 재심건수 901건 중 피해자의 주장이 받아들여진 경우는 31.4%, 가해자의 주장이 받아들여진 경우는 42.6%, 2015년도의 경우는 재심건수 979건 중 피해자의 주장이 받아들여진 경우는 31.9%, 가해자의 주장이 받아들여진 경우는 43.6%, 2016년도의 경우는 재심건수 1,299건 중 피해자의 주장이 받아들여진 경우는 29.2%, 가해자의 주장이 받아들여진 경우는 44.6%로 나타났다. 즉, 피해자의 경우 보다는 가해자 재심의 인용률이 더 높다는 것을 확인할 수 있다.

이와 같이 가해자 주장의 재심 인용률이 높다는 것은 가해자가 학교폭력대책자치위원회의 조치결과에 대한 불만이 더 높아 승복하지 않고 있거나, 자신에 대한 조치수위를 낮추려는 방법으로 활용하는 것이라고 분석할 수 있다.[45] 그러나 결과적으로 가해자의 재심 인용률이 더 높다는 것은 학교생활기록부의 기재 및 보존이 좀 더 신중해질 필요가 있다는 것을 반증하는 것이라 할 수 있다.

한편 가해자의 재심 및 인용건수가 증가하는 이유에 대해 일선 교육청과 전교조 등은 학교폭력의 조치결과가 학교생활기록부에 기록되고 이것이 중학교 및 고등학교, 나아가 대학교의 입학사정자료로 활용됨으로써 궁극적으로 학생의 상급학교 진학여부에 영향을 미칠 것이라는 피해의식 때문이라고 지적한다.[46]

그러나 교육부는 이와 같은 문제점에 대해 특별한 시정조치 없이 여전히 기존의 입장을 고수하고 있다. 즉, 교육부의 2017학년도 학교생활기록부 기재요령 안내에 따르면 학교폭력 가해자에게 내려지는 학교폭력예방 및 대책에 관한 법률 제17조 제1항에 의해 학교폭력대책자치위원회가 조치한 제1호부터 제8호까지 조치는 졸업 또는 졸업 후 2년 이내에 학교생활기록부에서 삭제토록 하였지만, 제9호조치인 퇴학의 경우 삭제하지 못하도록 하였다. 즉 학교폭력으로 인하여 퇴학조치가 결정된 경우 이것이 재심이나 행정소송으로 그 제재가 감경되지 않는 한 평생 동안 학교생활기록부에 등재되어 있다는 것을 의미한다.[47]

이는 앞서 교육계 및 선행연구 등에서 지적되는 것과 같이 한국의 입시제도의 성격을 감안할 때 학교폭력 조치결과가 기재된 학교생활기록부가 학생의 장래에 미치는 영향과 그 부정적 낙인효과는 소년법상 비행청소년에게 적용되는 보호처분우선주의 및 선고유예제도 등의 국친사상적 성격과도 충돌하며, 형사적 제재 못지않은 무관용주의적인 발상이라고 할 수 있다.[48] 결국 이러한 인식으로 학교폭력대책자치위원회의 조치결정에 따른 반발과 그에 대한 재심, 행정소송 등의 악순환은 계속될 수밖에 없다. 따라서 학교생활기록부 기재를 포함한 관련 제도의 문제점과 개선방안, 무엇보다 학교생활기록부 기재라는 행정적 제재 방식의 무관용주의적 낙인이 학교폭력의 근본적인 대책이 될 수 없다는 인식이 필요하다.[49] 실제로 캘리포니아 주와 버클리대가 회복적 사법이념 차원의 써클(circle)방식을 통한 문제해결접근이 학생들의 정학 및 퇴학률 상관성에 대한 실험을 3년에 걸쳐 초중학교에서 실시한 결과 프로그램 시행 이후 정학 및 퇴학이 87% 정도 감소한 것으로 나타났다.[50] 이와 같은 결과는 청소년 성장기의 정서적인 갈등이나 그 생태학적, 발달적 측면의 문제를 학교와 사회가 좀 더 관심을 가지고 문제를 해결하려는 의지가 필요하다는 것을 보여준다.

4. 학교폭력 개념정의의 모호성 및 법 적용의 충돌

학교폭력 예방 및 대책에 관한 법률은 제4조 제1항에서 "국가 및 지방자치단체는 학교폭력을 예방하고 근절하기 위하여 조사·연구·교육·계도 등 필요한 법적·제도적 장치를 마련하여야 한다."고 규정한 데 이어 제2항에서 "국가 및 지방자치단체는 청소년 관련 단체 등 민간의 자율적인 학교폭력 예방활동과 피해학생의 보호 및 가해학생의 선도·교육활동을 장려하여야 한다."고 규정하여 학교폭력에 대하여 국가 및 자치단체, 그리고 민간이 함께 문제를 해결하려는 의지를 보이고 있다.

한편 교육부와 경찰은 끊임없이 학교폭력에 대하여 무관용주의적 대응을 밝혀왔으며, 특히 학교폭력과 관련한 사회적 이목이 집중되는 사건이 발생할 경우 무관용주의적 대응방향을 부각시키는 방식을 취해왔다.51

그러나 정부의 학교폭력에 대한 대응상 혼란은 기본적으로 학교폭력 예방 및 대책에 관한 법률상 학교폭력의 개념정의를 제대로 하지 못했기 때문이다. 즉 현행법은 제2조 제1항에서 "학교폭력이란 학교 내외에서 학생을 대상으로 발생한 상해, 폭행, 감금, 협박, 약취 · 유인, 명예훼손 · 모욕, 공갈, 강요 · 강제적인 심부름 및 성폭력, 따돌림, 사이버 따돌림, 정보통신망을 이용한 음란 · 폭력 정보 등에 의하여 신체 · 정신 또는 재산상의 피해를 수반하는 행위를 말한다."고 정의하고 있다.

그런데 이와 같이 학교폭력이라고 규정한 행위 중 청소년 시기에 청소년 상호간 발생할 수 있는 지위비행은 강제적인 심부름이나 따돌림 정도에 불과하며, 나머지는 대부분 형법, 폭력행위 등 처벌에 관한 법률, 성폭력범죄의 처벌 등에 관한 특례법, 정보통신망 이용촉진 및 정보보호 등에 관한 법률 등에 의하여 처벌되는 범죄이다. 특히 형법상 책임능력을 갖춘 14세 이상의 경우 소년법상 범죄소년으로 보호처분 또는 형사처분의 대상이 되어야 한다.52

따라서 학교폭력을 현행 학교폭력 예방 및 대책에 관한 법률 제4조와 같이 국가와 학교, 그리고 민간이 학교폭력을 학교에서 해결하는 이른바 회복적 사법주의적 정책을 취하려면 학교폭력의 범주를 폭력행위 등 처벌에 관한 법률이나 성폭력범죄의 처벌 등에 관한 특례법 등의 특별법에서 규정한 엄중한 범죄를 제외한 소년법 제4조 제1항 제2호 및 제3호에 해당하는 행위 등에 한하여 학교폭력으로 간주하여 학교폭력대책자치위원회의 심의대상으로 제한하는 것이 바람직할 것이다.

초중고교의 학령대를 고려할 때 적어도 중학교 2학년 정도부터는 현실적으로 형법상 책임능력이 인정되고, 중대한 학교폭력 사건이 발생할 때 마다 반복되는 무관용주의와 회복적 사법주의 접근을 오락가락하는 등 일관성 없는 대응이 오히려 학교폭력의 본질적 문제를 해결하는데 장애요소로 작용할 수 있다.53

따라서 학교폭력에 대한 개념정의는 청소년의 지위비행으로 제한하며, 나머지 범죄영역에 포함되는 비행에 대해선 사회적 합의를 거쳐 소년법 및 관련 특별법으로 통제하되 청소년의 환경적 요인을 고려한 교육적 그리고 형사적 대응을 명문화하여야 한다.

V. 법원의 이중적 태도: 교사의 교육권과 가해학생의 자기정보 보호권

대법원은 학교폭력의 기재를 거부한 교사에 대한 징계를 실행할 것을 요구한 정부(교육부)의 징계이행명령에 대한 취소소송을 제기한 교육청에 대하여 "교육과학기술부장관이 교육감에게 담당 교육청 소속 교육공무원들이 교육과학기술부 방침에 반하여 학교폭력 가해학생 학교생활기록부 기재 관련 업무 처리를 부당하게 하고 학교폭력 조치사항의 학교생활기록부 기재 반대 등을 요구하는 호소문을 담당 교육청 홈페이지에 발표한 행위에 대하여 징계의결 요구를 신청하도록 요청하였으나 이에 응하지 않자 징계의결 요구 신청을 내용으로 하는 직무이행명령을 한 사안에서, 징계대상자들에 대한 징계사유가 성립하지 않으므로 교육감에게 징계의결요구를 신청할 의무가 없고 직무이행명령도 위법하다"고 판시하였다(대법원 2014.2.27, 선고, 2012추213, 판결; 대법원 2015.9.10, 선고, 2013추517, 판결).[54]

즉, 일선교사들이 정부의 학교폭력 가해자의 학교생활기록부에 학교폭력 조치사항 기재를 거부하자 교육부가 이에 대하여 징계토록 일선 교육감에게 요구하였으나 학교생활기록 거부 자체를 징계대상으로 볼 수 없으므로 그와 관련 징계명령을 이행하지 않은 교육감의 행위는 위법하지 않다는 내용이다.

그러나 헌법재판소는 학교폭력 가해학생의 학교생활기록부에 학교폭력 조치결과를 기재하는 것이 가해학생의 기본권을 침해하는 것은 아니라는 입장이다. 학교생활기록부에 학교폭력 조치사항을 기재하고 일정기간 보존하는 것이 가해자의 개인정보자기결정권을 침해하는 것이 아니라고 판시한 것이다.

즉 "이 사건 기재조항 및 보존조항은 학교폭력 가해학생에 대한 교정 및 선도와 학교폭력 예방을 그 목적으로 하므로, 목적의 정당성 및 수단의 적합성이 인정된다. 학교폭력 관련 조치사항들을 학교생활기록부에 기재하고 보존하는 것은 가해학생을 선도하고 교육할 수 있는 유용한 정보가 되고, 특히 상급학교로의 진학 자료로 사용됨으로써 학생들의 경각심을 고취시켜 학교폭력을 예방하고 재발을 방지하는 가장 효과적인 수단이 된다. 그러므로 비록 경미한 조치라 하더라도 학교생활기록부에의 기재 및 보존의 필요성이 있고, 관련 조항들에서 목적 외 사용금지 등 활용 목적의 확대 및 남용에 따른 부수적인 기본권침해도 방지하고 있으므로, 침해의 최소성도 인정된다. 안전하고 건전한 학교생활보장 및 학생보호라는 공익은 학교폭력의 가해자인 학생이 입게 되는 기본권제한의 정도에 비해 그 보호가치가 결코 작지 않으므로, 법익의 균형성도 인정된다. 따라서 이 사건 기재조항 및 보존조항은 과잉금지원칙에 위배되어 청구인의 개인정보자기결정권을 침해하지 않는다."고 판시하였다.55

헌법재판소의 이 판결은 학교생활기록부 기재를 거부한 교사들에 대한 징계를 할 수 없다고 판시한 대법원의 입장과는 상당한 모순적인 태도를 보이는 것이고 동시에 무관용주의적인 해석이라고 할 수 있다. 법원의 이중적인 법해석은 초·중·고 교사의 갈등으로 이어지고 있다. 즉 전국교직원노동조합이 2017년 9월에 전국 초·중·고 교사 7137명을 대상으로 설문조사한 결과, 학교폭력 가해사실을 학생부에 기록하는 것에 반대 40.5%, 현행 유지 16.6%, 기록강화 5.3%, 근본적인 대책 필요 11.7% 등으로 나타났다. 학생부 기록을 반대하는 교사들은 학교폭력의 학교생활기록부 기재가 학교폭력 문제를 해결하는 근본적인 방식이 아니라 오히려 주홍글씨이거나 낙인효과만을 준다는 부정적인 인식이 강하였다.56

이와 같이 학교폭력에 대한 현행법 및 법원의 해석, 그리고 교육부의 서로 다른 접근방식, 일선교사들의 거부감 등은 결국 무관용주의적인 학교폭력 대응 방식을 고민할 때가 되었다는 반증이라고 할 것이다.

VI. 이슈&디스커션

1. 미국의 청소년에 대한 무관용주의의 명과 암은?
2. 학교폭력사범에 대한 무관용주의와 이른바 국친사상(parent patriot)과의 관계는?
3. 학교생활기록부의 학교폭력 기재와 인권, 청소년발달학적인 측면의 상관성은?
4. 학교폭력, 과연 청소년만의 책임인가?

참고문헌

1 Skiba, Russ, and Reece Peterson, "The dark side of zero tolerance: Can punishment lead to safe schools?", The Phi Delta Kappan, 80.5, 1999: 372−382,; Hoffman, Stephen, "Zero benefit: Estimating the effect of zero tolerance discipline polices on racial disparities in school discipline", Educational Policy 28.1, 2014, 69−95.

2 Curran, F, Chris, "Estimating the effect of state zero tolerance laws on exclusionary discipline, racial discipline gaps, and student behavior", Educational Evaluation and Policy Analysis 38.4, 2016, 647−668.

3 이하에서는 이 법의 약칭인 학교폭력예방법과 혼용한다.

4 https://neaedjustice.org/2016/10/20/educators−hope−federal−guidelines−use−police− schools− will−help−keep−kids−school−prison−pipeline/

5 Cerrone, Kathleen M, "The Gun−Free Schools Act of 1994: Zero tolerance takes aim at procedural due process", Pace L, Rev, 20, 1999, 131.

6 이 사건은 칼럼바인 고등학교 학생인 에릭 해리스(Eric Harris)와 딜런 클레볼드(Dylan Klebold) 가 총기를 난사하여 학생 12명과 교사 1명을 살해하고 23명에게 부상을 입힌 사건으로 이들은 현장에서 자살하였다..Wikipedia, the free encyclopedia, Columbine High School massacre/ https://en.wikipedia.or g/wiki/Columbine_High_School_massacre.

7 American Civil Liberties Union, Overcrowding and Overuse of Imprisonment in the United States American Civil Liberties Union (ACLU) Submission to the Office of the High Commissioner for Human Rights, 2015.; Skiba, Russell J, "The Failure of Zero Tolerance", Reclaiming Children and Youth, 22.4, 2014, 27−33.

8 Anderson, Christina L, "Double jeopardy: The modern dilemma for juvenile justice," University of Pennsylvania Law Review, 152.3, 2004, 1181−1219.

9 Skiba, Russell J., and Kimberly Knesting, "Zero tolerance, zero evidence: An analysis of school disciplinary practice," New Directions for Student Leadership, 2001.92, 2001, 17− 43.; Curtis, A. J., "Tracing the school−to−prison pipeline from zero−tolerance policies to juvenile justice dispositions". Geo. LJ, 102. 2013, 1251.

10 Mallett, Christopher A "The school−to−prison pipeline: A critical review of the punitive paradigm shift," Child and adolescent social work journal, 33.1, 2016, 15−24.

11 Human Rights Committee. Concluding observations on the fourth periodic report of the United States of America. Report No. CCPR/C/USA/CO/4), Retrieved from http://www. state.gov/documents/organization/235641, pdf, 2014.

12 밀러 대 알라버마(Miller v. Alabama, 567 U.S. 460, 2012)는 미합중국 대법원 판결로 법원이 청소년에게 가석방 가능성이 없는 의무적인 형량 선고는 위헌이라고 판결했다. Eastman, J. C, "Hidden Gems in the Historical 2011−2012 Term, and Beyond." Charleston L. Rev., 7, 1. 2012.

13 그래함 대 플로리다(Graham v. Florida, 560 U.S. 48, 2010)는 미합중국 대법원 판결로 살인범 이 아닌 청소년 범죄자에게 가석방 가능성이 없는 종신형은 위헌이라고 판결했다. Maroney, T. A., "Adolescent brain science after Graham v. Florida", Notre Dame L. Rev., 86, 765. 2011.

14 Nellis, A, The lives of juvenile lifers: Findings from a national survey. The Sentencing

Project Web site. Washington, DC: The Sentencing Project, 2013.; Monahan, Kathryn, Laurence Steinberg, and Alex R. Piquero, "Juvenile justice policy and practice: A developmental perspective," Crime and justice, 44.1, 2015, 577－619.

15 Skiba, Russell J, "The Failure of Zero Tolerance," Reclaiming Children and Youth, 22.4, 2014, 27－33.; Skiba, Russell J, "Special education and school discipline: A precarious balance", Behavioral Disorders, 27.2, 2002, 81－97.

16 Witt, Howard, "School discipline tougher on African Americans", Chicago Tribune, 25, 2007.

17 Giroux, Henry, The war on the young: Corporate culture, schooling, and the politics of "zero tolerance", Growing up postmodern: Neoliberalism and the war on the young, 2002, 5－46.; Jones, Trevor, and Tim Newburn, The convergence of US and UK crime control policy: exploring substance and process, Criminal justice and political cultures, 2004, 123－51.; Porter, Tracie R, The school－to－prison pipeline: The business side of incarcerating, not educating, students in public schools, Ark. L. Rev., 68, 2015, 55.

18 Paterson, Craig, Commercial crime control and the electronic monitoring of offenders in England and Wales, Social Justice, 34.3/4, 109－110, 2007, 98－110.

19 https://michiganvirtual.org/blog/restorative－justice－101－a－paradigm－shift－in－education/

20 Heilbrun, Anna, Dewey Cornell, and Peter Lovegrove, "Principal attitudes regarding zero tolerance and racial disparities in school suspensions", Psychology in the Schools, 52.5, 2015, 489－499.

21 Harcourt, Bernard E. Illusion of order: The false promise of broken windows policing, Harvard University Press, 2009.

22 Tobin, Tary, George Sugai, and Geoff Colvin, "Patterns in middle school discipline records", Journal of emotional and behavioral disorders, 4.2, 1996, 82－94,; Wallace, J M, et al, "Racial, Ethnic, and Gender Differences in School Discipline among US High School Students: 1991－2005", The Negro educational review, 59.1－2, 2008, 47－62.

23 Fabelo, Tony, et al. Breaking schools' rules: A statewide study of how school discipline relates to students' success and juvenile justice involvement. New York: Council of State Governments Justice Center, 2011.

24 Skiba, Russell J., and Kimberly Knesting, "Zero tolerance, zero evidence: An analysis of school disciplinary practice," New Directions for Student Leadership, 92, 2001, 17－43.; Curtis, Aaron J, "Tracing the School－to－Prison Pipeline from Zero－Tolerance Policies to Juvenile Justice Dispositions," 2014.; Curtis, Aaron J. "Tracing the school－to－prison pipeline from zero－tolerance policies to juvenile justice dispositions." Geo. LJ 102, 2013.

25 American Psychological Association, "Zero Tolerance Task Force. Are zero tolerance policies effective in the schools?: an evidentiary review and recommendations," The American Psychologist, 63.9, 2008, 852.

26 Davis, James Earl, and Will J. Jordan, "The effects of school context, structure, and experiences on African American males in middle and high school," The Journal of Negro Education, 63.4, 1994, 570－587.

27 Curran, F. Chris, "Estimating the effect of state zero tolerance laws on exclusionary discipline, racial discipline gaps, and student behavior", Educational Evaluation and Policy Analysis, 38.4, 2016, 647－668.; Monahan, Kathryn C, et al, "From the school yard to the

squad car: School discipline, truancy, and arrest," Journal of youth and adolescence, 43.7, 2014, 1110-1122.

28 Sughrue, Jennifer A, "Zero tolerance for children: Two wrongs do not make a right," Educational Administration Quarterly, 39.2, 2003, 238-258.; Wilson, Harry, "Turning off the School-to-Prison Pipeline," Reclaiming Children and Youth, 23.1, 2014, 49-53.

29 Paterson, Craig, Commercial crime control and the electronic monitoring of offenders in England and Wales, Social Justice, 34.3/4, 109-110, 2007, 98-110.

30 전종익·정상우, "학교폭력 예방 및 대책에 관한 법률 개선 방안 연구: 교육과 예방 및 회복 기능을 중심으로", 「교육법학연구」, 25.1, 2013, 205-229.

31 박상식, "소년범죄와 학교폭력 예방을 위한 회복적 사법의 도입에 관한 연구", 「법학연구」, 21.2 2013, 211-241.

32 홍봉선·남미애, "학교폭력문제해결을 위한 학교 차원의 회복적 사법의 적용.", 「형사정책」, 26.2 2014, 45-79.

33 강지명, "학교폭력 대응정책에서 소년사법의 역할에 관한 연구.", 「성균관법학」, 2014, 249-275.

34 강경래, "학교폭력과 무관용 (Zero Tolerance) 정책.", 「소년보호연구」, 19, 2012, 129-166.

35 허경미, "미국의 학교경찰제도 진단 및 정책적 착안점 연구.", 「경찰학논총」, 8.1, 2013, 181-201.

36 한유경 외, "학교폭력 대책 강화에 따른 단위학교 사안 처리과정에서의 갈등 분석.", 「교육과학연구」, 44.4, 2013, 73-97.

37 교육부, 2018년 2월 8일자 보도자료, 2017년 2차 학교폭력 실태조사 주요결과.

38 교육부, 2018년 8월 28일자 보도자료, 2018년 1차 학교폭력 실태조사 주요결과.

39 학교폭력예방법으로 약칭한다.

40 국가법령정보센터, http://www.law.go.kr/

41 제7조(학적사항) ① 중·고등학교에서는 입학 전 전적학교의 졸업연월일과 학교명을 입력하며, 검정고시 합격자는 합격 연월일과 '검정고시합격'이라고 입력한다.
② 재학 중 학적변동이 발생한 경우에는 전출교와 전입교에서 각각 학적변동이 발생한 일자, 학교와 학년, 학적변동 내용을 입력한다. 학적 처리에 사용하는 용어는 별지 제7호와 같다.
③ '특기사항'란에는 학적변동의 사유를 입력한다. 특기사항 중 학교폭력과 관련된 사항은 「학교폭력 예방 및 대책에 관한 법률」 제17조에 규정된 가해학생에 대한 조치사항을 입력한다.

42 조선일보, 학교폭력 가해 학생, 3월부터 생활기록부에 남긴다, 2012년 1월 16일, http://news.chosun.com/site/data/html_dir/2012/01/16/2012011600278.html

43 해당학생의 반성 정도와 긍정적 행동변화 정도를 고려하여 졸업하기 직전에 학교폭력대책자치위원회의 심의를 거쳐 학생의 졸업과 동시에 삭제할 수 있으나 재학기간 동안 2건 이상(제1호·제2호·제3호·제7호 포함)의 학교폭력 사안으로 학교폭력대책자치위원회의 가해학생 조치사항을 받았거나, 학교폭력 조치 결정 통보일로부터 6개월이 경과되지 않은 학생은 심의 대상자로 신청할 수 없음.

44 교육부훈령 제243호, 2018년 3월 1일자.

45 국민일보, 학교폭력 느는데… 가해학생에 관대한 학폭위, 2017년 10월 9일자, http://news.kmib.co.kr/article/view.asp?arcid=0923827734&code=11131100&sid1=soc.

46 중앙일보, 서울교육청·교원단체들 "학교폭력, 학생부 적지 말자" 논란, 2017. 7. 7., http://news.joins.com/article/21736703; 국민일보, 학교폭력 느는데… 가해학생에 관대한 학폭위, 2017년 10월 9일, http://news.kmib.co.kr/article/view.asp?arcid=0923827734&code=111311

00&sid1＝soc.

47 박주형·정제영·이주연, "학교폭력 사안의 학교생활기록부 기재에 관한 법적 쟁점 분석.", 「교육법학연구」, 25.1, 2013, 129－150.

48 홍봉선, 남미애, "학교폭력문제해결을 위한 학교 차원의 회복적 사법의 적용.", 「형사정책」, 26.2, 2014, 45－79.; 강지명, "학교폭력 대응정책에서 소년사법의 역할에 관한 연구.", 「성균관법학」, 2014, 249－275.

49 이데일리, 조희연 교육감 '학교폭력위, 교육 기능 잃었다…전면 검토해야', 2017. 10. 20., http://www.edaily.co.kr/news/news_detail.asp?newsId＝02722406616094888&mediaCodeNo＝257&OutLnkChk＝Y.

50 Sumner, M. D., Silverman, C. J., & Frampton, M. L,, School－based restorative justice as an alternative to zero－tolerance policies: Lessons from West Oakland (pp. 1－36), University of California, Berkeley: Thelton E Henderson Center for Social Justice. 2010.

51 뉴시스, 경찰, 청소년 상습·보복폭행 구속…학교폭력 무관용 원칙, 2017. 12.22., http://www.newsis.com/view/?id＝NISX20171222_0000184217&cID＝10201&pID＝10200.

52 소년법 제4조 4조(보호의 대상과 송치 및 통고) ① 다음 각 호의 어느 하나에 해당하는 소년은 소년부의 보호사건으로 심리한다.
1. 죄를 범한 소년
2. 형벌 법령에 저촉되는 행위를 한 10세 이상 14세 미만인 소년
3. 다음 각 목에 해당하는 사유가 있고 그의 성격이나 환경에 비추어 앞으로 형벌 법령에 저촉되는 행위를 할 우려가 있는 10세 이상인 소년
  가. 집단적으로 몰려다니며 주위 사람들에게 불안감을 조성하는 성벽(性癖)이 있는 것
  나. 정당한 이유 없이 가출하는 것
  다. 술을 마시고 소란을 피우거나 유해환경에 접하는 성벽이 있는 것

53 강경래, "학교폭력과 무관용(Zero Tolerance) 정책." 「소년보호연구」, 19, 2012, 129－166.; 한유경, 이주연, and 박주형. "학교폭력 대책 강화에 따른 단위학교 사안 처리과정에서의 갈등 분석.", 「교육과학연구」, 44.4, 2013, 73－97.

54 국가법령정보센터, http://www.law.go.kr/.

55 헌법재판소, 전원재판부 2012헌마630, 2016.4.28.

56 뉴스1, 일반고 교사 10명중 7명 '학생부, 대입 보조자료 전락', 2017. 11. 1., http://news1.kr/articles/?3141001.

제2장
사이버게임 중독과 폭력문화

Ⅰ. 문제의 출발

청소년들이 빈번하게 접촉하는 사이버 폭력게임이 학생들의 의식구조에 영향을 미치고 결국 학교폭력으로 이어질 수 있다는 우려는 이미 상당하게 퍼져있다. 한국 사회의 3세 이상 인구의 82.1%가 인터넷을 사용하고 있고, 10대의 인터넷 이용률은 99.7%에 달하며, 이들 중 86.4%가 여가활동으로 게임을 한다고 답할 정도로 게임이 이미 청소년문화를 형성하는데 깊숙하게 자리 잡고 있기 때문이다.1

학교폭력을 유발하는 주요 요인으로 사이버 게임이 직간접적인 영향을 미치는 사건들이 발생하고 있다. 예를 들어 국내 게임의 원조라 할 수 있는 리니지를 즐기는 청소년들 사이에서 게임 아이템을 돈으로 사는 '현질'과, 게임 내에서 시비가 붙어 현실 세계에서의 폭행으로 이어진 것을 뜻하는 현피(현실＋PK의 합성어. PK는 Player Kill의 줄임말)가 이미 사회문제로 대두돼 게임중독법의 제정논의까지 불러오고 있다.2 학교폭력에 견디다 못해 자살한 한 중학생이 사이버 게임상 무기분실이 발단이 되어 자살에 이른 경우도 있다.3

이와 같이 인터넷 사용률이나 학교폭력 유형의 변화에서 보는 것처럼 이미 청소년들에게 인터넷은 일상생활이자 문화이며, 사이버 게임상 폭력이 가상세계를 벗어나 오프라인으로까지 이어지는 일탈적인 양상을 보이는 것이다.

그런데 실제로 학생들에게 인기가 있는 사이버 게임이 무엇인지, 그리고 이러한 사이버 게임의 내용상 폭력성이 실제로 학교폭력으로 이어지는지를 범죄학적 관점에서 분석한 연구는 드물다. 이는 그동안 사이버 게임의 내용에 대한 접근이 주로 게임 콘텐츠 개발의 영역에서 다루어졌기 때문으로 보인다.[4]

따라서 청소년의 사이버 폭력게임중독이 학교폭력의 유발요인이라는 가정 하에, 사이버 게임을 등급별로 그 내용의 폭력성 정도를 분석하고, 청소년의 폭력게임의 중독정도 등을 검증하고, 청소년의 사이버 폭력게임의 중독여부가 개인의 내적 그리고 외적 통제력을 약화시키고, 이것이 학교폭력에 영향을 미치는지 여부 등을 살펴보는 것은 그 자체로 의미가 있고, 범죄학계의 큰 관심사이기도 하다.

사이버게임중독(Cyber Game Addict)은 인터넷 중독(Internet Addiction)[5]의 한 형태로 약물, 알콜, 또는 도박에 중독되는 것과 유사한 방식으로 인터넷 게임에 중독되는 심리적 장애를 의미한다.[6] 일반적으로 인터넷 게임사용과 관련하여 금단과 내성을 보이며, 인터넷 게임으로 인해 일상생활의 장애를 경험하는 상태이다.[7]

게임은 기본적으로 가상체험(Simulated Experience)을 원리로 한다. 공격성이론, 사회학습이론, 인지이론 등을 바탕으로 할 경우 게임을 통하여 반사회적인 가상체험을 반복할 경우 이는 실제 현실에서 반사회적인 태도를 증가시키고, 대인관계에 부정적인 영향을 줄 것이라는 것을 예측할 수 있다.[8] 따라서 국외에서는 1990년대 중반 이후 폭력적인 사이버 게임이 청소년들의 폭력성 및 공격성에 영향을 주는가에 대한 연구가 매우 활발하게 진행되어 왔고, 대체로 그 상관성을 증명하고 있다.[9] 또한 친사회적인 내용을 담은 사이버게임을 반복적으로 접한 청소년의 태도가 친사회적인 성향으로 변화하였다는 연구결과도 제시되어 게임의 내용이 청소년의 태도 형성에 영향을 미친다는 것을 증명하고 있다.[10]

국내의 경우 사이버 게임의 중독이 학업소홀, 성적 저하, 잦은 결석과 사회적 고립을 조장하며, 특히 폭력 게임의 중독은 모방을 통한 살인이나 폭력범죄 원인이 될 수도 있다[11]는 연구를 비롯하여 청소년의 사이버게임 중독과 폭력성에 관한 연구들이 이어져왔다.

김진화, 유귀옥(2008)은 중학생을 대상으로 온라인 게임 중독 수준에 따른 청소년의 공격성의 관계를 조사한 결과 정적으로 상관관계가 있다고 주장하였다. 청소년 패널데이터를 활용한 김소정(2010)의 연구에서도 인터넷의 사용정도에 따라서 청소년의 비행이 증가하는 결과를 나타내고 있다. 또한 인터넷 게임의 특성상 중독에 이르게 되면 가상공간과 현실공간을 혼동한 폭력적 행동을 보이거나 정체성 혼란을 경험하게 되어 일상생활에서 부적응 문제와 일탈행동을 일으키게 된다는 연구

결과도 있다.12

II. 게임중독과 자기통제력

레클리스는 범죄를 견제하는 요소를 내적인 요소와 외적인 요소로 구분하여 설명하였다.13 내적인 요소로는 자아관념, 자기통제력, 책임감과 목적의식, 인내심, 법규범에 대한 수용 등을 제시하였다. 외적인 요소로 가족과 이웃, 직장, 동료, 그리고 그들 집단이나 조직에 대한 소속감과 기대감, 인정감, 법규범, 형사사법기관의 엄격한 정책시행 등을 들었다. 그는 내적 그리고 외적인 요인들이 적절히 작용할 때 개인은 범죄를 억제하며, 반대의 경우 범죄를 행한다는 결론을 제시했다.14

내적 견제요인인 자아관념(Self Concept)은 레크리스와 디니츠(Reckless와 Dinitz, 1967)에 의해 제시된 개념으로 비행을 하지 않는 아이들은 그들이 사회적으로 적절하게 수용되는 자아관념을 습득하고 유지하는 것이 외부의 비행적 영향이나 환경적 요소에 대해서 막아주는 내적 견제요소로 작용한다고 주장하였다.15 그런데 인터넷 폭력게임을 사용하는 아이들의 대인관계에 관한 연구에서 폭력적 인터넷 게임이 타인에 대한 공감능력을 떨어뜨리고 결국 자신의 자아관념 역시 낮게 만드는 요인으로 작용한다는 결과가 제시되었다.16

한편 자기통제력(Self-Control)은 갓프레드슨과 허쉬(Gottfredson and Hirschi, 1990)의 자기통제이론(Self-Control Theory)에서 제안된 개념으로 자기통제력은 부모의 훈육을 통해서 어린 시절에 형성되어 범죄를 억제하는 요인으로 작용하는 것으로 많은 후속연구를 통하여 입증되고 있다.17

그래스믹(Grasmick) 등은 낮은 자기통제력이 실제로 청소년 사기범 및 폭행범 등에게도 나타나는지를 자기보고식 조사를 통하여 연구한 결과 상호관련성이 높다는 것을 증명했다. 또한 낮은 자기통제력을 가진 청소년들은 범죄기회에 더 빠지며, 청소년비행에 있어 개인의 특성이 매우 크게 영향을 미친다는 결과를 제시했다.18 버트와 사이몬(Burt & Simons, 2013)은 700명의 청소년 및 그들의 부모들을 대상으로 한 연구에서 스릴(Thrill)을 추구하는 사람일수록 자기통제력이 나약하다는 것을 입증하였다. 오스트리아, 벨기에, 슬로베니아 등 세 국가의 청소년을 대상으로 법률, 규범 등의 억지력(Deterrence), 자기통제력, 범죄기회 등의 변수로 비행성에 대한 자기보고식 조사를 통해 자기통제력이 낮을수록 억지력의 효과가 낮고, 범죄기회에도

쉽게 노출된다는 연구결과도 있다.[19]

외적 견제요인으로 가족 및 친구와의 유대감은 허쉬의 사회유대론(Social Theory)의 요소 중 애착(Attachment)에 해당되는 것으로 부모를 존경하고 사랑하는지, 친구들과 돈독한 관계를 유지하고 있는 있는지 등으로 측정할 수 있다. 청소년들의 부모와 학교 등에 대한 애착은 많은 연구들에서 주목받아온 요인이다.[20] 그리고 형법과 보호처분 등 법률적 억제효과는 범죄적 행동에 대한 처벌이나 제재 가능성의 인식여부로 파악할 수 있다. 범죄적 성향이 높은 청소년일수록 강한 처벌의 억지효과가 있다는 최근의 연구결과도 있다.[21]

이와 같은 연구결과들은 폭력적인 사이버게임중독이 현실에서의 폭력적인 행동을 야기하는 영향요인이라는 것을 보여준다.

Ⅲ. 사이버게임 콘텐츠는 얼마나 폭력적인가?

1. 청소년, 사이버 세상에 살다.

통계청의 조사에 따르면 2017년 13~24세 청소년 주중 여가시간은 컴퓨터 게임, 인터넷 검색 등, TV시청, 휴식활동 순으로 나타났다.[22] 13~24세 청소년이 앞으로 시간적, 경제적 여유가 생긴다면 여가시간에 가장 하고 싶은 활동은 국내외 여행이나 캠핑 등 관광활동(61.0%)이 가장 많으며, 다음은 문화예술관람(49.3%),취미, 자기개발활동(48.7%) 순으로 나타났다.

┃그림 1-2┃ 2017년 대한민국 청소년의 여가 생활

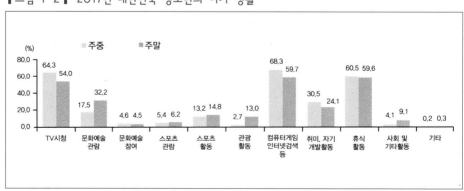

자료: 통계청, 「사회조사」, 2018.

한편 2017년에 10대 청소년은 일주일에 평균 16시간 54분(일평균 2시간 24분), 20대는 23시간 36분(일평균 3시간 24분) 인터넷을 이용하는 것으로 나타났다.23 인터넷 평균 이용시간은 최근 5년 동안 지속적 증가 추세를 보였다. 인터넷을 이용하는 빈도가 하루에 1회 이상인 경우가 10대 98.1%, 20대 100.0%로 10~20대 청소년은 거의 매일 인터넷을 이용하고 있는 것으로 나타났다. 여기서 인터넷이란 최근 1개월 이내 인터넷이용자이며, 이동전화, 스마트폰, 스마트패드, IPTV, 인터넷전화 등을 이용한 인터넷 접속을 모두 포함하는 것이다.

10~20대 청소년들은 인스턴트메신저·SNS·이메일 이용 등의 커뮤니케이션, 음악듣기·동영상보기·온라인게임 등의 여가활동, 정보검색·신문읽기 등의 자료 및 정보 획득 목적으로 인터넷을 이용하는 것으로 나타났다. 즉 거의 모든 생활이 인터넷으로 연결되어 있음을 알 수 있다.

▌표 1-8 ▌ 청소년의 사이버 세상 활동 시간

		주평균 이용시간	인터넷 이용 빈도			
			하루에 1회 이상	일주일에 1회 이상	한 달에 1회 이상	한 달에 1회 미만
2015	10대	14.5	96.6	3.3	0.1	0.1
	20대	21.0	99.8	0.2	-	-
2016	10대	15.4	93.9	5.6	0.3	0.2
	20대	22.8	99.6	0.4	0.0	-
2017	10대	16.9	98.1	0.9	1.0	-
	20대	23.6	100.0	-	0.0	-

자료: 과학기술정보통신부·한국인터넷진흥원, 「인터넷이용실태조사」 각년도.

한국정보화진흥원 등의 2017년 10~19세 청소년의 스마트폰 과의존위험군의 비율은 30.3%로 최근 3년 동안 감소 추세를 보였다.24

학교급별로는 중학생이 34.3%로 가장 높고, 그 다음은 고등학생 28.7%, 초등학생 22.0% 순이었고, 과의존위험군 중에서 고위험군 비율은 중학생이 3.9%, 고등학생이 3.4%로 중학생이 가장 취약한 것으로 나타났다. 스마트폰 과의존위험군에 속하는 10~19세 청소년이 주로 이용한 콘텐츠는 메신저가 98.8%, 게임이 97.8%로 나타났고, 그 외에 학업·업무용 검색(82.6%), 음악(82.6%), SNS(81.6%) 순으로 이용하였다.

┃그림 1-3 ┃ 스마트폰 과의존 실태 및 주이용 콘텐츠

자료: 과학기술정보통신부 · 한국정보화진흥원, 「스마트폰과의존실태조사」.

이와 같이 스마트폰을 게임용으로 이용하는 정도가 높다는 것은 그만큼 폭력적인 게임에 접근할 기회가 많다는 것을 의미하는 것이기도 하다.

사이버 게임 내용의 폭력성 정도는 다양한 차원에서 접근할 수 있다. 게임물등급위원회는 게임산업진흥에 관한 법률 제2조 제1호 및 제21조를 근거로 게임물의 등급분류기준을 선정성, 폭력성, 범죄 및 약물, 부적절한 언어, 사행성의 5가지 요소로 구분하면서 폭력성을 다시 3등급으로 구분하고 있다.25

2. 사이버 폭력게임은 누가 무엇을 기준으로 분류하나

사이버 폭력게임이 학교폭력에 미치는 영향력을 검증하기 위해서 한국에서 유통되는 사이버 게임 중에서 인기 순으로 게임의 폭력성 정도가 어느 정도인지의 분석이 필요하다.26

김재엽 등(2010)은 폭력성의 요건으로 무기를 사용하여 신체훼손과 선혈 등이 묘사되는가, 총기의 모습과 선혈묘사가 사실적으로 표현되는가를 기준으로 삼기도 했다. 한편 독일의 경우에는 오락소프트웨어자율규제위원회(USK)가 폭력물의 등급분류를 0, 6, 12, 16, 18세 등 5단계로 구분하고 있다. 이 중에서 16세 등급은 잦은 총기결투, 피가 보이지 않는 정도의 심하지 않은 폭력 장면을 담고 있거나 성인용 주제를 담고 있는 게임물에 해당한다. 그리고 난폭하고 심하지는 않지만 피가 보이는 정도의 폭력 장면을 담고 있고 전쟁이나 인권침해를 침해하는 게임물은 18세 등급을 받게 된다.

싱가포르의 경우에는 2008년 4월부터 비디오게임의 내용의 폭력성 여부를 분석하는 시스템을 도입하였다. 관장부서는 미디어발전위원회(MDA)이며, 위원회는 사

회관습, 청소년의 보호, 인종/종교의 조화, 국가이익, 주제와 내용의 적합성, 정신신체무익성, 창의성/교육성 등을 기준으로 모든 게임물을 분석하여, 이를 18세 이상가(M18), 16세 이상가(Suitable for 16 & above)로 분류한다. 이 두 그룹의 게임물들은 해당 스티커를 부착하여야 하며, 해당 연령대 이하에게는 판매가 금지된다.27

한국의 현행 게임물관리위원회는 게임물의 폭력성에 대하여 전체 이용가(폭력성 없음), 12세 이상가(폭력을 주제로 하나 표현이 경미한 경우), 15세 이상가(폭력을 주제로 하여 선혈, 신체 훼손이 비사실적), 청소년 이용불가(폭력을 주제로 하여 선혈, 신체훼손이 사실적)으로 판단기준을 제시하고 있다.

이 위원회는 선정성, 폭력성, 범죄 및 약물, 부적절한 언어, 사행성의 5가지 요소를 종합적으로 고려하여 등급을 분류한다고 설명하면서 그 세부지표를 다음과 같이 제시하고 있다.28

▌표 1-9 ▌ 게임물관리위원회의 등급분류세부기준

구분	전체이용가	12세 이용가	15세 이용가	청소년 이용불가
선정성	선정적 내용 없음	성적 욕구를 자극하지 않음	가슴과 둔부가 묘사되나 선정적이지 않은 경우	선정적인 노출이 직접적이고 구체적 묘사
폭력성	폭력적 요소 없음	폭력을 주제로 하나 표현이 경미한 경우	폭력을 주제로 하여 선혈, 신체 훼손이 비사실적	폭력을 주제로 하여 선혈, 신체훼손이 사실적
범죄 및 약물	범죄 및 약물 내용 없음	범죄 및 약물 내용이 있으나 표현이 경미	범죄 및 약물 내용이 있으나 표현이 경미	범죄 및 약물 등 행동 조장
언어	저속어, 비속어 없음	저속어, 비속어가 있으나 표현이 경미	저속어, 비속어가 있으나 표현이 경미	언어 표현이 청소년에게 유해하다가 인정되는 경우
사행성	사행적 요소 없음	사행적 요소가 다소 있지만 경미한 경우	사행적 요소가 다소 있지만 경미한 경우	사행성이 높은 행위를 유발하는 경우

자료: 게임물관리위원회, 2019.

그리고 이를 기준으로 게임물을 분류하여 게임물에 따라 표시하도록 하였다.

▌표 1-10 ▌ 게임물 구분 방법

구분	방법
아케이드 게임	게임기 외관 전면에 표시를 부착
온라인 게임	게임 초기화면에서 3초 이상 표시, 게임시간 1시간 마다 3초 이상 표시
모바일 게임	게임 초기화면에서 3초 이상 표시
개인용 컴퓨터(PC)게임물 및 비디오 게임물	게임물 포장의 표면에 표시

┃표 1-11┃ 게임물 표시 방법

선정성	폭력성	공포	언어의 부적절성	약물	범죄	사행성

IV. 사이버게임의 중독은 폭력적 태도형성에 얼마나 영향을 미칠까?

사이버게임의 내용분석을 바탕으로 설문지를 작성하여 청소년의 게임중독 정도 여부 및 개인의 내적·외적 통제의 정도, 학교폭력과의 상관성 등을 파악할 수 있다.29 게임중독여부의 진단은 한국정보화진흥원의 스마트쉼센터에서 개발한 온라인

┃표 1-12┃ 온라인 게임중독 자가진단표

1	게임으로 인해 학교생활이 재미없게 느껴진다.
2	게임을 하는 것이 친한 친구와 노는 것보다 더 좋다.
3	게임 속의 내가 실제의 나보다 더 좋다.
4	게임에서 사귄 친구들이 나를 더 알아준다.
5	게임에서 사람을 사귀는 것이 더 편하다.
6	내 캐릭터가 다치거나 죽으면 실제로 내가 그렇게 된 것 같다.
7	게임을 하느라 학교 숙제를 할 시간이 없다.
8	게임을 하느라 해야 할 일을 못한다.
9	게임하는 시간이 점점 길어진다.
10	처음에 계획했던 게임시간을 지키기 어렵다.
11	게임을 그만하라는 말을 듣고도 그만두기가 어렵다.
12	게임 하는 시간을 줄이려고 하지만 잘 안 된다.
13	게임을 안 하겠다고 마음먹고도 다시 게임을 하게 된다.
14	게임을 하면서 전보다 짜증이 늘었다.
15	다른 할 일이 많아도 게임을 먼저 한다.
16	게임을 못하면 하루가 지루하고 재미없다.
17	게임을 안 할 때도 게임 생각이 난다.
18	야단을 맞더라도 게임을 하고 싶다.
19	게임을 하지 못하면 불안하다.
20	누가 게임을 못하게 하면 화가 난다.

자료: 스마트쉼센터, 2019.

게임중독 자가진단 척도의 문항들을 활용할 수 있다. 즉, 조사대상 청소년들로 하여금 이 진단표에 따라 응답하게 한 후 이를 다시 조사원이 웹상에서 입력하여 설문지 응답자별 인터넷게임 중독성 여부를 진단하는 방식이다.

폭력적 게임과 폭력적 태도형성의 상관성을 [그림 1-4]와 같이 그려볼 수 있다. 즉 게임중독이 심각한 청소년일수록 자기통제가 낮고, 자기통제가 낮을수록 폭력적 태도형성의 정도가 높을 수 있다. 그리고 폭력성게임을 선호하는 청소년일수록 자기통제가 낮고, 폭력적 태도형성의 정도가 높을 것이라고 추론할 수 있다.

▌그림 1-4 ▌ 폭력적 게임과 폭력적 태도형성의 상관성

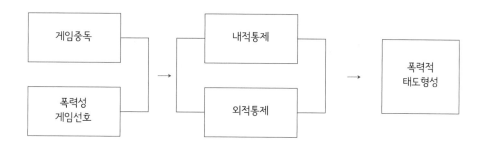

실제로 이러한 설계에 의한 연구에서는 게임중독이 심각한 청소년일수록 가족유대와 친구유대, 자아관념이 낮아지는 것으로 조사되었다.30 일반적으로 게임에 몰두하면 가족 간의 대화가 단절되고, 가정 내에서 발생하는 일에 관심을 두지 않는 경향이 있다. 그리고 게임에 몰두하느라 친구들과 우정을 나눌 수 있는 기회가 단절되며, 이로 인해 더욱 친구관계는 소원해지게 된다. 그리고 타인을 배려하거나 스스로를 가치 있는 사람이라고 생각하는 자아관념 역시 낮아지게 된다. 또한 게임중독이 심각할수록 자기통제력이 낮아지는데 청소년들의 선호게임 50위 유형 중 대부분의 게임내용이 괴물을 파괴(공격)하는 폭력적인 것으로 나타났다. 폭력적인 게임에 중독된 청소년은 즉각적인 반응에 관심을 나타내고, 대화보다는 폭력적인 것에 익숙해지게 되어 충동적으로 행동하며, 자기통제력 역시 낮아질 수 있다.

결국 게임중독은 가족관계와 친구관계를 단절시키며, 부정적인 자아관념을 형성케하며, 자기통제력을 약화시키는 요인으로 작용하며, 이것이 결국 학교폭력을 유발하는 한 요인이 될 수 있다는 것을 보여준다. 그러나 게임 특히 폭력적 게임을 규제해야 한다는 목소리가 높아지고 있지만 또 한편에서는 게임이 청소년의 폭력적

성향을 불러일으킨다는 주장에 공감할 수 없다는 지적들도 있다. 특히 온오프라인의 경계를 넘나드는 현실에서 게임규제를 강화하는 것이 오히려 비현실적이며 4차 산업혁명에 역행하는 비현실적인 발상이라는 비판도 크다.[31]

▌표 1-13▐ 청소년의 게임중독과 자기통제 정도 진단

구분	개념	내용
독립변수	게임중독	게임중독성 정도
	폭력게임	게임의 폭력성 정도
외적통제	가족유대	부모 존경함
		부모 사랑함
		가족 중요함
		부모 나 사랑
		부모 나 이해함
	친구유대	친구와 잘 지냄
		속마음 나눌 친구 있음
		친구 나 이해
	처벌	폭력시 경찰에 검거될 것임
		절도시 학교는 처벌할 것임
		절도시 경찰에 검거될 것임
내적통제	자아관념	타인배려
		긍정마음
		가치 있는 사람
		친구이야기 잘 들어줌
	자아 통제	하고 싶은 말함
		쉽게 흥분
종속변수	학교폭력	친구별명 부르기
		욕하기
		타인 때림

V. 이슈&디스커션

1. 인터넷노출시간과 게임중독여부는 상관성이 있을까?
2. 폭력적인 게임의 반복성 여부는 청소년의 뇌에 어떤 영향을 미칠까?
3. 폭력적 게임물이 학교폭력 가해자적 태도 형성과 상관성이 있을까?
4. 청소년의 게임 셧다운제, 어떻게 생각하는가?

참고문헌

1 한국인터넷진흥원. (2013). 2013년 인터넷 이용실태 요약보고서.

2 연합뉴스, "한국 온라인게임의 '산 역사' 리니지 15주년", 2013년 11월 27일자.

3 외국의 사정도 별반 다르지 않다. 예를 들어 독일의 빈넨덴 학교 총기난사 사건(Winnenden School Shooting)은 2009년 3월 11일에 발행하였는데 범인인 팀 크레치머는 모두 학생과 교사를 포함하여 모두 16명을 총기로 살해하였다. 그는 도주중 범행동기를 '재미를 위해서'라고 밝혀 충격을 주었다(BBC NEWS, 2009년 3월 18일). 한편 미국 워싱턴주의 Frontier Middle School에 다니는 11세된 중학생이 학교폭력으로 시달리는 친구를 돕기 위하여 총과 탄약 400발을 가지고 학교에 등교해 자신의 사물함에 넣고 두 시간 만에 경찰에 발각되는 일이 발생하였다. 그런데 이 학생은 이전에도 칼 등을 지속적으로 소지하고 다닌 것으로 밝혀졌다(NBC NEWS, 2013년 10월 24일). (헤럴드경제, 2013년 12월 16일)

4 NHN Entertainment, http://www.nhnent.com/ko/index.nhn, 2014년 1월 19일 검색; ncsoft, http://kr.ncsoft.com/korean/gamenservice/gameList.aspx 2014년 1월 19일 검색.

5 인터넷 중독(Internet Addiction)이라는 용어는 DSM – Ⅳ에는 등재되어 있지 않지만, 영(Young, 1996)이 Substance Addiction and Obsession의 장에서의 진단기준을 바탕으로 Substance 대신 Internet을 넣어 인터넷의 사용으로 Substance Addiction and Obsession의 증세처럼 나타나는 현상을 인터넷 중독(Internet Addiction)이라고 사용하기 시작하였고, 관련 후속연구들이 진행되고 있다(Brian D. Ng and Peter Wiemer–Hastings, 2005).

6 현재 한국에서는 한국정보화진흥원의 인터넷중독대응센터가 아동, 청소년, 성인 등 세 그룹을 대상으로 인터넷중독진단, 온라인게임중독진단, 스마트폰중독진단, 인터넷이용습관진단 등을 진단할 수 있도록 진단표를 제시하고 있다(한국정보화진흥원, http://www.iapc.or.kr/dia/survey/addDiaSurveyNew.do?dia_type_cd＝GAYS).

7 김진화·유귀옥. (2006). "청소년의 온라인 게임중독과 공격성과의 관계연구". 「청소년 문화포럼」, 17: 34－59.

8 Sestir, MA & Bartholow, BD. (2010). Violent and nonviolent video games produce opposing effects on aggressive and prosocial outcomes, Journal of Experimental Social Psychology, 46(6), 934－942.

9 Whitaker JL., & Bushman, BJ. (2012). Remain Calm. Be Kind." Effects of Relaxing Video Games on Aggressive and Prosocial Behavior, Social Psychological and Personality Science January, 3(1) 88－92.

10 Tobias, G., & Silvia, O. (2010). Effects of prosocial video games on prosocial behavior, Journal of Personality and Social Psychology, Vol 98(2), 211－221.

11 이성식·전신현. (2012). "인터넷사용, 일상긴장, 비행의 관계: 청소년패널자료의 분석", 형사정책연구, 23(3): 293－318.

12 윤성일·안홍선·오석원. (2012). "중학생의 부모애착과 학교생활 스트레스가 인터넷 게임중독에 미치는 영향", 디지털정책연구, 10(7): 221－227.

13 Reckless. (1961)

14 허경미. (2013). 「현대사회와 범죄학」. 박영사.

15 이윤호, 2011, 306.

16 Gentile, D.A., Lynch P. J., Linder J. R. et al (2004). The effects of violent video game

habits on adolescent hostility, aggressive behaviors and school performance. Journal of Adolescence, 27: 5−22.

17 Grasmick, Tittle, Bursik Jr. and Arneklev. (1993). Testing the Core Empirical Implications of Gottfredson and Hirschi's General Theory of Crime, Journal of Research in Crime and Delinquency February, 30(1), 5−29. ; Ellwanger & Pratt. (2014). Self−Control, Negative Affect, and Young Driver Aggression: An Assessment of Competing Theoretical Claims, Int J Offender Ther Comp Criminol, 58(1), 85−106.; Burt & Simons. (2013). Self−Control, Thrill Seeking, and Crime 안차수. (2008). "초등 청소년의 자기통제력과 자아존중감이 인터넷 중독과 예방 프로그램의 효능에 미치는 영향", 「언론과학연구」, 8(3): 347−380.

18 Grasmick, Tittle, Bursik Jr. and Arneklev. (1993). Testing the Core Empirical Implications of Gottfredson and Hirschi's General Theory of Crime, Journal of Research in Crime and Delinquency February, 30(1), 5−29.

19 Hirtenlehner, Pauwels and Mesko(2014)

20 허경미, 2006; Li & MacKenzie, 2003.

21 Thomas, Thomas A and Piquero, 2013.

22 통계청, 2017 청소년통계배포용, 2018, 34.

23 통계청, 2017 청소년통계배포용, 2018, 35.

24 통계청, 2017 청소년통계배포용, 2018, 37.

25 게임물관리위원회, http://www.grb.or.kr/Institution/EtcForm01.aspx.

26 게임의 내용분석은 게임메카(https://www.gamemeca.com/) 사이트에서 PC& 온라인 게임 순위를 1위부터 50위까지 선정하여 폭력성의 척도에 따라 진행하였다. 게임메카는 온라인 · PC · 비디오 · 모바일 등 게임 전반에 대한 정보를 제공하는 대한민국 최초의 게임전문미디어이다. 1992년부터 Game POWER, PC POWER ZIne, Net POWER 등의 유명 게임전문지를 출간한 제우미디어가 2000년 게임메카 사이트로 게임유저들에게 꾸준히 사랑받는 것으로 평가받고 있다(위키백과, http://ko.wikipedia.org/wiki/%EA%B2%8C%EC%9E%84%EB%A9%94%EC%B9%B4).

27 싱가포르 미디어발전위원회, http://www.mda.gov.sg/PUBLIC/MEDIACLASSIFICATION/Pages/VideoGames.aspx

28 게임물관리위원회, https://www.grac.or.kr/Institution/EtcForm01.aspx/2019.1.10.

29 허경미. (2014). 청소년의 사이버 폭력게임 중독이 학교폭력에 미치는 영향. −사이버 게임의 내용분석을 중심으로−, 한국공안행정학회보 23(2): 265−294.

30 허경미. (2014). 청소년의 사이버 폭력게임 중독이 학교폭력에 미치는 영향. −사이버 게임의 내용분석을 중심으로−, 한국공안행정학회보 23(2): 265−294.

31 ZD넷, 김병관 의원 "게임산업 발전 악순환, 강제적 셧다운제 규제 때문", 2019년 1월 3일자 보도.

제3장
시민의식과 비행

Ⅰ. 문제의 출발

국제교육협의회(International Association for the Evaluation of Educational Achievement: IEA)는 국제 시민 및 시민의식(International Civic and Citizenship Study: ICCS)을 연구하는 국제조직이다. 이 조직은 학생들의 가정 지식에 대한 정보를 수집하면서 학생들의 시민적 지식, 이해, 인식, 태도, 참여 및 행동을 조사하여 발표하고 있다.[1]

따라서 각 국가기관과 학계에서는 청소년의 시민의식을 파악할 때는 통상 이 조직이 사용하는 시민, 시민의식 등의 개념과 조사틀을 바탕으로 활용한다.

그런데 IEA는 정상 청소년을 둘러싼 공식적 조직과 제도, 그리고 비공식적 조직과 제도, 부모, 교사, 친구, 정당, 종교, 교육, 대중매체 등과의 상호작용이 청소년의 시민의식에 영향을 준다는 가정 하에 연구를 진행하고 있다.

IEA가 2009년과 2016년의 한국, 홍콩, 대만 청소년의 시민역량을 비교·분석해본 결과, 이 기간에 한국 청소년의 시민역량이 다른 국가에 견줘 크게 증가한 것으로 나타났다.[2]

시민의식을 이해하기 위해서는 먼저 몇 가지 전제적인 구성요소에 대한 이해를 필요로 한다. 먼저 공동체(Community)란 동일한 역사, 가치, 소속감, 동일 목적을 함께 가지는 사람들의 집단을 말한다. 이 공동체의 구성원들은 자신들이 속한 학교나 사회의 정치적 또는 사회적 이슈에 대하여 동일한 가치 기준과 태도를 가지고 있고, 또한 그렇게 되도록 지향점을 찾는 모습을 보인다. 다음으로 사회(Society)란 지리학적으로 그리고 인구학적으로 공동의 문화 및 자율성, 독립성, 자급자족적인 기능 등을 갖춘 공동체를 말한다.

시민사회(Civil)란 사람들 간의 공통의 관계가 유지되는 국가보다는 작고, 가족단위보다는 큰 사회단위이며, 시민공동체(Civic)란 국가를 포함하여 가족보다는 큰 공동체로서 의사결정과정, 참여, 정부, 법률적 규제 등의 영향권이 미치는 사회공동체를 말한다.

이러한 인식을 바탕으로 시민의식의 구성요소에는 첫째, 시민사회와 제도(Civic society and systems), 둘째, 시민원리(Civic principles), 셋째, 시민참여(Civic participation), 넷째, 시민정체성(Civic identity)을 포함시킨다.

시민사회와 제도는 시민(Citizen), 국가제도(State institution), 시민제도(Civil institution)를 포함하는 개념이며, 시민은 그들의 시민공동체에서의 역할과 책임, 권리를 가지며, 동시에 공동체 사회를 발전시키기 위한 기회와 능력을 가져야 한다. 국가제도는 시민공동체의 이익을 위해 봉사하고 법을 제정하며, 유지하는 역할을 하는 것으로 의회, 정부, 사법부, 법집행기관, 군대, 공무원, 선거사무 등을 말한다. 시민제도는 시민상호 간 또는 시민과 국가제도 간을 조정하고, 상호 이익을 위해 역할을 하는 것으로 종교제도, 기업, 노조, 정당, 시민단체, 압력단체, 대중매체, 학교, 문화적 또는 특별한 이익단체 등을 포함한다.

시민원리는 사회 구성의 기본원리를 공유하는 것으로 이에는 사회적 평등성(Equity), 자유(Freedom), 사회적 결속력(Social cohesion)을 포함한다. 시민참여는 공동체 안에서의 개인의 적응 또는 참여를 말하는 것으로 의사결정(Decision making), 영향력(Influencing), 공동체 참여(Community participation) 등을 포함한다. 시민정체성이란 사회 구성원으로서의 자신 및 지역공동체의 동질성 또는 차별성을 인식하고, 그에 대한 자부심, 결속력을 느끼고 유지하려는 것으로 자아정체성(Civic self image) 및 시민소속감(Civic connectedness)을 포함한다.

따라서 이와 같은 구성요소를 전제로 시민의식(Citizenship)이란 시민으로서의 법률적인 지위라는 의미와 함께 자신이 속한 지역공동체에 참여 사실 또는 참여결여 등의 의미를 포함하는 개념으로 공동체의 일원으로 공동체의 제도와 가치를 신뢰하고, 지지하며, 구성원으로서의 책임과 의무를 다하려고 하는 의식과 태도를 말한다.

국제교육협의회는 청소년의 의식과 행동은 사회 속에서 생성되고, 발전된다고 전제하였다.[3] 즉, 시민으로서의 청소년을 둘러싼 정치적, 경제적 제도와 가치, 교육,

대중매체의 제도와 가치, 국가 또는 지역의 영웅, 상징, 설화, 국가의 적 및 동맹, 개인주의와 집단주의와 관련된 사회참여가치, 종교적 가치 및 제도, 성·인종·이민자 등에 대한 사회경제적 차별 및 다양성 수용 정도 등이 모두 청소년의 시민의식 형성에 영향을 주고받는 요소들이라고 설명한다.

II. 소년범죄, 어느 정도인가?

민주주의 사회에서의 구성원들의 시민의식(citizenship)은 공동체의 정치적 그리고 문화적 수준 및 그 결속력을 측정할 수 있는 척도로서의 역할을 한다. 특히 시민의식은 사회 구성원의 책임감을 바탕으로 상호간의 다양성을 인정하고, 사회 발전을 위한 건전한 의식과 태도를 촉구하는 측면도 있다.

비행청소년의 경우 정상소년 보다 비호감적인 법의식 및 시민가치, 신념 등으로 지역사회의 안전을 해하는 행동을 보인다는 측면에서 정상소년에게 적용했던 IEA의 조사틀을 가지고 비행소년의 시민의식의 정도를 가늠하여 볼 필요가 있다. 이는 향후 이들에게 필요한 공동체 구성원으로서의 가치, 태도, 신념 등을 내재화할 수 있는 교육과 정책이 무엇인지를 결정짓는 중요한 지표가 될 것이다.

2018년도에 발간된 범죄백서에 따르면 지난 10년 동안 전체 소년범은 2008년을 정점으로 감소 추세로 전환하여 꾸준히 감소세를 보이다가 2016년에는 전년 대비 7.0% 증가한 76,000명을 기록하였다. 지난 10년간 소년 형법범죄의 증가폭이 성인 형법범죄의 증가폭보다 훨씬 더 큰 것으로 나타났다. 범죄 유형별로는 동향을 살펴보면 재산범죄의 비율이 54.1%로 가장 높고, 그 다음이 강력범죄(폭력) 31.8%, 강력범죄(흉악) 5.5% 순으로 나타났다.[4]

소년 특별법범죄의 주요 죄명별 구성비는 도로교통법위반이 전체의 39.4%로 가장 높은 비율을 차지하고 있고, 그 뒤를 이어 교통사고처리특례법위반, 정보 통신망법위반 등 순으로 나타났다. 대체적으로 지난 10년간 소년 특별법범에서 도로교통법위반이 차지하는 비율은 감소하고 있다.

2016년 소년범죄자의 연령층을 살펴보면, 모든 형법범죄와 특별법범죄에서 16세~17세가 가장 높은 비율을 점하고 있다.

소년범죄자에 대한 처우는 크게 사회내 처우와 시설내 처우로 나눌 수 있는데 사회내 처우는 보호관찰소가, 시설내 처우는 소년원과 소년교도소 등에서 담당하고 있다.

소년 보호관찰 실시인원의 10년간 추이를 살펴보면, 법원의 적극 활용으로 꾸준히 증가하는 추세를 보이다가 2013년부터는 감소하고 있는 것으로 나타났다. 2016년 소년 보호관찰 실시인원은 전년 대비 8.7% 감소한 38,641명이다.

2016년 소년 보호관찰대상자 성별 현황은 여성과 남성의 비율이 17 : 83으로 나타났으며, 직업현황은 학생 56.2%, 무직 37.3% 순으로 나타났다.

처음 보호관찰을 받은 소년의 비율이 매년 지속적으로 감소하여 2016년에는 47.8%로 나타나 이미 1회 이상의 보호관찰을 받은 소년들이 다시 보호관찰대상자가 되는 비율이 증가한다는 사실을 보여준다.

소년범죄자의 조사를 담당하고 있는 소년분류심사원의 분류심사 현황을 살펴보면, 2007년 9,077명에서 2011년 11,429명으로 급격히 증가한 후 2012년부터 증감을 반복하고 있다. 2016년 분류심사 완료인원은 9,109명으로 이 중 수용분류심사가 5,116명(55.5%) 차지하고 있는데 불구속 송치자를 대상으로 하는 상담조사에 비해 더 많은 것으로 나타났다.

법원 소년부에서 소년원 송치처분을 받은 10세 이상 19세 미만의 소년을 수용하는 소년원의 신수용인원은 2007년 1,511명에서 2012년 3,429명으로 급격히 증가한 후 2013년부터 다소 감소하고 있다. 2016년 소년원 신수용인원은 2,092명인데 성별은 남성이 87.5%, 연령은 16~17세가 50.7%, 학력은 고등학교가 59.6%, 직업은 무직이 42.5%를 차지하였고, 비행유형은 보호관찰위반(40.5%)과 절도·횡령(22.5%)의 비율이 높았다.

소년원에서는 보호소년이 사회적응능력을 길러 건전한 청소년으로 사회에 복귀할 수 있도록 교과교육, 직업능력개발훈련, 인성교육, 검정고시 등의 교육을 실시하고 있으며, 교정의 목적을 이루었다고 인정될 때에는 임시퇴원 또는 퇴원을 신청하여 출원시킨다. 최근 10년간 소년원 출원 현황을 살펴보면 보호관찰을 부과받지 않고 출원하는 퇴원 비율이 보호관찰을 부과받고 출원하는 임시퇴원 비율보다 다소 높은 추세로 2016년 퇴원 비율은 53.8%였다.

2018년 11월 13일 인천 중학생 추락사 사건의 가해 학생 4명이 재판에 넘겨졌다.

인천지검은 상해치사 등 혐의로 ㄱ(14)군 등 중학생 4명을 구속 기소했다고 12일 밝혔다. ㄱ군 등은 11월 13일 오후 5시20분께 인천시 연수구 한 15층짜리 아파트 옥상에서 ㄴ(14)군을 집단 폭행한 혐의를 받고 있다.

ㄴ군은 1시간 20여분 동안 이어진 이들의 폭행을 견디다 못해 "이렇게 맞을 바에는 차라리 죽는게 낫겠다"고 말한 뒤 옥상에서 추락해 숨졌다. ㄴ군은 이들의 폭행을 피해 옥상 난간에 매달려 있다가 아래로 떨어졌다.

이들은 ㄴ군이 한 가해 학생의 아버지 얼굴과 관련해 험담하고 "너희들과 노는 것보다 게임이 중요하다"고 말했다는 이유로 모의한 뒤 ㄴ군을 폭행한 것으로 조사됐다. 이들은 사건 당일 새벽 1시 13분부터 약 2시간여 동안 피해 학생을 여러 공원으로 끌고 다니며 전자담배(14만원 상당)를 빼앗고, 폭행했다. 피해 학생이 폭행을 피해 달아나자 같은 날 오후 5시 20분께 "전자담배를 돌려주겠다"며 불러내 옥상으로 끌고 간 것으로 드러났다. 1차 폭행 현장에 있던 ㄱ군 등 3명에게는 폭처법상 공동공갈·공동상해 혐의도 적용됐다.

구속 전 피의자 심문(영장실질심사)에 출석하는 과정에서 피해 학생의 패딩점퍼를 입어 논란이 된 ㄷ(14)군은 사기죄가 추가됐다. ㄷ군은 사건 발생 이틀 전인 지난달 11일 오후 7시30분께 자신의 집으로 ㄴ군을 불러 "내가 가진 흰색 롱 패딩이 일본 디즈니랜드에서 산 옷"이라고 거짓말을 한 뒤 시가 25만원 상당의 피해자 패딩과 바꿔 입었다. 검찰은 ㄷ군에게 공갈죄 적용을 검토했으나 옷을 바꿔 입는 과정에서 강제성은 없는 것으로 보고 대신 사기죄를 적용했다.

자료: 한겨레, 2018년 12월 12일자 보도.

III. 비행청소년의 시민의식의 정도

1. 진단지표

비행청소년의 시민의식에 대한 조사는 소년법 제32조에 의하여 보호처분 제8호, 제9호, 제10호로 소년원에 수용 중인 비행청소년5이며, 대상 소년원은 서울, 부산, 대구, 대덕에서 진행되었다.

이 조사는 김태준 외(2003)가 사용했던 조사했던 연구 틀을 기초로 시민의식의 네 가지 영역 가운데 시민사회와 제도영역 및 시민원리영역을 진단하였다.6

▌표 1-14 ▌ 비행 청소년의 시민의식 진단

영역	구성요소	지표
시민사회와 제도의식	법질서의식	법 복종의 중요성
		아무도 보지 않으면 법질서를 지킬 필요가 없다
		우리사회에서 법질서를 지키는 사람이 손해를 본다
		우리 사회에서 권력이 있는 사람은 법을 어기고도 잘산다.
		우리사회에서 미성년자와의 성관계 발생 가능성
		우리사회에서 음주운전의 발생 가능성
	공공질서 및 사회규범 준수의식	공공시설을 이용할 때 급한 경우 차례를 지키지 않을 수도 있다.
		백화점, 전철에서 핸드폰을 사용해도 괜찮다.
		수업시간에 핸드폰을 사용해도 괜찮다.
	법제정 및 집행, 정부에 대한 신뢰	경찰
		법조계(판사, 검사, 변호사 등)
		정치인
		국회의원
		지역관공서
		우리나라 정부
	지역사회 및 매스미디어에 대한 신뢰	기업인 (회사사장)
		이웃주민
		TV 뉴스
		라디오 뉴스
		신문 뉴스

영역	구성요소	지표
시민원리	남성과 여성의 역할	가족의 생계는 남자가 책임져야 한다.
		여자가 잘 되는 길은 자신보다 남편을 잘 도와서 성공시키는 것이다.
		남녀가 함께 일하는 직장 부서의 책임자는 남자가 맡는 것이 좋다.
	다양성	외국인 근로자들은 우리 사회에서 우리나라 사람들의 권리와 같은 권리를 모두 가져야만 한다.
		중요한 문제를 결정할 때는 한 두 사람이 빠르게 처리하는 것이 좋다.
	민주주의	민주국가에서 하나 이상의 여러 정당이 있어야 하는 이유
		정부가 가장 비민주적인 경우
		어떻게 해서든 잘 살 수 있도록 해 주면 되었지 민주주의를 꼭 해야 한다는 법은 없다.
	사회구성원의 양심적 행위	거리에서 잃어버린 지갑을 돌려받을 가능성
		거리에서 주운 돈을 가질 가능성
		주차한 차의 우발적 손상에 대해 말하지 않을 가능성
		거리에서 강도피해를 당할 경우 누군가가 귀하를 도와줄 가능성
	자신의 일탈, 양심위반에 대한 태도	부정부패를 목격해도 나에게 손해가 된다면 나는 모른 체한다.
		귀하가 산 물건 중에 계산이 안 된 물건이 있다는 사실을 금방 발견했을 때 어떻게 하겠습니까?
	학생, 학부모, 교사 간 상호신뢰	학생의 교사신뢰도
		학부모의 교사신뢰도
		교사의 학생신뢰도
		학부모의 학생신뢰도

2. 시민사회와 제도 영역

1) 법질서 의식

비행청소년들은 법 복종의 중요성에 대해서 중요하다고 인식하고 있는 경우가 80.1%로 높은 비율을 나타내고 있었다. 그러나 중요하지 않다고 생각하고 있는 경우도 15.8%로 조사되었다. 아무도 보지 않으면 법질서를 지킬 필요가 없다에 대해서는 동의하지 않는 경우가 62.8%로 나타났다. 이것은 감독의 여부에 관계없이 법질서를 지킬 필요성에 대해서 상대적으로 높이 인식하고 있음을 알 수 있다. 또한 우리사회에서 법질서를 지키는 사람이 손해를 본다에 있어서는 동의하지 않는 경우가 50.4%로 높았으나 동의하는 경우도 33.7%로 나타나 법질서를 지키는 사람이 손해보고 있다고 인식하는 비행청소년도 일정 비율을 차지하는 것으로 보인다.

우리 사회에서 권력이 있는 사람은 법을 어기고도 잘 산다에 대해서는 31.5%가 동의하지 않았지만, 54.9%는 동의하는 것으로 나타났으며, 특히 이 가운데 매우 동의한다가 29.5%로 가장 많아 법의 형평성 및 공정성에 대한 강한 의구심을 가지고 있었다.

우리사회에서 미성년자와 성관계의 발생가능성에 있어서는 결코 일어나지 않을 것이다라고 인식하는 경우는 10.2%에 불과하였고, 일어날 수 있는 일이라고 인식하는 경우가 77.3%로 나타나 심각한 청소년 성매매의 현실을 드러내고 있다. 음주운전의 발생가능성에 대해서는 약 16.6%가 결코 일어나지 않을 것이라고 응답한 반면, 약 71.1%는 일어날 수 있는 일이라고 인식하여 음주운전에 대한 용인 가능성 및 만연한 사회적 현상을 보여주고 있다.

2) 공공질서 및 사회규범 준수의식

비행청소년의 공공질서의식을 묻는 공공시설을 이용할 때 급한 경우 차례를 지키지 않을 수도 있다는 질문에 부정적인 인식은 41.2%가 동의하지 않았으며, 49.0%가 동의한다로 나타나 비행청소년들이 공중질서에 대해 편의적 해석을 하고 있음을 알 수 있다.

공공장소에서의 상대방을 배려하고 공중질서를 지켜야 하는 시민으로서의 의무에 대한 인식을 알아보기 위한 백화점, 전철에서의 핸드폰을 사용해도 되는 가에 대한 질문에서는 22.7%만이 동의하지 않았고, 69.8%가 사용해도 된다고 생각하는 것으로 나타났다. 수업시간에 핸드폰을 사용해도 되는가에 대한 질문에서는 38.3%가 부정적인 의견을, 그리고 54.9%가 동의한다고 대답해 사회규범에 대한 인식이 부정적인 것을 알 수 있다.

대중교통 이용시 노인에 대한 자리양보에 대해서는 개인적인 사정이 있는 경우 양보하지 61.9%가 동의하지 않았으며, 동의하는 경우는 30.6%로 노인에 대한 자리양보를 당연한 것으로 인식하는 경우가 더 많아 전통적인 노인공경의식이 상당히 체화되어 있다는 것을 나타낸다.

3) 법제정 및 집행, 정부에 대한 신뢰

비행청소년은 경찰에 대해서 매우 신뢰한다 17.7%, 조금 신뢰한다 41.8%, 신뢰하지 않는다 18.7%, 전혀 신뢰하지 않는다 21.7%로 경찰에 대한 신뢰는 59.5%로 나타났다. 판사, 검사, 변호사 등의 법조계 인사들에 대해서는 62.6%가 신뢰하고 있어 경찰 보다 약간 신뢰도가 높은 것으로 나타나, 법 위반시 최초의 수사기관인 경찰에 대한 인식이 좋지 않음을 보여준다.

정치인에 대한 신뢰는 46.2%, 국회의원에 대한 신뢰는 46.1%로 경찰, 법조계 보다 더 낮은 것으로 나타났으며, 지역관공서에 대한 신뢰 역시 46.2%로 낮게 나타났다. 정부에 대해서는 매우 신뢰한다 18.2%, 조금 신뢰한다 36.5%로 신뢰하는 경우가 54.7%이며, 신뢰하지 않는다 26.1%, 신뢰하지 않는다 19.2%로 신뢰하지 않는 경우가 45.3%로 정부에 대한 신뢰가 높긴 하지만, 부정적인 인식 역시 상당하다.

비행청소년의 이와 같은 인식은 법을 집행하는 경찰이나 법조계에 대한 인식보다 정치인, 국회의원, 지역관공서, 정부에 대해서는 상대적으로 낮게 신뢰하고 있다는 것을 드러낸다.

4) 지역사회 및 매스미디어에 대한 신뢰의식

비행청소년의 기업인에 대한 인식은 신뢰하는 경우와 신뢰하지 않는 경우가 비슷하게 나타났으며, 이웃 주민에 대해서는 조금 신뢰한다 47.6% 매우 신뢰한다 19.5%로 그렇지 않은 경우보다 높은 것으로 나타났다. 이웃에 대한 신뢰는 기업인에 대한 신뢰 보다 높았다.

TV 뉴스에 대한 신뢰는 라디오 및 신문보다 높아 가장 많이 접하는 대중매체에 대한 친밀감이 신뢰감으로 이어진 것으로 보인다. 비행청소년은 TV 뉴스 72.9%, 라디오 뉴스 63.5%, 신문 뉴스67.8%의 신뢰를 보여 정부나 경찰 등의 경우 보다 뉴스를 더 신뢰하는 것으로 드러났다.

3. 시민원리에 대한 영역

사회를 지탱시키는 인권, 양성평등, 다양성 등의 민주주의적인 가치에 대한 비행청소년의 인식은 다음과 같이 나타났다.

1) 남성과 여성의 역할의식

비행청소년의 남녀의 평등, 역할에 대한 인식을 보여주는 것으로 비행청소년들은 가족의 생계문제에 대한 남녀의 역할에 대하여 58.5%가 남자가 책임져야 한다고 생각하고 있었으며, 남자가 책임지는 것에 전혀 동의하지 않는다 9.2%, 동의하지 않는다 22.9%로 나타났다. 즉 남자가 가족의 생계부담을 가진 것으로 인식하는 경우가 많은 것을 알 수 있다.

여성에 대한 인식에 있어서도 남성지향적인 사고체계를 유지하는 것으로 타났는데 여자가 잘 되는 길은 자신 보다 남편을 잘 도와서 성공시키는 것이다에 대하여 부정적인 경우가 38.6%이지만 동의한다 39.9%, 매우 동의한다 6.5%로 나타났다. 특히 모르겠다가 15.0%로 나타나 성인지적 태도가 부족하다는 것을 드러내고 있다.

또한 남녀가 함께 일하는 직장 부서의 책임자는 남자가 맡는 것이 좋다는 질문에 대하여 전혀 동의하지 않는다 9.2%, 동의하지 않는다 27.8%로 부정적인 경우보다 동의한다 41.5%, 매우 동의한다 7.5%로 긍정하는 경우가 훨씬 높았다. 역시 모르겠다는 경우 역시 14.1%로 비행청소년이 전체적으로 양성평등적인 인식 및 남녀역할에 대한 혼란을 겪고 있는 것으로 나타났다.

2) 비행청소년의 다양성의식

비행청소년의 다양성에 대한 인식을 나타내는 것으로 외국인 근로자에 대해서는 우리나라 사람들과 동일한 권리를 인정해야 한다는 질문에 대하여 동의한다 47.9%, 매우 동의한다 13.4%로 긍정적인 인식체계를 가지고 있다. 부정적인 경우는 21.2%, 모르겠다 17.6%로 나타나 외국인에 대하여 상대적으로 관대하게 인식하고 있음을 보여준다.

다양한 사람들의 다양한 의견을 수용할 수 있는가를 알아보기 위하여 중요한 문제를 결정할 때 한 두 사람이 빠르게 처리하는 것이 좋다는 질문에 대하여 긍정적인 응답이 21.8%이며, 중립적인 경우 36.2%, 반대하는 경우가 42.0%로 나타나 대체로 여러 사람이 참여하여 중요한 의사결정을 하는 것을 지향하고 있었다.

3) 민주주의에 대한 인식

비행청소년의 민주주의에 대한 이해 정도를 살펴보기 위한 것으로 민주주의 국가에서의 복수정당의 존재이유에 대해서 39.2%만이 국민의 다양한 의견을 반영하기 위해서라고 정답을 인지하고 있어 절반 이상이 정당제에 대하여 제대로 인식하고 있지 못하다는 것을 보여준다.

정부가 가장 비민주적인 경우가 어느 경우인가라는 질문에 정답인 사람들이 정부를 비판하는 것이 허용되지 않거나 금지될 때라고 응답한 경우는 29.5%에 불과하였으며, 정당들이 항상 서로를 비판할 때 31.1%, 사람들이 세금을 아주 많이 내야만 할 때 27.5%, 모든 시민들이 어떤 직업에 대한 권리를 가질 때 11.9%로 응답해 민주주의에 대한 이해가 부족하다는 것을 알 수 있다.

민주주의의 필요성을 제대로 이해하고 있는지를 파악하기 위한 질문으로 어떻게 해서든 잘 살 수 있도록 해 주면 되었지 민주주의를 꼭 해야 한다는 법은 없다에 대해서는 매우 찬성 6.2%, 약간 찬성 15.0%, 보통 47.7%가 긍정적인 의견을, 약간 반대 14.4%, 매우 반다 16.7%로 나타났다. 이는 비행청소년들이 민주주의의 필요성 및 그 이념에 대한 지식 및 이해가 낮다는 것을 드러낸다.

4) 사회구성원의 양심적 행위에 대한 의식

사회구성원의 양심적 행위에 대한 의식을 파악하기 위한 첫 번째 거리에서 잃어버린 지갑을 돌려받을 가능성에 대해서는 결코 돌려받지 못할 것이다 24.1%, 어쩌다 한 두 번 돌려받을 것이다 38.1%로 부정적으로 기대하고 있음을 보인다. 돌려받을 가능성에 대해서는 29.3%만이 기대하고 있었다. 사람들이 거리에서 주운 돈을 가질 가능성에 대해서는 27.7%가 부정적 인식을, 그러나 51.2%가 주운 사람이 가질 것이라고 생각하고 있었다.

사람들이 주차한 차의 우발적인 손상에 대해 말하지 않을 가능성에 대해서는 9.2%가 결코 일어나지 않을 것이다, 24.3%가 어쩌다 한 두 번 일어날 일이다라고 생각하는 것으로 나타났다. 이에 비해 가끔 일어날 수 있다 34.8%, 항상 일어날 수 있다 16.4%로 말하지 않을 가능성이 더 높은 것으로 인식하고 있었다.

거리에서 강도피해를 당할 경우 누군가가 도와 줄 가능성에 대해서는 31.5%가 부정적으로, 그리고 56.0%가 도움을 받을 것으로 기대하고 있었다.

따라서 비행청소년들은 대체로 주위 사람들이 양심적 행위를 할 가능성에 대하여 부정적으로 생각하고 있다는 것을 드러낸다.

5) 비행청소년 자신의 일탈, 양심위반에 대한 의식

비행청소년 자신이 사회 구성원으로서의 양심적 행위를 해야 할 입장에 처했을 때 어떤 행동을 할 것인지를 알아보기 위해 부정부패를 목격할 경우 자신에게 손해가 된다면 나는 모른체 할 것이다라는 질문에 대하여 63.4%가 동의하지 않았으며, 28.8%가 동의하였다. 즉 비행청소년은 자신에게 손해가 되더라도 부정부패 행위에 대하여 개입하겠다는 태도를 가지고 있었다.

물건 값을 치루지 않은 물건을 금방 발견할 경우 어떻게 할 것 인가에 대한 질문에 대하여 비행청소년들의 11.6%가 액수가 작으면 돌려주겠다, 번거로워 그냥 두 겠다 31.0%, 액수와 관계없이 돌려준다 32.0%, 모르겠다 25.4%로 나타났다.

이와 같은 응답 결과는 74.6%가 물건을 돌려주거나 물건 값을 치루는 것에 대해서 소극적인 태도를 가지는 것으로 앞에서의 부정부패 행위를 목격한 경우에 자신에게 손해가 되더라도 모른 척 하지 않을 것이라는 대답과는 일치하지 않는다. 이는 비행청소년들이 자신의 비양심적인 행동에 대해서는 관대하지만, 타인의 일탈에 대해서는 냉정한 태도를 가지고 있다는 것을 드러낸다.

6) 학생, 학부모, 교사 간 상호신뢰의식

청소년 시기에 가장 가깝고 친밀한 존재라고 할 수 있는 교사 및 학부모에 대한 비행청소년의 신뢰 정도를 확인할 수 있다.

비행청소년들은 학생들이 교사를 신뢰하는가에 대하여 신뢰한다 38.7%, 매우 신뢰한다 31.5%로 매우 높게 나타났다. 학부모의 교사에 대한 신뢰에 대해서는 신뢰한다 44.3%, 매우 신뢰한다 16.3%이었으며, 27.9%는 신뢰하지 않는 것으로 인식하고 있었다.

교사의 학생에 대한 신뢰에 대해서는 부정적인 의견이 27.7%, 신뢰한다 42.0%, 매우 신뢰한다 10.7%로 나타나 긍정적으로 생각하고 있다. 학부모가 학생을 신뢰하는 가에 대한 질문에 대해서는 부정적인 의견이 16.3%, 신뢰한다 41.6%, 매우 신뢰한다 30.8%로 나타나 부모의 자녀에 대한 신뢰가 높을 것이라고 생각하는 것으로 나타났다.

비행청소년의 교사, 학부모간 신뢰에 대한 이와 같은 인식은 비행청소년의 대부분이 여전히 교사나 학부모에 대한 긍정적인 지지 및 정서적인 유대감 등을 느끼고 있다는 것을 보여주는 결과라고 할 수 있다.

IV. 비행청소년의 시민의식과 처벌 연령 하향화의 딜레마

비행청소년의 시민의식에 대한 진단은 여러 가지로 의미가 있다. 즉 바람직스럽지 못한 시민의식이 비행의 원인이 될 수 있고, 이 시민의식을 일정한 정도까지 끌어올리지 못한다면 비행적인 태도형성으로 이어져 성숙한 시민으로의 성장을 기대할 수 없기 때문이다.

그런데 비행청소년의 시민의식을 개선하는 방법론에서는 각기 주장하는 바가 다르다. 즉 비행청소년에 대한 사회적 제재를 강화하여야 한다는 입장과 반대로 이른바 국친사상(國親思想, parent patriot)의 관점에서 비행소년을 좀 더 사회가 감싸 안아야 한다는 입장이 있다. 현행 소년법은 바로 이 국친사상에 근거를 두고 있다.7

소년법상 19세 미만의 범죄사건은 보호사건과 형사사건으로 구분하여 처리된다. 검사는 사건을 소년부에 보호사건으로 혹은 형사사건으로 기소할 수 있다. 형사사건으로 기소된 경우에도 법원은 사건이 보호사건에 해당된다고 판단할 경우 사건을 보호사건으로 이송할 수 있다.

보호사건에 대한 법원의 결정은 소년법 제32조에 따라 다음과 같이 보호처분을 한다.

1. 보호자 또는 보호자를 대신하여 소년을 보호할 수 있는 자에게 감호 위탁
2. 수강명령
3. 사회봉사명령
4. 보호관찰관의 단기(短期) 보호관찰
5. 보호관찰관의 장기(長期) 보호관찰
6. 「아동복지법」에 따른 아동복지시설이나 그 밖의 소년보호시설에 감호 위탁
7. 병원, 요양소 또는 「보호소년 등의 처우에 관한 법률」에 따른 소년의료보호시설에 위탁
8. 1개월 이내의 소년원 송치
9. 단기 소년원 송치
10. 장기 소년원 송치

형법상 만 14세 미만인 자는 형사미성년자로 규정되어, 형사처벌하지 않는다(제9조). 소년법은 형사미성년자 중 형벌 법령에 저촉되는 행위를 한 10세 이상 14세 미만인 소년을 촉법소년이라고 규정하고 이들을 소년보호사건으로 심리할 수 있도록 정한다(제4조 1항 2호).

촉법소년은 형사상 책임능력이 없으므로 14세 이상 19세 미만 소년과 달리 형사처분은 받지 않고 보호처분의 대상이 된다. 이 촉법소년의 연령을 14세가 아닌 13세 미만으로 하향하여 소년사범에 대한 처벌을 강화하여야 한다는 논의는 이미 오래전부터 있어왔지만 소년의 인격적인 미성숙성을 들어 처벌만이 능사가 아니라는 반대 여론과 헌법재판소가 2003년 형법 제9조 위헌확인소송을 기각하면서 개정은 이루어지지 못하였다.

그러나 소년사범의 연령이 하향화되고 형사처벌을 받지 않는다는 비행청소년의 부정적인 인식으로 오히려 소년 흉악범이 증가하는 등의 부작용이 심각해지면서 소년범 처벌을 강화하여야 한다는 여론이 비등해지고 있다.

소년범의 미성년자 연령은 1953년 형법 제정 이래 한 번도 바뀐 적이 없다. 이는 법 제정 당시 독일(14세)법의 영향을 받은 일본(14세)법을 모델로 했기 때문이다. 만 14세를 형사미성년자로 하는 국가는 오스트리아, 이탈리아, 러시아 등이 있고 더 높은 국가로는 핀란드(15세), 스페인(16세), 벨기에(18세) 등이 있다. 반대로 낮은 국가는 프랑스(13세), 영국·오스트레일리아는 10세이다. 미국은 주에 따라 다르다.

폭행해놓고 "교도소 갈 것 같아?"···청소년 강력범죄, 처벌 '딜레마'

벽돌·소주병 등으로 후배 여중생을 때려 피투성이로 만든 부산의 14살 여중생들. 성인보다 더욱 잔혹한 범죄를 저지른 이들은 중학생 신분이었다. 동시에 소년법이 적용되는 18세 미만의 '소년'들이다. 강력범죄의 피의자임에도 최대 징역 15년 이상의 형량이 선고되지 않는다는 의미다. 최근 수년간 소년법 적용을 받는 미성년자들에 의한 강력범죄가 잇따라 발생했다. 나이가 어린 중·고등학생들이었지만 그 범행은 성인 강력범죄만큼이나 잔혹했다.

일부 소년법 적용 대상 학생들은 나이가 어릴 경우 처벌 수위가 약하다는 점을 이용하기까지 했다. '부산 여중생 폭행 사건'이 대표적이다. 이 사건의 가해 학생들은 SNS(소셜네트워크서비스)에 피해 학생의 사진을 공유하며 "(교도소에) 들어갈 것 같아?"라는 농담까지 내뱉었다. 일각에선 소년법을 폐지해야 한다는 주장까지 제기되고 있다. 범죄를 저질렀음에도 나이가 어리다는 이유만으로 선처하거나 면죄부를 줄 순 없다는 주장이다. 특히 과거에 비해 미성년자의 정신적·신체적 성숙이 빨라졌음에도 소년법을 적용해 솜방망이 처벌에 그치는 것은 편파적이라는 의견이 지배적이다. ···중략···

부산 여중생 폭행사건의 가해학생이 SNS에 올린 피해자의 사진

자료: 중앙일보, 2018년 9월 3일자 보도.

살인 등 흉악한 범죄를 저질렀을 경우에는 성인과 대등하게 처벌을 하는 경우가 많다. 35개주에서는 처벌할 수 있는 연령 제한이 따로 없으나, 나머지 주는 대체로 만 6~10세를 기준으로 하고 있다.8

　아직 비행청소년에 대한 무관용주의적인 접근과 자기의사결정능력이 부족한 미성숙한 소년이라는 관용주의적인 접근의 두 갈래에서 슬기로운 해법을 찾기 위한 사회적 과제가 남아있다.

V. 이슈&디스커션

1. 시민의식의 측정지표에 필요한 것은 무엇일까?
2. 청소년의 시민의식 형성에 영향을 주는 것은 무엇일까?
3. 국친사상과 비행청소년 처벌 연령의 하향화는 어떤 관계가 있을까?
4. IEA가 조사한 청소년 시민의식의 변화는?

참고문헌

1 Schulz, W., Carstens, R., Losito, B., & Fraillon, J. (2018). ICCS 2016 technical report. Amsterdam, The Netherlands: International Association for the Evaluation of Educational Achievement (IEA).

2 한겨레, 한국 청소년 시민역량 크게 높아졌다, 2018년 12월 10일자 보도.

3 Torney−Purta, J., Lehmann, R., Oswald, H., & Schulz, W. (2001). Citizenship and education in twentyeight countries. Amsterdam: International Association for the Evaluation of Educational Achievement(IEA), 21.; W Schulz, J Fraillon, J Ainley, B Losito, D Kerr, (2008). op. cit., 12.

4 법무연수원, 2017년 범죄백서, 2018, 29−30.

5 허경미. (2011). 비행 청소년의 시민 참여의식 및 정체성에 대한 연구. 한국범죄심리연구, 7, 127−150.

6 김태준·김안나. (2003). 사회적 자본 형성 의 관점 에서 본 시민 의식 측정 연구. 한국 교육 개발원.: 조영하·김태준. (2010). IEA 시민의식 국제비교연구 참여를 통한 아시아 청소년들의 시민 의식 비교 연구. 한국청소년연구, 21(3): 189−217.

7 강경래. (2017). 소년법 개정논의의 정당성 검토. 소년보호연구, 30(4): 1−42.

8 일요신문, 미성년자 잔혹범죄 미국에선 어떻게 처벌하나?, 2017년 9월 8일자 보도.

제2부

사랑이라는 가면
속의 일탈

Social Pathology

제4장
섹스팅과 리벤지 포르노

Ⅰ. 문제의 출발

우리는 지금 섹스팅이나 리벤지 포르노란 용어를 더 이상 낯설지 않게 일상적으로 접하는 시대에 살고 있다.[1]

섹스팅(sexting)이란 발신자와 자신의 누드 또는 노출사진, 성적 행위 등을 묘사한 사진이나 영상 등을 수신자가 스마트폰 등을 포함한 전자기기를 활용하여 인터넷사이트 또는 채팅, SNS 등을 통하여 주고받는 행위를 말한다.[2] 한편 리벤지 포르노(revenge porno) 또는 리벤지 포르노 그래피(revenge pornography)란 상대방의 동의없이 상대방에게 고통을 주기 위하여 상대방의 성적 이미지의 사진이나 비디오 등을 공유하는 행위를 말한다.[3] 그런데 섹스팅은 그 자체에만 머물지 않고 상대방의 성적 이미지 등을 상대방에 대한 복수나 고통을 줄 목적으로 온라인상에 유포하는 리벤지 포르노의 양상으로 발전해가는 양상을 보이고 있다.[4]

국가에 따라서는 만약 섹스팅이 양 당사자의 동의를 전제로 하거나, 법적으로 용인된 범주를 벗어나지 않거나, 양 당사자만 접근 가능한 상태, 그리고 한 쪽 상대방이 미성년자가 아닌 경우 등은 범죄화의 범주에서 벗어날 수 있으며, 단지 프라이버시 영역으로 간주될 수도 있다.[5] 그러나 위와 같은 범주를 벗어나는 섹스팅에 대하여 점차 범죄화하는 국가들이 증가하고 있다.

국내에서도 섹스팅의 심각성은 이미 2016년 4월에 회원 100만여 명을 둔 최대 음란사이트인 소라넷이 강제 폐쇄되는 과정에서도 증명되었지만, 최근에는 텀블러나 인스타그램, 카톡 등의 개인 SNS를 통해서도 음란물이 배포되고 공유되는 것으로 알려졌다.[6] 한편 검찰청에 의하면 지난 10년간 성폭력범죄 중 가장 급격한 증가 추세를 보인 유형이 카메라 등 이용촬영인 것으로 나타나 섹스팅과 관련한 범죄의 심각성을 보여주고 있다.[7]

이에 따라 섹스팅의 은밀성, 반복성 그리고 IT의 발달로 다양하게 변형된 방식으로 지속성을 가지는 특성에 주목한 연구[8]와 함께 그 실태나 처벌에 대한 국내연구는 다수 찾아볼 수 있다.[9] 그러나 섹스팅과 리벤지 포르노의 관련성 및 그 범죄화의 쟁점과 처벌법 제정시 개인의 표현의 자유와 성적자기의사결정권(잊혀질 권리) 등에 대한 연구는 이제 시작 단계에 있다.

자료: UK WestYorkshire Police, sexting poster.[10]

II. 섹스팅과 리벤지 포르노의 위험성

1. 중독과 우울증, 자살 등의 병리화

청소년의 섹스팅 실태에 대한 초기의 국내 연구인 2009년의 조사자료에 의하면 한 번이라도 섹스팅을 한 경험이 있는 학생들은 전체의 20%에 해당하였고, 이 가운데 13%가 음란물을 수신해 본 경험이 있는 것으로 나타났다.[11] 2014년에 청소년 4,356명을 대상으로 연구에서는 모바일폰을 사용하여 음란행위를 한 경험 16.5%, 음란물 공유 경험 10.8%, 이성과의 성적 행위 촬영 경험 2%, 랜덤채팅으로 성적인 정보가 담긴 메시지를 주고받은 경험 18.2%로 나타났다.[12] 2014년 여성가족부의 조사에서는 섹스팅을 경험한 청소년은 2011년 12.3%, 2012년 20.5%, 2014년 52.6%로 매년 경험자의 비중이 증가하는 것으로 나타났다. 그리고 혐오감, 집착, 자극, 야함, 자유, 요구 등의 감정을 경험하며, 이들은 아동음란물, 성행위, 누드, 폭력 등에 더 노출되는 것으로 나타났다. 섹스팅 피해로 정보통신위원회에 개인 성행위 정보의 심의건수는 2012년에 1,044건에 그쳤지만 2016년에는 여섯 배 이상 증가하여 7,325건에 달하는 것으로 나타났다.[13]

한편 많은 연구에서 섹스팅 등을 이용한 사이버섹스를 경험한 남자 청소년이 여자 청소년에 비해 사이버섹스 중독현상이 높게 나타났다. 그리고 사이버섹스 중독은 청소년들의 양성평등의식에 부정적 영향을 미치고, 부정적인 성 태도를 야기시키며, 나아가 성폭력 허용 수준이 높아지는 것으로 나타났다.[14]

미국의 경우 2008년부터 2009년에 걸쳐 뉴햄프셔대학의 전국아동범죄예방센터에서 13~19세 청소년 653명, 20~26세 청년 627명 등 1,280명을 대상으로 한 전국규모조사결과 13~19세 청소년 중 20%가 인터넷이나 스마트폰을 통해 누드 또는 반 누드 사진이나 동영상을 보낸 적이 있는 것으로 나타났다. 대상자는 주로 이성관계 친구에게 성적인 암시내용을 보낸 것으로 응답하였다. 그런데 10대 소녀 21%와 10대 소년 39%는 자신들이 데이트를 원하는 사람에게 메시지를 보낸 것으로 나타났다. 성적인 암시내용을 보냈던 10대 청소년 15%는 대상자가 단지 온라인에서만 알고 있는 관계라고 답하였다.[15]

한편 2017년에 미국에서 실시된 섹스팅 실태조사는 13~26세 사이의 청소년 1,280명을 대상으로 진행되었다. 그 결과 대상자 중 여자 71%, 남자 67%가 자신들의 이성친구에게 성적 이미지를 보낸 적이 있고, 이들 중 여자 21%, 남자 39%가 이러한 행위들이 상대방과 더욱 친밀해지거나 성적 관계를 갖는데 도움이 된다고 응답하였다. 또한 15%는 자신의 누드사진을 보냈다고 응답하였다. 섹스팅 경험자 중 25%는 그들이 행한 섹스팅은 현실에서 행하는 성적 행동보다 더 공격적이고 거친 행동과 언어를 담았다고 생각하는 것으로 나타났다. 그리고 섹스팅 경험자 중 여자 48%, 남자 46%는 자신들이 상대방으로부터 받은 누드 또는 부분 누드 사진을 제3자와 공유한 것으로 나타났다.[16]

한편 영국 정부가 2015년 1월부터 10월까지 10대 남녀청소년 275명을 대상으로 한 참여관찰조사결과 46%가 섹스팅 경험을 가진 것으로 나타났다. 이 가운데 남자 청소년 68%는 자신 및 타인의 성적 이미지를 제3자에게 배포하는 것으로 나타났다. 그리고 이 가운데 절반 정도는 자신 및 타인의 외설스런 이미지를 오프라인상에서도 제작 또는 배포한 것으로 나타났다. 그리고 대상자들은 섹스팅을 통하여 성적 환상을 가지며, 동시에 우울감, 무기력증 등을 경험하는 것으로 나타났다.[17]

그런데 섹스팅은 행위자, 대부분의 경우 청소년이 부끄러움 및 죄책감, 조기 성행위, 약물남용, 우울증 등의 이상적 징후와 함께 리벤지 포르노 및 자살 등에 이르는 등의 사회병리적 문제를 야기하는 것으로 나타났다.[18] 특히 데이트 관계에서 동의된 상태로 촬영하거나 주고받은 성적 이미지, 즉 섹스팅을 이별 후 온라인상에서 공개하는 등의 리벤지 포르노로 변질되어 헤어진 당사자의 잊혀질 권리를 침해하며, 상대방을 괴롭히는 수단으로 악용되기도 한다. 따라서 섹스팅은 처벌되어야 하는 범죄행위이며, 특히 다양한 실태조사를 통해서 증명된 것처럼 가장 왕성하게 섹스팅에 참여하는 청소년의 행위 역시 규제해야 한다는 주장들이 제기되고 있다.[19]

2. 한국의 실태와 위험

여성가족부의 2016년 청소년 매체이용 및 유해환경 실태조사 분석보고서는 청소년의 섹스팅 실태를 추정할 수 있는 유익한 자료이다. 이에 따르면 소년원, 보호관찰소 등의 경험이 있는 위기청소년을 대상으로 매체별 이용률 및 이용 빈도, 주요 이용 기기를 분석한 결과, 이용률이 가장 높은 매체는 인터넷/모바일 메신저(88.0%)로 나타났다. SNS가 85.7%로 2위를 차지했고, 지상파 TV는 82.5%로 그 뒤를 이었다.[20]

이용 빈도에 대한 분석 결과, 위기청소년의 82.1%가 거의 매일 인터넷/모바일 메신저를 사용하는 것으로 파악되었고, SNS를 거의 매일 이용한다는 응답도 79.5%이었다. 인터넷 만화(웹툰)를 거의 매일 이용한다는 응답도 46.0%로 높게 나타났다.[21]

┃표 2-1┃ 청소년의 매체별 이용

구분		지상파 TV	지상파 제외 TV	종이 신문	종이 만화책	종이 잡지/책	인터넷 신문	인터넷 만화(웹툰)	인터넷 잡지/전자서적	인터넷 실시간 방송 및 동영상 사이트	인터넷/모바일 메신저	SNS	파일 다운로드 사이트
초·중·고등학생		50.6	33.4	3.7	6.6	12.1	17.9	49.2	4.1	54.9	76.1	58.7	3.4
위기 청소년		39.5	30.9	1.0	2.1	3.1	7.8	46.0	2.5	33.7	82.1	79.5	3.6
성별	남자	38.2	29.7	1.2	2.3	3.2	7.1	47.2	2.1	33.5	79.3	77.8	4.0
	여자	43.9	35.1	0.2	1.6	2.8	10.0	42.0	4.0	34.3	91.4	85.5	2.3
기관 유형	소년원	51.9	41.1	2.0	3.6	5.1	5.6	39.2	2.3	29.6	69.5	70.0	5.7
	보호관찰소	33.2	25.5	0.4	0.8	1.6	7.8	48.5	2.3	32.8	88.9	84.9	2.2
	청소년쉼터	40.0	32.4	1.9	5.3	5.9	13.6	50.7	4.4	49.5	79.5	76.6	5.9

자료: 여성가족부, 2017.

이용 기기에 대한 분석 결과, TV방송을 제외하면 모든 매체에서 종류를 불문하고 '스마트폰'을 주로 이용한다는 응답 비율이 압도적으로 높았다.

위기청소년의 23.7%는 최근 1년 간 돈 또는 사이버머니를 걸고 하는 도박성 게임(온라인 고스톱, 포커, 경마, 스포츠 토토 등)을 한 적이 있고, 11.5%는 조건만남 또는 채팅 앱(즐톡, 앙톡, 영톡 등)을 이용한 적이 있었다. 이것은 일반청소년의 이용률에 비해 3배~5배가량 높은 것으로 확인되었다.

성인용 온라인 게임 이용률은 26.2%로, 일반 청소년(13.1%) 대비하여 2배 정도 높았다. 심야시간대(밤 12시~새벽 6시) 온라인 게임 이용 여부를 조사한 결과, 일반 청소년의 이용률은 37.4%인 데 비해 위기청소년은 55.7%로 나타나, 절반 이상이 심야시간대 온라인 게임을 한 적이 있었으며, 특히 응답자의 13.3%는 거의 매일 한다고 했고, 1주일에 1~2회 정도한다는 응답도 20.7%를 차지하였다.

온라인 게임을 위해 타인의 정보를 도용한 경험에 대한 조사 결과, 위기청소년의 18.0%가 타인의 ID를 도용한 적이 있다고 답했고, 11.6%는 주민등록번호를 도용한 것으로 나타났다.[22]

▌표 2-2 ▌ 청소년의 최근 1년 간 신종 유해매체 이용률 및 온라인 게임 이용

구분		신종 유해매체			온라인 게임								
					심야시간대 온라인 게임 이용 여부 및 빈도					타인 정보 도용		
		도박성 게임	조건 만남 또는 채팅 앱	성인용 온라인 게임	안함	거의 매일	1주일에 1-2회 정도	1달에 1-2회 정도	1년에 5-6회 정도	1년에 1-2회 정도	타인 ID	주민 등록 번호
초·중·고등학생		4.4	3.4	13.1	62.6	5.4	11.0	9.1	4.7	7.2	10.4	4.3
위기청소년		23.7	11.5	26.2	44.3	13.3	20.7	13.9	3.7	4.0	18.0	11.6
성별	남자	23.7	9.6	28.0	43.5	12.3	21.5	14.7	3.7	4.2	18.3	11.3
	여자	23.5	17.9	20.0	47.0	16.8	18.0	11.0	3.7	3.5	17.1	12.7
기관 유형	소년원	42.1	26.0	36.2	36.1	23.2	21.9	13.5	2.2	3.2	28.5	21.4
	보호 관찰소	15.4	4.0	21.0	45.9	8.9	22.0	14.6	4.1	4.6	12.6	6.7
	청소년 쉼터	18.4	12.6	27.1	58.5	10.2	10.7	11.2	5.9	3.4	18.9	11.9

자료: 여성가족부, 2017.

청소년들의 최근 1년 간 성폭력 피해 경험을 유형별로 살펴본 결과, 말이나 눈짓, 몸짓으로 성적 모욕감을 주거나 괴롭힘을 당함 1.4%, 고의로 신체를 건드리거나 몸을 밀착시킴 1.0%, 사이버(인터넷)상의 스토킹이나 성희롱 0.5%, 의도적으로 계속 따라다니면서 괴롭히는 스토킹 0.4%, 강제로 성관계 시도 0.1% 순으로 나타났다.[23]

성폭력을 당한 적이 있다고 답한 응답자를 대상으로 주로 어디에서 성폭력 피해를 경험했는지 피해 장소를 조사한 결과, 학교 교실 안이라는 응답이 43.9%로 가장 높았고, 학교 교실 외 교내 공간이 19.7%로 그 뒤를 이었다.

또한 사이버(인터넷)공간에서 성폭력을 경험했다는 응답이 13.8%로 나타나 섹스팅이나 리벤지 포르노의 가능성을 유추해볼 수 있다.[24]

Ⅲ. 외국의 섹스팅과 리벤지 포르노 처벌

이스라엘은 2014년에 성범죄법을 개정하여 세계 최초로 리벤지 포르노 범죄를 성범죄로 분류한 국가이며, 5년 이하의 징역형에 처한다. 캐나다는 2014년에 온라인범죄법(Online Crime Act)을 제정하여 상대방의 동의없는 은밀한 사진, 즉 사생활의 합리적 기대(reasonable expectation of privacy)에서 만들어진 성적 이미지를 상대

방의 동의없이 공개한 경우 처벌한다. 독일의 경우에도 2014년, 그리고 프랑스는 2015년에 법원에서 리벤지 포르노에 대한 유죄판결을 확정지었으며, 영국은 2015년에 리벤지포르노법을 제정하였다. 호주 빅토리아주는 2013년에 리벤지포르노법을 제정하여 처벌하였다.[25]

1. 영국의 경우

영국은 2015년 형사재판및법원법(Criminal Justice and Courts Act 2015)을 개정하여 리벤지 포르노를 처벌하는 규정을 두었다.[26]

이 법은 리벤지 포르노(Revenge Porn)란 사적인 성적인 사진이나 비디오를 상대방의 동의 없이 상대방에게 수치심과 고통을 주기 위하여 상대방 혹은 다른 사람들과 공유하는 행위로 규정하고 사진은 상대방의 이름, 주소 및 소셜미디어 프로필 링크 등 개인의 신상정보가 첨부되는 경우도 포함하며, 리벤지 포르노가 인정될 경우 최대 2년 구금형 및 벌금형으로 처벌하도록 규정하였다.

범죄는 온라인과 오프라인 모두에 적용되며 인터넷 사이트를 통하여 공유되거나 또는 이메일이나 문자를 통하여 공유되거나 누군가에게 신체적 또는 인터넷사진 등을 보여주는 등의 방식으로 발생한다. 즉, 리벤지 포르노는 공개적으로 볼 수 없는 개인의 성적인 사진이나 영상의 공유를 형사처벌하는 것으로 성기를 보여주는 것뿐만 아니라 성행위에 참여하거나 성적으로 도발적인 방식으로 포즈를 취하는 사진도 성적인 것으로 간주한다.

그러나 영국의 리벤지포르노법이 새로운 것은 아니다. 이미 검찰은 리벤지 포르노에 대하여 기존 법의 범주에서도 기소할 수 있으며, 섹스팅 역시 처벌될 수 있다.[27] 노골적인 성적 또는 누드 사진을 보낼 경우 통신법(Communications Act 2003) 또는 악의적인 통신법(Malicious Communications Act 1988)에 의하여 기소될 수 있다. 만약 이러한 행위가 반복된다면 스토킹예방법(Protection from Harassment Act 1997) 상 추행범으로 기소될 수 있다. 또한 18세 미만자와 성적으로 노골적인 사진을 주거나 받는 행위 등은 성범죄처벌법(Sexual Offences Act 2003) 및 아동보호법(Protection of Children Act 1978), 형사법(Criminal Justice Act 1998)에 의하여 처벌된다. 이는 18세 미만의 청소년의 경우에도 18세미만 청소년의 성적인 사진을 주고받는 경우 처벌된다는 것을 의미한다.[28]

영국의 리벤지포르노법에 의하여 최초로 2015년 9월에 유죄판결을 받은 사람은 제이슨 아사그바(Jason Asagba)로 그는 피해자인 20세 여성의 성적 이미지를 SNS에 올린 혐의로 6개월 징역형 및 100시간의 사회봉사, 345파운드의 소송비용 등이 선고되었다.

영국 대법원 양형위원회는 리벤지 포르노사범 등에 대한 양형 가이드라인을 만들어 2018년 10월 1일부터 적용토록 하였다.[29] 이에 따르면 SNS를 통해 희생자를 통제하고, 온라인상에서 그들을 감시하고, 사교활동을 중단시키거나, 금전을 요구하는 등의 일련의 행동에 적용할 수 있다. 범죄자는 최고 5년의 징역형을 선고받을 수 있다.

또한 스토킹 및 괴롭힘은 최대 5년에서 10년으로 두 배로 늘었으며, 이것이 인종 차별적이거나 종교적인 성향을 보인 경우 최대 7년에서 14년으로 높아졌다.

한편 스코틀랜드는 2016년 4월에 리벤지포르노법(Abusive Behaviour and Sexual Harm Act)을 제정하여 2017년 7월부터 시행하였다. 북아일랜드는 기존 형법을 개정하여 리벤지 포르노 처벌규정을 두었다.[30]

스코틀랜드의 학대 행위 및 성적 유해 행위법

2018년 9월 25일 내무성이 발표한 범죄보고에 의하면 2017년 7월부터 시행된 Abusive Behaviour and Sexual Harm Act에 의한 신고건수는 421건으로 나타났다. 이는 전년도 보다 증가한 것이다.

2017/18년에 경찰에 의해 기록된 244,504건의 범죄 건수는 1974년 이래 최저 범죄 건수가 보고된 전년도보다 1% 증가했다. 성범죄는 11,092건에서 12,487건으로 13% 증가했으며, 여기에는 421건 복수형 포르노 사건이 포함된다. 폭력 범죄는 7,164건에서 7,251건으로 1% 증가했다. 사기·횡령 등 범죄는 113,205건에서 114,474건으로 1% 증가했습니다. 화재 및 기물 파손과  같은 범죄는 52,514건에서 51,322건으로 2% 감소했다. 경찰이 기록한 다른 범죄는 전년과 비슷한 수준을 유지했다. 통계에 따르면 경찰 범죄율은 49.1%로 전년도의 50%보다 약간 낮았다. …중략…

자료: BBC NEWS, More than 400 revenge porn crimes reported, 2018.9.25.
　　　https://www.bbc.com/news/uk‒scotland‒45638796

2. 미국의 경우

1) 연방정부의 입장

미국은 연방정부 차원에서는 섹스팅이나 리벤지 포르노를 별도로 개념정의하여 처벌하는 규정이나 법령은 두고 있지 않다. 다만 누구든지 18세 미만의 청소년에 대하여 성적으로 노골적인 이미지를 시각적으로 묘사하여 제작, 반포, 판매, 배포하는 등의 행위에 대하여는 아동성학대법(Children of Sexual Exploitation Act of 1977)에 의하여 처벌하고 있으며, 이 법은 지속적으로 처벌범위를 확장하고, 강화하는 방향으로 개정되어 왔다.[31]

시각적 묘사(visual depiction)는 사진, 비디오 및 컴퓨터나 디지털로 만들어진 실제청소년과 유사한 이미지를 생성하거나 채택하거나 수정하여 실제청소년과 유사하게 보여 지는 것을 말한다. 개봉되지 않은 필름, 비디오테이프, 전자기기에 저장된 아동 포르노의 이미지 역시 불법적인 시각적 묘사에 해당된다. 성적으로 노골적인 이미지는 아동이 실제 성행위를 하는 이미지를 요구하지 않으며 단지 아동의 누드 사진이라도 그것이 성적 암시를 주기에 충분하다면 아동포르노그래피로 간주된다. 일부 주에서는 아동의 동의여부와 관계없이 청소년과의 성행위는 처벌되며, 청소년의 노골적인 성행위를 하는 청소년을 묘사하는 것은 불법이다.

이 법은 아동포르노그래피란 18세 미만의 아동을 성적으로 노골적인 행위를 하는 것으로 묘사한 것으로 규정하였다. 그리고 묘사란 미성년자의 실제 또는 유사성행위, 수간, 자위행위, 가학적 또는 피학적 음란행위, 성기 또는 음부 사진을 전시하면서 외설적으로 이미지화하는 것을 말한다. 이는 디지털 또는 컴퓨터로 생성하거나 수정하는 경우에도 포함한다.

아동포르노그래피 범죄가 주간 또는 외국과의 상거래에서 발생한 경우 연방정부가 관할권을 행사하여 처벌하며, 실제로 아동포르노 이미지가 주나 미국을 넘어가지 않았더라도 이미지를 생성한 곳이 미국 내라면 처벌된다.[32]

아동성학대법 위반은 중범죄로 아동 포르노그래피를 제작한 혐의로 유죄 판결을 받은 최초 범죄자는 벌금형으로 처벌하지만, 재범부터는 최하 15년 이상 최대 30년 이하의 구금형에 처한다. 주 또는 외국 상거래를 통한 아동 포르노의 주간거래 및 외국상거래 등으로 최초 유죄판결을 받은 경우 벌금형 및 최소 5년에서 최대 20년의 구금형에 처해질 수 있다. 그러나 유죄 판결을 받은 범죄자가 동일 유형의 전과가 있거나, 아동포르노가 공격적인 상황이라고 간주되는 경우 즉, 아동포르노 이미지가 본질적으로 폭력적, 가학적 성향을 띤 경우, 미성년자가 성적 학대를 당하는 경우 또는 아동 성 착취에 대한 전과경력 범죄자인 경우 최대 종신형까지 처벌될 수 있다.[33]

2) 주정부의 입장

2018년을 기준으로 리벤지 포르노를 범죄로 기소하는 경우는 27개 주가 있다. 알래스카, 애리조나, 아칸소, 캘리포니아, 콜로라도, 워싱턴DC, 델라웨어, 플로리다, 조지아, 하와이, 아이다 호, 루이지애나, 메인, 메릴랜드, 네바다, 뉴저지, 뉴멕시코, 노스캐롤라이나, 노스다코타, 오레곤, 펜실베니아, 텍사스, 유타주, 버몬트, 버지니아, 워싱턴 및 위스콘신 주등이 이에 속한다.

리벤지 포르노를 처벌하는 경우에도 법에서 실제로 리벤지 포르노(revenge porn)라는 용어를 직접 사용하는 경우는 드물다. 일부 주에서는 괴롭힘(알래스카), 사생활 침해(조지아) 또는 무질서한 행동(캘리포니아)과 같이 널리 알려진 다른 범죄에 대한 혐의에 포함되어 있다. 또는 단독 범죄로 처벌하는 경우에는 은밀한 이미지(an intimate image)의 불법적 보급(오리곤, 네바다 및 펜실베니아), 개인 이미지(private images)의 공개(노스캐롤라이나) 또는 은밀한 이미지 배포(유타)와 같은 범죄로 규정된다.

① 애리조나주

애리조나주는 2014년 4월에 성범죄법을 개정하여 섹스팅 및 리벤지 포르노를 처벌할 수 있도록 하였다.[34] 이 법은 개인이 동의하지 않은 상태에서 누드 혹은 성적 행동에 대한 사진, 녹음, 디지털 녹화물을 상대방에게 제공하거나 타인에게 배포, 게시, 광고하는 경우 불법이다. 이러한 행동을 한 경우 5급 중범죄로 간주된다.[35] 만약 사진 또는 영상물 등의 인물이 누구인지 인식할 수 있는 정도이면 4급 중범죄로 간주된다. 애리조나 주에서 5급 중범죄는 최소 2년에서 최대 2년 6개월의 구금형에 처해지며, 4급 중범죄는 최소 2년 6개월에서 최대 3년 9개월의 구금형에 처해질 수 있다.[36] 따라서 애리조나주는 섹스팅 및 리벤지 포르노를 모두 처벌하고 있다.

② 아칸소주

아칸소주는 2015년 9월에 리벤지 포르노법을 개정하여 섹스팅 및 리벤지 포르노를 처벌할 수 있도록 하였다.[37] 리벤지포르노법(SB 156, Act 304)은 다른 사람을 괴롭히거나 두려워하거나 협박하거나 위협하거나 남용할 목적으로 18세 이상이 성적 이미지 또는 음란물 즉, 다른 사람(가족, 가구구성원, 현재 또는 과거의 데이트 상대)의 성적 또는 누드 상태의 이미지, 그림, 비디오 또는 음성 또는 오디오 녹음 등의 음란물을 배포한 경우 A급 경범죄로 처벌한다. 이때 성적 이미지 등의 주체가 배포사실을 알고 있거나 또는 동의여부는 면책사유에 해당되지 않는다. 아칸소주에서 A급 경범죄는 경범죄 중 가장 중한 범죄이며, 최고 1년의 징역형 및 2,500달러까지의 벌금형에 처해질 수 있다.[38]

또한 아칸소주는 2013년 8월에 섹스팅처벌법(SB 829)을 제정하여 18세 미만 청소년이 의도적으로 컴퓨터, 스마트폰 등으로 성적으로 노골적인 디지털 파일(digital material)을 생성, 제작, 배포, 선물, 전송, 게시, 교환, 보급 또는 보유하는 경우 처벌한다.[39] 이 법은 성적으로 노골적인 사진 등을 소지한 청소년은 A급 경범죄로, 그리고 그 이외의 유죄가 확정된 초범은 30일간 일일 8시간씩 봉사명령에 처할 수 있다고 규정하였다.

③ 플로리다주

플로리다주는 2015년 1월에 사이버 성희롱법(An act relating to sexual cyber-harassment)을 제정하여 섹스팅 및 리벤지 포르노를 처벌할 수 있도록 하였다.[40]

사람이 고의적으로 그리고 악의적으로 다른 사람을 사이버 성희롱(cyber-harassment)하는 경우 일급경범죄로 처벌된다. 사이버 성희롱이란 상대방에게 고통을 줄 목적으로 상대방의 성적 이미지를 상대방의 동의 및 합법적 권한 없이 인터넷 웹사이트에 공개하는 행위를 말한다.

누드 사진이나 동영상을 주고받는 행위는 초범의 경우 8시간 사회봉사명령이나 60달러의 벌금형에 처해진다. 또한 섹스팅의 심각성을 알려주는 교육훈련을 받아야 하며, 그렇지 않은 경우 사회봉사명령이나 벌금형에 처해진다. 두 번째 범죄행위는 경범죄로, 그리고 세 번째 부터는 중범죄에 해당한다. 수신된 메시지에 다양한 이미지가 포함되어있다면, 그리고 24시간 이내에 반복했다면 동일 행위로 간주된다. 이미지를 받은 초범이 사법당국에 신고하고, 그리고 수신한 이미지를 배포하지 않는다면 처벌받지 않는다.[41]

플로리다주 법은 범죄를 중죄와 경범죄로 나눈다. 중죄는 주 교도소에서의 사형 또는 구금형에 처해지며, 제1급, 제2급, 제3급으로 구분된다.[42] 제1급 중죄는 최대 30년 구금 및 10,000달러 벌금, 2급 중죄는 최대 15년 구금 및 10,000달러 미만 벌금, 제3급 중죄는 최대 5년 구금 및 5,000달러 벌금에 처해질 수 있다. 경범죄는 최대 1년까지 구금형에 처해질 수 있다.

④ 텍사스주

텍사스주는 2015년 9월에 섹스팅 및 리벤지포르노법(Relationship Privacy Act)을 제정하여 시행하고 있다.[43] 섹스팅을 처음한 경우는 경범죄에 해당하며, 이후의 위반은 가중 처벌될 수 있다. 17세 미만의 미성년자는 부모가 비용을 부담하는 조건으로 수강명령을 이수해야 하며, 섹스팅의 심각성에 대해서 교육을 받는다. 미성년자가 적극적으로 성적 이미지를 요구하지 않고, 다른 사람으로부터 이미지를 받고 삭제하거나 다른 사람에게 전달하지 않았다면 처벌되지 아니한다.

리벤지 포르노란 친밀한 관계에서 상대방의 동의 없이 성적 이미지 자료를 공개하거나 상대방이 공개하지 않을 것이라고 신뢰하고 동의하여 만든 성적 이미지 자료를 공개하여 동의 없이 공개하여 고통을 주거나 성적 이미지 자료를 공개하여 개인정보가 노출되게 한 경우 등을 말한다. 이 경우 법원은 성적 이미지 자료 등의 배포금지명령과 최대 1000달러 벌금 및 피해자의 고통에 대한 배상명령을 할 수 있다.

┃표 2-3┃ 미국 각 주정부의 섹스팅 및 리벤지 포르노 대응

구분	별도섹스팅법제정	성범죄법 등으로섹스팅처벌	18세미만 발신처벌	18세미만 수신처벌	다이버전	경범죄간주	중범죄간주	별도리벤지포르노법제정
앨라배마							V	
알래스카						V		V
애리조나	V		V	V		V		V
아칸소	V	V	V	V				V
캘리포니아								V
콜로라도								V
코네티컷	V	V	V	V		V		
델라웨어								V
플로리다	V	V	V	V	V	V		V
조지아	V		V	V		V	V	V
하와이	V		V	V		V		V
아이다호								V

구분	별도섹스팅 법제정	성범죄법 등으로섹 스팅처벌	18세미만 발신처벌	18세미만 수신처벌	다이버전	경범죄 간주	중범죄 간주	별도리벤 지포르노 법제정
일리노이	V		V		V			V
인디애나								
로와								
캔자스								
켄터키								
루이지애나	V	V	V	V	V			V
메인								
메릴랜드								V
매사추세츠								
미시간								
미네소타								
미시시피								
몬태나								
네브래스카	V		V	V			V	
네바다	V		V	V	V	V		V
뉴햄프셔								
뉴저지	V	V	V	V	V			V
뉴멕시코								V
뉴욕	V		V	V	V			V
노스 캐롤라이나								
노스다코타	V		V	V		V		V
오하이오								
오클라호마								
오리건								V
펜실베이니아	V		V	V	V	V		V
로드아일랜드	V	V	V		V			
사우스 캐롤라이나								
사우스다코타	V	V	V	V		V		
테네시								
텍사스	V		V	V	V	V		V
유타	V		V	V		V	V	V
버몬트	V	V	V	V	V			V
버지니아								V
워싱턴								V

구분	별도섹스팅법제정	성범죄법등으로섹스팅처벌	18세미만발신처벌	18세미만수신처벌	다이버전	경범죄간주	중범죄간주	별도리벤지포르노법제정
웨스트 버지니아	V	V	V	V	V			
워스콘신								V
와이오밍								
연방정부								
워싱턴DC								

IV. 섹스팅과 리벤지 포르노에 대한 갈등

1. 섹스팅과 리벤지 포르노란 무엇인가?

1) 성폭력범죄의 처벌 등에 관한 특례법

성폭력범죄의 처벌 등에 관한 특례법(법률 제15977호, 2018. 12. 18)은 섹스팅 및 리벤지 포르노의 처벌근거를 제공하고 있다. 그러나 명확하게 섹스팅이나 리벤지 포르노 등의 용어를 사용하지는 않고 있다.

즉 동법 제13조는 통신매체를 이용한 음란행위로 자기 또는 다른 사람의 성적 욕망을 유발하거나 만족시킬 목적으로 전화, 우편, 컴퓨터, 그 밖의 통신매체를 통하여 성적 수치심이나 혐오감을 일으키는 말, 음향, 글, 그림, 영상 또는 물건을 상대방에게 도달하게 한 사람은 2년 이하의 징역 또는 500만원 이하의 벌금에 처한다고 규정하였다.

제14조 제1항은 카메라나 그 밖에 이와 유사한 기능을 갖춘 기계장치를 이용하여 성적 욕망 또는 수치심을 유발할 수 있는 다른 사람의 신체를 그 의사에 반하여 촬영하거나 그 촬영물을 반포·판매·임대·제공 또는 공공연하게 전시·상영한 자는 5년 이하의 징역 또는 3천만원 이하의 벌금에 처한다고 규정하여 동의하지 않은 촬영행위를 처벌할 수 있는 근거를 두었다.

제2항은 제1항에 따른 촬영물 또는 복제물(복제물의 복제물을 포함)을 반포·판매·임대·제공 또는 공공연하게 전시·상영한 자 또는 제1항의 촬영이 촬영 당시에는 촬영대상자의 의사에 반하지 아니한 경우에도 사후에 그 촬영물 또는 복제물을 촬영대상자의 의사에 반하여 반포등을 한 자는 5년 이하의 징역 또는 3천만원 이하의 벌

금에 처한다.

제3항은 영리를 목적으로 촬영대상자의 의사에 반하여 정보통신망을 이용하여 제2항의 죄를 범한 자는 7년 이하의 징역에 처한다.

그런데 섹스팅의 개념을 스스로 신체의 일부를 촬영하여 디지털 기기나 수단을 이용하여 상대방과 주고받는 행위라고 정의한다면 현행 성폭력처벌법으로는 이를 처벌하지 못한다. 또한 현행법은 섹스팅의 전제조건을 자기 또는 상대방의 "자기 또는 다른 사람의 성적 욕망을 유발하거나 만족시킬 목적"이라고 전제함으로써 만약 이러한 고의가 없다고 주장하고, 단지 보관용이라고 주장한다면 사실상 범죄구성요건을 충족하지 못하고 결과적으로 처벌할 수 없게 된다. 이미 대법원의 판례에서도 이러한 법리적 해석이 여실히 드러나고 있다.[44] 이와 같은 문제점은 청소년성보호법의 경우에도 나타난다. 즉 이 법은 청소년 간 또는 청소년과 성인 간 섹스팅에 대한 개념이나 처벌규정을 갖고 있지 못하다.

따라서 이러한 문제점을 해결하기 위해서는 영국이나 미국의 경우와 같이 섹스팅이 허용되는 경우, 섹스팅이라고 규정할 수 없는 예외적인 경우, 리벤지 포르노라고 간주되지 않는 경우를 규정화하는 방향으로 관련 규정의 정비가 필요할 것이다.

2) 아동 · 청소년의 성보호에 관한 법률

아동 · 청소년의 성보호에 관한 법률(약칭: 청소년성보호법, 법률 제15452호, 2018. 9. 14.)은 아동 · 청소년이용음란물의 제작 · 배포 등(제11조)이나 온라인서비스제공자의 의무(제17조)를 통하여 아동포르노 등의 처벌근거를 마련하였지만 영국이나 미국처럼 폭넓은 섹스팅이나 리벤지 포르노의 처벌 규정은 두지 못하였다.

즉 동법 제11조 제1항은 아동 · 청소년이용음란물을 제작 · 수입 또는 수출한 자는 무기징역 또는 5년 이상의 유기징역에 처하고, 제2항은 영리를 목적으로 아동 · 청소년이용음란물을 판매 · 대여 · 배포 · 제공하거나 이를 목적으로 소지 · 운반하거나 공연히 전시 또는 상영한 자는 10년 이하의 징역에 처하며, 제3항은 아동 · 청소년이용음란물을 배포 · 제공하거나 공연히 전시 또는 상영한 자는 7년 이하의 징역 또는 5천만원 이하의 벌금에 처하며, 제4항은 아동 · 청소년이용음란물을 제작할 것이라는 정황을 알면서 아동 · 청소년을 아동 · 청소년이용음란물의 제작자에게 알선한 자는 3년 이상의 징역에 처하며, 아동 · 청소년이용음란물임을 알면서 이를 소지한 자는 1년 이하의 징역 또는 2천만원 이하의 벌금에 처하도록 규정하였으며 제6

항은 제1항만의 미수범을 처벌하도록 규정하였다.

　　그리고 동법 제17조는 온라인서비스제공자의 의무를 두어 제1항은 자신이 관리하는 정보통신망에서 아동·청소년이용음란물을 발견하기 위하여 대통령령으로 정하는 조치45를 취하지 아니하거나 발견된 아동·청소년이용음란물을 즉시 삭제하고, 전송을 방지 또는 중단하는 기술적인 조치를 취하지 아니한 온라인서비스제공자는 3년 이하의 징역 또는 2천만원 이하의 벌금에 처한다. 다만, 온라인서비스제공자가 정보통신망에서 아동·청소년이용음란물을 발견하기 위하여 상당한 주의를 게을리하지 아니하였거나 발견된 아동·청소년이용음란물의 전송을 방지하거나 중단시키고자 하였으나 기술적으로 현저히 곤란한 경우에는 그러하지 아니하다고 규정하였다. 이어 제2항은 「저작권법」 제104조46에 따른 특수한 유형의 온라인서비스제공자는 이용자가 컴퓨터 등에 저장된 저작물 등을 검색하거나 업로드 또는 다운로드를 할 경우 해당 화면이나 전송프로그램에 아동·청소년이용음란물을 제작·배포·소지한 자는 처벌을 받을 수 있다는 내용이 명확하게 표현된 경고문구("아동·청소년이용음란물을 제작·배포·소지한 자는 「아동·청소년의 성보호에 관한 법률」 제11조에 따라 형사처벌을 받을 수 있습니다.")를 표시하여야 한다.

2. 개인의 표현의 자유와 성적 자기의사결정권의 충돌

　　상호 동의에 의하여 자신의 신체일부나 성적인 내용의 문자나 사진 등을 상대방에게 보내거나 상대방으로부터 수신하는 경우는 기본권적 표현의 자유에 속한다는 점에서 이러한 행위를 섹스팅이라는 범죄행위로 규정하고 처벌하는 것은 지나치게 기본권을 제한적으로 해석한다는 비난에 직면한다.47 그러나 개인의 표현의 자유도 존중되어야하지만 개인의 자기정보호권, 즉 잊혀질 권리 역시 보호되어야 한다는 측면에서 이 두 기본권의 적절한 조화를 이루는 정도에 대한 사회적 합의가 필요할 것이다.48

　　대법원은 이에 대하여 "성폭력처벌법 제13조에서 정한 '통신매체이용음란죄'는 '성적 자기결정권에 반하여 성적 수치심을 일으키는 그림 등을 개인의 의사에 반하여 접하지 않을 권리'를 보장하기 위한 것으로 성적 자기결정권과 일반적 인격권의 보호, 사회의 건전한 성풍속 확립을 보호법익으로 한다."고 해석함으로써 개인의 기본권과 건전한 성풍속이라는 사회적 법익을 동시에 고려하는 태도를 보이고 있다 (대법원 2017.6.8, 선고, 2016도21389 판결).

3. 민간사업자에게 사적 검열권을 부여할 수 있는가?

전기통신사업자의 사적 검열의 기능이 작동된다는 문제가 있다.[49] 즉, 현행 청소년성보호법 제17조는 인터넷 사이트 상 아동포르노물이 게재되었는지 살피고 이를 삭제하는 등의 의무규정을 두고 이를 행하지 않을 경우 처벌하도록 함으로써 사적 검열기능을 의무화하고 있다. 그런데 섹스팅을 처벌하는 경우 공개를 동의한 경우라도 전기통신사업자는 검열을 행할 수 있으며, 이를 통해 관련 성적 이미지물을 게시한 사람의 경우 처벌을 받게 되는 결과가 나타난다. 미국이나 영국의 섹스팅법의 제정 과정에서도 표현의 자유와 사적 검열로 인한 개개인의 기본권이 제한된다는 비난이 제기되었다.[50]

현행 정보통신망법도 향후 전기통신사업자가 불법 영상물의 유통 사실을 명백히 인지한 경우 삭제·접속차단 등의 조치 의무를 두고 있다. 또한 변형카메라의 수입·판매업자에 대한 등록제를 도입하고, 유통이력 추적을 위한 이력정보시스템(DB)도 구축하여 카메라의 추적이 가능토록 하겠다는 안을 발표하였다.[51]

그리고 개정된 정보통신망법 제44조의8은 정보통신서비스 제공자는 만 14세 미만의 아동에게 문자·음성을 이용하여 사람과 대화하는 방식으로 정보를 처리하는 시스템을 기반으로 하는 정보통신서비스를 제공하는 경우에는 그 아동에게 부적절한 내용의 정보가 제공되지 아니하도록 노력하여야 한다고 규정하고 있다.

그런데 이러한 개정법안은 전기통신사업자의 사적 검열권을 더욱 강화시키고, 동시에 특정카메라를 갖는 경우 섹스팅 혹은 리벤지 포르노의 잠재적 범죄자화라는 인식을 갖게 하는 문제가 있다. 나아가 대부분의 리벤지 포르노가 스마트폰에 의해 촬영된 것이라는 점을 감안할 때 정부의 이와 같은 법 개정방향은 기본권 침해 논쟁 소지가 상당하다. 또한 사업자가 외국일 경우 국내사업자와는 달리 처벌에 한계가 있어 법적 형평성의 문제가 있다.[52]

4. 섹스팅이나 리벤지 포르노 처벌법을 별도로 제정해야 할까?

섹스팅 처벌로 인한 관련 범죄자의 양산과 전과자라는 사회적 낙인으로 인한 사회적 비용의 문제이다. 특히 섹스팅의 특징상 대부분 청소년들이 가해자이며, 이들의 범죄자화도 고려되어야 한다. 실제로 영국경찰에 따르면 섹스팅을 처벌 후 전체 섹스팅 범죄자는 2013년 4,530명, 2014년 6,303명, 2015년 10,818명으로 나타났

다. 이 가운데 18세 미만의 청소년 섹스팅 범죄자는 2,031명으로 집계되었다.53

한편으로 따라서 섹스팅 범죄 경력자의 양산문제의 해결방안으로 영국이나 미국의 일부 주에서는 경찰이나 소년법원 단계에서 부모가 자녀의 교육비용을 완납하는 조건의 수강명령을 결정하는 다이버전을 활용하기도 한다(The Crown Prosecution Service, 2015).

섹스팅이나 리벤지 포르노에 대한 처벌을 기존의 성폭력처벌법이나 아동·청소년의 성보호법에 담을 것인지, 또는 별도의 특별법을 둘 것인지에 대한 합의도 필요해 보인다. 영국의 경우 섹스팅은 통신법(2003), 악의적인 통신법(1988), 스토킹예방법(1977), 성범죄처벌법(2003) 등 매우 다양한 법으로 처벌하도록 하였다. 미국의 경우 애리조나, 플로리다, 일리노이, 루이지애나 텍사스 주 등은 별도의 섹스팅법과 리벤지포르노법을 제정하여 운영하고 있다.

한국의 경우 성폭력처벌법의 제13조 및 제14조의 정비를 통하여 섹스팅과 리벤지 포르노의 처벌근거를 확보하였지만, 아동·청소년의 성보호법의 경우에도 별도의 섹스팅 및 리벤지 포르노 규정의 신설이 필요하며, 특히 아동 간 관련 행위에 대한 처벌여부에 대한 논의가 필요할 것이다.

5. 섹스팅하는 청소년들을 처벌해야 하나?

영국이나 미국의 주법에서는 18세 미만의 섹스팅 및 리벤지 포르노에 대해서도 초범의 경우 사회내처우나 경범죄로 간주하지만, 재범의 경우 성인범에 준해서 처벌하는 추세라는 점을 감안할 필요가 있다. 특히 청소년 간 섹스팅에 대한 다양한 연구들을 통하여 섹스팅은 일회성에 그치는 것이 아니라 그 은밀성, 반복성 그리고 IT의 발달로 다양한 변형된 방식으로 지속성을 띠며, 결국 중독적 특징을 보인다는 연구결과를 볼 때 청소년 간 섹스팅 처벌규정에 대한 사회적 고민이 필요해 보인다.54

섹스팅 처벌 대상을 개인의 자유로운 경우에도 처벌한다고 해도 청소년의 경우에도 처벌할 것인지, 처벌규정을 두어도 소년법에 의하여 14세 이상 19세 미만의 경우 보호처분 우선주의를 적용할 것인지, 보호처분 위주의 형사정책이 실효성 여부에 대한 검증이 필요해 보인다. 특히 앞서 설명한 것과 같이 영국의 경우 섹스팅 처벌 후 최근 3년 동안 경찰에 의해 기소된 18세 미만의 청소년 섹스팅 범죄자가 2,031명으로 집계되었다는 점은 결과적으로 청소년 섹스팅 범죄 경력자의 증가를 의미한다는 점에서 단순한, 그리고 동의된 섹스팅의 경우까지 범죄화할 것인지에 대한 신중한 검토가 필요하다는 것을 단적으로 보여준다.

한편으로는 앞서의 선행연구들이 지적한 것처럼 섹스팅의 반복성, 중독성 등이 리벤지 포르노에 영향요인으로 작용하고 있음을 고려할 때 청소년의 동의된 섹스팅에 대해서도 일정한 제재를 가할 필요성은 충분해 보인다. 이미 영국, 미국의 애리조나, 아칸소, 코네티컷, 플로리다. 조지아, 하와이, 루이지애나, 네브래스카, 네바다, 뉴저지, 뉴욕, 노스다코타, 펜실베니아, 사우스다코타, 버몬트, 웨스트버지니아주 등에서는 18세 미만 청소년의 섹스팅에 대한 제재 규정을 두고 있으며, 이들 주는 동시에 별도의 섹스팅법 및 리벤지 포르노 법을 제정하여 시행중이다. 이러한 법률적 장치는 청소년 섹스팅의 위험성과 처벌 필요성이 이미 고려된 것이라 볼 수 있고,[55] 한국 역시 이러한 입법적 경향을 고려하여야 한다.

6. 섹스팅과 리벤지 포르노의 다양한 양태대로 처벌규정을 모두 만들 것인가?

섹스팅과 리벤지 포르노의 다양한 양태와 처벌정도가 달라야 하고, 그 적정한 처벌강도에 대한 좀 더 심층적인 논의가 필요하다. 즉, 성폭력처벌법 제14조 제1항은 카메라나 그 밖에 이와 유사한 기능을 갖춘 기계장치를 이용하여 성적 욕망 또는 수치심을 유발할 수 있는 다른 사람의 신체를 그 의사에 반하여 촬영하거나 그 촬영물을 반포·판매·임대·제공 또는 공공연하게 전시·상영한 자는 5년 이하의 징역 또는 1천만원 이하의 벌금에 처한다고 규정하여 동의하지 않은 촬영행위를 처벌할 수 있는 근거를 두었다. 그런데 다른 사람의 신체를 촬영한 경우와 이를 전달받아 인터넷 사이트나 디지털 기기 등을 이용하여 유포한 경우 등을 동일하게 처벌하는 모순점이 있다. 나아가 만약 이러한 내용을 전달받아 인터넷이나 디지털 기기 등을 이용하여 전달하지 않고 프린트하여 제3자나 피해 당사자에게 전달하는 경우 성폭력처벌법에 의하여 처벌하지 못한다는 것이 대법원의 인식이다.[56]

섹스팅에 대한 매우 협소한 개념을 유지하는 법원의 이러한 관점은 섹스팅의 개념과 처벌을 강화하고 확대하여야 한다는 사회적 인식과는 차이가 있다. 역시 사회적 합의가 필요하다는 것을 보여준다.

디지털 성범죄자에 징역형 청와대 청원 사흘 만에 20만 돌파

남인순 더불어민주당 의원실이 대법원으로부터 제출받은 성폭력범죄의 처벌 등에 관한 특례법 위반(카메라 등 이용 촬영) 1심 판결 현황에 따르면 2012년부터 2017년까지 지난 6년간 관련 혐의로 재판을 받은 7446명 중 징역·금고형을 받은 피고인은 647명으로 8.6%에 불과했다. 벌금형이 4096명(55%)으로 가장 많았고 그 다음으로 집행유예(2068명) 27.88%, 징역형(647명) 8.6%, 선고유예(373명) 5%, 기타(197명) 2.6%, 무죄(63명) 0.8% 순이었다.

또 '정보통신망 이용촉진 및 정보보호 등에 관한 법률 위반(음란물 유포) 1심 판결 현황'에 따르면, 지난 6년간 관련 혐의로 재판을 받은 인원은 1680명이었는데, 그 중 징역·금고형을 받은 피고인은 30명으로 1.8%에 불과했다. 벌금형이 924명으로 55%에 달했다. 기타(361명) 21.5%, 집행유예(274명) 16.3%, 선고유예(71명) 4.2%가 뒤를 이었다. 재판받은 사람 중 여성은 94명으로 5.6%였다. …중략…

자료: 시사저널, 2018년 10월 6일자 보도.

V. 이슈&디스커션

1. 온·오프라인상 개인의 성적 표현의 자유 및 성적 자기의사결정권의 한계
2. 전기통신사업자 또는 통신망사업자의 자기검열기능·권한과 개인정보보호권 간 충돌
3. 청소년의 섹스팅 처벌 수위와 범죄경력화, 사회적 비용
4. 리벤지 포르노와 섹스팅의 처벌, 그 근본적 이유 또는 비판

참고문헌

1 허경미. (2017). 섹스팅과 리벤지 포르노의 범죄화 및 처벌법 쟁점 연구. 한국경찰연구, 16(4): 361－388.

2 Ostrager, B. (2010). SMS. OMG! LOL! TTYL: Translating the law to accommodate today's teens and the evolution from texting to sexting. Family Court Review, 48(4), 712－726.

3 Daniels, M. (2014). Chapters 859 and 863: Model Revenge Porn Legislation or Merely a Work in Progress. McGeorge L. Rev., 46, 297.

4 Kitchen, A. N. (2015). The Need to Criminalize Revenge Porn: How a Law Protecting Victims Can Avoid Running Afoul of the First Amendment. Chi.－Kent L. Rev., 90, 247.

5 박광선. (2016). 랜덤채팅의 음란정보 유통 실태 및 정책대안의 탐색. 경찰학연구, 16(4), 125－156.

6 한겨레, (2017. 3. 6). '소라넷' 재오픈 공지?…경찰 "사칭에 무게, 도피 운영진 추적중". http://www.hani.co.kr/arti/society/society_general/785366.html. 2017. 9. 30. 검색.

7 검찰청, (2016) 15－16.

8 송태민·진달래. (2015). 2015년 소셜 빅데이터 기반 보건복지 이슈 동향 분석. 한국보건사회연구원. Lenhart, A. (2009). Teens and sexting: How and why minor teens are sending sexually suggestive nude or nearly nude images via text messaging. Washington, DC: Pew Internet & American Life Project. Journal of Child Psychology and Psychiatry, 55(6), 635－654.

9 정완. (2010). 휴대폰과 인터넷을 통한 음란물 유통의 실태와 대책. 형사정책, 22, 51－74. 심재웅. (2013). 대학생들의 인터넷 포르노그래피 탐색이유와 사이버섹스에 대한 인식. 한국콘텐츠학회논문지, 13(6), 148－157. 이창호, 신나민, & 하은빈. (2014). 청소년 사이버불링 실태 및 대응방안 연구. 한국청소년정책연구원 연구보고서, 1－268.

10 https://www.westyorkshire.police.uk/sites/default/files/files/misc/sexting_poster_male.pdf

11 이창훈. (2016). 청소년의 섹스팅 (sexting) 실태와 원인, 형사사법 정책의 방향에 관한 소고. 교정담론, 10(2), 297－324.

12 성윤숙·손병덕. (2014). 스마트시대 대중매체를 통한 청소년의 성 상품화 대응방안 연구. 한국청소년정책연구원 연구보고서, 1－664.

13 국무조정실, 2017. 9. 26. 디지털 성범죄(몰래카메라 등) 피해 방지 종합대책, 국무총리실.

14 구현영·김성숙. (2007). 청소년의 사이버섹스 중독, 남녀평등의식, 성태도 및 성폭력 허용 간의 관계. Journal of Korean Academy of Nursing, 37(7), 1202－1211.

15 Lounsbury, K., Mitchell, K. J., & Finkelhor, D. (2011). The True Prevalence of "Sexting". CRIMES AGAINST CHILDREN RESEARCH CENTER, University of New Hampshire.

16 Statistic Brain, Sexting Statistics, http://www.statisticbrain.com/sexting－statistics/

17 Hollis, V., Belton, E., & Team, N. E. (2017). CHILDREN AND YOUNG PEOPLE WHO ENGAGE IN TECHNOLOGY－ASSISTED HARMFUL SEXUAL BEHAVIOUR.

18 Ahern, N. R., & Mechling, B. (2013). Sexting: serious problems for youth. Journal of psychosocial nursing and mental health services, 51(7), 22－30.

19 Ricketts, M. L., Maloney, C., Marcum, C. D., & Higgins, G. E. (2015). The effect of internet related problems on the sexting behaviors of juveniles. American Journal of Criminal

Justice, 40(2), 270－284.

20 여성가족부, 2016년 청소년 매체이용 및 유해환경 실태조사 분석보고서, 2017, 209.

21 여성가족부, 2016년 청소년 매체이용 및 유해환경 실태조사 분석보고서, 2017, 212.

22 여성가족부, 2016년 청소년 매체이용 및 유해환경 실태조사 분석보고서, 2017, 215.

23 여성가족부, 2016년 청소년 매체이용 및 유해환경 실태조사 분석보고서, 2017, 42.

24 여성가족부, 2016년 청소년 매체이용 및 유해환경 실태조사 분석보고서, 2017, 43.

25 Billings, L., 9/16/16, REVENGE PORN LAWS IN EUROPE, U.S. AND BEYOND http://www.newsweek.com/revenge－porn－laws－europe－us－and－beyond－499303

26 Criminal Justice and Courts Act (2015), Section 33, legislation.gov.uk, (2015).

27 The Crown Prosecution Service, 2015. Revenge Pornography － Guidelines on prosecuting the offence of disclosing private sexual photographs and films, http://www.cps.gov.uk/legal/p_to_r/revenge_pornography/

28 BBC newsbeat. 2015.

29 The Guardian, Courts get punishment guidelines for revenge porn offences, 2018.7.5. https://www.theguardian.com/world/2018/jul/05/courts－get－punishment－guidelines－for－revenge－porn－offences

30 Billings, L., 9/16/16, REVENGE PORN LAWS IN EUROPE, U.S. AND BEYOND http://www.newsweek.com/revenge－porn－laws－europe－us－and－beyond－499303

31 18 U.S.C. § 2251, 18 U.S.C. § 2251A, 18 U.S.C. § 2252, 18 U.S.C. § 2252A, 18 U.S.C. § 2256－ Definitions, 18 U.S.C. § 2260., U.S. Department of Justice, 2017.

32 18 U.S.C. § 2423(c): 18 U.S.C. §§ 2251(c).

33 U.S. Department of Justice, CITIZEN'S GUIDE TO U.S. FEDERAL LAW ON CHILD PORNOGRAPHY.

34 CHAPTER 268 HOUSE BILL 2515.

35 Arizona State Legislature, 2017. CHAPTER 268 HOUSE BILL 2515, http://www.azleg.gov/FormatDocument.asp?inDoc＝/legtext/51leg/2r/laws/0268.htm&Session_ID＝112

36 Didier, A., 2017. Arizona Felony Crimes by Class and Sentences, http://www.criminaldefenselawyer.com/resources/criminal－defense/felony－offense/arizona－felony－class.htm

37 State of Arkansas, S2/17/15 SENATE BILL 156, http://www.arkleg.state.ar.us/assembly/2015/2015R/Bills/SB156.pdf

38 Didier, A., 2017b. Florida Felony Crimes by Class and Sentences, http://www.criminaldefenselawyer.com/resources/criminal－defense/state－felony－laws/florida－felony－class.htm

39 State of Arkansas, S3/21/13 SENATE BILL 829, http://www.arkleg.state.ar.us/assembly/2013/2013R/Acts/Act1086.pdf

40 State of Florida, CS for SB 538, 1st Engrossed, https://www.flsenate.gov/Session/Bill/2015/0538/BillText/er/PDF

41 http://www.myfloridahouse.gov/Sections/Documents/loaddoc.aspx?FileName＝_h0075er.docx&DocumentType＝Bill&BillNumber＝0075&Session＝2011

42 Didier, A., 2017. Arizona Felony Crimes by Class and Sentences, http://www.criminaldefenselawyer.com/resources/criminal－defense/felony－offense/arizona－felony－class.htm

43 State of Texas, 2015. S.B.ANo.A1135, http://www.capitol.state.tx.us/tlodocs/84R/billtext/pdf/SB01135F.pdf#navpanes=0

44 대법원 2017.6.8, 선고, 2016도21389 판결.

45 아동·청소년의 성보호에 관한 법률 시행령 제3조(아동·청소년이용음란물 발견을 위한 조치) ① 법 제17조제1항 본문에서 "대통령령으로 정하는 조치"란 다음 각 호의 모든 조치를 말한다. 다만, 다른 법률에서 정한 조치를 함으로써 아동·청소년이용음란물을 발견할 수 있는 경우에는 다음 각 호에 해당하는 조치의 전부 또는 일부를 하지 아니할 수 있다.
1. 이용자가 아동·청소년이용음란물로 의심되는 온라인 자료를 발견하는 경우 온라인서비스제공자에게 상시적으로 신고할 수 있도록 하는 조치
2. 온라인 자료의 특징 또는 명칭을 분석하여 기술적으로 아동·청소년이용음란물로 인식되는 자료를 찾아내도록 하는 조치

46 저작권법 제104조(특수한 유형의 온라인 서비스제공자의 의무 등) ① 다른 사람들 상호 간에 컴퓨터를 이용하여 저작물등을 전송하도록 하는 것을 주된 목적으로 하는 온라인서비스제공자(이하 "특수한 유형의 온라인서비스제공자"라 한다)는 권리자의 요청이 있는 경우 해당 저작물등의 불법적인 전송을 차단하는 기술적인 조치 등 필요한 조치를 하여야 한다.

47 임정호. (2013). 아동·청소년의 성보호에 관한 법률상 아동음란물 정의규정에 대한 미국법과의 비교 연구. 법학논총, 25(3), 9−33.; Villacampa, C. (2017). Teen sexting: Prevalence, characteristics and legal treatment. International Journal of Law, Crime and Justice, 49, 10−21.; Upperton, T. J. (2015). Criminalising "revenge porn": Did the Harmful Digital Communications Act get it right?.

48 최경진. (2012). 잊혀질 권리−개인정보 관점에서. 정보법학, 한국정보법학회, 101.

49 문재완. (2015). 인터넷상 사적 검열과 표현의 자유. 공법연구, 43, 181−206.; 방석호. (2003). 인터넷 내용규제와 표현자유의 갈등−한국의 사례를 중심으로. 계간 사상, 116−135.

50 서순복. (2010). 청소년보호를 위한 인터넷상 사이버음란물 표현내용규제 관련 미국 입법과 판례에 관한 연구. 미국헌법연구, 21(2), 317−364.; 임정호. (2013). 아동·청소년의 성보호에 관한 법률상 아동음란물 정의규정에 대한 미국법과의 비교 연구. 법학논총, 25(3), 9−33.

51 여성가족부, 2018년 6월 15일자 보도자료.

52 머니투데이, (2017. 9. 26). 정부 "해외사이트 불법영상 URI 차단…삭제협조 요청" 디지털 성범죄 피해방지 종합대책 관계부처 합동 브리핑. http://news.mt.co.kr/mtview.php?no=217092616082850720&outlink=1&ref=http%3A%2F%2Fsearch.naver.com. 2017. 9. 30. 검색.

53 Osborne, |S. (2016). Sexting concerns raised after more than 2,000 children reported to police, http://www.independent.co.uk/news/uk/crime/sexting−nude−selfies−children−statistics−police−child−protection−nspcc−a7219501.html

54 송태민·진달래. (2015). 2015년 소셜 빅데이터 기반 보건복지 이슈 동향 분석. 한국보건사회연구원.; Lenhart, A. (2009). Teens and sexting: How and why minor teens are sending sexually suggestive nude or nearly nude images via text messaging. Washington, DC: Pew Internet & American Life Project. Journal of Child Psychology and Psychiatry, 55(6), 635−654.; Dake, J. A., Price, J. H., Maziarz, L., & Ward, B. (2012). Prevalence and correlates of sexting behavior in adolescents. American Journal of Sexuality Education, 7(1), 1−15.

55 Villacampa, C. (2017). Teen sexting: Prevalence, characteristics and legal treatment. International Journal of Law, Crime and Justice, 49, 10−21.

56 대법원 2016.3.10, 선고, 2015도17847 판결.

제5장
페도필리아

Ⅰ. 문제의 출발

아동대상 성범죄자에 대한 다양한 입법적 조치가 마련되어 있지만 아동을 대상으로 한 성범죄는 여전하고 오히려 처벌과는 상관없이 더 일탈적인 양상으로 치닫는 모습을 보이고 있다. 즉 아동대상 성범죄자에 대한 전자발찌나 화학적 거세 또는 신상정보등록과 공개 등의 보안처분이 효과를 거둔 것처럼 보이기도 하지만 또 한편 이러한 조치들의 실효성을 무색케 하는 사건들도 종종 볼 수 있다.

치료감호법에서는 소아성기호증(小兒性嗜好症), 성적가학증(性的加虐症) 등 성적 성벽(性癖)이 있는 정신성적 장애인으로서 금고 이상의 형에 해당하는 성폭력범죄를 지은 자에 대해 재범위험성이 있는 경우 치료감호 대상으로 규정하고 있어 페도필리아에 대한 치료감호 처분의 근거를 두었지만 그 치료기간이나 그 효과성에 대한 논란 역시 진행 중이다.

특히 아동대상 성범죄가 단순한 우발적인 것인지, 아니면 성도착증이 직접적인 원인이었는지에 대한 수사기관, 의료진 그리고 법원의 판단이 같거나 혹은 다를 때 처벌이나 치료감호 등의 보안처분은 전혀 다르게 적용될 수 있다.

페도필리아(소아기호증)에 대한 개념을 이해하기 위해서는 먼저 아동 성도착을 포함하는 변태성욕에 대한 설명 및 이해가 필요하다. 변태성욕에 대한 미국정신의학회(APA)의 정신장애진단및분류편람(DSM – Ⅴ)의 진단기준은 A. 인간이 아닌 대상, B. 자신 또는 상대방의 고통이나 굴욕감, C. 소아나 동의하지 않는 상대방에게서 성적인 흥분을 강하게 일으키는 공상, 성적 충동, 성적 행동이 반복되며, 적어도 6개월 이상 지속되는 경우를 말한다. 변태성욕에는 노출증(exhibitionism), 물품음란증(fetihism), 마찰도착증(frotteurism), 아동 성도착(pedophilia), 성적 피학증(sexual masochism), 성적 가학증(sexual sadism), 복장도착증(transvertic fetishism), 관음증(voyerism), 성 정체감장애(gender identity disorders) 등이 있다.

아동성도착(pedophilia, paedophilia)[1] 또는 소아기호증이란 변태성욕(paraphilia)의 일부로 주로 사춘기 이전의 아동을 대상으로 성적 환상 또는 충동을 갖거나 성적 행위 등을 하는 것을 말한다.

아동성도착에 대한 DSM−V의 진단기준은 "A. 사춘기 이전의 아동(보통 13세 또는 그보다 더 적은 연령대)을 상대로 성적 흥분을 강하게 일으키는 환상, 성적 충동, 성적 행동이 반복되며, 적어도 6개월 이상 지속된다. B. 개인이 이러한 환상, 성적 충동, 행동으로 인하여 심각한 고통이나 대인관계의 장애를 겪는 경우이어야 한다. C. 이러한 행동을 보이는 사람의 나이가 적어도 16세는 되어야 하며, 진단기준 A에 언급된 아동들 보다 적어도 5세 연상이어야 한다."는 조건을 충족시킬 것으로 요구하고 있어 아동성도착이 정신장애의 일종이라는 것을 분명히 하고 있다.[2] 따라서 아동성도착(pedophilia)과 아동성폭력(child molester)은 구분되어야 하지만, 현실에서는 광의의 의미로 함께 사용되고 있다.[3]

한편 페도필리아를 로리타 증후군(Lolita syndrome)이라고도 한다. 로리타는 러시아 출신의 망명작가 블라디미르 나보코프가 쓴 소설 로리타의 주인공 12세 소녀의

자료: https://www.film.at/lolita_1997.

이름이다. 주인공 험버트 교수는 12세 소녀 로리타에게 접근하려 그녀의 엄마와 결혼하고 어린 로리타와 도피를 벌이다가 죽음을 맞는다. 많은 국가에서 소설과 영화 모두 외설이라는 비난을 받아야 했다.

Ⅱ. 페도필리아! 무엇 때문일까?

아동성도착자나 성폭력사범을 단순히 추잡한 사람이라고만 획일적으로 단정하고 이들을 법적 잣대로 처벌하는 것은 근본적인 해결책이 될 수 없다. 아동성도착이나 성폭력의 원인을 밝혀 치료의 대상으로 볼 것인가, 혹은 처벌의 대상으로 볼 것인가, 치료와 처벌을 함께 할 것인가?를 고민해야 한다는 주장도 제기된다.

첫째, 모노아민가설을 들 수 있다.

모노아민가설(Monoamine Hypothesis)은 성도착증 혹은 성폭력의 원인을 생물학적으로 설명한다. 모노아민 옥시다아제(MAO-A)라는 효소가 유전자변이를 일으켜 활동성이 낮아지면, 세로토닌이 줄어들고, 이로 인해 감정의 기복이 커져 충동적이거나 폭력적이 된다는 것이다.4

이 가설에 따라 미국은 재판과정에서 피고인의 범죄가족력을 확인하기 위하여 이른바 「2세대 DNA검사법」을 실시하여 그 결과를 피고인의 정신장애여부를 판별하는 증거로 활용하는 경우가 늘어나고 있다. 즉, 피고인 가족에 대한 DNA검사 결과 모두 모노아민 옥시다아제효소(MAO-A)가 부족할 경우 세로토닌 호르몬을 분해하는 능력이 떨어져 결국 세로토닌이 관장하는 충동조절능력이 현저하게 저하되었다고 평가한다. 이와 같은 태도는 결국 피고인의 정신장애를 인정하는 것으로 피고인을 석방시킬 경우 재범을 할 것인지 여부를 판단하는 기준이 되기도 한다.

이 이론은 모노아민 옥시다아제 효소가 X 염색체 존재한다는 점을 들어 페도필리아의 대부분은 남성일 것이라는 것을 전제하고 있다.

인간은 본래 악(惡)할까? '폭력 유전자' 찾았다

스웨덴 카롤린스카 의과대학 연구소는 핀란드 출신 범죄자 895명을 대상으로 유전자 검사를 실시했다. 여기에는 약물복용이나 도둑질 등 폭력성이 없는 범죄자부터 살인과 구타, 폭행 등 극단적인 폭력성을 보인 범죄자들이 모두 포함돼 있다.

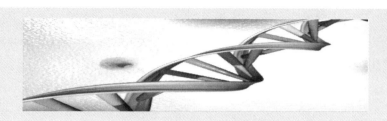

검사 결과 일명 '폭력 유전자'로 불리는 두 가지 유전자를 발견했다. 그중 하나는 '카데린 13'(Cadherin 13, 이하 CDH13)이다. 카데린은 세포와 신경이 상호간 접착하는데 필수적인 분자군이며, CDH 13은 충동 억제와 연관이 있는 것으로 밝혀졌다.

또 다른 유전자는 화학적 메신저 세로토닌(serotonin), 도파민(dopamine), 노르에피네프린(norepinephrine)을 파괴하는 모노아민 산화효소 A(monoamine oxidase A, 이하 MAOA)로, 이는 행복과 충족감을 느끼게 하는 호르몬에 영향을 미쳐 폭력적 성향을 드러내게 한다.

연구를 이끈 야리 티호넨 교수는 "폭력성이 없는 범죄자들에게서는 폭력성이 짙은 범죄자들에 비해 CDH13과 MAOA 등 '폭력 유전자'가 많지 않은 것으로 나타났다"면서 "특히 뇌의 도파민 수치가 낮아질 때 음주 또는 마약을 복용할 경우 공격성과 폭력성이 짙어질 수 있다"고 지적했다. 이어 "대다수의 폭력 범죄는 반사회적인 그룹에 의해 이뤄지며, 이것이 반복되는 이유는 아마도 독특한 유전자의 영향 때문일 것"이라고 설명했다.

자료: 나우뉴스, 2014년 10월 29일자 보도.

둘째, 정신분석이론을 들 수 있다.

정신분석이론(Psychoanalytic Theory)은 개인의 어린 시절의 사건이나 정신적 외상이 장래행동에 커다란 영향을 미친다는 것을 전제로 한다. 아동성도착증이 있는 사람은 실제 그 자신도 아동기에 성적 학대를 당한 사실이 많다는 연구는 이미 상당하게 축적되어 있다. 아동기 시절 자신이 당한 학대에 대한 반항과 보상적 행동이 다양한 행동양식으로 표출되는 데 그 가운데 일부가 아동성도착증 또는 아동성학대라는 것이다.[5]

이 정신분석이론에 의하면 아동도착증 및 아동성학대의 행동주체가 반드시 남성에 한정되지 않는다는 결론을 얻을 수 있다.

셋째, 구애장애이론을 들 수 있다.

구애장애이론은(Courtship Theory)은 성도착과 성폭력은 서로 연속선상에 있다는 주장으로 구애의 단계는 모색단계, 접촉이전단계, 접촉단계, 성교단계 등으로 구분된다는 것이다.[6] 성도착증세 중 관음증은 상대방의 모색단계에서 나타나고, 전화외설증과 노출증은 상대방과의 직접적인 접촉이전단계에서 나타나며, 마찰성도착증은 상대방과의 접촉단계에서 나타나며, 마지막으로 성도착적 강간은 상대방과의 직접적인 성관계단계에서 나타난다.

따라서 구애장애이론에 의하면 아동성도착자는 처음부터 피해아동에 대하여 직접적인 성교행위를 한다기 보다는 오랜 기간 동안 관음증, 전화외설증, 노출증, 마찰성도착증 등의 행동양식을 보이며, 성폭력적 양식을 보이기까지 점차 도착적 증세가 진화한다는 것을 알 수 있다. 이 이론 역시 여성의 성도착적 증세가 남성보다 낮다고 단정하지 않고 있다.

넷째, 학습이론을 들 수 있다.

학습이론(learning theory)은 성도착증이 학습의 산물이라고 하는 데, 즉 우연한 성적 행동이 성적 흥분 또는 만족을 가져오는 경험을 한 경우 반복적으로 같은 행동을 하게 되고, 점점 비정상적인 성도착증을 강화시킨다는 것이다.

이 이론은 누구든 영향을 받을 수 있고, 조건과 재강화 과정의 효과를 겪을 여지가 있다고 주장하며, 따라서 여성과 남성 모두에게 적용된다. 그러나 남성이 여성보다 비정상적 성적행위로 발달되지 않는가에 대한 적절한 설명을 제시하지 못하는 한계를 안고 있다.[7]

다섯째, 애착이론을 들 수 있다.

애착이론(Attachment Theory)은 아동성도착 및 아동성폭력의 원인을 아동기에 가족과 친밀한 관계를 형성하는 데 장애를 겪었던 것에서 찾으려는 경우도 있고,[8] 부모와의 유대감형성 실패에서 그 원인을 찾기도 한다.[9] 즉 아동시절에 부모 등과 적절한 유대감을 형성하지 못한 경우 성장하면서 주변인들과의 관계설정이 어렵고, 동시에 사회화에 장애를 겪게 되며, 이는 일탈적인 행동요인이 된다는 것이다.

이는 아동성도착사범 전과자 그룹, 둘째, 정상그룹, 셋째, 성범죄 피해자그룹 등을 대상으로 애착유형질문지(Attachment Style Questionnaire: ASQ) 및 아동학대 및 증상 정도판단지(Child Abuse and Trauma Scale: CAT)를 이용한 연구에서 증명된다. 아동학대의 피해자 및 성도착자그룹 모두 정상그룹 보다 불안한 애착관계를 보였다. 또한 성도착자의 80% 이상이 친족으로부터 성폭력을 당한 경험이 있었다. 성범죄 피해자그룹의 경우에는 38%만이 친족으로부터 성폭력을 당하였다.[10]

III. 페도필리아 프로파일링

아동성도착이 있는 개인들은 다양한 유형들로 분류될 수 있다. 여아에게만 관심이 있는 경우와 남아에게만 관심이 있는 경우, 그리고 여아 및 남아 모두에게 관심이 있는 경우가 있다. 또한 피해자가 근친인 경우와 그렇지 않은 경우가 있다. 소아와 성인 모두에게 성적 행동을 하는 비폐쇄적 유형과 소아에게만 성적 행동을 하는 폐쇄적 유형도 있다.[11]

먼저 아동성도착자들은 남성으로 혼자 사는 경우가 많으며, 그 피해자는 접근이 용이한 친족이 많은 것으로 나타났다. 또한 아동성도착적 행동은 반복적이며, 특히 동성애적인 징후를 보이는 경우는 더욱 고착되는 경향을 보인다.[12] 아동성도착자들은 아동들이 모이는 시설이나 학교 등에서 이와 관련된 일을 하면서 자연스럽게 아동과의 접촉할 기회를 가진다. 이들은 피해아동과 직접적인 성교행위보다는 피해아동을 만지고, 쓰다듬는 등의 행동을 선호하며, 이러한 행동은 아동에 대한 애정과 정서적 일치감을 얻기 위한 경우가 많다. 이들은 자신의 성격에 대한 자기보고식조사에서 대부분 자신의 성격에 대해 조용하고, 예민하며, 내향적이며, 우울하다고 스스로 평가하였다.[13]

연구와 실태조사에서는 아동성도착자들은 남아 보다는 여아를 선호한다. 여아가 피해자일 경우 친족관계인 경우가 60%에 달하며, 피해장소는 주거지 내가 가장 많다.[14] 반대로 피해자가 남아인 경우 피해자는 대개 면식이 없는 경우가 많고, 피해장소는 주거지 밖이 대부분인 것으로 나타났다. 여아피해자의 연령은 8세에서 10세인 경우가 많고, 남아인 경우 좀 더 나이가 많았다. 가해자와 피해아동과의 나이 차이가 크면 클수록 범인의 자존감이 떨어지는 것으로 나타났다.[15]

아동성도착자들은 피해아동에 대해 성적인 공격만을 가하는 것이 대부분이나, 나 극히 일부의 경우에는 피해아동을 살해하는데 이는 더욱 강렬한 성적 충동을 경험하기 위한 것으로 밝혀졌다.[16]

IV. 페도필리아 성향의 아동대상 성범죄

현실적으로 페도필리아 성향을 보이는 아동성폭력사범이 어느 정도인지를 살펴볼 필요가 있다.

　　대검찰청 2016년 범죄통계에 의하면 13세 미만 아동대상 성폭력범죄자의 98.5% 는 남성이고, 여성은 1.5%에 불과하다.[17] 13세 미만 아동대상 성폭력범죄자 중 가장 높은 비율을 차지하고 있는 연령대는 18세 이하로 20.0%를 차지하고 있다. 그 다음은 51세~60세로 18.7%, 41세~50세 18.0% 등의 순이다. 13세 미만 아동대상 성폭력범죄자는 13세~20세 청소년대상 성폭력범죄자에 비해 51세~60세와 61세 이상 고령자 범죄자의 비율이 상대적으로 높은 것이 특징이다.

　　13세 미만 아동대상 성폭력범죄자의 75.8%가 정상인 상태에서 범죄를 저질렀다. 주취상태에서 범죄를 저지른 경우는 16.0%이며, 정신장애를 가지고 있는 경우는 8.2%이다. 13세~20세 청소년 대상 성폭력범죄자는 주취상태에서 범죄를 저지른 빈도는 낮은 반면에 정신장애가 있는 범죄자의 비율은 더 높았다.

　　성폭력범죄의 구체적인 유형을 살펴보면, 강제추행이 76.7%로 가장 많았고, 그 다음은 강간/간음으로 15.2%를 차지하였다. 13세~20세 청소년 대상 성폭력범죄의 경우에도 강체추행이 가장 높은 비율을 차지하고 있으나 아동대상 성폭력범죄에 비해 그 비율이 현저히 낮으며, 또한 카메라등이용촬영 범죄가 12.6%로 상당히 높은 비율을 차지하고 있는 점에서 큰 차이를 보이고 있다.

　　전체적으로 아동과 청소년 대상 성폭력범죄는 강제추행이 55.0%로 가장 많은 비율을 차지하고 있고, 그 다음은 강간/간음(21.7%), 카메라등이용촬영(11.1%) 등의 순이다.

　　한편 여성가족부가 2018년 5월 1일자로 발표한 2016년도 신상등록자의 아동·청소년대상 성범죄 동향은 좀 더 세세하게 페도필리아적 성향의 아동대상 성범죄를 확인할 수 있다.

▌그림 2-1▌ 아동·청소년 대상 신상정보 등록 인원

구분	2012년도	2013년도	2014년도	2015년도	2016년도
강간	650명	841명	866명	733명	647명
강제추행	936명	1,379명	1,874명	2,129명	1,761명

자료: 여성가족부, 2018.

13세 미만 13세~20세 아동·청소년대상 성범죄의 주요 특성은 다음과 같다.

강간 범죄자 수는 2015년도보다 11.7% 줄어든 647명으로 2014년 이후 감소세를 지속했고, 강제추행은 2015년까지 증가하다 2016년도에는 1,761명으로 전년도에 비해 17.3% 감소했다.

강간은 가해자의 집이나 공동주거지 등 집(46.6%)에서 가장 많이 발생했고, 강제추행은 도로상·대중교통시설 등(24.9%), 공공기관·상업지역(19.4%), 집(18.4%) 등에서 주로 발생하였다. 강간 범죄는 주로 밤 9시부터 새벽 5시까지(49.1%) 시간대에 발생하고, 강제추행의 경우 아이들의 주된 활동시간인 낮 12시부터 밤 11시까지(56.8%)에 발생비율이 높았다.

강간의 경우 가족 등을 포함한 아는 사람, 즉 선생님, 인터넷채팅 상대방, 직장상사·고용주, 이웃 등(63.3%)에 의한 피해가 높았고, 강제추행은 낯선 사람 등 전혀 모르는 사람(58.2%)이 많았고 아는 사람(39.3%)에는 선생님(10.7%), 기타 아는 사람(6.7%), 친부(3.2%) 등에 의한 피해가 상대적으로 많았다.

다음으로 아동·청소년대상 성범죄자의 특성은 다음과 같다.

전체 성범죄자의 평균연령은 36.1세이고, 연령에 따른 분포는 20대가 24.5%로 가장 높은 비율을 보였다. 범죄유형별로는 강제추행 40.6세, 성매수 35.9세, 음란물 제작 등 31.8세, 강간 29.7세, 성매매 알선 21.9세, 성매매 강요 20.3세로 나타났다. 범죄 유형별로 강간의 경우 10대(33.5%)와 20대(25.3%), 강제추행은 40대(21.8%)와 20대(21.5%)가 상대적으로 많았다.

직업분포는 무직(27.0%)이 가장 많았고, 서비스·판매직(18.8%), 사무관리직(14.0%), 단순노무직(10.1%), 학생(9.6%)의 순으로 나타났다. 범죄 유형별로 보면 전반적으로 무직의 비율이 높은 가운데, 성매수 범죄는 사무관리직(33.5%)과 서비스·판매직(25.4%) 비율이 높았다.

범인 2,884명 중 117명(4.1%)이 범행당시 종전의 범죄로 보호관찰 및 집행유예의 상태였고, 종전의 범죄는 성매매알선(10.5%), 성매매강요(8.3%), 강간과 강제추행(각각 3.7%) 등으로 나타났다.

아동·청소년대상 성범죄 피해자의 특성은 다음과 같다.

피해아동·청소년은 3,933명으로 이 중에 여자 아동·청소년(3,770명, 95.9%)이 대다수를 차지했다. 남자 아동·청소년 피해자(162명) 가운데 대부분은 강제추행(150명) 피해자이고, 그 외 음란물제작(7명), 성매수 피해자(5명)였다. 16세 이상 피해자가 전체의 44.7%(1,760명)를 차지하였고, 13~15세가 32.2%, 7~12세 17.0%의 순으로 나타났다.

범죄 유형별로 보면 강간, 강제추행, 성매매 알선은 16세 이상의 집단에서, 성매수·성매매 강요는 13~16세에서 가장 많이 발생했다. 전체 피해자의 19.7%가 13세 미만의 피해자이며, 범죄유형 중 강제추행범죄는 13세미만 피해자의 비율이 25.9%로 가장 높았다.

▍표 2-4▍성범죄 유형별 피해 아동·청소년의 연령대   (단위: 명(%))

피해자 연령	범죄유형						계
	강간	강제추행	성매수	성매매 강요	성매매 알선	음란물 제작 등	
6세 이하	5(0.7)	92(3.7)	0(0.0)	0(0.0)	0(0.0)	8(8.1)	105(2.7)
7~12세	82(11.6)	554(22.2)	13(6.1)	0(0.0)	0(0.0)	19(19.2)	668(17.0)
13~15세	273(38.6)	643(25.7)	124(58.2)	57(54.8)	146(47.4)	25(25.3)	1,268(32.2)
16세 이상	348(49.2)	1,105(44.2)	74(34.7)	47(45.2)	162(52.6)	24(24.2)	1,760(44.7)
미상	0(0.0)	107(4.3)	2(0.9)	0(0.0)	0(0.0)	23(23.2)	132(3.4)
계	708(100.0)	2,501(100.0)	213(100.0)	104(100.0)	308(100.0)	99(100.0)	3,933(100.0)

주: 1) 판결문상 정확히 명시된 피해자만 해당함.
　　2) 피해자의 연령·성별 등 특정할 수 없는 피해자는 9명(음란물 제작등 9명)
자료: 여성가족부, 2018.

피해 아동·청소년의 평균연령을 살펴보면, 전체 피해자가 14.6세이다. 범죄유형 별로 살펴보면, 강간범죄가 15.2세, 강제추행이 14.2세, 성매수가 14.8세, 성매매 알선은 15.8세, 성매매 강요는 15.2세, 음란물 제작 등은 13.2세로 강제추행 피해자 및 음란물 제작 등의 피해자 연령이 가장 낮고, 성매매 알선 피해자의 연령이 가장 높았다.

피해자의 평균연령이 2011년 13.4세, 2012년 13.7세, 2013년 13.9세, 2014년 14.4세, 2015년 14.3세, 2016년 14.6세로 최근 5년간 점차 높아지고 있는 추세로 나타났다.

아동대상 성폭력사범의 재범률은 대체로 연령이 높아질수록 재범률이 떨어지는 것으로 나타났다. 이는 범인의 연령이 많아지면서 성욕 또는 일탈적 욕구 자체가 감소되는 한편, 젊을 때 보다는 자기통제력이 커지고, 나아가 아동과의 접촉기회가 제한적일 수 있기 때문이다. 이들은 아동성도착자들과 비교할 때 동일 피해

아동에 대한 반복적인 성폭력 보다는 많은 아동을 대상으로 성폭력을 가하는 특징을 보인다.[18]

▌표 2-5▐ 성범죄 유형별 아동 · 청소년의 평균 연령

죄 명	평균 연령					
	2011년	2012년	2013년	2014년	2015년	2016년*
강 간	14.1세	14.8세	14.7세	14.8세	15.2세	15.2세
강제추행	12.8세	12.9세	13.3세	14.0세	14.0세	14.2세
성매수	14.5세	14.5세	14.9세	15.2세	14.6세	14.8세
성매매 강요	15.3세	15.0세	15세	16.0세	15.2세	15.2세
성매매 알선	16.0세	15.7세	15.5세	15.6세	15.3세	15.8세
음란물 제작 등	16.0세	14.3세	13.2세	14.4세	14.0세	13.2세
전체 성범죄	13.4세	13.7세	13.9세	14.4세	14.3세	14.6세

* 피해자의 연령 · 성별 등 특정할 수 없는 피해자는 총141명(강제추행 107명, 성매수 2명, 음란물 제작 등 32명)
자료: 여성가족부, 2018.

V. 페도필리아 성범죄자에 대한 치료와 처벌의 고민

페도필리아를 정신장애로 간주하던 그렇지 않던 이들의 아동대상 성적 행위는 아동성범죄로 처벌되지만, 앞서 DSM-V의 페도필리아 성적 성향이 가지는 특성상 이들에 대한 단순한 처벌이나 치료는 그 실효성을 얻기 어렵다. 따라서 좀 더 정교한 대책이 필요하다.

1. 치료감호와 교정처우

아동대상 성범죄자에 대하여 정신의학적 차원에서 별도의 교정처우가 이루어져야한다. 특히 치료감호기간을 법정화하여야 하며, 기간이 종료된 뒤에도 이들을 집중관리할 수 있는 수용치료사법처분제도의 도입이 필요적이다.

치료감호가 종료된 대상자에 대하여는 미국의 정신보건수용치료모델(mental health commitment model)의 생각해 볼 수 있다. 이 프로그램은 교도소나 치료감호소의 가석방위원회 및 가종료위원회 등에서 대상자의 교화개선 또는 치료가 완료되었다고 판단될 경우 석방 및 퇴원토록 하는 것이다. 이와 같은 시스템은 치료감호소 등과 같은 시설에서 집중적으로 대상자들을 위한 별도의 교정 및 치료프로그램을 운영할

수 있으며, 나아가 현행처럼 치료감호기간 종료 후 퇴원 후 사회에서 마땅히 치료대책이 없어 방치되는 점 등의 문제점을 해결할 수 있다.

치료감호소에서 운용 중인 성범죄자에 대한 치료프로그램은 기존의 차별화되지 않은 치료보다는 진일보한 것은 틀림없다. 그러나 이 프로그램의 내용은 아동성도착증을 대상으로 하기에는 그 한계가 있다. 따라서 아동성도착증사범 및 아동성폭력범 등을 위한 별도의 정교한 치료프로그램을 도입하여야 한다.

또한 아동대상 성범죄자의 경우 이들의 재범가능성 및 정신병질, 반사회적 성격장애 등의 판단을 위해 반드시 일정한 심리진단평가를 할 수 있도록 법제화할 필요가 있다. 즉, Static-99 및 VRAG(Violent Risk Appraisal Guide), PCL-R(Psychopathy Checklist-Revised) 등의 심리진단도구를 이용하여 이들의 정신심리상태를 평가, 분석하고, 그에 따른 개별적, 합리적인 처우프로그램을 적용하여야 한다.[19]

다행히 개정된 치료감호법은 아동성도착 범죄자에 대한 명시적 치료감호 규정을 두었고, 그 치료감호기간도 상대적으로 장기형으로 규정함으로써 아동성도착자에 대한 치료와 처벌적 성격을 명백히 하였다. 그러나 치료감호기간을 15년을 넘지 않도록 한 점과 치료감호만을 선고받은 피치료감호자에 대한 집행이 시작된 후 1년이 지났을 때에는 상당한 기간을 정하여 그의 법정대리인, 배우자, 직계친족, 형제자매에게 치료감호시설 외에서의 치료를 위탁할 수 있도록 한 점(개정법률 제23조) 등은 수용치료사법처분과는 거리가 있어 보인다. 즉 아동성도착 범죄자를 비롯하여 정신장애 성범죄자를 수용치료하는 전문적 시설이 흔치 않은데다 설사 있다해도 비용부담 등으로 인해 적극적인 치료를 하기는 어려울 것이다.

따라서 공주치료감호소를 1차적인 치료감호기관이라고 할 때 치료감호기간이 종료되거나 가종료된 자들을 위하여 각 지역별로 일정한 치료시설을 개설해야하며, 대상자들에 대해서는 수용치료 또는 통원치료 등의 적정한 처우프로그램을 개발, 시행하여야 할 것이다. 그 비용에 대해서도 대상자의 경제적 능력정도를 반영하여 일정한 자기부담을 원칙으로 하되 여의치 않는 경우 일정부분 국가가 지원할 수 있어야 한다.

현실적으로 치료감호처분을 받지 않고 일반교도소에 수감 중인 아동대상 성범죄자가 대다수라는 점을 감안한다면 이들에 대한 전문적인 교정처우 프로그램운영은 재범을 억제하는 실질적인 효과가 있다. 따라서 현재 일부 교도소에서 시행 중인 아동대상 성폭력사범에 대한 교정프로그램을 평가하고 그 효과성에 따라 전국 기관에 확대적용 하여야 한다.

2. 강화되는 아동대상 성범죄관련 처벌법

아동·청소년대상 성범죄자에 대한 최종심 유기징역형의 범죄유형별 평균형량은 앞서의 여성가족부가 2018년도에 발표한 자료에 따르면 성범죄 등록자 중 강간의 경우 평균 59.7개월(4년 11개월), 강제추행 33.3개월(2년 9개월), 성매수 17.7개월(1년 5개월), 성매매 강요 41.9개월(3년 5개월), 성매매 알선 40.5개월(3년 4개월), 음란물 제작 등 38.9개월(3년 2개월)로 나타났다.

아동·청소년대상 성폭력 범죄유형별 최종심의 집행유예(집행유예, 집행유예＋부가처분) 비율을 피해자의 연령별로 살펴보면, 강간의 경우 16세 이상 42.4%, 13~15세 30.3%, 7~12세 20.5%의 순으로 나타났다. 강제추행의 경우 7~12세 60.3%, 13~15세 58.2%, 16세 이상 52.1%, 6세 미만 44.5%으로 나타났다.[20]

이와 같이 아동대상 성범죄자의 재범률이 상당함에도 불구하고, 형의 선고는 상대적으로 약하며, 실형의 경우에도 2년 미만의 형이 35.9%에 이르고, 대부분 벌금형에 처해진다는 사실은 아동대상 성범죄자의 재범률을 높이는 요인이 될 수 있다. 아동성도착증이 있는 범죄자에 대한 치료감호 등의 처분을 별론으로 하더라도 실형 판결률이 매우 낮고, 그 형량 역시 법정형에 비해 낮게 적용되는 문제가 있다. 아동대상 성범죄자를 비롯하여 성범죄자에 대한 관련처벌법을 아무리 강하게 제정해도 법원에서의 실제적용이 낮다면 성범죄의 억제효과는 제한적일 것이다.[21] 따라서 아동·청소년의 성보호에 관한 법률 등 관련법률의 입법취지에 맞게 재판과정에서 보다 엄격한 법적용이 필요하다고 본다.

한편 지난 2018년 12월 18일 개정된 성폭력범죄의 처벌 등에 관한 특례법 및 특정 범죄자에 대한 보호관찰 및 전자장치 부착 등에 관한 법률 등은 이전보다 매우 강력한 처벌규정을 두고 있다. 그러나 법정형의 상한선을 아무리 높게 정한다 해도 갖가지 이유를 들어 작량감경한다면 법률의 재범억지력은 떨어지고, 또 다시 법정형만 높이는 관련법 개정의 악순환만 계속될 것이다.

3. 10대 아동·청소년 성범죄자의 처벌 수준

소년법은 제4조에서 촉법소년의 연령을 10세 이상 14세 미만으로 규정하고 있다. 그리고 우범소년에 대하여 집단적으로 몰려다니며 주위 사람들에게 불안감을 조성하는 성벽(性癖)이 있는 경우, 정당한 이유 없이 가출하는 경우, 술을 마시고 소란을 피우거나 유해환경에 접하는 성벽이 있는 경우 등으로 그의 성격이나 환경에 비추어 앞으로 형벌 법령에 저촉되는 행위를 할 우려가 있는 10세 이상 19세 미만의 소년으로 규정하였다. 그리고 촉법소년과 우범소년을 소년부 보호사건으로 규정함으로써 비행소년에 대한 엄격한 통제의지를 보여주고 있다. 그러나 촉법소년의 연령을 더 낮추고 형사책임능력연령 역시 더 낮춰야 한다는 지적이 있다. 이는 촉법소년이나 우범소년의 연령의 하향조정에 대하여 너무 일찍 소년사범에 대하여 비행소년이라는 낙인을 찍는 것이라는 주장도 있지만, 기존의 다이버전 형사정책으로는 소년비행을 억제하기에는 그 한계에 달한 것이라는 사회적 공감대가 형성되었기 때문이라고 할 수 있다. 또래의 학생이나 어린 유치원생 등을 대상으로 한 중고등학생들의 성폭력행위에 대하여도 엄격한 처벌과 동시에 치료처우를 함께 함으로써 잠재적인 성인 성범죄자로 발전하지 않도록 할 필요성에 대한 인식과 우려가 상존하는 것이다.

많은 청소년 성폭력이 인터넷 음란물 등을 접한 청소년들이 또래나 어린아이들을 상대로 호기심을 충족하는 놀이로 삼으면서 발생하고 있다. 따라서 아이들의 여가시간에 대한 지도가 필요하며, 이 지도는 가정과 학교, 지역사회 등의 네트워킹 하에 이루어져야 그 실효를 거둘 수 있다.

4. 전자발찌와 화학적 거세

아동·청소년 성범죄자 등에 대하여 현행 특정 범죄자에 대한 보호관찰 및 전자장치 부착 등에 관한 법률은 최대 30년까지 전자감시를 할 수 있도록 규정하고 있다. 또한 야간 등 특정 시간대의 외출제한, 특정지역·장소에의 출입금지, 주거지역의 제한, 피해자 등 특정인에의 접근금지, 특정범죄 치료 프로그램의 이수 등의 보호관찰명령을 함께 부가하고 있다. 나아가 성폭력범죄자의 성충동 약물치료에 관한 법률에 의하여 약물치료명령을 내릴 수 있도록 규정하는 등 매우 강력한 제재조치를 확보하였다.

그러나 이러한 제도들이 아동·청소년 성범죄를 예방하는 효과도 있지만 반대로 대상자의 기본권을 제한하는 측면도 배제할 수 없다. 이에 대한 사회적 논란은 여전히 진행 중이다.22

특히 화학적 거세의 효과에 대해서 극명하게 성호르몬의 감소로 인한 성범죄의 감소를 가져온다는 긍정적 지지론자들도 있지만 반대로 성범죄 억제가 반드시 화학적 거세의 결과로 이어졌다고 단정지을 수 없다는 입장이 대립하고 있다.

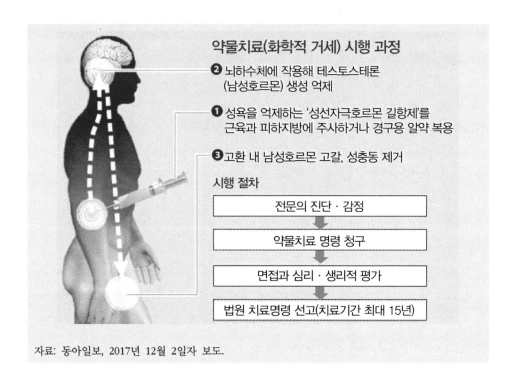

약물치료(화학적 거세) 시행 과정

❷ 뇌하수체에 작용해 테스토스테론
(남성호르몬) 생성 억제

❶ 성욕을 억제하는 '성선자극호르몬 길항제'를
근육과 피하지방에 주사하거나 경구용 알약 복용

❸ 고환 내 남성호르몬 고갈, 성충동 제거

시행 절차

전문의 진단 · 감정

약물치료 명령 청구

면접과 심리 · 생리적 평가

법원 치료명령 선고(치료기간 최대 15년)

자료: 동아일보, 2017년 12월 2일자 보도.

VI. 이슈&디스커션

1. 페도필리아를 형법상 심신상실 혹은 심신미약으로 인정할 것인가?
2. 10대 청소년의 또래 아동 대상 성범죄에 대한 대응책은 무엇인가?
3. 온오프라인상 다양한 소아성기호증을 부추기는 것들은 무엇인가?
4. 이른바 성적 자기의사결정권의 인정과 범주는 어디까지인가?

참고문헌

1 pedophilia 혹은 paedophilia는 그리스어 아동(child)을 뜻하는 Pais와 사랑(Love), 우정(Friendship) 을 뜻하는 philia의 합성어에서 유래하는 것으로 아직 성적 경험이 없는 아동에게 성적인 관심을 지속 적으로 가지는 경우로 이해되어 왔다.

2 American Psychiatric Association (2000), Diagnostic and Statistical Manual of Mental Disorders (4th ed, text — revision) Washington, DC: American Psychiatric Association. 572.

3 Fotana—Rosa, J. D. (2001), Legal competency in a case of pedophilia: Advertising on the Internet. International Journal of Offender Therapy and Comparative Criminology, 45(1): 118—128.

4 Kühn, S., & Gallinat, J. (2016). Neurobiological basis of hypersexuality. In International review of neurobiology (Vol. 129, pp. 67—83). Academic Press.

5 Freund, Scher, & Hucker, (1984) Price, Gutheil, Commons.

6 Shotland, R. L. (1992). A theory of the causes of courtship rape: Part 2. Journal of Social Issues, 48(1), 127—143.

7 Hickey, E. W. (2006), Serial murderers and their victims (4th ed.) Belmont, CA: Wadsworth. 241.

8 Hanson, P. K., & Thornton, D. (2000), Improving risk assessment for sex offenders:A comparison of three actuarial scales. Law and Human Behavior, 24(1): 119—136.

9 Palermo, G. B., (2001), Editorial: The dilemma of sexual offenders. International Journal of Offender Therapy and Comparative Criminology, 45(1): 3—5.

10 Sawle, G. A., & Kear—Colwell, J. (2001), Adult attachment style and pedophilia: A developmental perspective. International Journal of Offender Therapy and Comparative Criminology, 45(1): 32—50.

11 전대양, (2005), 소아기호증의 정신역동과 치료, 행정대학원논집, 동국대학교, 제32집, 205—227.

12 Murray, J. B. (2000), Psychological profile of pedophiles and child molesters. The Journal of Psychology, 134(2): 211—224.

13 Hickey, E. W. (2006), Serial murderers and their victims (4th ed.) Belmont, CA: Wadsworth.

14 Hickey, E. W. (2006), Serial murderers and their victims (4th ed.) Belmont, CA: Wadsworth.

15 Murray, J. B. (2000), Psychological profile of pedophiles and child molesters. The Journal of Psychology, 134(2): 211—224; Greenberg, D. M., Bradford, J., & Curry, S. (1995), Infantophilia: A new subcategory of pedophiles? A preliminary study. Bulletin of the American Academy of Psychiatry and Law, 23: 63—71.

16 Firestone, P., Bradford, J. M., Greenverg, D. M., & Nunes, K. L. (2000), Differentiation of homicidal child molesters, nonhomicidal child molesters, and nonoffenders by phallometry. The American Journal of Psychiatry, 157(11): 1847—1850.

17 대검찰청, 2017범죄분석, 2018, 90.

18 Hickey, E. W. (2006), Serial murderers and their victims (4th ed.) Belmont, CA: Wadsworth.

19 이수정, (2007), 국내 성범죄자 치료처우 방안 모색을 위한 미국의 성폭력범죄자 치료프로그램의 실태조사, 법무부.; 염정훈, (2007), 성폭력범죄자에 대한치료적 사법모델 고찰, 보호 통권19호,

법무부, 93 – 134.

20 여성가족부, 2016년도 신상등록자의 아동·청소년대상 성범죄 동향, 2018년 5월 1일자 보도자료.

21 강은영, (2006), 아동성폭력 범죄와 범죄자특성, 범죄방지포럼세미나자료집, 한국범죄방지재단, 11 – 62.

22 Stojanovski, V. (2015). Surgical castration of sex offenders and its legality: the case of the Czech Republic.

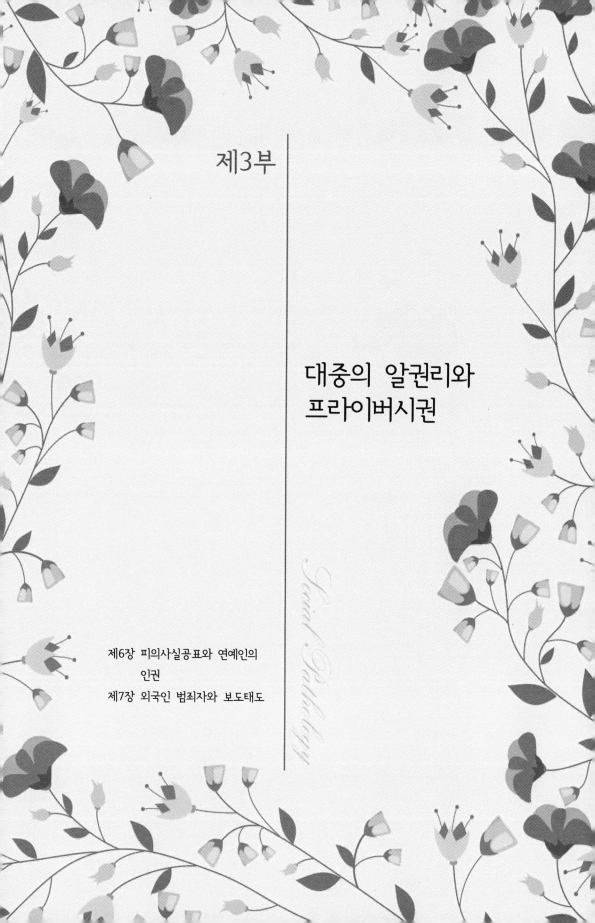

제3부

대중의 알권리와
프라이버시권

Social Pathology

제6장
피의사실공표와 연예인의 인권

I. 문제의 출발

2018년 8월에 법원은 피의사실공표죄의 책임을 물어 국가는 노무현 전 대통령의 친형인 노건평씨에 대해 배상하라는 판결을 내렸다. 즉 법원은 "검찰이 노씨에 대한 수사결과를 발표하면서 노씨가 피의사실을 범했다고 오해할 수 있는 표현이나 단정적인 표현은 피했어야 함에도 피의사실을 뒷받침하기 위한 증거까지 나열함으로써 이를 듣는 언론이나 국민들이 노씨가 피의사실을 저질렀으나 (단지) 공소시효가 도과해 처벌할 수 없다고 믿게 했다"면서 "국가는 특별수사팀의 수사결과 발표로 인해 노씨가 입은 정신적 고통에 대한 위자료로 5000만원을 배상하라"고 판시했다(창원지방법원 2015가단79600). 이 판결은 수사기관의 피의사실공표죄에 대한 책임을 물은 매우 기념비적인 판결이라고 할 수 있다.1

그동안 범죄수사 과정에 대한 언론의 보도태도는 대체로 국민의 알권리 보호 및 언론보도의 자유라는 관점에서 용인되는 것처럼 보인다. 그러나 한편으로 언론보도로 인한 사건당사자, 즉 피의자 및 피해자의 사생활이 노출되며, 경우에 따라서는 그 가족의 신상정보가 유출되어 평온한 일상생활을 방해하는 등의 부작용도 심각하다. 특히 언론의 경쟁적인 보도로 연예인, 정치인, 재계의 인사 등과 같이 대중에게 인지도가 높은 유명인들과 관계된 사건수사는 그 정도가 더 심각하다.2

언론이 실시간으로 범죄사건을 보도하는 데에는 언론의 집요한 요청 및 다양한 방식의 취재에 의한 경우도 있지만, 수사기관 스스로 정보를 제공하는 것도 한 요인이다. 그런데 수사기관의 기소 전 범죄수사 내용의 발표는 피의자의 기본권을 침해하는 행위이며 동시에 무죄추정의 원칙에도 배치된다. 나아가 피의사실공표죄의 구성요건을 충족시키는 행위이다.

고위공직자, 정치인, 언론인 등은 이른바 공인이라는 이유로 사소한 가십거리에서부터 범죄에 이르기까지 매우 세세하게 대중에 알려진다. 특히 연예인 역시 공인이라는 이름으로 그들의 사적인 연애나 결혼, 이혼에서부터 심지어 아들딸의 성장사 역시 대중에게 무노출되고 있다. 그런데 경우에 따라서는 연예인들이 특정 범죄사건의 용의자 혹은 피의자로 의심을 받는 과정에서 마치 이들이 유죄가 확정된 범인인 것처럼 혐의사실과 개인정보 등이 마구 공개되기도 한다.

이러한 관점에서 2013년 2월 당시 최고의 인기를 구가하던 연예인 박**가 성폭행 혐의로 서울 서부경찰서에 피소되어 경찰수사를 거쳐 2013년 4월에 검찰에 송치된 사건 수사과정에서 경찰의 수사과정 발표 및 언론의 연이은 보도를 좀 더 찬찬히 살펴볼 필요가 있다.[3] 즉, 경찰의 수사과정에서의 수사내용 공개 및 언론보도의 자유, 그리고 개인의 인권침해와의 충돌과 그 병리적 현상에 대한 진단과 성찰이 있어야 하기 때문이다.

연예인 박** 성폭행 혐의로 피소

연예인 박**는 지난 2013년 2월 18일 '성폭행 혐의'(성폭력 범죄의 처벌 및 피해자 보호 등에 관한 법률 위반)로 피소당했다.
당시 박**는 배우 K와 함께 술자리를 하던 중 연예인 지망생 A 씨를 만나 이후 자신의 집으로 자리를 옮겨 성관계를 가졌다.
A 씨는 이후 박**와 K씨에 대한 이야기를 원스톱 성폭력 상담센터를 통해 상담을 의뢰했고, 서울 서부경찰서에서 박**와 K의 강간 치상 혐의로 수사를 했다.
이후 박**는 "남녀로서 호감을 갖고 관계를 가진 것이지 결코 강제성이 없다"고 부인했지만 A씨를 무고와 공갈미수, 출판물에 대한 명예훼손 등의 혐의로 맞고소했다.
하지만 A씨는 박**와 K에 대한 고소를 갑자기 취하했고, 박** 또한 A씨에 대한 맞불 고소를 취하하면서 '성폭행 혐의'를 벗었다. …중략…

자료: 부산일보, 2017년 6월 5일자 보도.

Ⅱ. 보호받을 권리와 가치

1. 피의자에게도 인권이 있다

1) 무죄추정의 원칙

헌법 제27조 제4항은 "형사피고인은 유죄의 판결이 확정될 때까지는 무죄로 추정된다."고 규정함으로써 무죄추정의 원칙을 선언하고 있다. 이러한 무죄추정의 원칙은 증거법에 국한된 것이 아니라 수사절차에서 공판절차에 이르기까지 형사절차의 전 과정을 지배하는 지도원리이고,[4] 피의자가 수사기관으로부터 조사받고 불기소처분을 받는 일련의 과정에서도 그대로 적용되는 것이다.[5]

형사절차에서 무죄추정의 원칙은 예단배제의 원칙, 불구속수사 및 불구속재판의 원칙, 구속피의자 및 피고인의 일반인과 동일한 처우 그리고 미결구금일수의 산입 등으로 구현된다.[6] 따라서 수사과정에서의 피의자의 혐의에 대하여 공표하는 것은 무죄추정의 원칙 중 예단배제의 원칙에 반하는 것이라 할 수 있다.[7]

한편 무죄추정의 원칙은 형사절차 이외의 분야에서도 그 의미를 가진다. 즉, 헌법재판소는 "공소의 제기가 있는 피고인이라도 유죄의 확정판결이 있기까지는 원칙적으로 죄가 없는 자에 준하여 취급하여야 하고, 불이익을 입혀서는 안 된다고 할 것으로 가사 그 불이익을 입힌다 하여도 필요한 최소한도에 그치도록 비례의 원칙이 존중되어야 하는 것이 헌법 제27조 제4항의 무죄추정의 원칙이며, 여기의 불이익에는 형사절차상의 처분뿐만 아니라 그 밖의 기본권제한과 같은 처분도 포함된다고 할 것이다"[8]라고 해석함으로써 유죄판결이 확정되기 전까지는 사회적, 윤리적 비난을 피고인에게 가할 수 없다고 강조하였다.

2) 피의사실공표금지의 원칙

형법 제126조는 피의사실공표죄를 규정하며, "검찰, 경찰 기타 범죄수사에 관한 직무를 행하는 자 또는 이를 감독하거나 보조하는 자가 그 직무를 행함에 당하여 지득한 피의사실을 공판청구 전에 공표한 때에는 3년 이하의 징역 또는 5년 이하의 자격정지에 처한다."고 명시하고 있다. 이 범죄의 보호법익은 국가의 범죄수사권 및 피의자의 인권이다.[9] 한편 국가적 법익보호의 목적은 결국 개인적 법익보호에 있으므로 피의자의 인권보호를 더 강조하는 것이 바람직하다는 주장도 있다.[10]

여기서 직무를 행함에 당하여 지득한 피의사실이란 고소장, 고발장, 범죄인지서, 체포영장, 구속영장에 기재된 범죄사실이 이에 해당하며, 사실의 진위여부는 구별하지 아니한다.11 그리고 피의사실공표죄의 행위는 공판청구 전에 피의사실을 공표하는 것으로 공표란 불특정 또는 다수인에게 내용을 알리는 것으로 공공연히 알릴 것을 요하지 않으며, 어느 특정인에게만 알린 경우라도 이를 불특정 다수인이 알 수 있었을 때에는 공표에 해당한다. 공표의 수단, 방법에는 제한이 없으므로 부작위에 의한 공표도 가능하다.

따라서 불가피하게 피의사실을 공표할 수밖에 없는 중대한 공익적 사유가 있다 해도 피의자가 유죄라는 추정을 주는 표현은 허용되지 않으며, 이는 헌법이 보장하는 무죄추정의 원칙이라는 기본권을 침해하는 것이라 할 수 있다.12

3) 수사상 비밀엄수의 원칙

수사상 비밀엄수의 원칙은 다양한 법규정에서 강조되고 있다. 먼저 헌법 제17조는 "모든 국민은 사생활의 비밀과 자유를 침해받지 아니한다."라고 규정하고 있으며, 형사소송법 제198조 제2항은 "검사·사법경찰관리와 그 밖에 직무상 수사에 관계있는 자는 피의자 또는 다른 사람의 인권을 존중하고 수사과정에서 취득한 비밀을 엄수하며 수사에 방해되는 일이 없도록 하여야 한다."라고 명확하게 적시하고 있다.

경찰청의 범죄수사규칙 제7조는 "경찰관은 수사를 하면서 알게 된 사건관계인의 관련 비밀을 엄수하여야 한다."며 비밀준수 의무규정을 두고 있다. 또한 동 규칙 제14조는 "각 경찰기관의 장은 신문 그 밖의 언론매체에 수사에 관한 사실을 발표할 때에는 형법 제126조(피의사실공표)에 해당하는지의 여부 등을 신중히 고려하여 홍보책임자 또는 홍보책임자로 지정한 자가 발표하도록 하여야 한다."며 수사에 관한 사실을 공표하는데 있어 신중할 것을 요구하고 있다.

2. 피해자의 프라이버시권

헌법 제17조의 개인의 프라이버시권은 피해자에게도 동일하게 적용되며, 특히 범죄피해자보호법은 그 이념으로 인간의 존엄성을 보장받을 권리 및 명예와 사생활의 평온이 보호되어야 하며, 해당 사건과 관련하여 각종 법적 절차에 참여할 권리가 있다고 명시함으로써 이를 뒷받침하고 있다. 또한 동 법은 국가 및 자치단체에 대하여 범죄피해자 보호·지원을 위하여 시설, 제도 법규 등을 갖출 것을 의무로 규정하고 있으며, 국민에 대하여도 범죄피해자의 명예와 사생활의 평온을 해치지 아니하도록 유의하여야 하고, 국가 및 지방자치단체가 실시하는 범죄피해자를 위한 정책의 수립과 추진에 최대한 협력하여야 한다고 명시하고 있다. 특히 동 법 제9조는 국가 및 지방자치단체는 범죄피해자의 명예와 사생활의 평온을 보호하기 위하여 필요한 조치를 하여야 한다고 규정함으로써 피해자의 사생활 보호 및 명예보호를 국가의 책무로 선언하고 있다.

특정범죄신고자 등 보호법에서도 특정범죄신고자를 위한 여러 가지 보호규정을 두고 있는데, 특정범죄 신고자 등에 대한 인적 사항의 공개 또는 보도금지, 증거보전 및 증인신문 등에 있어서의 영상물촬영, 증인소환 및 신문상의 특례인정, 신병안전조치 등이 대표적인 특례규정이다.

3. 국민의 알권리

원래 알권리의 법리는 개인과 국가 사이의 관계를 규정짓는 것이었는데 이는 점차 개인과 개인 사이에도 적용되는 것으로 발전했다. 따라서 알권리 실천의 대상이 꼭 국가기관일 필요는 없고, 알권리의 실현을 위해 꼭 필요한 경우에는 이것이 개인의 사적 정보에 대한 것이라고 해도 밝혀야 하는 경우가 발생한다. 즉 언론의 보도가 정치권의 권력 남용에 대한 감시·비판에만 머무르지 않고, 공인들의 불법 행위에 대한 폭로에 이르기까지 그 범위와 차원이 확장된 모습을 보이게 된다.[13] 즉, 개인의 범죄사실 수사에 대해서도 사안에 따라서는 국민의 알권리 보호 차원에서 보도의 대상이 될 수 있다.

그런데 이때 알권리에 근거를 둔 취재·보도 활동이 어느 정도 허용되는가 하는 문제가 발생한다. 이에 대한 해답은 그 사안의 특성과 직결된다고 하겠다. 즉 사안이 공적인 것이며 언론 보도를 통하지 않고는 알 수 없는 경우에는 비록 그 내용이 개인의 사적 생활에 관련된 것이라도 보도를 해야만 하는 의무가 있다.

알권리는 헌법상 유보조항(제21조 제4항)과 법률 유보조항(제37조 제2항)에 의해 다른 기본권이나 국가적, 사회적 법익과 상충 또는 마찰을 일으킬 경우 제한될 수 있다. 그러나 이러한 유보조항이 있기는 해도 우리나라는 1991년 헌법재판소의 결정 이후 알권리를 헌법 권리로서 인정하고 있다.[14] 헌법재판소는 "알권리는 기본권 보장의 법리에 의해 그 실현을 위한 법률적 보장으로 구체화되어 있지 않더라도 헌법 제21조에 의해 직접 보장될 수 있는 것"으로 판단하고 있다.

아울러 알권리가 유보조항에 의해 제한될 수 있으나 그 제한은 알권리의 본질적 내용을 침해해서는 안 되며 제한도 최소한도에 그쳐야 한다. 제한의 경우는 대개 알권리가 다른 기본적 권리 또는 국가적·사회적 법익과 상충하는 경우, 즉 알권리가 타인의 명예나 권리(개인적 법익), 공중도덕이나 사회윤리(사회적 법익), 국가의 안전보장이나 질서유지(국가적 법익)를 침해한다고 판단하는 경우에만 가능하다. 이 중에서 가장 판단하기 어려운 부분이 알권리가 개인 기본권과 충돌하는 경우다. 특히 알권리의 실현이 과도하게 개인 인격권을 침해하는 경우 이에 대한 적절한 조화가 요구된다.

4. 언론의 보도의 자유

국민의 이목을 집중시키는 사안에 대한 국민의 알권리 차원에서 범죄수사과정을 공개하여야 하는가를 생각해볼 수 있다. 헌법재판소는 헌법 제21조[15]의 언론·출판의 자유, 즉 표현의 자유는 사상 또는 의견의 자유로운 표명(표현의 자유)과 그것을 전파할 자유(전달의 자유)를 의미하는 것으로서 사상 또는 의견의 자유로운 표명은 자유로운 의사의 형성을 전제로 한다고 강조하고 있다.[16]

즉, 헌법재판소는 알권리의 핵심은 정부가 보유하고 있는 정보에 대한 국민의 공개를 구할 권리(청구권적 기본권)이며, 알권리의 보장 범위와 한계는 헌법 제21조 제4항, 제37조 제2항[17]에 의해 제한이 가능하다고 본다. 즉, 알권리에 대한 제한의 정도는 청구인에게 이해관계가 있고 타인의 기본권을 침해하지 않으면서 동시에 공익 실현에 장애가 되지 않는다면 가급적 널리 인정하여야 한다고 명시하고 있다.

한편 국민의 알권리는 구체적으로 개인에 의하여 적극적으로 정보를 구하는 방법과 언론출판에 의하여 전달받는 방식에 의하여 충족될 수 있다. 즉, 국민이 공공기관으로부터의 정보공개를 청구할 수 있는 근거법인 공공기관의 정보공개에 관한 법률은 공공기관이 보유·관리하는 정보에 대한 국민의 공개청구 및 공공기관의 공개의무에 관하여 필요한 사항을 정함으로써 국민의 알권리를 보장한다고 규정하고 있다. 이 법은 공공기관이 보유·관리하는 정보는 이 법이 정하는 바에 따라 공개하여야 하며, 정보란 공공기관이 직무상 작성 또는 취득하여 관리하고 있는 문서(전자문서를 포함)·도면·사진·필름·테이프·슬라이드 및 그 밖에 이에 준하는 매체 등에 기록된 사항을 말한다(제2조)고 정의하고 있다.

또한 모든 국민은 정보의 공개를 청구할 권리를 가지며(제5조), 공공기관은 공공기관이 관리하는 1. 국민생활에 매우 큰 영향을 미치는 정책에 관한 정보

2. 국가의 시책으로 시행하는 공사(工事) 등 대규모의 예산이 투입되는 사업에 관한 정보

3. 예산집행의 내용과 사업평가 결과 등 행정감시를 위하여 필요한 정보

4. 그 밖에 공공기관의 장이 정하는 정보 등에 대하여 그 구체적 범위, 공개의 주기·시기 및 방법 등을 미리 정하여 공표하고, 이에 따라 정기적으로 공개하여야 한다(제7조)고 규정하고 있다.

또한 동법 제9조 제1항은 공공기관이 정보공개를 거부할 수 있는 이른바 비공개대상정보를 규정하고 있다. 이 가운데 범죄수사와 관련된 정보와 관련하여서는 제3호[18] 및 제4호[19]를 들 수 있다.

한편 국민의 알권리는 공공기관이 기진 정보에 대한 취재를 통하여 국민에게 알리는 언론의 취재보도의 자유를 통해서도 실현되는데 언론의 대표적인 기관인 신문과 방송활동의 자유와 독립성을 보장하는 것이 근거라 할 것이다.

먼저 신문의 자유와 독립성은 신문 등의 진흥에 관한 법률에 근거를 두는데 이 법은 언론의 자유와 독립의 보장 및 정보원에 대한 자유로운 접근 및 취재사실의 공표권, 편집권의 자유와 그 보장을 규정하고 있다.[20] 방송법은 방송의 자유와 독립을 보장하고 방송의 공적 책임을 높임으로써 시청자의 권익보호와 민주적 여론형성 및 국민문화의 향상을 도모하고 방송의 발전과 공공복리의 증진에 이바지함을 목적으로 한다고 규정하고 있다(제1조). 이를 실현하기 위하여 제4조는 방송편성의 방송편성의 자유와 독립은 보장된다고 규정하고 있다.

그러나 방송법은 동시에 방송의 공적 책임,[21] 공정성 및 공익성 등에 대해서도 규정하고 있다. 특히 제5조 제3항은 방송은 타인의 명예를 훼손하거나 권리를 침해하여서는 아니된다고 함으로써 언론보도의 자유의 근거로 작용한다. 나아가 제6조는 방송의 공정성 및 공익성에 대하여 그 가이드라인을 명확하게 제시하고 있는데[22] 특히 방송은 인간의 존엄과 가치, 그리고 민주적 기본질서를 존중하여야 하며(제1항), 국민의 알권리와 표현의 자유를 보호할(제4항) 것을 강조하고 있다.

따라서 수사기관이 기소 전에 범죄사실 등을 공개하는 것은 개인의 기본권에 대한 침해로서 이는 국민의 알권리 보다 우선시되는 개인적 보호법익을 침해하는 것이라는 결론에 달하게 된다.

III. 경찰수사의 공개 혹은 노출

연예인 박**가 강간혐의로 피소되었다는 최초의 보도는 2013년 2월 18일 오후 9시 정도부터이다. 초기단계부터 언론은 매우 구체적으로 박**사건에 대해 취재원을 경찰로 밝히면서 상세하게 보도하였다. 다음은 스포츠서울닷컴이 보도한 기사의 전문이다.

경찰 측 "박, 강간 혐의 피소, 16일 고소장 접수됐다"**

배우 박**(34)가 지난 16일 강간 등의 혐의(성폭력범죄의 처벌 및 피해자 보호 등에 관한 법률 위반)로 피소됐다. 서울서부경찰서 관계자는 18일 <스포츠서울닷컴>과 전화 인터뷰에서 "지난 16일 박**의 강간 혐의에 대한 고소장이 접수됐다. 피해자 A씨가 직접 신고했다. 그에 대한 조사가 이뤄졌으며 만약 또 다른 확인이 필요하면 A씨를 다시 불러 조사할 수도 있다"고 말했다. 이어 그는 "조만간 박**를 소환할 예정"이라고 밝혔다.

경찰 관계자에 따르면 박**는 후배 연기자 K씨와 함께 A씨와 술을 마신 후 강간한 혐의를 받고 있다. A씨는 최근 박**, K씨와 함께 술을 마시다 취해서 정신을 잃었는데 깨어나보니 모처에서 강간 당한 상태였다고 진술했다. 서부경찰서는 "고소인과 피고소인 양측의 얘기를 들어본 후 사건 여부를 따질 계획"이라며 "자세한 일정은 아직 정해지지 않았다"고 답했다.

자료: 스포츠서울닷컴, 2013년 4월 10일자 보도.

기자는 기사의 출처를 서부경찰서의 경찰관계자라고 출처를 명확하게 밝힘으로써 기사내용의 신빙성을 강조하고 있다. 그런데 스포츠서울닷컴 이외에도 한국일보의 기자도 서부서 관계자와의 통화를 근거로 다음과 같은 기사를 보도하였다.

"서부경찰서 측, 박 강간혐의, 고소장 접수됐다"**

18일 저녁 서울 서부경찰서 관계자 측은 리뷰스타와의 전화연결에 "박**가 강간 혐의로 고소장이 접수된 것이 맞다"라며 "자세한 것은 더 면밀히 조사해봐야 알 수 있다. 현재로서는 구체적인 답변을 해드릴 수 없는 상태"라고 밝혔다.

자료: 한국일보, 2013년 4월 20일자 보도.

이외에도 언론을 통하여 박**의 피소에 대한 수많은 내용들이 보도되는 가운데, 피해자가 모델 지망생이라는 신분까지 밝혀졌다. 관련 기사의 일부를 소개하면 다음과 같다.

「이데일리」, "박**, 강간 혐의 피소…고소인은 연예인 지망생", 2013. 2. 18.
「헤럴드생생뉴스」, "박**, 연예인 지망생 강간혐의 피소", 2013. 2. 18.
「연합뉴스」, "탤런트 박**, 성폭행 혐의 피소", 연합뉴스 2013. 2. 18.
「조선일보」, "박**, 연예인 지망생 강간 혐의로 피소", 2013. 2. 18.
「enews24」, "성폭행 피소박**, 미스터리 '술 한모금도 못하는데'…", 2013. 2. 18.

박**에 대한 보도가 연이어지자 그의 전 소속사가 트위터계정을 통하여 박**사건에 대한 섣부른 보도를 자제해달라는 글을 2월 18일 자정 쯤 올린다.23 그러나 이후 박** 소환조사 및 대질조사, 국과수 거짓말탐지기조사, 그리고 검찰에 대한 최종적인 사건 송치에 이르기까지 전 과정이 언론에 노출되었으며, 대부분의 언론이 서부서를 그 출처로 밝히며 관련 내용을 시시콜콜하게 보도하였다.

또한 서부서는 검찰청 송치내용을 2013년 4월 2일 오전 언론에 공식적으로 브리핑하였다. 다음은 연합뉴스가 경찰의 송치관련 브리핑 내용을 보도한 것이다.

"경찰, 박 '강간치상 혐의' 기소 의견 검찰 송치"**

윤태봉 서부경찰서 형사과장은 "피해자 진술이 일관됐고 피해여성이 업혀 들어가는 CCTV 영상 내용 등을 토대로 대체로 고소인의 주장이 맞다고 판단했다"며 "다만 피고소인의 방어권 보장을 위해 불구속 상태로 송치했다"고 설명했다.
윤 과장은 박씨의 혐의에 대해 "두 차례의 성관계 중 첫 번째는 준강간, 두 번째는 강간치상 혐의를 적용했다"며 "강간치상 혐의는 성관계 과정에서 피해여성이 몸을 다친 혐의가 인정돼 적용된 것이나 자세한 내용은 확인해 줄 수 없다"고 말했다.

자료: 연합뉴스, 2013년 4월 20일자 보도.

이에 따라 박** 측에서는 그동안 경찰이 사건 정보를 무분별하게 언론에 공개했다며 그 기록을 다음과 같이 적시하며, 수사관계자에 대한 감사를 요구하기에 이른다.24

① 2013. 2. 18. 22:00 경 A씨 고소장 접수 후 3일 만에 언론에 박** 실명 공개.

② 2. 20. "A씨 박** 집에 업혀 들어갔다" CCTV 증거자료 언급.

③ 2. 22. "박** 성폭행 의혹 약물감정" 의뢰사실 언급. 긴급감정이므로 주중에 결과가 나올 것이라고 발표.

④ 2. 25. 출석요구 불응시 체포영장 검토하겠다고 언론에 유포.

⑤ 2. 26. A씨의 혈액과 소변을 국과수에서 분석한 결과 특이한 약물 성분이 검출되지 않았지만, 이것이 사건 결과에 큰 영향을 미치지 않을 것이라는 식으로 입장 표명.

⑥ 3. 7. 박**와 후배가 당시 서부경찰서에서 요청한 통화내역과 필요한 정보들을 모두 자료로 제출하였음에도 불구하고, 핸드폰 제출 거부자체를 언론과 인터뷰

⑦ 3. 8. "카톡 내용만으로는 단정 힘들다"며 성관계 직후의 정황으로 가장 중요한 카카오톡 내용이 여론화 되는 것을 차단.

⑧ 3. 11. A씨 몸에서 박** DNA 나왔다고 인터뷰.

⑨ 3. 22. "거짓말탐지기 결과 모두 거짓"이라며 거짓말탐지기 결과 언론에 유포.

⑩ 3. 22. "기소의견으로 송치, 구속영장 검토" 등 검찰 송치의견을 미리 언론에 제공

그런데 서부경찰은 해당 사건을 검찰청에 송치한 이후에도 언론과 전화 인터뷰를 통하여 박**의 피의혐의에 대한 확신을 표현하고 있다. 즉, 2013년 4월 10일 OBSNEWS는 서부경찰서의 박**사건 담당 관계자와의 전화인터뷰를 보도하였는데 A양 측의 진술이 더 신빙성이 있다고 생각하는지를 묻는 기자의 질문에 해당 경찰관은 "저희가 들어보고 종합해서 판단한 건데 A양의 말이 더 신빙성이 있다고 생각해서 A양 측의 손을 들어 주게 된 겁니다"[25]라고 답하고 있다.

IV. 이른바 피의자와 피해자의 무너지는 프라이버시권

1. 숨을 곳 없는 사람들의 프라이버시

위와 같은 일련의 정황으로 볼 때 외형상 박**사건 수사과정은 일견 공개적으로 진행된 것처럼 보일 소지가 있다. 이는 앞에서 언급한 대로 헌법 제27조 제4항의 무죄추정의 원칙 및 형사소송법 제198조 제2항의 수사기관의 비밀엄수의 의무 금지원칙과 충돌하며, 형법 제126조의 피의사실공표에 해당한다고 볼 수 있다.

이미 대법원은 수사기관의 피의사실 공표행위가 허용되기 위한 요건 및 그 판단기준을 다음과 같이 적시하고 있다. 즉 "수사기관의 발표는 원칙적으로 일반 국민

들의 정당한 관심의 대상이 되는 사항에 관하여 객관적이고도 충분한 증거나 자료를 바탕으로 한 사실 발표에 한정되어야 하고, 이를 발표함에 있어서도 정당한 목적 하에 수사결과를 발표할 수 있는 권한을 가진 자에 의하여 공식의 절차에 따라 행하여져야 하며, 무죄추정의 원칙에 반하여 유죄를 속단하게 할 우려가 있는 표현이나 추측 또는 예단을 불러일으킬 우려가 있는 표현을 피하는 등 그 내용이나 표현 방법에 대하여도 유념하지 아니하면 아니 될 것이므로, 수사기관의 피의사실 공표행위가 위법성을 조각하는지의 여부를 판단함에 있어서는 공표 목적의 공익성과 공표 내용의 공공성, 공표의 필요성, 공표된 피의사실의 객관성 및 정확성, 공표의 절차와 형식, 그 표현 방법, 피의사실의 공표로 인하여 생기는 피침해이익의 성질, 내용 등을 종합적으로 참작하여야 한다"고 판시[26]하면서 수사기관의 공표행위에 대한 엄격한 가이드라인을 제시한 바 있다.

즉, 피의사실의 공표행위가 정당하려면 공표목적의 공익성과 공표내용의 공공성, 필요성 등 일련의 요건을 갖추도록 요구함으로써 수사기관의 무분별한 피의사실의 공표로 인한 피의자의 인권침해를 예방하려는 태도를 명확히 한 것이다.

경찰이 피의자로서 박**의 신분을 확정하고 그의 경찰서 출석일을 공개함으로써 언론보도 빌미를 주었거나, 국립과학수사연구소의 DNA감식 결과 및 거짓말탐지기 조사 결과의 유출 및 검찰청 송치내용을 기자들에게 공식적으로 브리핑한 점 등은 앞서의 법원칙 및 법원이 요구하는 피의사실공표의 요건에도 부합하지 않는다.

한편 경찰이 박**사건을 특정강력범죄의 처벌에 관한 특례법상 특정강력사건으로 간주했을 수도 있다. 동법 제8조의2는 수사기관이 특정강력범죄사건의 피의자의 얼굴, 성명 및 나이 등 신상에 관한 정보를 공개할 수 있는 경우로 1. 범행수단이 잔인하고 중대한 피해가 발생한 특정강력범죄사건일 것 2. 피의자가 그 죄를 범하였다고 믿을 만한 충분한 증거가 있을 것 3. 국민의 알권리 보장, 피의자의 재범방지 및 범죄예방 등 오로지 공공의 이익을 위하여 필요할 것 4. 피의자가 「청소년 보호법」 제2조 제1호[27]의 청소년에 해당하지 아니할 것" 등의 요건을 모두 갖출 것을 요구하고 있다. 또한 공개를 할 때에도 "피의자의 인권을 고려하여 신중하게 결정하고 이를 남용하여서는 아니 된다."로 규정하고 있다.

그런데 이 법이 요구하는 공개요건을 박**사건이 모두 갖추었다고 보기는 어려울 것이며, 특히 이 사건의 공개가 국민의 알권리를 보장할 만한 공공적 이익을 위하여 필요하다고 평가하기는 더욱 어렵다. 더구나 박** 측은 피고소인과의 카톡내역 등 반박자료를 제시하며 자신에 대한 혐의사실을 완강하게 부인하고 있어 경찰이 박**의 혐의를 낱낱이 언론에 공개할 경우 상대적으로 박** 측에게 불리한 여론이 형성될 수 있다. 이는 피고소인에 대한 인권침해이자 무죄추정의 원칙에 반하는 행위이기 때문이다.[28]

또한 대법원은 같은 판례에서 수사기관의 피의사실 공표행위의 위법성이 조각되지 않는다고 하며 "부산지방경찰청 등은 원고 서봉만 등 5명의 간첩혐의사실을 검찰송치를 전후하여 언론기관에 유출시켜 보도되게 함으로써 위 형법 제126조를 위반하였다 할 것이고, 그 후 법원의 확정판결에 의하여 원고 서봉만 등 5명의 간첩혐의사실이 진실하지 않다고 판시됨으로써 결과적으로 원고 서봉만 등 5명의 명예가 심히 훼손되었으며, 그로 인하여 그들의 부모들인 해당 원고들도 적지 아니한 정신적 고통을 입었을 것임이 경험칙상 명백하므로 피고는 그 산하 부산지방경찰청 등이 업무수행과 관련하여 저지른 위 불법행위로 인하여 나머지 원고들이 입은 손해를 배상할 책임이 있다고 판단하고, 나아가 부산지방경찰청 등의 원고 서봉만 등 5명에 대한 간첩혐의사실의 수사결과발표는 발표된 피의사실의 객관성 및 정확성, 발표의 절차와 형식, 그 표현방법, 발표로 인한 피침해이익의 성질, 내용 등에 비추어 볼 때 어느 모로 보나 위법성을 조각한다고 할 수 없다고 판단하여 피의사실 공표행위가 위법성을 조각한다는 피고의 항변을 배척하였다"고 판시하였다.

법원의 이러한 태도는 경찰이 박**사건의 수사결과를 알려달라는 언론의 끈질기고 강력한 요구 및 이미 언론에 이 사건이 노출되어 국민적 관심이 집중된 점, 그리고 박**가 대중에게 인지도가 높은 연예인이어서 공인이라는 점, 국민의 알권리 및 언론보도의 자유권 등을 들어 언론공표를 결정하였다 해도 그 위법성이 조각될 수 없음을 보여준다. 만약 경찰이 박** 측이 사건의 당사자로서 입장을 표명할 수 있도록 동일석상에서 언론과 인터뷰를 하는 방식을 취하였다면 피의사실공표죄와의 충돌을 피할 수도 있을 것이다.[29]

2. 드러난 피해자의 사생활

박**사건의 수사과정이 공개됨으로써 언론 및 인터넷, SNS 등에 피해자의 사생활 및 신원이 노출되는 등 피해자 역시 2차 피해를 입었고, 온오프라인을 통하여 피해자에 대한 무분별한 루머가 떠돌았으며, 심지어 사진까지 유출되기도 있다. 다음은 인터넷에 게시된 피해자 정보유출과 관련한 기사들 중 일부이다.

TV조선, "박**사건으로 본 대중심리는?", 2013. 3. 10.
데일리안, "이미지 추락 박** vs 신상 털린 A양, 누가 피해자일까?", 2013. 3. 7.
스포츠동아, "카더라 통신, 신상털기…상처만 키우는 '박**사건'", 2013. 3. 16.
SBS E!, "박** vs 고소인 vs 前소속사, 진짜 피해자는 누굴..", 2013. 3. 5.
헤럴드생생뉴스, "박**사건' A양 신상 일파만파, 진실은… ", 2013. 2. 19.
스포츠조선, "신상털린 A양 과거 '피해자가 꽃뱀으로'…몰랐던 父 충격", 2013. 3. 6.
OBS TV, "동석남부터 A 씨까지…제 3의 피해자 속출", 2013. 2. 28.

그런데 형사절차상 피해자의 프라이버시를 보호하기 위하여 특정강력범죄의 처벌에 관한 특례법 제8조30는 출판물 게재 등으로부터의 피해자를 보호하도록 규정하였다. 성폭력범죄의 처벌 등에 관한 특례법 역시 이 규정을 준용한다.31 나아가 이 법 제22조32는 피해자의 신원과 사생활 비밀누설금지를 위하여 성폭력범죄의 수사 또는 재판기관에 대하여 피해자의 주소, 성명, 나이, 직업, 용모, 그 밖에 피해자를 특정하여 파악할 수 있게 하는 인적사항과 사진 등을 공개하거나 다른 사람에게 누설하여서는 아니 된다고 명시하고 있다.

그러나 박**사건의 수사 초기단계부터 언론은 그 피해자를 연예인 지망생이라고 보도하며, 그 출처를 경찰이라고 밝히고 있다.

"박**, 연예인 지망생 강간 혐의로 피소 입력"

탤런트 박**(35)가 강간 등의 혐의(성폭력범죄의 처벌 및 피해자 보호 등에 관한 법률 위반)로 피소됐다. 18일 서울 서부경찰서는 박씨가 연예 지망생 A양(22)을 성폭행 했다는 고소장을 접수했다고 밝혔다.

자료: 조선닷컴, 2013년 2월 18일자 보도.

범죄피해자보호법 및 특정범죄 신고자등 보호법 역시 범죄피해자 등에 대한 사생활 및 명예보호를 위한 관련 규정을 두고 있고, 특히 성폭력 및 가정폭력 등 사적인 영역이 강한 피해자들의 경우 신원이 노출될 경우 2차 피해자화가 가중된다는 점에서 수사기관은 매우 신중할 의무가 있다. 범죄피해자보호법은 피해자사생활보호를 국가의 책무로 규정(제9조)하고 있음을 상기할 필요가 있다.

따라서 박**사건의 수사과정의 공개 및 검찰로의 송치이후에도 계속된 경찰의 언론과의 인터뷰 등은 피해자보호라는 차원에서도 지양되었어야 한다. 모든 요건을 갖춰 피의사실을 공표하더라도 신고자 또는 고발자의 신원이나 그것을 추정할 수 있는 정보를 공개한다던지, 범죄방법을 상세히 설명하는 것은 금지되기 때문이다.33

더구나 성폭력범죄의 처벌 등에 관한 특례법 제43조는 이 법 제22조 제1항 또는 제2항에 따른 피해자의 신원과 사생활 비밀 누설 금지의무를 위반한 자 및 제22조 제3항을 위반하여 피해자의 인적사항과 사진 등을 공개한 자 등에 대하여 2년 이하의 징역 또는 500만원 이하의 벌금에 처하도록 규정하는 등 매우 강력하게 피해자의 신원 및 사생활보호를 강조하고 있음을 간과한 것이기도 하다.

V. 알권리는 늘 신성한가? 언론의 보도태도는 공정한가?

국민의 알권리 즉, 법원이 제시한 피의사실의 공표요건 중 공표목적의 공익성 여부 및 공표 내용의 공공성, 필요성 등과 관련하여 언론이 경찰의 수사과정 및 송치 내용을 취재하여 국민의 알권리차원에서 그 공익성을 충족할 수 있는 가를 연결하여 생각해볼 수 있으며, 이의 판단근거로 법원의 판시내용을 주목할 필요가 있다.

즉 법원은 국민의 알권리 보장 차원에서의 언론보도에 대하여 그 가이드라인을 제시하고 있는데 우선 신문에 대하여는 "신문은 헌법상 보장되는 언론자유의 하나로서 정보원에 대하여 자유로이 접근할 권리와 취재한 정보를 자유로이 공표할 자유를 가지므로(「신문 등의 진흥에 관한 법률」 제3조 제2항), 종사자인 신문기자가 기사 작성을 위한 자료를 수집하기 위해 취재활동을 하면서 취재원에게 취재에 응해줄 것을 요청하고 취재한 내용을 관계 법령에 저촉되지 않는 범위 내에서 보도하는 것은 신문기자의 일상적 업무 범위에 속하는 것으로서, 특별한 사정이 없는 한 사회통념상 용인되는 행위라고 보아야 한다"34라고 판시하고 있다.

한편 방송보도의 주의의무에 대해서는 방송법상의 보도의 공정성과 객관성을 준수할 것을 요구하며 "방송보도주체에게 요구되는 보도자로서의 주의의무란 동 법 제5조 제1항에 규정되어 있는 보도의 공정성과 객관성에 대한 확인의무라 할 것인데, 여기서 말하는 보도의 공정성이란 본질적으로 동등한 것을 동등하게 취급하려는 보도로서의 '균형 있는 보도'와 동일 시간이나 동량지면을 할당하여 사물에 대한 쌍방의 견해를 편향되지 않게 취급하려는 보도경향으로서의 '형평적인 보도'를 의미하고, 보도의 객관성이란 전달자가 보도대상이 되는 사건이나 사물에 대하여 편견을 갖지 않고, 사실을 왜곡하지 않으며, 있는 그대로를 정확하게 보도한다는 의미[35]라고 판시하였다.

이 두 판결은 기본적으로 언론보도의 자유를 존중하면서도 동시에 취재한 내용을 관계법령에 저촉되지 않는 범위 내에서 보도할 것과 보도의 정확성과 형평성을 요구하는 등 언론보도의 준칙을 제시하고 있다.

이러한 관점에서 박**사건에 대하여 언론의 보도태도가 과연 이 준칙에 합당하였는가를 살펴볼 필요가 있다. 언론은 박**사건이 서부경찰서에 입건된 초기부터 매우 선정적이고 자극적인 제목을 달아 신속하게 보도하였다. 박**사건의 피해자라고 주장하는 여성이 경찰에 고소장을 접수했다는 최초의 기사는 2013년 2월 18일 오전부터 시작되었고, 이후 2013년 4월 16일을 기준으로, 박** 측이 새로운 변호인을 선임했다는 최근 정황에 이르기까지 끊임없이 기사를 보도하고 있다. 이 기간 동안 언론이 보도한 박**사건의 전말은 네이버를 기준으로 검색한 결과 무려 31,525회에 이른다.[36]

수사과정에서 고소인 및 피고소인 양측이 첨예하게 주장이 대립되는 상황이고, 특히 박** 측이 수시로 보도자료를 통하여 무분별한 언론보도를 자제해줄 것을 촉구하고 있음에도 불구하고 언론이 지속적으로 보도를 행한 것은 박** 측의 인권을 침해하는 것이고, 국민의 알권리를 이유로 정당화될 수 없다.[37]

한편 언론은 박**가 대중에게 인지도가 매우 높고, 경찰 수사 이후 대중의 관심이 높았던 점 등을 들어 일반인의 알권리를 충족시킨다는 즉, 공익적 목적으로 경찰이 발표한 사실을 보도했다고 그 이유를 들 수는 있다. 그러나 이러한 이유를 감안하더라도 경찰이 1차 수사기관이며, 2차 수사기관인 검찰의 수사가 남아있고, 나아가 기소사실로 확정된 것이 아니라는 점에서 언론 역시 신중하지 못했다는 비판에서 자유로울 수 없다.

실제로 박**측은 경찰의 언론에 대한 송치 내용 브리핑에 대하여 강력히 반박하며, 수사관계자들에 대한 책임을 묻겠다는 의지를 언론을 밝혔다. 또한 일부 법조인들도 경찰태도에 대하여 위법소지가 있다며 비판적인 입장을 보이기도 했다.[38]

따라서 박**사건 수사과정에서 언론이 보여준 보도양상은 언론이 짊어지는 공익성과는 거리가 멀어 보이며, 특히 경찰수사 이외에 언론 스스로 취재해 정확하고 객관적인 사실을 보도해야 하는 책임을 다하지 못했다는 비난에서 자유로울 수 없다. 김기창(20005)은 언론의 이와 같은 보도태도는 당사자에 대한 명예훼손은 물론이고, 재판절차를 방해, 손상, 저해하는 것이라고 주장한 바 있다. 또한 이러한 보도행위는 재판부에 영향을 주어 법관의 자유심증 형성에 영향을 미칠 수도 있으며, 나아가 국민참여재판으로 재판이 진행될 경우(「국민의 형사재판 참여에 관한 법률」 제5조)배심원들의 유무죄결정에 영향을 끼칠 우려도 있으며,[39] 재판의 실체적 진실 규명 및 공정성에도 바람직하지 않다.

"'강간혐의' 박 공식입장 술자리 인정, 강제성 없었다"**

– 박** 측 공식입장 전문

박** 측에서는 어제(18일) 보도된 내용과 관련해 오해의 소지가 있는 부분에 대해 가감 없이, 솔직하게 언론 및 팬 여러분들에게 알려드리고자 합니다. …중략…

솔직하게 말씀드리면, 지인의 소개로 만난 A양과 술자리를 가진 점에 대해서는 인정합니다. 다만 이 과정에서 서로 남녀로서 호감을 갖고 마음을 나눈 것이지, 강제적으로 관계를 가진 것은 결코 아님을 알려드립니다. 이 점에 대해서는 결단코 한 점 부끄러움이 없으며 이는 수사 과정에서 명명백백히 드러날 것입니다. 조금만 시간을 갖고 기다려주시기를 부탁드립니다. …중략…

끝으로 경찰 조사가 끝나지 않은 상황에서 억측과 확대 해석을 지양해 주시기를 언론 및 관계자 여러분께 정중히 부탁드립니다. 박** 배상.

자료: 한국일보, 2013년 4월 20일자 보도.

VI. 이슈&디스커션

1. 이른바 공인의 사생활의 한계는 어디까지인가?
2. 국민의 알권리와 공인의 사생활 보호의 한계는 충돌하는가?
3. 언론의 취재권 혹은 보도권의 한계는?
4. 수사기관의 피의사실 공개는 국민의 알권리 충족 차원의 서비스로 생각해야 할까?

참고문헌

1 법률신문, 피의사실공표에 반발… 노건평씨, 국가 상대 소송서 '승소', 2018년 8월 28일자 보도.

2 조선일보, 가수 비, '빚투' 논란에 "계속 거짓 주장하면 녹취록 공개하겠다" 맞대응, 2018년 11월 30일자 보도.

3 허경미. (2013). 수사기관의 피의사실 공표죄의 논쟁점. 한국공안행정학회보, 22: 282 – 310.

4 헌법재판소, 2009. 6. 25. 2007헌바25.

5 신동운. (2011), 「신형사소송법」제3판, 서울: 법문사. 679; 대법원, 2012. 6. 18. 2011두2361.

6 신동운. (2011), 「신형사소송법」제3판, 서울: 법문사.

7 문성도. (2001), "피의사실공표의 형법적 한계 – 피의사실공표죄를 중심으로", 「치안정책연구」, 15: 39 – 68.

8 헌법재판소, 199. 11. 19. 90헌가48.

9 김일수 외. (2004), 「새로 쓴 형법각론」 제6판, 서울: 박영사. 798; 신정훈. (2006), "피의사실공표죄의 형법적 한계", 「비교형사법연구」, 8(2): 169 – 200.

10 배종대. (2010), 「형법각론」 제7전정판, 서울: 홍문사.

11 백형구. (1999), 「형법각론」, 서울: 청림출판. 659; 김일수 외. (2004), 「새로 쓴 형법각론」 제6판, 서울: 박영사. 799; 배종대. (2010), 「형법각론」 제7전정판, 서울: 홍문사.

12 이준일. (2006), "피의사실공표죄의 헌법적 정당화", 「고려법학」, 47(0): 161 – 187. 대법원, 2001. 11. 30. 2000다68474.

13 박진석. (2009), "피의사실 공표' 에 대한 '알권리'의 변명", 「관훈저널」, 111: 79 – 85.

14 헌법재판소, 1991. 5. 13. 90헌마133.

15 헌법 제21조 ① 모든 국민은 언론·출판의 자유와 집회·결사의 자유를 가진다.
②언론·출판에 대한 허가나 검열과 집회·결사에 대한 허가는 인정되지 아니한다.
③통신·방송의 시설기준과 신문의 기능을 보장하기 위하여 필요한 사항은 법률로 정한다.
④언론·출판은 타인의 명예나 권리 또는 공중도덕이나 사회윤리를 침해하여서는 아니된다. 언론·출판이 타인의 명예나 권리를 침해한 때에는 피해자는 이에 대한 피해의 배상을 청구할 수 있다.

16 헌법재판소, 1999. 5. 13. 90헌마133.

17 제37조 ① 국민의 자유와 권리는 헌법에 열거되지 아니한 이유로 경시되지 아니한다.
② 국민의 모든 자유와 권리는 국가안전보장·질서유지 또는 공공복리를 위하여 필요한 경우에 한하여 법률로써 제한할 수 있으며, 제한하는 경우에도 자유와 권리의 본질적인 내용을 침해할 수 없다

18 공개될 경우 국민의 생명·신체 및 재산의 보호에 현저한 지장을 초래할 우려가 있다고 인정되는 정보

19 진행중인 재판에 관련된 정보와 범죄의 예방, 수사, 공소의 제기 및 유지, 형의 집행, 교정, 보안처분에 관한 사항으로서 공개될 경우 그 직무수행을 현저히 곤란하게 하거나 형사피고인의 공정한 재판을 받을 권리를 침해한다고 인정할 만한 상당한 이유가 있는 정보

20 신문 등의 진흥에 관한 법률 제3조(신문 등의 자유와 책임) ① 신문 및 인터넷신문에 대한 언론의 자유와 독립은 보장된다.
② 신문 및 인터넷신문은 제1항의 언론자유의 하나로서 정보원에 대하여 자유로이 접근할 권리

와 그 취재한 정보를 자유로이 공표할 자유를 갖는다.

③ 신문 및 인터넷신문은 인간의 존엄과 가치 및 민주적 기본질서를 존중하여야 한다.

제4조(편집의 자유와 독립) ① 신문 및 인터넷신문의 편집의 자유와 독립은 보장된다.

② 신문사업자 및 인터넷신문사업자는 편집인의 자율적인 편집을 보장하여야 한다.

21 제5조(방송의 공적 책임) ① 방송은 인간의 존엄과 가치 및 민주적 기본질서를 존중하여야 한다.

② 방송은 국민의 화합과 조화로운 국가의 발전 및 민주적 여론형성에 이바지하여야 하며 지역간·세대간·계층간·성별간의 갈등을 조장하여서는 아니된다.

③ 방송은 타인의 명예를 훼손하거나 권리를 침해하여서는 아니된다.

④ 방송은 범죄 및 부도덕한 행위나 사행심을 조장하여서는 아니된다.

⑤ 방송은 건전한 가정생활과 아동 및 청소년의 선도에 나쁜 영향을 끼치는 음란·퇴폐 또는 폭력을 조장하여서는 아니된다.

22 방송법 제6조(방송의 공정성과 공익성) ① 방송에 의한 보도는 공정하고 객관적이어야 한다.

② 방송은 성별·연령·직업·종교·신념·계층·지역·인종등을 이유로 방송편성에 차별을 두어서는 아니 된다. 다만, 종교의 선교에 관한 전문편성을 행하는 방송사업자가 그 방송분야의 범위안에서 방송을 하는 경우에는 그러하지 아니하다.

③ 방송은 국민의 윤리적·정서적 감정을 존중하여야 하며, 국민의 기본권 옹호 및 국제친선의 증진에 이바지하여야 한다.

④ 방송은 국민의 알권리와 표현의 자유를 보호·신장하여야 한다.

⑤ 방송은 상대적으로 소수이거나 이익추구의 실현에 불리한 집단이나 계층의 이익을 충실하게 반영하도록 노력하여야 한다.

⑥ 방송은 지역사회의 균형 있는 발전과 민족문화의 창달에 이바지하여야 한다.

⑦ 방송은 사회교육기능을 신장하고, 유익한 생활정보를 확산·보급하며, 국민의 문화생활의 질적 향상에 이바지하여야 한다.

⑧ 방송은 표준말의 보급에 이바지하여야 하며 언어순화에 힘써야 한다.

⑨ 방송은 정부 또는 특정 집단의 정책등을 공표함에 있어 의견이 다른 집단에게 균등한 기회가 제공되도록 노력하여야 하고, 또한 각 정치적 이해 당사자에 관한 방송프로그램을 편성함에 있어서도 균형성이 유지되도록 하여야 한다.

23 이에 대한 자세한 내용은 국내 대표적인 검색 사이트인 네이버에서 확인할 수 있다(http://news.search.naver.com/search.naver?where＝news&se＝0&query＝%EB%B0%95%EC%8B%9C%ED%9B%84&ie＝utf8&sm＝tab_opt&sort＝2&photo＝0&field＝0&reporter_article＝&pd＝3&ds＝2013.02.19.&de＝2013.02.20&docid＝&sim＝0&mypopup＝0&nso＝so%3Ar%2Cp%3Afrom20130219to20130220%2Ca%3Aall&mynews＝0&mson＝0&office_input＝0&refresh_start＝0).

24 「NSP통신」, 2013. "박** 공식입장, '경찰 측 기소의견 검찰 송치 수긍 못해'…본청－권익위 감사 의뢰", 18http://www.nspna.com/news/?mode＝view&newsid＝58848/ 2013. 4. 20.

25 OBSNEWS, 2013. "국민권익위원회 박** 감사 의뢰, 확인 불가능", http://www.obsnews.co.kr/news/articleView.html?idxno＝702797/2013. 4. 20.

26 대법원, 2001.11.30. 2000다68474; 대법원, 1999. 1. 26. 97다10215, 10222.

27 "청소년"이란 만 19세 미만인 사람을 말한다. 다만, 만 19세가 되는 해의 1월 1일을 맞이한 사람은 제외한다.

28 이준일. (2006), "피의사실공표죄의 헌법적 정당화", 「고려법학」, 47(0): 161－187.

29 이준일. (2006), "피의사실공표죄의 헌법적 정당화", 「고려법학」, 47(0): 161－187.

30 특정강력범죄의 처벌에 관한 특례법 제8조 (출판물 게재 등으로부터의 피해자 보호) 특정강력범죄 중 제2조제1항제2호부터 제6호까지 및 같은 조 제2항(제1항제1호는 제외한다)에 규정된 범죄로 수사 또는 심리(審理) 중에 있는 사건의 피해자나 특정강력범죄로 수사 또는 심리 중에 있는

사건을 신고하거나 고발한 사람에 대하여는 성명, 나이, 주소, 직업, 용모 등에 의하여 그가 피해 자이거나 신고 또는 고발한 사람임을 미루어 알 수 있는 정도의 사실이나 사진을 신문 또는 그 밖의 출판물에 싣거나 방송 또는 유선방송하지 못한다. 다만, 피해자, 신고하거나 고발한 사람 또는 그 법정대리인(피해자, 신고 또는 고발한 사람이 사망한 경우에는 그 배우자, 직계친족 또 는 형제자매)이 명시적으로 동의한 경우에는 그러하지 아니하다.

31 성폭력범죄의 처벌 등에 관한 특례법 제21조(「특정강력범죄의 처벌에 관한 특례법」의 준용) 성 폭력범죄에 대한 처벌절차에는 「특정강력범죄의 처벌에 관한 특례법」 제7조(증인에 대한 신변안 전조치), 제8조(출판물 게재 등으로부터의 피해자 보호), 제9조(소송 진행의 협의), 제12조(간이 공판절차의 결정) 및 제13조(판결선고)를 준용한다.

32 제22조(피해자의 신원과 사생활 비밀 누설 금지) ① 성폭력범죄의 수사 또는 재판을 담당하거나 이에 관여하는 공무원은 피해자의 주소, 성명, 나이, 직업, 용모, 그 밖에 피해자를 특정하여 파 악할 수 있게 하는 인적사항과 사진 등을 공개하거나 다른 사람에게 누설하여서는 아니 된다.
② 제1항에 규정된 사람은 성폭력범죄의 소추(訴追)에 필요한 범죄구성사실을 제외한 피해자의 사생활에 관한 비밀을 공개하거나 다른 사람에게 누설하여서는 아니 된다.
③ 누구든지 제1항에 따른 피해자의 인적사항과 사진 등을 피해자의 동의를 받지 아니하고 출판 물에 싣거나 방송매체 또는 정보통신망을 이용하여 공개하여서는 아니 된다

33 이준일. (2006), "피의사실공표죄의 헌법적 정당화", 「고려법학」, 47(0): 161-187.

34 대법원, 2011. 7. 14. 2011도639.

35 서울지법 남부지원 1994.11.11, 선고, 93가합21447.

36 네이버, http://news.search.naver.com/search.naver?sm=tab_hty.top&where=news&ie=utf8&query

37 김기창. (2005), "피의사실보도의 문제점", 「피의사실공표와 인권침해 공청회 자료집」, 서울: 국 가인권위원회.

38 「enews24」, 2013. "법조계, "박**사건 수사한 서부경찰서, 형사 고소감" 강력 비난 왜?", http://enews24.interest.me/news/article.asp?nsID=139916/2013.4.16.

39 김재윤. (2010), "피의사실공표죄 관련 법적 쟁점 고찰", 「언론중재」.

제7장
외국인 범죄자와 보도태도

Ⅰ. 문제의 출발

국가 간 취업시장이 개방되고, 여행 및 이민 등이 자유로워지면서 독일, 프랑스, 영국 등 유럽국가에서부터 홍콩이나 싱가포르 등 아시아국가 등에 이르기까지 지구촌 곳곳에서 외국인들이 자국의 안전을 침해하고, 노동시장을 빼앗는 혐오스러운 존재로 인식되는 이른바 외국인에 대한 제노포비아(xenophobia) 현상이 국제사회의 이슈로 떠오르고 있다.[1] 특히 시리아 내전이나 아프가니스탄 분쟁 등으로 서구사회로 진입하는 이슬람계 난민문제로 국제사회는 매우 예민해 있고, 독일과 프랑스에서 발생한 일련의 테러는 외국인에 대한 제노포비아 현상을 더욱 심화시키고 있다.[2]

법무부에 따르면 2018년 12월말 현재 체류외국인(관광객 등 단기방문 외국인 포함) 수가 236만 7607명에 이른다. 이는 우리나라 주민등록인구 5182만 명의 약 4.6%로, 대구광역시 인구 246만 명(광역자치단체 중 인구수 7위)과 비슷한 수치다.[3]

그런데 최근 접촉이론(contact theory)을 바탕으로 외국인과의 접촉경험 및 미디어 정보 등이 개인의 제노포비아 태도형성에 영향을 준다는 선행연구들이 축적되고 있다. 특히 언론의 외국인 또는 이민자와 관련한 편향적 보도태도(report frame)가 제노포비아 태도형성의 중요한 요인이라는 연구들이 다양하게 제시되고 있다.[4] 미디어의 보도태도(report frame)란 미디어가 특정 사안에 대해 주로 어떤 의도를 가지고 자료를 수집하고 보도하는지 그 경향성을 말한다.[5]

┃그림 3-1┃ 체류외국인 국적별 현황

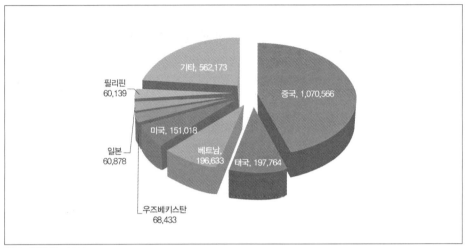

자료: 법무부, 2019.

국내 미디어가 외국인의 강력범죄를 보도하면서 어떤 태도(Frame)를 취하는지, 미디어 매체별로 차이를 보이는지, 그리고 한국인의 강력범죄 보도태도와의 차이를 보인다면 외국인에 대한 부정적 태도형성에 영향을 미칠 수 있다.

2018년 10월에 경기도 고양시의 대한송유관공사 저유소에서 발생한 휘발유 탱크가 폭발사건 당시 실화범으로 의심을 받아 현장에서 체포된 스리랑카인에 대한 무분별한 보도는 이주노동자에 대한 대중의 시각을 왜곡시킬 수 있는 좋지 않은 사례로 볼 수 있다.[6]

'풍등 화재' 한국의 이중 잣대

"최초에 풍등 날리기 행사를 한 초등학교 이름이 공개되는 것은 경찰과 기자가 조심하면서도 ㄱ씨의 국적을 밝히는 데는 거리낌이 없었다."
ㄱ씨의 변호를 맡은 '민주사회를 위한 변호사모임'(민변) 최정규 변호사는 경찰의 수사 내용 발표와 언론 보도에 아쉬움을 나타냈다. 화재 발생 시점부터 10월11일 현재까지 ㄱ씨의 국적을 밝힌 보도는 1천 건이 훌쩍 넘지만, 초등학교 이름을 밝힌 보도는 10건 안팎이다. 수사기관과 언론이 화재의 원인이 된 풍등을 날린 두 주체에 대해 이중 잣대를 갖고 접근했다는 거다. 이주노동자와 난민을 반대하는 카페와 인터넷 커뮤니티에선 근거 없는 가짜뉴스가 확대재생산됐는데, 경찰이 ㄱ씨의 신병을 확보한 직후 출신 국적을 밝힌 것이 빌미가 됐다. …중략…

이주노동자를 돕는 인권단체 등에서는 "미국인이나 독일인이었어도 이렇게 국적이 다 드러났을지 의구심이 든다"는 탄식이 나왔다. ···중략···

자료: 한겨레, 2018년 10월 12일자 보도.

II. 두려움과 친밀감

1. 두려움이론과 접촉이론

한 사회의 구성원들이 외국인에 대하여 느끼는 태도는 크게 두 가지이다. 첫째는 낯선 이들을 잘 모르는 경우와 약간은 알고 있는 경우라 할 것이다. 먼저 이방인을 잘 모르는 경우는 낯설기 때문에 오는 두려움이 있다. 한편 약간이라도 상대방과 접촉한 경험이 있다면 최소한 모르는 것에서 오는 두려움을 느끼지 않을 것이다.

두려움이론(fear theory)은 한 사회의 구성원들은 외국인들이 대거 유입될 경우 외국인들이 안전, 경제, 문화, 국가질서 등을 위협해 결국 자신들을 불행하게 만들 것이라는 두려움을 느낀다고 주장한다. 이 두려움은 외국인에 대한 제노포비아적인 태도로 이어질 수 있다. 실제로 이를 증명하는 연구결과들이 있다.

블루머의 피부색에 대한 편견이 인종적 차별과 범죄두려움을 야기한다는 연구,[7] 보나시치의 이민자의 노동시장 진입으로 두려움을 느낀 시민들은 이민자들이 범죄를 행할 위험이 높다고 인식한다는 연구[8] 및 보스웰의 미서부개척기 시대에 대거 유입된 중국인들의 노동시장 진출로 실업위협을 느껴 미국인들의 반아시안 태도 형성에 영향을 주었다는 연구[9] 등이 있다.

접촉이론(contact theory)은 한 사회의 시민들이 외국인과의 직접적인 접촉 기회의 부족 및 부정적인 접촉, 그리고 왜곡된 미디어에 의한 접촉으로 외국인에 대한 적대감 및 제노포비아적인 태도가 형성된다고 주장한다. 최근의 주목할 만한 경험적 연구로 히레라 외[10]는 러시아인들의 국수주의와 외국인에 대한 제노포비아적 태도 형성과의 상관성 연구에서 상호 접촉의 부족에서 야기된 몰이해감이 가장 큰 영향을 준다는 것을 발견하였다. 오므젠 외[11]의 노르웨이 학생들을 대상으로 한 연구에서도 학생들의 외국인과의 부정적인 접촉경험이 제노포비아 태도를 형성시키는 것으로 나타났고, 외국인에 대하여 좋은 접촉경험이 많을수록 상호 공동체의식이 강화되는 것으로 나타났다

그런데 특히 미디어에 의한 외국인 접촉경험이 개인의 외국인에 대한 태도형성에 매우 강력한 영향을 준다는 것이 많은 연구에 의해 확인되고 있다.[12] 예를 들어 리지렌[13]은 프랑스인과 스웨덴인들은 각각 극우정당의 출현과 이들에 의하여 정교하게 계획된 극우주의적인 정책 및 입법활동 등을 미디어로 계속 접하면서 외국인에 대하여 차별적인 사고와 적대감이 형성되었다고 발표하였다. 오피어 등[14]은 대중은 미디어의 긍정적인 보도보다 부정적인 정보에 더 관심을 가지며, 심지어 긍정적 정보보다 부정적 정보를 더 정확하게 기억한다는 것을 밝혀냈다. 크리스토피[15]는 지속적으로 외국인에 대한 긍정적 관점의 보도를 반복적으로 경험한 사람들은 그렇지 않은 경우보다 외국인에 대하여 호감을 가지는 것을 확인하였다.

한편 르완다 주민들을 대상으로 특정 종교 및 부족에 대한 인식개선을 위한 연구에서도 해당 부족의 문화를 긍정적으로 평가하는 라디오 프로그램을 지속적으로 방송하고, 이를 청취한 사람들과 그렇지 않은 사람들 간의 차이를 비교한 결과 청취자들의 인식개선이 두드러진 것으로 나타났다.[16] 유사한 연구로 외국인에 대한 인식개선을 위한 캠페인 프로그램을 반복적으로 시청한 사람들이 그렇지 않은 사람들 보다 외국인 수용성이 더 높은 것으로 나타났다.[17]

국내에서도 외국인범죄 뉴스를 반복적으로 접할 경우 외국인에 대한 두려움형성에 영향을 준다는 연구[18]와 우충완 외(2014)의 이주노동자 관련 범죄보도 접촉경험이 내국인의 제노포비아와 사회적 거리감에 부분적으로 영향을 끼친다는 연구,[19] 외국인의 범죄뉴스 접촉이 수용자의 위험지각에 영향을 미친다는 연구[20] 등이 있다.

2. 미디어에 비쳐진 외국인 이미지

우리나라 미디어에 등장하는 외국인에 대한 이미지는 불법체류자, 범죄자, 고립된 은둔자, 가난한 나라 출신, 게으른 사람 등 부정적인 것으로 나타났다.[21] 그런데 이러한 이미지 형성은 2012년에 발생한 오원춘 살인사건이 기폭제가 되었으며, 2014년의 박춘풍 살인사건(2014)은 외국인에 대한 부정적인 인식을 더욱 심화시키는 계

기가 된 것으로 보인다.22 왜냐하면 특히 외국인의 강력범죄는 자연히 사람들의 이목을 끌게 되고, 언론 보도도 늘어나고 이를 접촉하는 기회도 늘어날 수밖에 없다. 실제로 외국인 흉악범죄와 한국인 흉악범죄가 발생할 경우 관련 기사를 얼마나 많이 사람들이 오랫동안 검색하는지 실태를 보면 접촉의 중요성을 확연히 알 수 있다.

III. 외국인 흉악범죄와 미디어의 보도태도

외국인 흉악범죄에 대하여 어떤 태도를 취하는지, 즉 미디어의 보도태도는 정확한 정보를 제공하거나(정보제공형), 대책을 제시하는 경우(대책제시형), 특정 사실에 대해 보도 대상을 비판하거나(비판형), 문제제기나 고발형으로 보도하는 태도(문제제기형) 등으로 나눌 수 있다. 그리고 언론학에서 통상적으로 사용하는 분류기준에 따라 정보제공형 및 대책제시형의 보도태도는 객관적 보도태도로, 그리고 비판형 및 문제제형의 보도태도는 주관적 보도태도로 구분할 수 있다.23 따라서 객관적 보도태도란 특정사실 그대로, 그리고 현상에 대한 대안제시를 목적으로 하는 보도태도를 말하며, 주관적 보도태도란 특정사실의 부조리, 비도덕성, 반사회성 등에 대한 비판과 고발을 목적으로 하는 보도태도를 말한다.24

┃표 3-1┃ 미디어의 외국인 강력범죄 보도태도 분류

구분	분류
정보제공형	범죄사실, 수사상황, 재판과정 및 결과 등 객관적 사실 위주의 보도
대책제시형	강력범을 포함한 외국인 범죄 수사 및 법령, 제도개선, 형사정책 등의 제안
비판형	범인의 과거, 범행수법 잔인성, 피해자에 대한 태도, 현장검증 태도 등을 주로 비판
문제제기형	흉악범죄 문제를 외국인, 불법체류자, 전과자 등의 문제로 이슈화

미디어의 외국인 흉악범죄에 대한 보도태도의 차이가 있는지 여부는 내용분석법 (content analysis)을 통하여 검증할 수 있다.25 내용분석법은 대상 자료들을 분석하여 특정한 유형이나 패턴, 경향을 도출해내는 연구기법으로 특히 대상주제에 대한 공통된 특성을 체계화시키거나 논리적 흐름을 평가하는데 장점을 가진 연구방법이다.26

분석대상 기사는 외국인범죄로는 박춘풍 사건27을 그리고 한국인 범죄로는 김상훈 인질사건28을 비교해 볼 수 있다.

이 두 사건을 검증대상으로 하는 이유는 첫째, 박춘풍 사건은 중국국적의 외국인 노동자로 사건발생지와 피해자 훼손 방법이 오원춘 사건과 유사하여 그리고 김상훈 인질사건은 의붓딸을 인질로 삼고 성폭행을 하는 등으로 두 사건 모두 세간의 이목을 집중시켰고, 둘째, 국민들의 비난이 드세고 관심이 높아 경찰이 이들을 검거하면서 즉시 범인들의 얼굴을 공개하였고, 셋째, 범죄수법의 잔인성 등으로 법원이 범인들의 정신감정을 한 점, 넷째, 범인들에게 사형이 구형되었다가 최종적으로 무기징역형이 확정된 점 등의 공통점이 있다.

분석대상 미디어 매체는 신문의 경우 보수적인 성향의 조선일보, 중앙일보를, 그리고 진보적인 성향의 경향신문, 한겨레신문 등 4종류로 제한하였다.29 지상파방송은 KBS, MBC, SBS 등의 TV뉴스를, 그리고 케이블 종편채널은 JTBC, TV조선을, 그리고 케이블 뉴스전문채널인 MBN, YTN 등의 뉴스를 대상으로 하였다.

분석대상 기사는 해당 신문사 등의 인터넷 홈페이지 및 KINDS, 네이버 등에서 '박춘봉, 박춘풍, 박춘풍사건', '김상훈, 김상훈 인질사건' 등을 사용하여 수집하였다. 보도기사는 원칙적으로 해당 신문사 등이 직접 취재하여 보도한 기사만을 추출했으며, 분석대상 보도기간은 두 사건의 최초발생과 대법원 확정판결 시기 등을 고려해 2014년 12월 1일부터 2016년 6월 30일까지로 제한한다.

'수원 팔달산 토막살인 사건' 박춘풍 무기징역 확정

대법원 3부(주심 김신 대법관)는 15일 '수원 팔달산 토막살인 사건' 피고인 박춘풍(57)씨에게 무기징역을 선고한 원심을 확정했다. 재판부는 30년간 위치추적 전자장치(전자발찌) 부착 명령을 내려달라는 검찰의 청구를 기각한 원심 판단도 유지했다.

박씨는 지난해 11월 경기도 수원 자신의 집에서 동거녀를 목 졸라 살해하고. 시신을 훼손해 팔달산 등 5곳에 유기한 혐의(살인 및 사체손괴 등)로 구속 기소됐다.

1심은 박씨를 '사이코패스'로 진단해 살인의 고의가 있었다고 보고 무기징역을 선고했다.

이에 박씨의 국선변호인은 1심에 불복해 항소하면서 "박씨는 어릴 때 사고로 오른 눈을 다쳐 의안을 하고 있다. 이것이 뇌에 영향을 미쳤다"고 주장했다. 항소심에선 이런 박씨의 주장을 받아들여 사법사상 처음으로 범죄자의 뇌 영상 촬영과 사이코패스 검사를 진행하기도 했다. 검사 결과에서 박씨  가 사이코패스라는 진단이 나오지는 않았으나 양형에 영향을 미치지 않았다. 재판부는 "범행의 잔혹성과 엽기성, 무기징역이라는 형이 갖는 의미 등을 종합적으로 고려하면 1심의 형을 너무 중하다고 판단하기는 어렵다"며 역시 무기징역을 선고했다.

자료: 한겨레, 연합뉴스, 2016년 4월 15일자 보도.

대법, '안산 인질살해' 김상훈 무기징역 확정

부인의 전 남편과 의붓딸을 살해하고 인질극을 벌인 혐의로 재판에 넘겨진 김상훈씨(47)가 무기징역 확정 판결을 받았다.

대법원 2부(주심 김창석 대법관)는 인질살해 등 혐의로 기소된 김씨에게 무기징역을 선고한 원심을 확정했다고 9일 밝혔다.

김씨는 지난해 1월 경기 안산시에 위치한 부인 A씨의 전 남편 집에 침입해 전 남편을 살해하고 A씨와 전 남편 사이의 작은 딸을 인질로 삼아 성폭행한 뒤 살해한 혐의로 구속 기소 됐다. 또 2008년부터 지난해 1월까지 4차례에 걸쳐 A씨를 흉기로 위협하고 때려 전치 3~4주의 상처를 입히고, 2012년 5월 A씨의 작은 딸을 성폭행하려 한 혐의도 받았다.

1심 재판부는 김씨의 혐의를 모두 유죄로 인정하고 무기징역을 선고했다. 재판부는 "두사람의 소중한 생명을 빼앗고 의붓딸을 성폭행한 것은 용서할 수 없는 범죄"라고 지적했다. 다만 "성범죄 전력이 없는 점과 고혈압 등 지병이 있는 것을 감안했다"고 양형 이유를 밝혔다. …중략…

이후 김씨 측은 형이 너무 무겁다며, 검찰은 형이 너무 가볍다며 항소했지만 2심 재판부도 무기징역을 선고했다. …중략…

대법원도 이 같은 원심 판단을 받아들였다. 재판부는 "김씨의 연령과 환경, 피해자들과의 관계, 범행 후의 정황 등 사정을 살펴보면 김씨에게 무기징역을 선고한 원심 판단이 부당하다고 인정할 수 없다"고 밝혔다.

자료: 머니투데이, 2016년 5월 9일자 보도.

IV. 외국인과 한국인 흉악범죄에 대한 보도태도의 차이

1. 외국인 흉악범죄의 경우

1) 신문사에 따라 보도태도는 차이가 있나

조선일보, 중앙일보, 경향신문 그리고 한국일보 등은 모두 조사대상 기간 동안 45회에 걸쳐 박춘풍 사건과 관련한 기사를 보도했다. 이 가운데 정보제공형이 27회, 60%로 가장 비중이 높고, 대책제시형이 10회, 22.2%, 비판형 1회, 2.2%, 문제제기형 7회, 15.6% 등으로 나타났다. 따라서 전체적으로는 객관적 보도태도가 82.2%로 주관적 보도태도 17.8% 보다 64.4%나 높게 나타났다.

　　조선일보와 중앙일보가 경향신문과 한국일보 보다 보도 횟수로는 3회, 6.6%
더 많이 보도하였고, 유형별로 분류하면 조선일보와 중앙일보의 경우 정보제공형
26.7%, 대책제시형 13.3%, 비판형 4.4%, 문제제기형 11.1%로 나타났다. 경향신문
및 한국일보의 경우 정보제공형 33.4%, 대책제시형 8.9%, 비판형 0%, 문제제기형
4.4%로 나타났다. 따라서 보수적인 신문 및 진보적인 신문 모두 객관적인 보도태도
를 보여주고 있는 것으로 나타났다. 그러나 주관적 보도태도의 경우에 있어서는 약
간의 차이를 보여 보수적인 신문의 경우 비록 적은 횟수이긴 하나 비판형의 기사가
있지만, 진보적인 신문의 경우 아예 다루지 않아 신문사 본래의 성향이 반영된 것
으로 해석될 수도 있다.

　　그런데 한편으로는 박춘풍의 뇌감정 기사 및 항소심 결과 등을 보도하면서 헤드
라인을 모두 토막살인, 토막살인범, 토막살인사건 등으로 표현하는 등 정제되지 않
은 용어를 사용하는 공통점을 보이고 있다. 즉, 내용은 객관적인 사실을 전달하고
있지만, 표현 자체는 상당히 폭력적인 용어를 사용하고 있다는 것을 알 수 있다.

2) 지상파 방송에 따라 보도태도는 차이가 있나

　　박춘풍 사건에 대한 지상파방송 보도횟수는 모두 61회이다. 이 가운데 정보제공
형은 39회 64.0%이며, 대책제시형 11회 18.0%, 비판형 6회 9.8%, 문제제기형 5회
9.8% 등으로 나타났다. 따라서 객관적 보도태도가 주관적 보도태도 보다 62.4% 정
도 높아 객관적 보도태도를 유지하는 것으로 나타났다.

　　가장 많이 보도를 한 매체는 SBS로 27회에 걸쳐 보도를 하였으며, 기사내용은
정보제공형 보도가 13회, 21.3%로 가장 많고 다음이 대책제시형이 7회, 비판형 4
회, 문제제기형 3회로 나타났다. 따라서 SBS는 가장 객관적이지만, 동시에 가장 주
관적인 보도태도를 보여 보도횟수가 늘어나면서 다양한 관점으로 기사를 보도한 것
을 알 수 있다. 이에 비해 MBC는 보도횟수도 적지만, 대책제시형의 기사는 없으며,
비판형 및 문제제기형 등의 주관적 보도 역시 각 1건에 그치고 있다.

3) 케이블 방송에 따라 보도태도는 차이가 있나

　　박춘풍 사건에 대한 케이블방송 보도횟수는 모두 53회이며, 뉴스케이블 채널인
MBN과 YTN이 31회를 그리고 종편케이블 채널인 TV조선과 JTBC는 22회에 걸쳐
보도하였다. 이 가운데 정보제공형은 26회 49.1%이며, 대책제시형 9회 17.0%, 비

판형 6회 11.3%, 문제제기형 12회 22.6% 등으로 나타났다. 따라서 객관적 보도태도가 주관적 보도태도 보다 32.2% 정도 높아 객관적 보도태도를 유지하는 것으로 나타났다.

보도태도에 있어서는 차이를 보여 TV조선은 전체 11회 중 4회 36.4%는 객관적 보도태도를 취하지만 7회 63.6%는 주관적 보도태도를 취함으로써 4개 케이블채널 중 가장 주관적 보도태도를 취하는 것으로 나타났다.

4) 결론: 매체별 차이가 있다

박춘풍 사건에 대한 미디어의 보도태도는 전체적으로는 객관적 보도태도 76.1%, 주관적 보도태도 23.3% 등으로 객관적 보도태도가 우세한 것으로 나타났지만, 미디어의 유형별로는 차이가 있다는 것을 확인할 수 있다. 즉, 가장 객관적 보도태도를 취하는 미디어는 지상파방송으로 82.0%, 4대신문 80.0%, 케이블방송 66.1% 순으로 확인되었다. 지상파방송과 케이블방송의 차이는 15.9%, 4대신문과 케이블방송과의 차이는 13.9%이다. 조사 대상 미디어의 전체기사를 기준으로 할 때 가장 객관적 보도태도를 지닌 매체는 조선일보, SBS, YTN 등이다.

2. 한국인 흉악범죄의 경우

1) 신문사에 따라 보도태도는 차이가 있나

김상훈 인질사건은 2015년 1월 13일 오전에 다섯 시간에 걸쳐 김상훈이 피해자들을 인질로 잡고, 경찰과 대치를 벌여 해당 시간의 정황이 실시간으로 언론에 보도되면서 상대적으로 보도횟수가 박춘풍 사건보다 많았다.

조선일보, 중앙일보, 경향신문 그리고 한국일보 등은 모두 조사대상 기간 동안 80회에 걸쳐 김상훈 인질사건과 관련한 기사를 보도했다. 이 가운데 정보제공형이 46회, 57.5%로 가장 비중이 높고, 대책제시형이 3회, 3.7%, 비판형 14회, 17.5%, 문제제기형 21회, 21.2% 등으로 전체적으로는 객관적 보도태도를 취하는 것으로 나타났다.

보수적인 신문과 진보적인 신문의 차이를 비교하면 전체적인 보도횟수는 조선일보와 중앙일보가 경향신문과 한국일보 보다 18회, 23.0% 더 많이 보도하였다.

유형별로 분류하면 조선일보와 중앙일보의 경우 정보제공형 32.6%, 대책제시형 2.4%, 비판형 13.7%, 문제제기형 12.5%로 나타났다. 경향신문 및 한국일보의 경우

정보제공형 25%, 대책제시형 1.2%, 비판형 6.2%, 문제제기형 8.7%로 나타났다.

2) 지상파 방송에 따라 보도태도는 차이가 있나

김상훈 인질사건에 대한 지상파방송 보도횟수는 모두 59회이다. 이 가운데 정보
제공형은 42회 71.9%이며, 대책제시형 4회 6.8%, 비판형 11회 18.6%, 문제제기형
2회 3.4% 등으로 나타났다. 따라서 객관적 보도태도가 주관적 보도태도보다 56.7%
정도 높아 객관적 보도태도를 유지하는 것으로 나타났다.

가장 많이 보도를 한 매체는 SBS로 모두 21회에 걸쳐 보도를 하였으며, 기사내
용은 정보제공형 보도가 13회, 22.0%로 가장 많고 대책제시형 3회, 비판형 4회, 문
제제기형 1회 등으로 나타났다.

3) 케이블 방송에 따라 보도태도는 차이가 있나

김상훈 인질사건에 대해 케이블방송의 보도횟수는 모두 116회이며, 주관적 보도
태도가 객관적 보도태도 보다 6.9% 높은 것으로 나타났다. 즉 정보제공형이 47회,
40.5%, 대책제시형 7회, 6.0%로 객관적 보도태도가 54회 46.5%이며, 비판형 44회,
37.9%, 문제제기형 18회, 15.5%로 주관적 보도태도가 62회, 53.4%로 나타났다.

김상훈 인질사건에 대하여 케이블방송의 비판형 보도가 많은 것은 사건발생 초
기 인질상황과 현장검증 당시 김상훈이 피해자의 유가족을 비웃거나 경찰의 태도를
비난하고 피해자에게 책임을 전가하는 등의 태도를 실시간으로 보도하면서 이의 비
중이 높아졌기 때문이다.

TV조선은 자체적으로는 전체 13회 보도 중 주관적 보도태도가 9회로 69.2%를
차지해 가장 주관적인 보도태도를 취했다. MBN은 전체 40회 보도횟수 중 주관적
보도태도 25회 62.5%로 주관적 보도태도를 취하고 있다.

4) 결론: 매체별 치이가 있다

김상훈 인질 사건에 대한 미디어의 보도태도는 전체적으로는 객관적 보도태도가
66.2%, 주관적 보도태도가 33.7%로 객관적 보도태도가 우세하다.

그러나 미디어의 유형별로는 차이가 있다. 즉, 가장 객관적 보도태도를 취하는
미디어는 지상파방송으로 78.7%, 4대신문 61.2%, 케이블방송 46.5% 순으로 확인되
었다. 지상파방송과 케이블방송의 차이는 32.2%, 4대신문과 케이블방송과의 차이는

14.7%이다. 한편 케이블방송은 주관적 보도태도가 객관적 보도태도 보다 6.9% 높았다.

3. 외국인과 한국인 흉악범죄에 대한 보도태도 비교

미디어의 박춘풍 사건 및 김상훈 인질사건에 대한 보도태도를 정리하면 오히려 김상훈 인질사건에 대해 주관적 보도태도를 취하고 있었다. 그러나 미디어는 정확한 사실만을 보도하는 경우에도 박춘풍 사건의 경우 [표 3−2]와 같이 정제되지 않은 헤드라인을 사용하고 있다.

▌표 3-2▌ 박춘풍 사건과 김상훈 사건의 보도태도

미디어	기사 헤드라인	보도일자
	박춘풍 사건의 경우	
조선일보	대법, '수원 팔달산 토막 살인범' 박춘풍 무기징역 확정	2015. 12. 29.
중앙일보	'팔달산 토막살인' 박춘풍 항소심도 무기징역	2016. 4. 15.
경향신문	'팔달산 토막살인' 박춘풍, 무기징역 확정	2016. 4. 15.
한국일보	'팔달산 토막살해범' 박춘풍 무기징역 확정	2016. 4. 15.
KBS	대법 '팔달산 토막살인' 박춘풍 무기징역 확정	2016. 4. 15.
MBC	'토막살인' 박춘풍 뇌감정 결과 "사이코패스 아니다"	2015. 12. 22.
SBS	대법 '팔달산 토막살인' 박춘풍 무기징역 확정	2016. 4. 15.
JTBC	'팔달 토막살인' 박춘풍, 무기징역 확정	2016. 4. 15.
MBN	'엽기 토막살인범들' 항소심서도 '중형' 선고	2015. 12. 30.
TV조선	'팔달산 살인' 박춘풍 무기징역 확정	2016. 4. 15.
채널 A	'토막살인' 박춘풍 뇌 감정…"사이코패스 아냐"	2015. 12. 23
	김상훈 인질사건의 경우	
조선일보	안산 인질 살해범 김상훈, 2심서도 무기징역	2016. 1. 29
중앙일보	'안산 인질극' 김상훈, 항소심도 무기징역 '영원한 격리'	2016. 1. 30.
경향신문	안산 인질극 살해범 무기징역 선고	2015. 8. 21
한국일보	檢, 안산 인질극 살해범 김상훈 사형 구형	2015. 8. 4.
KBS	대법, '안산 인질 살해사건' 김상훈 무기징역	2016. 5. 9.
MBC	대법, '안산 인질 살해사건' 김상훈 무기징역 확정	2016. 5. 10.
SBS	대법, '안산 인질 살해사건' 김상훈 무기징역 확정	2016. 5. 9.
JTBC	'안산 인질 살해' 김상훈 무기징역 확정,	2016. 5. 9.
TV조선	안산 인질극, 어떤 처벌 받나?	2015. 1. 13.
MBN	'안산 인질살해' 김상훈, 항소심도 무기징역	2016. 1. 29.
YTN	'안산 인질 살해사건' 김상훈 무기징역 확정	2016. 5. 9.

즉, 미디어는 박춘풍 사건에 대한 항소심판결 및 대법원판결 등을 보도하면서 사건이 발생한지 일 년 이상의 시간이 경과했음에도 불구하고 토막살인, 팔달산 토막살인 등 자극적이고 폭력적인 용어를 구사하였다. 이와 같은 현상은 4대신문사, 지상파방송, 종편방송 모두 동일하게 나타났다.

그러나 미디어는 김상훈 인질사건의 경우 사실 그대로, 보다 정제된 용어를 사용하며 법원의 판결내용을 전달하려는 태도를 보이고 있다. 이는 미디어가 박춘풍 사건과 김상훈 인질사건에 대한 표현을 차별화하고 있고, 의도적으로 박춘풍 사건의 잔인성을 폭력적으로 보도하고 있다는 것을 드러낸다. 특히 박춘풍 사건에 비해 김상훈 인질사건은 인질과정 중 피해자 성폭행과 살인 등 극악하고 파렴치한 행동에 대해 미디어가 비판적인 기사를 쏟아냈음에도 불구하고 시간이 경과하면서 대법원 확정판결 소식을 기사화하지 않을 정도로 무관심한 태도를 보여 그 차별성을 분명하게 나타냈다. 한편으로는 미디어의 이와 같은 보도태도는 한국인인 김상훈에 대한 인권적 배려일 수도 있지만 상대적으로 박춘풍에 대한 보도태도의 차이를 드러내는 것일 수도 있다.

Ⅴ. 이슈&디스커션

1. 외국인 흉악범 보도태도와 한국인 흉악범 보도태도의 차이가 있나?
2. 외국인의 한국인에 대한 혐오감은 어느 정도일까?
3. 외국인도 그 피부색에 따라 한국인들의 대우가 달라지는가?
4. 국제규범상 외국인과 자국인 범죄자 처우는 차이가 있나?

참고문헌

1 제노포비아(xenophobia)란 그리스어인 이방인(stranger)과 두려움(fear)의 합성어로서 어원적으로는 이방인에 대한 두려움(fear of the stranger)으로 해석되지만, 현실적으로는 특정 사회의 구성원들이 외국인, 이민자, 이주노동자 등에 대하여 보이는 피해의식, 두려움, 거부감, 부정의식 등을 포함하는 적대적인 태도로 정의된다.

2 Chebel d'Appollonia, A. (2016). Response to reviews of Frontiers of fear—immigration and insecurity in the United States and Europe. Journal of Ethnic and Migration Studies, 42(4): 699—702.

3 머니투데이, 국내 체류 외국인수 236만명 역대 최대… 중국·태국·베트남 순, 2019년 1월 21일 자 보도.

4 Gemi, E., Ulasiuk, I., & Triandafyllidou, A. (2013). Migrants and media newsmaking practices. Journalism Practice, 7(3): 266—281
Foster, H., (2012). Xenophobia: what do students think?. In Acta Criminologica: CRIMSA Conference: Special Edition 2 (pp. 47—66). Sabinet Online
Blaagaard, B., (2010). Media and Multiplicity: Journalistic Practices and the resurgence of xenophobia in Europe. Translocations, 6(2): 1—16.

5 김성태. (2005). 국내 내용분석 연구의 방법론에 대한 고찰 및 제언. 커뮤니케이션 이론, 1(2): 39—67.

6 한겨레, '풍등 화재' 한국의 이중 잣대, 2018년 10월 12일자 보도.

7 Blumer H (1958) Race prejudice as a sense of group position. Pacific Sociological Review 1(1): 3—7.

8 Bonacich E., (1972) A theory of ethnic antagonism: The split labor market. American Sociological Review 37(5): 547—559.

9 Boswell TE., (1986) A split labor market analysis of discrimination against Chinese immigrants, 1850—1882. American Sociological Review 51(3): 352—371.

10 Herrera, Y. M., & Kraus, N. M. B., (2012). 6 National identity and xenophobia in Russia. Russia's Regions and Comparative Subnational Politics, 53, 102.

11 Ommundsen, R., Yakushko, O., Veer, K. V. D., & Ulleberg, P., (2013). Exploring the relationships between fear—related xenophobia, perceptions of out—group entitativity, and social contact in norway 1. Psychological reports, 112(1): 109—124.

12 Clark, R. E., (1983). Reconsidering research on learning from media. Review of educational research, 53(4): 445—459.

13 Rydgren, J., (2003). Meso—level Reasons for Racism and Xenophobia Some Converging and Diverging Effects of Radical Right Populism in France and Sweden. European of Social Theory, 6(1): 45—68.

14 Ophir, E., Nass, C., & Wagner, A. D., (2009). Cognitive control in media multitaskers. Proceedings of the National Academy of Sciences, 106(37): 15583—15587.

15 Christoph, V., (2012). The Role of the Mass Media in the Integration of Migrants. Mind, rain, and Education, 6(2): 97—107.

16 Staub, E., & Pearlman, L. A., (2009). Reducing intergroup prejudice and conflict: a commentary.

17 Dovidio, J. F., Gaertner, S. L., & Saguy, T., (2009). Commonality and the complexity of "we": Social attitudes and social change. Personality and Social Psychology Review, 13(1): 3−20.

18 임양준. (2012). 한국거주 이주노동자에 대한 신문의 보도 경향과 인식연구 : 조선일보, 한겨레, 경인일보, 부산일보를 중심으로. 언론과학연구, 12: 419−456.

19 우충완·우형진. (2014). 이주노동자 관련 범죄보도 노출과 접촉경험이 내국인의 제노포비아와 사회적 거리감에 미치는 영향에 관한 연구. 다문화콘텐츠연구, 17:185−227.

20 허윤철·임영호. (2015). 외국인 범죄 뉴스 접촉이 수용자의 위험지각에 미치는 영향. 형사정책연구, 26(3):267−299.

21 임양준. (2012). 한국거주 이주노동자에 대한 신문의 보도 경향과 인식연구 : 조선일보, 한겨레, 경인일보, 부산일보를 중심으로. 언론과학연구, 12: 419−456.

22 동아일보, 인천공항 보안 뚫고 밀입국 중국인−베트남인 구속기소, 2016년 2월 25일, http://news.donga.com/3/all/20160225/76673790/1/ 2016년 8월 1일 검색.

23 김성진·박경우. (2009). 국가재난사고에 대한 텔레비전 뉴스의 보도 형태 연구 − 숭례문 화재 사건 관련 보도를 중심으로. 언론학연구, 13(2): 5−41. 고영철. (2012). 한·미 지역일간지 1면 기사의 보도방식 비교. 언론과학연구, 12(3): 37−78.

24 언론학에서는 통상 기사내용이나 문장 등에서 객관적 사실을 그대로 보도하며, 정제된 용어를 사용하여 보도하는 경우는 객관적 보도태도라고 하고, 사실을 과장보도하거나 확대하는 경우 또는 자기 생각이나 의견을 넣은 해설적인 묘사 또는 선정적이거나 폭력적인 용어를 넣어 보도하는 경우 등은 주관적 보도태도라고 한다(김성진, 박경우, 2009; 고영철, 2012).

25 허경미. (2016). 미디어의 외국인 강력범죄에 대한 보도태도 연구. 한국경찰연구, 15(3): 351−374.

26 Weber, R. P., (1990). Basic content analysis(2nd edition). Newbury Park: Sage Publications, Inc.; 한성현·신동천, (1996). 보건과학 연구방법론. 서울: 수문사.

27 박춘풍은 2014년 11월 경기도 수원의 자신의 집에서 동거녀를 목 졸라 살해하고 시체를 훼손하여 팔달산 등 5곳에 버렸다. 대법원은 박춘풍에 대해 2016년 4월 15일 살인과 사체유기 등의 혐의로 무기징역을 확정했다. 항소심 사건의 서울고법은 이화여대 뇌인지과학연구소에 박씨의 사이코패스 정신병질 감정을 의뢰했다. 감정 결과 박씨의 전두엽 부분이 상당 부분 손상되었지만, 박씨가 사물을 제대로 변별할 수 없는 정도는 아니라는 소견이 나왔다. 박춘풍은 재판 중 살인의 고의성을 부인하였다. 박춘풍은 사건 초기 박춘봉으로 알려졌으나 수사결과 박춘풍이 정확한 이름인 것으로 밝혀졌다.

28 김상훈은 2015년 1월 초 안산의 한 빌라에서 별거 중인 부인의 집으로 찾아가 전 남편을 살해하고, 이어 의붓딸인 두 딸을 인질로 삼다가 작은 딸을 성폭행 후 살해하였다. 김상훈은 2016년 5월 9일 대법원으로부터 무기징역형 확정 및 성폭력 치료프로그램 120시간 이수를 명령 받았다. 제1심 법원은 정신감정을 의뢰해 그가 심신장애가 아니라는 소견을 받았다. 그는 성폭력 등 전과 13범으로 밝혀졌다. 또한 현장검증 당시 피해자 유가족 및 시민들을 비웃는 말투와 피해자를 모욕하였다.

29 언론이 보수인지 진보인지에 대한 구분은 언론학계의 분류를 따랐다(박성태, 2011; 김성태, 2005; 임양준, 2012).

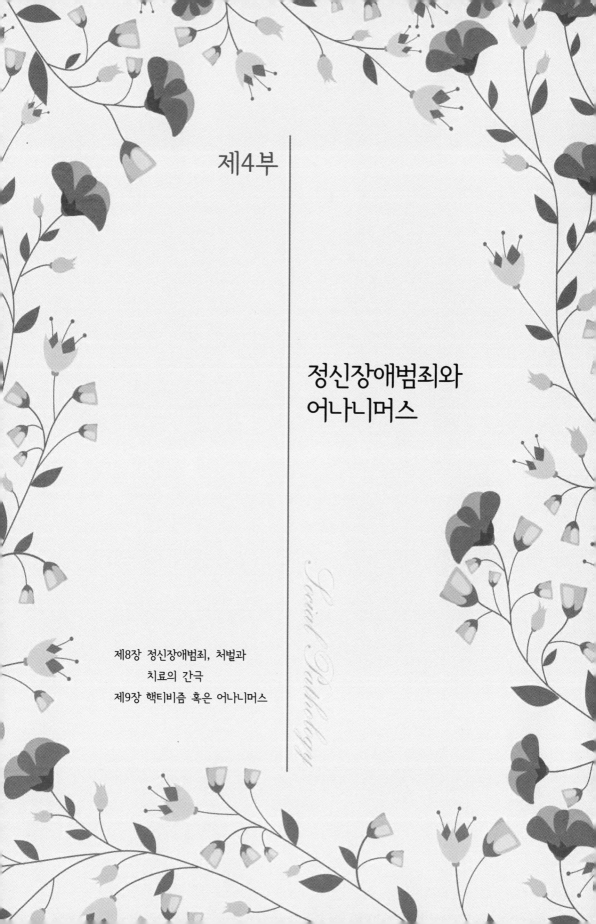

제4부

정신장애범죄와
어나니머스

Social Pathology

Social Pathology

제8장
정신장애범죄, 처벌과 치료의 간극

Ⅰ. 문제의 출발

2018년 12월 31일의 정신장애인에 의한 정신과 의사 살인사건은 정신장애 범죄의 실태와 그들에 대한 처벌과 치료에 관심을 증폭시키는 계기가 되었다.1 이 사건 이전에도 2016년 5월 수락산 여성 살인사건, 10월 서울 오패산 터널 인근 경찰관 살해사건 등도 모두 조현병 환자의 범죄로 밝혀졌다. 2017년 5월의 강남역 살인사건, 2017년 3월에 인천에서 발생한 초등학생 살인사건 등 다양한 정신장애자에 의한 강력사건이 발생하여 사회적 우려가 높던 차였다.

그런데 경찰청에서 제출한 2018년 국정감사 자료에 따르면, 정신장애범죄자로 분류된 이들의 최근 5년간 재범률은 2013년 65.9%, 2014년 64.9%, 2015년 64.2%, 2016년 64.3%, 2017년 66.3%였다.2 같은 기간 전체 범죄자 재범률은 2013년 48.9%, 2014년 48.2%, 2015년 47.2%, 2016년 47.3%, 2017년 46.7%로 정신장애인 재범률보다 최대 20% 가까이 낮았다.

정신장애범죄자는 조현병(정신분열증)을 앓는 정신이상, 의사가 박약하거나 불안정한 지적장애가 있는 정신박약, 조울증이나 이상 성격자에 해당하는 기타정신장애로 분류된다.

정신장애범죄자 수도 2013년 5천 858명에서 2014년 6천 265명, 2015년 6천 980명, 2016년 8천 287명, 2017년 9천 27명으로 계속 증가 추세를 보인다. 작년 한 해 정신장애범죄자 가운데 66.3%(5천 983명)가 전과자였고, 이 가운데 전과 9범이 넘는 경우가 26%(1천 579명)에 달한 것으로 집계됐다. 같은 해 정신장애범죄자에 의한 현황을 보면 폭행·손괴 등 폭력범죄가 2천 893명으로 가장 많았고, 이어 절도 2천 399명, 강력범죄 813명, 지능범죄 490명, 마약범죄 353명 등 순이었다. 최근 5년간 살인·강도 등 강력범죄 비중은 범행 당시 정신상태가 '정상'인 피의자가 1.4~1.6% 수준이었던 반면 정신장애범죄자는 8.8~10.6%로 높게 나타났다.

정신장애는 발견과 치료도 쉽지 않지만 지속적인 관리와 지원이 필요하다는 측면에서 이들에 대한 발견과 치료, 그리고 처벌을 어떻게 할 것인지 보다 정교한 정책이 필요하다는 의견들이지만 정작 그 실천은 어렵다.

II. 정신장애란 무엇인가? 보통사람들의 정신장애 유병

정신장애(Mental Illness: MI)는 미국정신의학회(American Psychiatric Association)에서 1994년도에 개정한 정신장애진단 및 척도(Diagnostic and Statistical Manual of Mental Disorder, Fourth Edition: DSM－Ⅳ)에 의하면 비정형적인 행동의 원인이 되는 비정상적인 심리적 상태라고 할 수 있다. 이러한 개념정의는 다소 모호한 측면이 있지만 DSM－Ⅳ는 정신장애가 항상 일상활동을 방해하는 것은 아니지만 질병, 즉 뇌질환의 일종이라고 규정하고 있다. 정신장애를 가진 사람들은 기본적으로 일상활동을 유지하는 데 어려움을 느낀다. 그리고 이 어려움이 더 심각해지면 중대한 정신장애(Serious Mental Illness: SMI)의 증세를 보이게 된다.

SMI는 DSM－Ⅳ에서 정하고 있는 불완전한 정신적, 행동적, 정서적 장애기준을 일정기간 충족하는 경우를 말한다. 중대한 정신장애는 개인의 일상활동에 부분적으로 또는 전반적으로 영향을 끼쳐 불완전한 행동을 유발한다.

SMI에는 심각한 정신분열증 및 정서장애 등과 같이 다양한 정신장애가 있다. 이러한 정신장애는 개인의 사고, 감정, 정서, 대인관계, 위기관리능력에 막대한 지장을 준다. 정신장애는 연령, 인종, 종교, 소득에 상관없이 누구에게나 영향을 주며, 개인이 선택하거나 피할 수 있는 것이 아니다. SMI는 일정기간 개인의 하나 혹은 둘 이상의 일상활동을 실질적으로 제한하거나 방해하는 등의 기능적 불완전성을 낳는 심각한 정신적 장애상태라고 정의할 수 있다.

정신보건법의 제4조의 2에서 보건복지부 장관은 정신질환자의 실태조사를 5년마다 실시하여야 한다고 시행 근거가 명시되어 있다. 이에 따라 2016년 정신질환 실태조사에 참여한 응답자는 총 5,012명이다. 이 중 남자가 1,941명(38.1%), 여자가 3,160명(61.9%)이었다[표 4-1]. 5,102명의 응답자 중 70세 이하의 응답자는 4,287명으로, 남자가 1,636명(38.2%), 여자가 2,651명(61.8%)으로 나타났다.3

2016년 정신질환 실태조사에서 17개 주요정신질환을 조사한 결과 18세 이상 성인 인구 중 25.4%가 평생 한 가지 이상의 정신질환을 경험하였으며, 11.9%가 지난 1년내에 정신질환을 겪은 것으로 나타났다. 이는 2006년, 2011년에 비해서 약간 줄어든 것이지만, 일년유병률을 기준으로 17개 정신장애에 470만명이 고통을 받는 것을 보여주고 있다.

평생유병률면에서 보면 남자에서는 알코올 사용장애, 니코틴 사용장애, 불안장애의 순으로 흔하데 비하여 여자에서는 불안장애, 알코올 사용장애, 기분장애의 순으로 나타났다.

알코올 사용장애의 일년유병률은 3.5%로 남자가 여자보다 2배 이상 높았으며 2006년 이후 점진적으로 낮아지는 결과를 보였다. 니코틴 사용장애의 일년유병률은 2.5%로 남자가 여자보다 7배 높았으며, 2001년(6.7%), 2006년(6.0%), 2011년(4.1%)에 비해 감소하였다. 조현병 스펙트럼장애의 일년유병률은 0.2%이며, 입원 중인 사람을 보정할 경우 국내 11만 5천명으로 추산되었다. 또한 국민 중 2.0%가 조현병의 망상, 환청 증상을 경험한 것으로 나타났다. 주요 우울장애 일년유병률은 1.5%로 여자에서 2배 높았으며 20대 저소득층에서 높게 나타났다. 주요 우울장애 유병률은 2011년에 비하여 낮고 2006년과 비슷한 수준으로 나타났다. 양극성장애의 경우 0.1%로 예년과 유사한 양상을 보였다. 불안장애의 일년유병률은 5.7%로 여자가 남자보다 두배 정도 높았다. 약물사용장애(약물남용 및 의존)의 평생유병률은 0.2%로 나타났으며 약물오용은 0.5% 수준으로 전국단위 실태조사로는 첫 번째 보고라고 할 수 있다. 주로 사용된 약물은 안정제/수면제 등의 빈도가 가장 높았다. 자살생각, 자살계획, 자살기도의 일년유병률은 2.9%, 0.4%, 0.1%로 예년에 비해 약간 낮아진 양상을 보였다. 소득이 낮고, 고연령에서 높은 경향을 보였다. 병적도박은 0.5%, 도박 고위험군은 1.4%로 추산되어 2011년보다 약간 낮아진 경향을 보였다. 2016년에 처음으로 인터넷중독, 게임중독, 스마트폰 중독을 조사한 결과 각각 1.4%, 1.2%, 5.0%로 나타났다. 인터넷중독과 스마트폰 중독은 여자에서, 게임중독은 남자에서 흔하였으며 모두 18~29세가 가장 높았다. 정신질환으로 진단받은 사람 중의 22.2%가 정신건강서비스를 한번 이상 방문한 것으로 나타났는데 이는

2006년 11.4%, 2011년 15.3%에 비해서는 이용률이 증가하였지만 아직도 구미선진
국에 비해서는 낮은 수준이라고 할 수 있다. 질환별로 살펴보면 기분장애에서는
40.4%, 조현병 스펙트럼장애에서는 32.1%, 불안장애에서는 19.3%였으며 알코올
사용장애에서는 8.1%에서 정신건강서비스를 이용하였다.

▌표 4-1▐ 18~64세 일반인 정신장애 평생유병률

진단	2001년	2006년	2011년	2016년 (64세 이하)	증감	2016년 (전체)
	유병률 (%)	유병률((%)	유병률 (%)	유병률 (%)		유병률 (%)
알코올 사용장애	15.9(0.5)	16.2(1.2)	14.0(1.0)	13.4(0.7)	-0.6	12.2(0.6)
알코올 의존	8.1(0.4)	7.0(0.9)	5.6(0.6)	5.0(0.5)	-0.6	4.5(0.4)
알코올 남용	7.8(0.4)	9.2(0.5)	8.5(0.8)	8.4(0.6)	-0.1	7.7(0.5)
니코틴 사용장애	10.3(0.4)	9.0(0.7)	7.3(0.7)	6.5(0.5)	-0.8	6(0.4)
니코틴 의존	9.4(0.4)	7.7(0.7)	5.5(0.6)	5.0(0.4)	-0.5	4.7(0.4)
니코틴 금단	2.4(0.2)	2.9(0.3)	3.1(0.5)	2.7(0.3)	-0.4	2.5(0.3)
약물 사용장애	-	-	-	0.2(0.1)	-	0.2(0.1)
조현병 스펙트럼장애	1.1(0.1)	0.5(0.1)	0.6(0.2)	0.5(0.1)	-0.1	0.5(0.1)
조현병 및 관련 장애	0.2(0.1)	0.1(0.1)	0.2(0.1)	0.2(0.1)	0.0	0.2(0.1)
단기정신병적장애	0.8(0.1)	0.3(0.1)	0.4(0.2)	0.3(0.1)	-0.1	0.3(0.1)
기분장애	4.6(0.3)	6.2(0.6)	7.5(0.7)	5.4(0.4)	-2.1	5.3(0.4)
주요우울장애	4.0(0.3)	5.6(0.5)	6.7(0.7)	5.1(0.4)	-1.6	5.0(0.4)
기분부전장애	0.5(0.1)	0.5(0.1)	0.7(0.2)	1.3(0.2)	0.6	1.3(0.2)
양극성 장애	0.2(0.1)	0.3(0.1)	0.2(0.1)	0.2(0.1)	0.0	0.1(0.1)
불안장애	8.8(0.4)	6.9(0.5)	8.7(0.8)	9.5(0.5)	0.8	9.3(0.5)
강박장애	0.8(0.1)	0.6(0.1)	0.8(0.2)	0.7(0.2)	-0.1	0.6(0.1)
외상후스트레스장애	1.6(0.2)	1.2(0.2)	1.6(0.4)	1.4(0.2)	-0.2	1.5(0.2)
공황장애	0.3(0.1)	0.2(0.1)	0.2(0.1)	0.4(0.1)	0.2	0.5(0.1)
광장공포증	0.3(0.1)	0.2(0.1)	0.4(0.2)	0.7(0.2)	0.3	0.7(0.2)
사회공포증	0.3(0.1)	0.5(0.2)	0.5(0.2)	1.8(0.3)	1.3	1.6(0.2)
범불안장애	2.2(0.2)	1.6(0.1)	1.9(0.4)	2.3(0.3)	0.4	2.4(0.3)
특정공포증	4.8(0.3)	3.8(0.4)	5.4(0.6)	5.9(0.4)	0.5	5.6(0.4)
모든 정신장애	29.9(0.6)	26.7(1.8)	27.4(1.3)	26.6(0.9)	-0.8	25.4(0.8)
모든 정신장애 니코틴사용장애 제외	25.3(0.6)	23.2(1.6)	24.5(1.2)	24.2(0.9)	-0.3	23.1(0.7)
모든 정신장애 니코틴, 알코올 사용장애 제외	12.7(0.4)	12.1(1.0)	14.4(1.0)	13.5(0.6)	-0.9	13.2(0.6)

III. 정신장애자의 범죄 현황

법무연수원이 발간한 2017년 범죄백서에 의하면 지난 5년간 정신장애자의 범죄가 꾸준하게 증가하는 것을 알 수 있다.[4]

정신장애범죄 주요 죄명별 검거 현황을 보면 2012년에 들어서는 5,378명을 기록한 후 2013년에는 전년 대비 10.4% 증가한 5,937명, 2014년에는 전년 대비 6.1% 증가한 6,310명, 2015년에는 전년 대비 11.3% 증가한 7,016명, 2016년에는 전년 대비 18.9% 증가한 8,343명을 기록하였다. 2016년 형법범죄의 경우 죄명별로는 절도가 2,148명으로 전체 인원의 25.7%를 차지하여 가장 많은 점유율을 나타내고 있고, 그 다음이 폭행 1,023명 12.3%, 상해 676명 8.1% 등의 순으로 나타나고 있는데, 최근 5년간 순위에 있어 다소 변동은 있지만 절도, 폭행, 상해, 성폭력이 전체 형법범죄에서 가장 많은 비중을 점하고 있는 것은 변함이 없다.

위와 같이 정신장애자의 범죄 중에서 절도와 폭행 및 상해 등의 비중이 높다는 것은 정신장애자들의 사회경제적인 여건이 악화되고 있는 것에 따른 결과로 판단된다. 이는 형사정책적인 차원뿐만 아니라 사회정책적인 배려를 통하여 해결해야 할 부분으로 보인다.

2016년 특별법범죄의 경우 죄명별로는 마약류관리법위반이 360명으로 전체인원의 4.3%를 차지하여 가장 많은 점유율을 나타내고 있고, 그 다음이 교통사고처리특례법위반 92명 1.1%, 화학물질관리법위반 63명 0.8%, 도로교통위반(음주운전) 26명 0.4%의 순으로 나타나고 있다.

최근 5년간 정신장애자에 의한 특별법법 범죄자의 추이는 2012년 1.090명을 기점으로 2013년에는 전년 대비 12.4%, 2014년에는 전년 대비 8.4% 각 감소하였으나 2015년에는 전년 대비 21.6%, 2016년에는 전년 대비 19.5% 각각 증가하였다.

지난 5년간 정신장애범죄자의 생활정도를 보면 2016년의 경우 하류가 77.9%, 중류가 21.1%, 상류가 0.8%로 나타나고 있는바 전년(하류 79.2%, 중류 19.7%, 하류가 0.8%)에 비하여 중류의 비중이 증가하고, 하류의 비중은 감소하였다. 결혼관계를 보면 2016년의 경우 미혼자가 62.1%, 배우자있는 자가 21.3%로 나타나고 있는바 전년(미혼자 61.9%, 유배우자 20.9%)에 비하여 미혼자, 유배우자의 비중이 모두 증가하였다.

┃표 4-2┃ 정신장애범죄 주요 죄명별 검거 현황

구분	2012	2013	2014	2015	2016
계	5,378(100)	5,937(100)	6,301(100)	7,016(100)	8,343(100)
형법범죄	4,288(79.7)	4,982(83.9)	5,426(86.1)	5,952(84.8)	7,072(84.8)
살인	65(1.2)	59(1.0)	64(1.0)	66(0.9)	73(0.9)
강도	45(0.8)	32(0.5)	42(0.7)	36(0.5)	47(0.6)
방화	87(1.6)	122(2.1)	126(2.0)	125(1.8)	134(1.6)
성폭력	339(6.3)	473(8.0)	499(7.9)	554(7.9)	593(7.1)
폭행	538(10.0)	647(10.9)	722(11.5)	848(12.1)	1,023(12.3)
상해	585(10.9)	563(9.5)	606(9.6)	601(8.6)	676(8.1)
절도	1,255(23.3)	1,542(26.0)	1,644(26.1)	1,749(24.9)	2,148(25.7)
사기	268(5.0)	272(4.6)	255(4.0)	278(4.0)	307(3.7)
폭처법 (손괴 등)	52(1.0)	45(0.8)	53(0.8)	48(0.7)	2(0.0)
폭처법 (단체 등의 구성·활동)	14(0.3)	13(0.2)	14(0.2)	14(0.2)	3(0.0)
기타	1,040(19.3)	1,214(20.4)	1,401(22.2)	1,633(23.3)	2,066(24.8)
특별법범죄	1,090(20.3)	955(16.1)	875(13.9)	1,604(15.2)	1,271(15.2)
도교법 (음주운전)	52(1.0)	34(0.6)	28(0.4)	30(0.4)	36(0.4)
교특법	138(2.6)	105(1.8)	81(1.3)	89(1.3)	92(1.1)
마약류관리법	117(2.2)	132(2.2)	165(2.6)	253(3.6)	360(4.3)
화학물질관리법	158(2.9)	111(1.9)	61(1.0)	75(1.1)	63(0.8)
기타	625(11.6)	573(9.7)	540(8.6)	617(8.8)	720(8.6)

자료: 법무연수원, 2017년 범죄백서, 2018, 167.

최근 5년간 정신장애범죄자는 범죄전과가 없는 초범은 2012년 1,824명에서 2016년 2,964명으로 62.5% 증가하였고, 1범 인원은 2012년 752명에서 2016년 1,220명으로 62.2% 증가하였고, 9범 이상 인원도 2012년 855명에서 2016년 1,420명으로 66.1% 증가하였다. 최근 5년간 정신장애 전과 있는 범죄자의 인원이 크게 증가함으로써 정신장애범죄자에 대한 교정처우와 치료가 한계를 보인 것을 알 수 있다.

2012년부터 2016년까지 정신장애범죄자에 대해 검찰은 총 7,935명 중 4,072명에 대하여 공소를 제기하여 기소율은 51.3%였다. 정신장애범죄자의 25.0%에 해당하는 1,980명에 대하여 공판을 청구하였고, 26.4%에 해당하는 2,092명에 대하여 약식명령을 청구하였다.[5]

┃표 4-3┃ 정신장애범죄자 전과 현황 (단위: 명(%))

구분	2012	2013	2014	2015	2016
계	5,378(100)	5,937(100)	6,301(100)	7,016(100)	8,343(100)
전과 없음	1,824(33.9)	2,004(33.8)	2,202(34.9)	2.504(35.7)	2,964(35.5)

자료: 법무연수원, 2017년 범죄백서, 2018, 170.

정신장애범죄자에 대한 기소율은 전체 범죄자의 기소율(38.8%)보다 훨씬 더 높은 것으로 나타났다. 정신장애범죄자에 대한 기소율은 2012년 54.1%에서 2016년 51.3%로 소폭 감소하였다. 약식명령청구 비율은 2012년 34.3%였으나 지속적으로 감소하여 2016년에는 26.4%를 기록하였다. 불기소의 경우에는 기소유예 비율이 2012년 31.2%에서 2015년 34.8%로 최고점을 기록한 후 2016년은 32.2%로 약간 감소하였다. 또한 공소권없음 비율도 감소하는 것으로 나타났다.

한편 치료감호법상 치료감호대상자 중 정신장애자는 2007년 이후 지속적으로 조현병이 다수를 차지하여 2016년에는 507명으로 전체의 46.4%를 점하고 있고 그 다음으로 정신지체, 조울증 순으로 높은 비율을 차지하고 있다.

┃표 4-4┃ 치료감호 대상자 중 정신장애자 병명별 현황

구분	2007	2008	2009	2010	2011	2012	2013	2014	2015
계	686 (100)	723 (100)	824 (100)	887 (100)	948 (100)	1,021 (100)	1,122 (100)	1,149 (100)	1,180 (100)
조현병	394 (57.4)	392 (54.2)	428 (51.9)	355 (40.0)	382 (40.3)	450 (44.1)	480 (42.8)	509 (44.3)	533 (45.2)
정신지체	51 (7.4)	56 (7.8)	72 (8.7)	100 (11.0)	82 (8.6)	86 (8.4)	89 (7.9)	104 (9.1)	102 (8.6)
조울증	60 (8.8)	71 (9.8)	58 (7.0)	64 (7.0)	42 (4.4)	54 (5.3)	57 (5.1)	72 (6.3)	81 (6.9)
성격(인격)장애	13 (1.9)	15 (2.1)	17 (2.1)	52 (6.0)	33 (3.5)	38 (3.7)	44 (3.9)	38 (3.3)	35 (3.0)
간질	8 (1.2)	11 (1.5)	12 (1.5)	25 (3.0)	28 (2.6)	28 (2.7)	26 (2.3)	20 (1.7)	14 (1.2)
약물중독	47 (6.9)	51 (7.1)	56 (6.8)	68 (7.7)	50 (5.3)	71 (7.0)	85 (7.6)	62 (5.4)	53 (4.5)
기타	113 (16.5)	126 (17.4)	181 (22.0)	223 (25.1)	334 (35.2)	294 (28.8)	341 (30.1)	344 (29.9)	362 (30.7)

자료: 법무연수원, 2017년 범죄백서, 2018, 437.

Ⅳ. 정신장애 수용자 처우 관련 현행법의 한계

형의 집행 및 수용자의 처우에 관한 법률은 모두 5개의 편 및 133개의 조문으로 구성되어 있으며, 정신장애 수용자 처우와 관련된 직접적인 규정은 제2편 수용자의 처우에 포함된 제37조 및 제39조라고 할 수 있다.6 정신장애 수용자에 대한 주요내용은 제16조 수용자 건강검진 및 신입자 건강검진 의무 규정, 제20조 다른 교정시설로의 이송, 제37조 외부의료시설 진료 및 치료감호시설로의 이송 등이다.

제16조는 수용자 건강검진 및 신입자 건강검진 의무 규정으로 수용자에 대한 건강진단을 할 수 있도록 하였다. 그런데 이 건강진단은 신체적 검진을 의미한다(제2항), 신입수용자는 건강진단의 의무가 있다고 규정하였다. 그리고 이 신입수용자 건강검진은 신체적 검사 및 정신적 검사를 포함한다(제3항). 즉 재소자에 대한 정신건강 검진에 대한 명확한 규정을 두고 있지 않다.

이 법 제20조(다른 교정시설로의 이송)는 소장은 수용자의 수용·작업·교화·의료, 그 밖의 처우를 위하여 필요하거나 시설의 안전과 질서유지를 위하여 필요하다고 인정하면 법무부장관의 승인을 받아 수용자를 다른 교정시설로 이송할 수 있다고 규정하였다. 이는 정신질환 등 특별한 치료가 필요한 경우 관련 의료시설이 갖춰진 다른 교정시설로 이송조치를 위한 규정으로 보인다.7

이 법 제37조(외부의료시설 진료 및 치료감호시설로의 이송 등)는 수용자에 대한 외부진료기회부여(제1항), 정신질환 치료를 위한 치료감호시설로의 이송(제2항), 치료감호시설 이송자에 대한 수용자에 준한 처우(제3항)에 대하여 규정하고 있다. 그리고 외부시설 진료 및 치료감호시설 이송에 대한 가족통보(제4항) 및 수용자가 자신의 고의 또는 중대한 과실로 부상 등이 발생하여 외부의료시설에서 진료를 받은 경우에는 그 진료비의 전부 또는 일부를 그 수용자에게 부담하게 할 수 있다(제5항) 등을 규정하고 있다.

이 법 제39조(진료환경)는 교정시설에는 수용자의 진료를 위하여 필요한 의료 인력과 설비를 갖추어야 하며(제1항), 소장은 정신질환이 있다고 의심되는 수용자가 있으면 정신건강의학과 의사의 진료를 받을 수 있도록 하여야 하며(제2항), 외부의사가 수용자를 진료하는 경우에는 법무부장관이 정하는 사항을 준수하여야 하며, 교정시설에 갖추어야 할 의료설비의 기준에 관하여 필요한 사항은 법무부령으로 정한다(제4항)고 규정하고 있다.

　　형의 집행 및 수용자의 처우에 관한 법률 시행령 및 시행규칙에서는 정신장애 수용자에 대한 직접적인 규정은 없다. 다만, 형의 집행 및 수용자의 처우에 관한 법률 시행령 상 신입수용자에 대한 건강검진을 입소 후 3일 이내에 할 것(제14조)과 필요한 경우 외부의사로 하여금 수용자를 치료하게 할 수 있다고 규정함(제55조)으로써 정신장애 진단 및 치료의 가능성을 간접적으로 열어두고 있다.

　　형의 집행 및 수용자의 처우에 관한 법률 시행규칙은 정신장애자에 대한 별도의 처우 규정은 없으며, 다만, 기본수용급을 정함에 있어 정신질환 또는 장애가 있는 수형자를 별도의 수용급으로 분류하고 있다(제73조).

　　수용자의료관리지침이 정한 신입자 건강진단은 신체건강검진과 정신건강검진으로 구분하여 실시하며(제3조), 이의 결과로서 정신건강검진의 결과 판정 등에 대하여 규정하고 있다(제3조의3). 정신장애 수용자에 대한 직접적인 처우는 이송대상 정신질환자에 대한 규정(제19조 제1항)으로 이송대상 정신질환자는 한국 표준질병·사인분류 중 정신분열증, 분열형 및 망상성 장애, 기분(정동)장애에 해당되는 자로서 집중치료기관에 이송치료할 필요가 인정되고 잔형기가 3월 이상이어야 한다고 규정하고 있다. 그리고 집중치료기관은 전국 교정시설로부터 이입된 환자 등에 대하여 증상의 경중을 파악하여 적정한 치료대책을 강구하고, 이입된 환자에 대하여는 환자상태 관찰, 의학적 상담, 진료 등을 적극적으로 실시하여야 한다고 규정하고 있다(제23조).

　　심리치료업무지침에서는 교정시설에 심리치료팀을 편성하고, 수용자상담 등의 업무를 추진하고 있다.

　　한편 유엔피구금자최저기준규칙은 유엔 회원국들에게 강제성은 없지만 유엔인권선언의 이념을 반영하여 국제규범으로서의 선언적 의미를 가지며, 나아가 회원국은 자국법을 제정함에 있어 모델 역할을 한다.[8] 그러나 회원국은 이 법을 성실하게 국내법에 반영함으로써 수용자 인권을 보호하려는 노력을 기울일 의무가 있고, 이는 우리나라의 경우에도 예외는 아닐 것이다. 유엔피구금자최저기준규칙과 현행법상 정신장애 수용자에 대한 처우 규정을 비교해보면 우리나라의 현행법령이 매우 불비하다는 것을 알 수 있다.

┃표 4-5┃ 유엔피구금자최저기준규칙, 형의 집행 및 수용자의 처우에 관한 법령, 치료감호처분
등에 관한 법령의 비교

	유엔피구금자최저기준규칙	형의 집행 및 수용자의 처우에 관한 법령	치료감호처분 등에 관한 법령
22(1)	모든 수용시설에 정신과 전문의 배치	없음	없음
	국가의료체계와의 협력	없음	협력체계 (제36조의2, 제36조의4)
	모든 교정시설 의료기관의 정신장애여부 진단과 치료가능	진단규정 없음 정신과전문의 의무배치규정 없음	없음 검사가 치료감호청구시 의무적진단(제4조)
22(2)	전문의 필요시 특수기관, 민간 병원 후송 교정시설에서 제공시 적절한 시설환경, 의료진 완비	다른 교정시설로의 이송규정 있음(제20조) 환자상태에 맞는 시설환경 및 의료진 완비규정 없음	협력체계(제36조의4) 정신병원에 준하는 조치 (제25조)
24	모든 신입 입소자에 대한 건강검진, 분리처우 등 결정	신입자 건강검진 규정 있음 분리처우규정 있음(제16조)	분리처우규정 있음(제16조)
25(1)	정신장애 수용자 치료 관찰	자체 치료규정 없음 교정시설 외부의 정신건강의학과 의사진료규정 있음(제39조)	정신병원에 준하는 조치 (제25조)
25(2)	교도소장에게 매일 질병상태 보고	없음	증상악화 보고(시행령 제5조)
82(1)	정신장애자 발견시 정신장애 치료시설로 즉시 이송	법무부장관의 승인 하 치료감호시설로 이송(제37조제2항)	외래진료 허용(제36조의3), (시행규칙 제26조의2~3).
82(2)	정신장애 수용자에 대한 특별 프로그램	없음	치료와 재활교육(시행령 제4조)
82(3)	정신장애자 구금시설 수용시 특별의료관리	없음 포괄적 진료환경규정(제39조)	처우(시행령 제4조)
82(4)	일반수용자에 대한 정신과적 서비스	교화프로그램 운영시 정신질환여부 감안(시행령 119조)	정신과적 처우(제25조의2), 정신보건법에 준하는 정신과적 프로그램적용(제44조의2)
83	석방된 정신장애 수용자 치료	없음	외래진료(제36조의3)

V. 정신장애범죄인 처우의 대안: 캐나다의 교정시설 정신건강전략

캐나다의 교정처우 정책은 영국, 미국 등의 영미법계 국가의 교정처우 제도에 영향을 받았지만, 구금형 수형자에 대한 조건부 석방제도의 활성화를 통한 지역사회 교정처우의 강화로 범죄자의 사회복귀를 강력하게 지원하는 등 회복적 사법정책을 매우 적극적으로 시행하는 것으로 평가받고 있다.[9]

캐나다는 정신장애와 범죄와의 상관성에 대한 논의는 상관성이 있다는 경우와 특별한 상관성이 없다는 경우 등으로 다양하게 개진되었다. 캐나다 정신건강위원회 (The Mental Health Commission of Canada)는 정신장애 문제를 가진 사람들 대부분은 범죄와 관련이 없으며, 오히려 범죄의 가해자가 아니라 피해자가 될 가능성이 더 높다고 강조하고 있다.[10] 정신장애가 범죄와 직접적인 관련성이 있다고 하긴 어렵지만, 그러나 정신장애로 인한 비정상적인 개인적 상황이 범죄로 이어지거나 영향을 주는 요인으로 작용할 수도 있다는 주장의 근거가 되고 있다.

1. Ashley Smith 사건, 정신장애범죄자에 대한 국가의 책임을 묻다

캐나다의 정신장애 범죄자에 대한 별도의 사법처우전략의 필요성을 더욱 촉발한 계기는 애슐리 스미스(Ashley Smith) 사건이라고 할 수 있다. 스미스는 여자교도소인 Grand Valley Institution에 수용된 19세 여성으로 2007년 10월 19일 교도소에서 목을 매고 자살한 상태로 발견되었다. 그런데 당시 교도관들이 그녀가 스카프로 목을 매고 자살을 기도하는 것을 CCTV 카메라 모니터로 지켜보면서도 45분이 지나서야 그녀의 수용실을 확인하였다.

이에 따라 당시 근무 교도소장 및 부소장등은 파면되었고, 4명의 교도관 및 감독관 등은 과실치사혐의로 기소되었지만 1년 뒤에 철회되었다. 스미스의 가족은 정부를 상대로 소송을 제기하였지만, 이후 합의를 거쳐 소송을 취하하였다.

한편 캐나다의 뉴스채널인 CBC는 이 사건을 집중적으로 보도하면서 스미스의 자살에 캐나다 교정국의 내부적인 문제점이 있다며 그 책임을 조목조목 지적하기도 하였다.[11]

애슐리 스미스 사건에 대한 검시관 배심은 2007년 10월부터 시작하여 2011년 2012년 2013년 등 몇 차례에 걸쳐 검시관의 전보나 배심원들의 거부 등으로 유예되는 등의 우여곡절 끝에 마침내 2013년 12월 19일 스미스 자살 당시 근무 교도관 등을 살인죄로 처벌하도록 평결하였다. 검시관 배심원 평결은 정신장애가 있는 스미스를 징벌 차원에서 독방에 감금한 것은 자살을 방조한 행위이며, 결국 살인죄라는 이유를 명기하였다. 또한 캐나다 교정국에 대하여 104개 조항의 개선책을 마련하도록 권고하였다. 이에 대하여 캐나다 교정국은 2014년 12월 11일 교정 및 조건부 석방법(Corrections and Conditional Release Act)상 문제를 일으키는 수용자에 대하여 징벌적 독방 수용이 허용된다는 이유를 들어 담당교도관들에 대한 살인죄 기소요구건에 대해서는 거부의사를 명확하게 밝혔다. 그러나 104개의 개선권고에 대해서는 장기적이며, 체계적인 개선의지를 피력하였다.[12]

캐나다 교정국은 이 사건을 계기로 교도소 수용자의 정신장애 문제 및 정신장애 범죄자의 재범예방 등에 대한 교정전략이 필요하다는 대내외적 지적에 부응하며 2008년에 교정시설 정신건강전략(The Mental Health Strategy for Corrections)을, 그리고 2014년 5월 1일 연방교도소 수용자정신건강행동계획(Mental Health Action Plan for federal offenders)을 발표하였다.[13]

2. 수용자정신건강행동계획(Mental Health Action Plan for federal offenders)의 출발

캐나다 교정국은 2014년에 「수용자정신건강행동계획」(Mental Health Action Plan for federal offenders)을 발표하였다.[14] 이는 교정시설 정신건강전략을 어떻게 운영할 것인지에 대한 보다 세부적이고 구체적인 정책들을 제시하고 있다.[15]

이 계획은 연방교도소 수용자의 정신장애 여부에 대한 적시평가(timely assessment), 효율적인 관리(effective management), 적당한 개입(sound intervention), 지속적인 훈련(ongoing training), 강력한 관리 및 감독(robust governance and oversight) 등의 다섯 가지 전략을 명시하였다.

첫째, 적시평가(timely assessment)란 수용자에 대해 구금시설의 수용초기에 정신장애 여부 진단도구에 의한 정확한 진단을 통하여 이들에게 알맞은 교정처우계획을 수립할 것을 요구하고 있다.

둘째, 효율적인 관리(effective management)란 정신장애 수용자에 대한 효과적인 처우를 말하며, 시설내처우 및 지역사회처우를 모두 포함한다. 정신장애 수용자에 대한 적극적인 지역사회처우를 위해 가석방위원회에 대한 조기가석방 및 석방심사를 청구하는 등의 절차를 두었다.

셋째, 적당한 개입(sound intervention)이란 정신장애 범죄자의 석방 이후 재범을 억제 또는 감소시킬 수 있도록 설계된 교육 및 사회처우 프로그램을 개발하고 시행하는 것을 말한다. 이는 특히 지역사회 교정기간에 보호관찰관 및 지역사회의 전문 자원봉사조직 등과 연계하여 이루어진다.

넷째, 지속적인 훈련(ongoing training)이란 교도관 및 보호관찰관에 대한 전문화 교육 및 성과평가이다. 이는 정신장애 수용자 및 보호관찰 대상자에 대한 재범억제 및 취업여부, 그리고 사회화 정도 등의 성과 및 보호관찰관 등의 전문성 정도를 평가하는 것이다.

다섯째, 강력한 관리 및 감독(robust governance and oversight)이란 교정시설 및 지역사회센터 등의 정신장애 범죄자 처우를 위한 종합적인 운영계획 및 지역사회 전문시설 및 전문자원 활용여부 등을 말한다.

캐나다 교정국의 정신장애 수용자에 대한 치료 및 교정처우 등의 성과는 공공안전부장관 산하의 캐나다 교정감사관(Correctional Investigator)에 의하여 매년 성과분석 및 평가백서의 형식으로 장관에게 보고된다.16 캐나다 교정감사관실은 2015년도 연간보고서에서 캐나다 교정국은 매년 90만달러($)를 정신장애 범죄자 처우 예산을 배정하고 있는 것으로 나타났다.17 또한 일명 최적모델(optimal, refined model)을 통하여 구금시설내의 정신장애 수용자에 대한 재진단을 통한 이들에 대한 지역사회 정신장애 치료시설에의 연계서비스를 확대하고 있다. 이를 위해 2015년 3월까지 150개의 정신장애 범죄자에 대한 치료병실 및 628개의 중간수준 관리실을 확보하였다. 장기적으로는 500개의 중증치료실 및 1000여개의 중간수준 치료실을 더 확보해야 할 것으로 진단하고 있다.

VI. 캐나다가 주는 교훈

1. 교정시설 수용자에 대한 장기적인 교정처우 전략의 개발

캐나다는 애슐리 스미스 사건을 계기로 교정시설 수용자에 정신장애 치료 및 성공적인 사회복귀를 위한 거시적인 전략을 구비하는 노력을 기울여왔다.18 특히 2012년에 발표한 교정시설 정신건강전략을 통하여 향후 캐나다의 정신장애 수용자에 대한 처우정책의 틀을 형성하였으며, 이를 실현하기 위한 집행전략을 구분하여 제시함으로써 정책의 체계성을 확보하였다.

2. 연방정부와 지방정부 등 파트너십 형성

캐나다는 연방정부와 주정부의 교정처우 관할 대상이 이원화되어 있어 연방범죄자에 대한 교정처우는 연방정부만의 책임소관이었으나 정신장애 범죄자에 대한 처우의 경우 주정부의 지역의료시설을 이용하는 등의 파트너십을 형성하였다.

이는 한정된 교정시설 내의 정신장애 범죄자에 대한 치료여건을 보완하며, 동시에 정신장애 범죄자에 대한 장기적이며, 근본적인 치료를 통하여 궁극적으로 이들의 재범을 예방하고, 사회복귀를 도움으로써 지역사회의 범죄예방 비용을 절감하는 효과를 가져온다는 연구 등을 바탕으로 한 것이다.[19]

3. 수용자에 대한 정신장애 여부 실태조사

캐나다는 교정시설 수용자의 정신장애 여부에 대한 논란이 계속되자 정확한 실태파악을 통하여 관련 전략의 개발과 예산을 확보하는 등의 합리적인 문제해결의 정책적 방향을 보이고 있다.

특히 2012년부터 2014년 9월까지 2년여에 걸쳐 구조화된 설문지(SCID-Ⅰ, SCID-Ⅱ)를 통하여 남자수용자 1,100여명에 대한 정신장애 진단을 하였으며, 이를 근거로 수용자 정신건강계획을 수립하였다. 캐나다 교정국의 이러한 실태조사는 그동안 정신장애와 범죄와의 상관성이 있는가에 대한 상당한 사회적 논란에 대한 타당성 있는 대응책이라고 할 수 있다. 즉, 남자 수용자의 44.1% 정도는 반사회적 성격장애를, 그리고 49.6% 정도는 약물 및 알콜중독의 상태를 보임으로써 이들에 대한 별도의 교정처우 전략의 필요성이 불가피함을 보여준 것이다.

4. 진행여부에 대한 객관적인 모니터링

캐나다 교정국의 정신건강전략에 대한 성과는 캐나다 교정감사관에 의하여 매년 그 성과분석 및 평가백서의 형식으로 공공안전부 장관에게 보고되며, 또한 공개된다. 이를 통하여 캐나다 교정국의 정신장애 수용자 교정처우 및 치료 등에 대한 지속적인 모니터링이 이루어지며, 이는 다음 해 예산책정 등에 반영함으로써 계획, 집행, 성과분석 그리고 예산확보 등의 선순환적 행정체제를 유지할 수 있도록 설계되었다는 특징을 보이고 있다.

5. 근거법의 정비

캐나다 교정국의 정신장애 수용자에 대한 교저처우전략의 근거법은 캐나다 국민건강법과 교정 및 가석방법 등이다. 국민건강법은 캐나다 국민 모두에 대한 공적 의료보험의 근거이나, 이 법은 의료시스템 운영주체는 지방정부로 제한하였다.

이에 따르면 연방정부의 연방범죄범은 국민건강법상 치료대상이 될 수 없는 것이다. 따라서 이를 보완하기 위하여 교정 및 가석방법에서 교정시설 수용자에 대한 치료서비스를 제공할 의무를 국가 및 지방정부가 가진다고 규정하였으며, 이를 바탕으로 2012년 교정시설 정신건강전략을 채택하면서 연방정부 및 각 주정부가 협의체를 구성하기에 이른 것이다. 그리고 이를 바탕으로 수용자정신건강행동계획을 시행하고 있다.

VII. 이슈&디스커션

1. 정신장애 범죄자는 일반 범죄자 보다 처벌을 약하게 하여야 하는가?
2. 정신장애 범죄자에 대한 교정시설 구금처우의 한계와 대안은?
3. 캐나다의 Ashley Smith 사건과 국가의 형벌권의 관계는?
4. 캐나다의 수용자 정신건강행동계획을 한국에 적용한다면 어떻게 발전시킬 수 있을까?

참고문헌

1 메디게이트뉴스, "진료실에서 의사 살인까지…의료인들이 안전하게 진료하게 해주세요" 국민청원 시작, 2019년 1월 1일자 보도.

2 연합뉴스, 2018년 10월 4일자 보도.

3 홍진표 외, (2017), 2016년도 정신질환 실태조사, 보건복지부, 12-14.

4 법무연수원, 2017년 범죄백서, 2018.

5 법무연수원, 2017년 범죄백서, 2018, 319-320.

6 제1편 총칙(제1조~제10조), 제2편 수용자의 처우(제11조~제118조), 제3편 수용의 종료(제119~제128조), 제4편 교정자문위원회 등(제129조~제131조), 제5편 벌칙(제132조~제133조)로 구성되어 있다. 국가법령정보센터, http://www.law.go.kr/ 2019.1.20.

7 김명철 · 이승우 · 이윤호. "정신질환 수용자들에 대한 사회적응능력향상과 재범방지를 위한 프로그램의 실시와 평가". 교정연구 69, 2015, 183-216.

8 최영신. "교정처우의 피구금자최저기준규칙] 이행실태와 개선방안." 교정담론 9(3), 2015, 255-277.

9 허경미, (2012). 미국의 보호관찰 민영화의 한계에 관한 연구. 교정연구. 54, 105-128.; 허경미, (2012). 영국의 보호관찰 민영화에 관한 연구. 교정연구, 56, 69-92.; 허경미, (2016). 캐나다의 지역사회 교정처우에 관한 연구, 한국경찰연구, 15(1), 386-410.

10 Mental Health Commission of Canada. (2012). http://strategy.mentalhealthcommission.ca/pdf/strategy-text-en.pdf/ 2019.1.20.

11 CBC News, Ashley Smith inquiry begins Monday, http://www.cbc.ca/news/canada/toronto/ashley-smith-inquiry-begins-monday-1.1032702/ 2019.1.20.

12 CBC News, Ashley Smith: Corrections Canada rejects key inquest recommendation/2019. 1.20.

13 CBC News, Ashley Smith coroner's jury rules prison death a homicide-Teen choked to death in prison cell at Grand Valley Institution in 2007-, http://www.cbc.ca/news/canada/new-brunswick/ashley-smith-coroner-s-jury-rules-prison-death-a-homicide-1.2469527/ 2019.1.20.

14 Marketwired, Government of Canada Launches Mental Health Action Plan to Treat Complex Mental Illnesses Among Federal Offenders, http://www.marketwired.com/press-release/government-canada-launches-mental-health-action-plan-treat-complex-mental-illnesses-1905292.htm/ 2019.1.20.

15 Public Safety Canada, Mental Health Action Plan For Federal Offenders, http://www.publicsafety.gc.ca/cnt/cntrng-crm/crrctns/mntl-hlth-ctn-pln-eng.aspx/ 2019.1.20.

16 캐나다 교정감사관실(The Office of the Correctional Investigator: OCI) 은 1973년 6월 1일에 발족되어 현재에 이르고 있다. 교정감사관은 총리가 직접 임명하며, 연방 및 지방정부 교정시설의 수용자처우 및 성과 등에 대한 감시 및 평가권을 독자적으로 행사한다. Office of the Correctional Investigator, http://www.oci-bec.gc.ca/index-eng.aspx/ 2019.1.20.

17 Office of the Correctional Investigator, (2015). Annual Report 2014-2015, Ottawa: Office of the Correctional Investigator, 17-20.

18 허경미. (2016). 캐나다의 정신장애 범죄자에 대한 정신건강전략 연구. 교정연구, 26(2), 27-50.

19 Centre for Addiction and Mental Health, (2013). Mental Health and Criminal Justice Policy Framework, Toronto: Centre for Addiction and Mental Health, 1.

제9장
핵티비즘 혹은 어나니머스

Ⅰ. 문제의 출발

눈(目)에 보이지만 동시에 보이지 않는, 대면하진 않지만 친밀한 감정과 유대감을 느끼게 하는 사이버공간은 대부분의 사람들에게 매우 중요한 일상공간이다. 사이버공간은 더 이상 특정인의 지식정보의 장이 아니며, 오히려 나눔과 전달, 표현과 관계 맺기의 사회적 공간으로서 인식되고 있다. 이러한 인식은 사이버상에서의 세력화 및 공간 지배화를 촉발하였으며, 자신들의 사회적, 정치적 욕구를 실현하는 도구로 사이버 공간을 활용하게 만들었다. 이른바 온라인 사회운동 또는 정치운동의 수단으로서 다양한 IT 기술과 사이버공간이 공고하게 교집합을 이룬다.[1]

핵티비즘(Hacktivism)이 추구하는 기본적인 성향이 매우 정치지향적이며, 반기업주의적이라는 것은 이미 이들의 슬로건이나 행동양태에서 드러난다.[2] 이들의 출발 자체가 컴퓨터 저장 정보의 공동소유, 공동활용, 권력의 분산이라는 데에서 그 성격은 매우 극명하다. 그러나 이들의 행동양식은 한 국가, 기업, 개인의 안전을 위협하고[3], 경우에 따라서는 전 지구인의 사이버안전 뿐만 아니라 오프라인의 안전을 위협한다는 측면에서 인간의 폭력성 및 공격성의 또 다른 표현이라 할 수 있다.

핵티비즘의 공격 대상과 공격 이유는 더욱 확대되는 추세이다. 2012년 3월 어나니머스는 바티칸 웹사이트에 대해 DDoS공격을 감행하며, 카톨릭 교회의 출산통제나 임신중절 등에 대한 교리사상을 비난했다. 어나니머스(Anonymous)는 같은 해 4월에는 영국 정부가 인터넷 사용자들을 감시해 인권을 침해한다며 영국정부의 웹

사이트에 대해 DDoS공격을 감행했다.[4] 2016년에는 일본의 고래잡이(포경) 정책에 항의해 일본 자동차 업체인 닛산을 공격해 닛산의 홈페이지 운영을 중단시키기도 했다[5]고 영국 BBC방송 등이 보도했다.

이와 같은 공격 사례는 핵티비즘이 마치 자신들을 전 지구의 경계를 무너뜨리고, 새로운 도덕과 가치, 그리고 질서규범을 재정립하며, 지키려는 전략가이자 실천가인들 것처럼 합리화 하지만, 실제로는 이들의 지배욕과 권력욕을 드러낸 것이라 할 수 있다.

NASA 해킹당해 글로벌호크 추락할 뻔

핵티비스트 그룹 '아농섹' 소행...미국의 날씨조작 기술 고발하려 시도...

핵티비스트 그룹 '아농섹(AnonSec)'이 자체 발간하는 매체 진(zine)을 통해 지난 수개월 동안 미국 NASA를 해킹해왔다고 밝혔다. …중략…

아농섹이 밝힌 이번 해킹의 목표는 2억 2천 2백만 달러 (약 2천 7백억 원)에 달하는 미 공군의 고고도 정찰드론 글로벌 호크(Global Hawk)를 태평양에 추락시키는 것이었다. 다행히 성공 직전 NASA 지상관제센터가 드론의 이상한 움직임을 알아채고 수동으로 강제 착륙시켰다. NASA는 이런 해프닝이 벌어지기까지 그들의 존재를 알지 못했다고 한다. …중략…

이들은 글로벌호크를 이용해 그린란드 전체 빙하를 3D로 구현하는 아이스 브리지 작전 (Operation Ice Bridge)에 관한 정보를 입수했다. …중략… 비슷한 이유로 이미 지난 2014년에도 NASA 드론을 해킹했으며, 그 외에도 이스라엘, 인도네시아, 터키 정부 및 상업 웹 사이트를 다양한 정치적인 목적을 가지고 해킹하기도 했었다.

이번 NASA 해킹을 주장하는 근거로 자신들의 페이스북 페이지에 250GB에 달하는 정보를 공개했다. NASA 직원 2414명의 개인정보와 2143건의 항공일지 그리고 631개의 비행 관련 동영상 등이었다...

자료: 로봇신문, 2016년 2월 3일자 보도.

II. 핵티비즘의 출발은 해커, 해킹

핵티비즘(Hacktivism)을 이해하기 위해서는 먼저 해커의 탄생 배경을 살펴볼 필요가 있다.6 1946년 MIT 학생들을 중심으로 테크모델철도클럽(Tech Model Railroad Club: TMRC)이 설립되었다.7 이 클럽은 세계에서 가장 유명한 철도클럽이지만 동시에 해커문화를 퍼뜨린 원조이기도 하다. 테크모델철도클럽은 기차의 디자인, 철도의 기능, 철도의 운행 등을 연구하는 연구소로 이에 소속된 학생들은 각자의 영역에 대한 최고의 지식과 기능을 지녔다는 자부심을 가졌다. 특히 기차들을 시간에 맞춰 혼선되지 않도록 운용하는 것을 연구하는 학생들은 컴퓨터를 활용하였다. 그러나 당시의 컴퓨터는 매우 속도가 느려 기존의 프로그램을 보완하거나 대체하는 작업을 하면서 학생들의 컴퓨터 운용능력이 향상되었고, 1969년 Peter R. Samson8에 의해 컴퓨터작동 매뉴얼(Dictionary of the TMRC Language)을 발간하기에 이른다. 그런데 해커라는 용어는 1959년부터 MIT에 설치되었던 IBM 704 모델에 침입하여 새로운 명령어를 입력하거나 프로그램 운용체계를 바꾸는 등의 행위를 하는 학생들을 일컫는 말에서 유래하였다. 따라서 초기의 해커는 기존 컴퓨터의 성능을 개선시킨다는 기술개발자 및 운용능력도우미로서의 의미가 강하였다.

이른바 제1세대 해커라고 불리는 이들은 컴퓨터의 자료는 누구나 접근가능하고, 이용할 수 있어야 한다는 신념으로 이른바 해커윤리(Hacker Ethic)를 만들었다. 해커윤리(hacker ethic)라는 용어는 1984년 저널리스트인 Steven Levy가 그의 저서인 Hackers: Heroes of the Computer Revolution에서 사용하기 시작했다. 이는 정보의 공유(Sharing), 정보의 개방(Openness), 권력의 분산(Decentralization), 컴퓨터에 대한 자유로운 접근(Free access to computers), 인류의 발전(World Improvement) 등이다.9

레비(Steven Levy)는 이에 대하여 다음과 같이 좀 더 구체적으로 해커윤리를 설명하였다. 첫째, 세계의 어떤 컴퓨터든지 접속할 수 있고, 배울 수 있는 것이 있다면 접근하여야 한다. 둘째, 기술은 아무 댓가 없이 자유롭게 교환되어야 하고, 공유되어야 한다. 셋째, 권력은 신뢰할 수 없으므로 분산되어야 하며, 해커는 이를 위해 기관의 정보를 오픈시키고, 기관과 기관의 정보를 연결하는 등의 역할을 하여야 한다. 넷째, 해커는 해킹실력에 의해서 평가될 뿐 성별, 나이, 학력 등으로 평가되어선 안 된다. 다섯째, 해커프로그램을 정교하게 아름답게 만들어야 한다. 여섯째, 해커는 세상을 발전시키며, 인류가 컴퓨터로 인하여 행복해질 수 있도록 하는 알라딘의 램프와 같은 역할을 하여야 한다.

레비는 초기의 해커윤리를 실현한 해커들을 진정한 해커(True Hackers)라고 칭하면서 맥카티(John McCarthy), 고스퍼(Bill Gosper), 그린블랫(Richard Greenblatt), 스톨만(Richard Stallman) 등을 제1세대 해커라고 분류하였다. 이어 제2세대 해커는 하드코어 해커(Hardware Hackers)라고도 하며, 워즈니악(Steve Wozniak), 마쉬(Bob Marsh), 무어(Fred Moore), 돔피어(Steve Dompier), 펠센스테인(Lee Felsenstein), 드레입(John Drape) 등을 포함시켰다. 제3세대 해커는 게임해커라고도 하며, 이에는 해리스(John Harris), 윌리암스(Ken Williams) 등을 들었다.

그런데 해커윤리는 해커가 컴퓨터에 저장된 정보를 공유시키고, 이를 통하여 세계발전을 꾀하는 데에 선도적인 역할을 맡아야 한다는 당위론적인 성격을 띠지만, 동시에 정보를 수집하고, 이를 활용하여 이익을 창출해야 하는 개인, 기업, 기관 등의 입장을 고려하지 않았고, 정보보유권자의 정보생산 창작 등에 대한 저작권 등의 부인 및 개인의 사생활을 침해하는 등의 모순점을 안고 있다.

해커는 그 행위양태(Moore, 2006)에 따라 화이트 햇(White Hat)10, 블랙 햇(Black Hat)11, 그레이 햇(Grey Hat)12, 엘리트 햇(Elite Hat)13, 스키디(Skiddie)14, 네오피테(Neophyte)15, 블루 햇(Blue Hat)16, 핵티비스트(Hacktivist)17 등으로 구분된다.

핵티비즘18(Hacktivism)이란 핵(Hack)과 액티비즘(Activism)의 합성어로 컴퓨터 및 네트워크를 정치적 목적, 이념, 종교, 특정한 신념 등을 표현하는 해킹행동주의라 정의할 수 있다. 핵티비즘이란 용어는 1996년 죽은 황소의 컬트(Cult of the Dead Cow: cDc)라는 해커집단에 의하여 사용되기 시작했다. 이들은 1999년 핵티비스모(Hacktivismo)라는 단체를 Cdc 산하의 독립단체로 만들었다. 핵티비스모는 인터넷에서 검열에 반대하며, 이에 저항하여 인권을 수호한다는 슬로건을 내세웠다.

┃표 4-6┃ 핵티비즘 사례

구분	내용
1994년 11월	Zippies on Guy Fawkes Day를 반대하는 Zippies라고 불리는 단체에 의한 영국에 대한 DDoS 공격
1995년 5월	프랑스 노동절에 프랑스 노동정책을 비판, 정부웹사이트를 공격
1997년 6월	인도네시아의 동티모르 탄압에 반대하는 해커들이 인도네시아 정부 및 군사기관 사이트 해킹
1999년 10월	미국 등의 정보망인 에셜론에 대해 이른바 전자시민불복종(Electronic Civil Disobedience: ECD) 단체가 에셜론 마비 데이(Jam Echelon Day)를 10월 21일로 정하고 당일 수많은 언론, 군사기관, 정보기관 등을 공격
2002년 1월	다보스 포럼에서 반세계화를 주장하는 해커 그룹이 포럼에 참석한 인사 1,400여 명의 신용카드 정보를 해킹하여 사이트에 게시
2002년 9월	포르투칼 해커들이 '동티모르를 독립시키라'는 구호 하에, 인도네시아 정부의 컴퓨터 망에 침입, 40대의 서버를 공격
2005년 6월	인도의 핵실험 이후, 네덜란드와 영국의 대학생을 중심으로 인도 핵무기연구소의 웹사이트에 핵무기를 상징하는 버섯구름 사진을 게재
2008년 6월	소고기 수입 반대 촛불집회 당시, 일부 정치인들과 청와대 홈페이지가 촛불집회 지지자들에 의해 다운
2010년 12월	중국해커로 추정되는 어나너머스가 구글의 운영체제인 오퍼레이션 오로라에 대한 APT[19] 공격으로 구글의 정보유출, 이 공격은 2009년부터 시작되었으며, 구글, 모건 스탠리 등 34개 기관 및 기업이 APT 공격을 받은 것으로 추정
2011년 1월	2011년 1월, 위키리크스를 지지하는 어나너머스가 줄리안 어샌지 체포에 항의, 아일랜드 제2 야당인 피네게일(Fine Gael)당의 웹사이트를 해킹, 2천여 명의 개인정보를 탈취하고 피네게일 웹사이트 첫 페이지를 삭제, 정당의 검열을 비판하는 메시지를 남김
2011년 3월	북한 해커가 3월 키 리졸브/독수리연습에 참가한 한국군에 대해 GPS 교란 및 청와대와 국방부전산망에 대한 DDoS공격
2011년 3월	RSA 네트워크에 대한 APT 공격에 대해 RSA는 성공적으로 방어했다고 밝힘
2011년 4월-5월	소니의 플레이스테이션 네트워크(PlayStation Network)를 한달여 간 다운시키고, 이용자 7700만명의 개인정보를 유출시킴
2011년 12월	미국의 상용(商用) 안보연구소인 스트랫포(Stratfor)가 공격당해 4000여명의 고객 신용카드 정보 유출, 예금인출, 미 적십자사에 성탄절기부 후 명세서를 인터넷에 공개
2012년 1월	FBI가 홍콩의 파일공유 웹사이트인 Megaupload의 운영자를 체포한 데에 대한 보복으로 법무성 및 FBI가 공격당함
2016년 미국 대선 기간	민주당 대선후보 지원장 명단 통째초 해킹, 제이 존슨 전 미국 국토안보부 장관은 러시아 소행으로 지목
2017년 5월	세계 150여개국 수십만 대의 컴퓨터 랜섬웨어 '워너크라이'는 북한이 진두지휘하는 해킹 집단인 라자루스의 소행이라고 FBI 추정

자료: http://news.hankyung.com/article/2017071242381.

III. 핵티비즘의 대명사, 어나니머스

어나니머스(Anonymous)는 2003년 온라인 커뮤니티 포챈(4chan)에서 '익명(Anony-mous)'이란 이름으로 시작된 국제 해커 단체이다. 리더도 없고 조직도 없이 분산 명령 구조를 갖고 있어 어떤 사람들이 활동하고 있는지는 베일에 싸여 있다.20

이들은 사이버상의 검열에 저항하고 정의를 실현하는 데 목적을 둔다. 자신들의 상징으로 묘한 웃음을 띠고 있는 가이 포크스(브이 포 벤데타)가면을 쓰며, 이것은 독재체제에 맞선 의적(righteous outlaw)을 의미한다.

가톨릭 성직자인 가이 포크스(Guy Fawkes)가 1605년에 프로테스탄트인 제임스 1세를 암살하려다가 실패하고 교수형에 처해지면서 가이 포크스는 거부의 상징이 되었다. 18세기에 가이 포크스의 얼굴가면으로 만든 마스크를 쓰고 구걸하는 유랑인들이 유럽에 등장하였고, 1980년대에는 만화나 할로윈 마스크로 사용되기 시작했다. 그리고 이 마스크는 2008년에 사이언톨로지 반대시위를 하면서 어나니머스가 처음 사용했다.

어나니머스는 각종 악행과 연루된 단체들을 대상으로 사이버 전쟁을 치르는 핵티비즘(hacktivism) 단체로 자리잡고 있다. 이들은 인종차별단체인 KKK와 사이버 전쟁을 선포하기도 하고, 아동포르노를 배포하는 '로리타 시티(lolita city)'를 해킹해 회원 1589명의 정보를 공개하며 소아성애 반대 활동을 벌이기도 했다. 이들은 2012년 타임지가 선정한 세계에서 가장 영향력 있는 인물 1위를 차지하는 등 그 세를 과시하고 있다.

┃그림 4-1┃ 어나니머스의 심볼과 가면

자료: Wikipedia, the free encyclopedia.21

IV. 핵티비즘, 시민행동주의자인가? 범죄자인가?

핵티비즘의 원인을 밝히려는 다양한 노력들이 진행되어 왔다.

첫째, 사이버심리학(Cyber-Psychology)적 측면에서는 해킹은 인터넷상에서의 정보사용의 자유 및 제약 없는 소통에 대한 믿음에서 기인된다고 전제한다(Wark, 2004). 또한 해커들이 소속되어 사용하고 있는 사이트에 대한 불만족 또한 중요한 요인이다. 한편으로는 대부분의 해커들은 청소년들로서 이들은 가정이나 학교로부터의 탈피수단으로 가상세계에서 자신의 정체성을 드러내는 기분을 맛보려고 해킹을 시도한다.22

특히 핵티비스트들은 자신들을 자유수호자(Freedom Fighters)라고 하면서 단순히 개인적 이익 때문에 해킹을 하는 해커와는 다르다고 주장한다. 즉 핵티비스트는 자신들은 인류사회의 미래를 보호하기 위한 용감한 사람들로서 세상을 혼탁하게 하는 국가, 사회, 조직, 그리고 개인들을 가르치고, 바람직하게 변화시킬 수 있는 능력을 갖춘 사람들이라고 생각한다는 것이다. 따라서 이들 대부분은 영웅주의적 사고에 빠져 있으며, 자신들의 신념을 위해 상대방이나 공공기관의 웹사이트 및 컴퓨터 등을 공격한다.

해커 및 핵티비스트들의 해킹은 결국 개인이 가지는 폭력성 및 공격성이 오프라인이 아닌 사이버공간에서 나타나는 것이라 할 수 있다. 설령 핵티비스트들이 공익성(Publicity)을 표방하더라도 그 이면엔 해커가 가지는 공격성이 내재되어 있다. 핵티비스트의 공격성은 핵티비스트들이 대부분 남성, 청소년들이라는 점에서도 설명된다. 즉 남성이 가지는 근원적인 공격성 및 폭력성과 청소년기의 남성들이 가지는 호르몬체계의 비이상성이 폭력성을 더욱 부추기는 것도 한 요인일 수 있다.23 핵티비스트들의 해킹은 이념적이지도, 인권주의적이지도, 그리고 공익적이지도 않은 단지 공격성의 한 표현이라 할 것이다. 즉, 자신을 파악할 수 없는 사이버상의 매트릭스(Notopia) 속에 숨어서, 자신의 존재를 드러내고 싶은 이중적인 욕구를 드러내고 있는 것이다.

또한 핵티비즘의 원인은 사이버공간에서의 자신의 정체성을 드러내려는 심리와도 맞닿아 있다. 다국적 기업이나 특정 정부의 공공기관 및 미디어, IT 보안회사, 금융기관, 정보기관 등의 거대한 상대방의 사이버안전망을 공격하여 침투할 수 있는 존재로서 자신을 드러내고, 사이버공간에서 우월한 사회적 지위를 차지하려는 것이다. 얼핏 골리앗과 다윗과의 전쟁과 같은 양상이지만, 핵티비스트는 결국 전 세계에 그 영향력을 과시하게 된다. 이러한 자아정체성 심리는 공격대상국이나 기관이 마치 전 세계의 악의 근원인 것처럼 매도할수록 더욱 충족된다.

둘째, 핵티비즘의 원인을 사이버지리학(Cyber – Geography)적 측면에서도 접근해 볼 수 있다.24

핵티비즘에 대한 지리학적 설명은 핵티비스트의 해킹은 가상세계에의 지리적 영역에 대한 인식능력의 결여의 산물이라는 가설을 전제로 한다.25 노토피아(Notopia)라고 하는 사이버공간에서 해커는 자신이 어디에 있는지 드러나지 않는 공간비인지성, 즉 익명성(anonymity)은 해커의 행동을 설명하는 중요한 열쇠이다 노토피아는 마치 엄마가 태아를 보호하는 것처럼 핵티비스트를 보호하고, 익명화 시키며, 핵티비스트는 이 익명성 속에서 자신들의 정체성과 공격성, 영향력을 드러내는 이중적인 태도를 갖는다. 대표적인 핵티비스트인 어나니머스는 사이버의 익명성을 극대화시킨 경우이다. 어나니머스의 엠블럼은 머리가 없는 양복을 입은 남자가 지구를 등지고 있는 모습으로 온라인 탈규제(Online Disinhibition Effect)를 상징화하고 있다. 어나니머스의 온라인 탈규제화(Online Disinhibition Effect)는 온라인 불복종운동(Online Disobedience Movement)과 맥을 같이하는 것으로 인터넷의 비가시성(Invisibility), 비동시성(Asynchronicity), 자기중심적 정보접근(Solipsistic Introjection), 사이버공간을 인터넷 게임처럼 생각하는 분열적 상상(Dissociative Imagination), 평등성(Minimizing Authority) 등의 속성을 가지고 있다. 한편 이들은 흰색 브이 마스크를 쓰고 오프라인 상에서 시위를 벌이거나 플래쉽 몹 같은 행위를 하는데 이 마스크는 2008년 사이언톨로지와의 전쟁을 선언한 뒤 사이언톨로지의 공식 홈페이지를 마비시키고 사무실 전화와 팩스까지 차단하는 등의 해킹과 함께 사이언톨로지 교회 앞에서 시위를 벌이면서 사용하기 시작했다.

핵티비스트는 노토피아에서 시장경제주의, 신자유주의, 정치적 이념 등을 인격화(Anthropomorphization)시키며, 자신들의 불만을 표출하기도 한다. 컴퓨터 회사나 정부기관 등이 강력한 보안체계를 갖출 경우 이들 회사 및 기관을 파시스트라고 명명하는 것이나 안드로이드 운영체제의 규칙을 지키도록 요구하는 것을 드로이드(Droid: 자동 로봇), 사용자들을 클론(Clone: 생각없는 사람, 로봇), 코드 멍키(Code Monkeys) 등으로 이름 붙이는 것이 그 예이다.26

또한 핵티비스트들은 사이버공간에서 자유주의적, 평등주의적 태도를 취하며 이를 지키기 위하여 상징적으로 컴퓨터운영체제 기업이나 국가정보기관 등을 해킹하기도 한다. 즉 핵티비스트는 1980년대에는 IBM을 악의 제국(Evil Empires)이라고 명명하고 집중적으로 공격하였지만, 1990년대에는 Microsoft社를 공격하였고, 2000년대 이후에는 영국, 미국, 중국 등의 정부기관을 공격하는 등의 양태를 보이고 있다. 이러한 행위들은 자신들의 존재, 즉 노토피안(Notopians)으로서 사이버 공간에서 자신들과 맞지 않는 정부기관, 사용자들을 자신들의 영역(Notopia)에서 몰아내고, 사이버를 독점하려는 사이버지리학적 태도라 할 수 있다.

셋째, 핵티비즘의 원인을 시민행동주의(Citizen Activism)적 전략으로 설명할 수 있다. 짜바티스타(Zapatista)의 사이버저항 성공 이후 사회운동가들에게 인터넷은 매우 친밀한 네트워킹 도구로 활용되기 시작했다.27

시민행동주의는 기본적으로 자신들의 의사를 지지하고, 함께 표현하는 인적 결사체, 즉 네트워킹이 전제가 되어야 한다. 그런데 인터넷 네트워킹은 기존 오프라인 상에서의 전형적인 네트워킹 이론, 즉 자원동원화이론(Resource Mobilization Theory: RMT)이 주장하는 네트워킹과는 다른 특징을 보인다. 자원동원화이론에서의 네트워킹이 공식성, 수직성, 관료주의적 성향을 보인다면, 인터넷 네트워크는 조직적 충성심을 요구하지 않으며, 권한이 분산되며, 역동적이고 공식적인 지위체계가 없이 운동의 목적에 동참하는 의사만을 강조하고 있다. 따라서 가입과 탈퇴의 의무 및 강요가 없고, 지휘감독 등의 간섭이 없이 자발적인 유대감이 형성된다.

사회운동관점에서 네트워크는 매우 중요한 상징적인 기능들을 갖추고 있다. 즉 네트워크는 사회운동에 필요한 행동화, 목적의 공유 및 전달, 그리고 조직적인 정보의 전달 등에 매우 효과적인 도구이다.

이와 같은 사회운동 관점의 네트워크 속성은 핵티비즘에게 매우 유용한 요소들로 핵티비스트들은 사이버 세계에서의 저항운동에 가치를 부여하고, 이를 네트워킹하여 집단성(Collective Identity)을 유지시키는 한편, 네트워크를 연결해주는 구심체로서 자신들의 존재를 부각시킨다. 이러한 행동주의적 양태 및 심리적 유대감은 이들을 다양한 사회운동으로 이끄는 동력이 된다.28 특히 핵티비즘은 네트워크가 가지는 집중화(Centralization) 및 분산화(Segmentation) 기능을 최대한 활용한다. 집중화는 네트워크 구조의 공식성을, 반면에 분산화는 네트워크 구조 안의 개개인들이 방해없이 활동할 수 있는 능력을 의미한다. 즉, 특정한 목적(정치적, 저항, 사회문제, 정보공유 등)을 내세워 이들을 지지하는 개체들을 사이버공간에서 네트워킹하고, 각

각의 네트워크 구조 속의 개체들이 사이버공간에서 정부기관 및 기업, 상대의 컴퓨터나 웹사이트를 해킹하도록 유도하여 결국 자신들의 목적을 달성하는 전술이다. 이와 같은 사회운동의 전술은 온라인 서명운동, 항의 이메일 등의 사이버 행동전략에서부터 스마트 몹(Smart Mob), 플래시 몹(Flash Mob) 등의 온오프라인을 넘나드는 행동전략으로까지 이어진다.[29]

최근 핵티비즘 역시 사이버 공간에서 네트워킹 구조를 정형화시켜 자신들의 정체성 및 영향력을 강화하는 동시에 오프라인에서의 행동전략을 적극적으로 구사하는 전략을 취하고 있다. 이러한 태도는 국가 및 종교, 이념, 경제, 문화 등의 전통적 가치를 무기력하게 만들며, 민주주의, 국제화, 시장자본주의 등을 거부하는 이른바 아나키스트 핵티비즘(Anarchist Hacktivism)으로 변모하고 있다.[30]

V. 이슈&디스커션

1. 가면 속의 핵티비스트는 정의인가 혹은 범죄인가?
2. 해킹: 도덕성 혹은 공익성으로 설명되는가?
3. 어나니머스의 플래시몹과 해킹과 표현의 자유는?
4. 이른바 디지털 시민의식이란?

참고문헌

1 Goode, L. (2015). Anonymous and the political ethos of hacktivism. Popular Communication, 13(1), 74−86.

2 Riva, G., Calvo, R., & Lisetti, C. (2015). Cyberpsychology and affective computing. In The Oxford Handbook of Affective Computing (pp. 547−558).

3 한국행정연구원 사회조사센터가 한국사회의 가장 큰 위험이 무엇인가에 대하여 위험과 관련된 학과 교수와 연구원 소속 연구자 47명을 대상으로 설문 조사를 실시한 결과 사이버피해 위험(100점 기준, 74.6점)을 가장 심각한 위험으로 인식함으로써 교통사고(74.5점) 및 성인병(72.1점) 등 보다 높았다. 그런데 사이버피해에 대한 위험관리 수준은 48점으로 전체 16개 항목 중 13위에 불과했다. 이는 교통사고(58.2점), 성인병(61.9점) 보다 낮은 것으로 사이버 피해에 대비한 사회적 대응은 미미하다는 것을 보여준다. 동아일보, 2011. 5. 2 한국 사회, 사이버테러가 가장 위험, http://news.donga.com/3/all/20110502/36881618/1

4 지디넷 코리아, 2012. 4. 8 어나너머스, 이번엔 영국 정부 향해 돌격, http://www.zdnet.co.kr/news/news_view.asp?artice_id=20120408130706
유명희, (2012), "창의와 혁신을 위한 국가미래전략," 한국 IT 리더스 포럼, http://www.itforum.or.kr/gallery/?code=2012

5 허핑턴포스트, 어나니머스, 일본 고래잡이에 항의해 닛산을 공격하다, 2016년 1월 14일자 보도.

6 허경미. (2012). 핵티비즘 관련 범죄의 실태 및 대응. 한국공안행정학회보, 21, 368−398.

7 테크모델철도클럽 http://tmrc.mit.edu/

8 Peter R. Samson http://www.gricer.com/index.html

9 Toombs, A. L., Bardzell, S., & Bardzell, J. (2015, April). The proper care and feeding of hackerspaces: Care ethics and cultures of making. In Proceedings of the 33rd annual ACM conference on human factors in computing systems (pp. 629−638). ACM.

10 합법적으로, 또는 승인을 받아 상대방의 컴퓨터 프로그램의 안전망을 공격하여 자신 및 상대방의 방어망 상태를 진단하는 해커로 윤리적 해커(Ethical Hacker)라고 불린다.

11 불법적으로, 그리고 개인의 이익을 위하여 타인의 컴퓨터 프로그램의 안전망을 공격하여 운영체계를 무너뜨리거나, 프로그램에 접근하여 정보를 수집하는 해커를 말한다.

12 화이트 햇과 블랙 햇의 성격을 모두 가지고 있는 해커로 이들은 자신의 컴퓨터가 해킹당한 적이 있는 경우가 많다.

13 해커 중에서 가장 뛰어난 기술을 가진 해커로 다른 해커들로부터 그 실력을 인정받는 경우로 자신의 기술을 검증해 보이는 해킹을 한다.

14 Script Kiddie라고도 하며, 유치한 지식과 기술로 초보적인 해킹을 하는 경우이다.

15 N00B, Newbie라고도 하며, 이전에 전혀 해킹 경력이 없는 사람이 해킹에 대한 기술이나 지식도 거의 없는 상태에서 해킹을 한 해커를 말한다.

16 컴퓨터 회사에 고용되어 컴퓨터 보안 운영체제를 점검해주는 해커로 마이크로소프트도 블루 햇을 고용하여 윈도우를 출시할 때마다 버그를 찾아내는 것으로 알려졌다.

17 해킹 기술을 사회, 이념, 종교, 정치적 의사를 표현하는 수단으로 사용하겠다고 선언한 해커로 핵티비즘은 웹사이트의 다운 및 서비스의 마비 등을 당연히 포함한다.

18 (Wikipedia, Http://En.Wikipedia.Org/Wiki/Cult_Of_The_Dead_Cow).

19 한편 APT(Advanced Persistent Threat)이란 지능형 지속위협이란 용어로 사용되며, 다양한 고급의 IT기술과 방식들을 이용해 대상컴퓨터에 침투하여 필요한 정보를 수집하는 사이버공격을 말한다. APT이란 용어는 미 공군이 만들어 사용하기 시작하였다. APT 공격자는 공격 대상자의 정보를 수집한 뒤 이메일이나 트위터, 블로그, 홈페이지 게시판 댓글 등의 SNS를 통해 접근한 뒤 악성코드를 침투시켜 장기적, 조직적으로 기밀정보를 수집하고 유출시키거나 시스템운영체제 및 컴퓨터 등 장비를 마비시키는 행위를 말한다(Binde, et al., 2011).

20 동아사이언스, S 공격하는 '어나니머스' 정의의 수호자인가, 범죄자인가, 2015년 11월 18일자 보도.

21 https://en.wikipedia.org/wiki/Anonymous_(group).

22 Hristova, S. (2017). 2 Public space in a global world. Public Space: Between Reimagination and Occupation, 15.

23 Musgrave, M. L. (2016). Imaginary Activism. In Digital Citizenship in Twenty−First− Century Young Adult Literature (pp. 167−203). Palgrave Macmillan, New York.

24 Holloway, J. L. (2018). Reflections on Strategic Military Geography 2.0. In Australian Contributions to Strategic and Military Geography (pp. 49−67). Springer, Cham.

25 Papadimitriou, F. (2006), "A Geography of Notopia: Hackers et al., hacktivism, urban cybergoups/cybercultures and digital social movements", City 10(3) 317−326.

26 Parthasarathy, S. (2016). Reimagining Necklace Road: exploring new forms of public space for Hyderabad City (Master's thesis, Universitat Politècnica de Catalunya).

27 Postill, J. (2016). Firebrand waves of digital activism 1994-2014: the rise and spread of hacktivism and cyberconflict.

28 Zimbra1, D., Abbasi, A. & Chen. H. (2010), "A Cyber−archaeology Approach to Social Movement Research: Framework and Case Study." Journal of Computer−Mediated Communication 16(1): 48−70.

29 Fuentes, M. A. (2015). Performance, politics and protest. What is performance studies.

30 Goode, L. (2015). Anonymous and the political ethos of hacktivism. Popular Communication, 13(1), 74−86.

제5부

마리화나 합법화로 가는 길

제10장
유엔의 마리화나 전략

Ⅰ. 문제의 출발

　대마초는 Cannabis Sativa 식물의 한 종류로 잎, 줄기 및 꽃봉오리로 이루어져 있다. 통상 대마초(Cannabis)라는 단어는 마리화나(Marijuana), 해시시(Hashish), 해시시오일(Hashishoil)을 모두 포함하여 지칭되며, 식물학계에서는 카나비스사티바(Cannabissativa)를 유일한 대마초로 본다. 대마초는 수지를 분비하는데 수지는 섬세한 결정형태로 꽃과 잎에 붙어 있다. 수지에는 테트라하이드로카나비놀(tetrahydro-cannabinol: THC) 등 화학성분이 많고, 이것들이 결합하여 마약성분을 갖는다. 역량 모니터링 프로젝트의 조사(Potency Monitoring Project)에 따르면 마리화나의 평균 THC 함유량은 1972년에는 1% 미만에서 1990년대에는 3~4%로 2010년에는 거의 13%로 올라 그 성분이 강화되었다.[1]

　마리화나는 대마초의 잎과 식물의 꽃대를 말린 것이며, 통상 담배로 피우거나, 먹거나, 훈증하거나, 양조하고 심지어는 국소에 붙이는 등의 방법으로 다양하게 사용하지만 대체로 담배형태로 가장 많이 사용된다. 해시시는 대마초수지로 만든 가공물로 THC 함유는 4~20% 정도이다. 해시시오일은 대마초 또는 해시시 추출물 용제를 알코올계 용제로 추출해 농축한 용약으로 THC 함유가 높다.

　미국의 국가건강기구(National Institutes of Health)에 의하면 마리화나는 헤로인, 코카인 및 알콜 등과 같이 도파민을 방출하기 위해 뇌 세포를 자극하여 행복감을 유발하며, 기분의 변화가 즉각적이며, 청각과 색각 인식이 향상되거나 식욕을 증진시키는 등의 효과가 나타난다. 의학적으로는 진정 작용, 이완, 통증 완화 등의 효과가 있고, 부작용으로는 불안, 빈맥, 단기 기억의 해리현상 등이 나타나는 것으로 알려졌다. 심한 경우 편집증, 환각, 집중력감소, 학습능력 저하, 기억력 저하, 무기력증, 우울증, 피로감 등을 경험하는 것으로 나타났다. 한편 미국의 2016년 갤럽조사에서 미국인 8명 중 1명이 마리화나를 피웠다고 인정했다.[2]

캐나다는 사실상 2018년 10월 17일부터 OECD국가 중에서는 유일하게 국가적 차원에서 의료용 및 레저용 대마초를 허용하였다. 캐나다의 대마초 사용의 전면적 허용방침은 유엔의 대마초 규제정책의 완화 경향과도 맞물려 있다. 즉, 남미의 우루과이나 레저용 대마초를 허용하는 미국의 주정부들이 늘어나고 있음에도 불구하고 유엔마약통제위원회(INCB)가 이에 대한 특별한 제재 등의 조치를 취하지 않았고, 2016년 4월 유엔총회세계마약특별회의(UNGASS)에서도 레저용 대마초의 합법화를 우려하면서도 사용자들에 대한 치료 및 공중보건적인 조치를 권장하는 등 매우 뚜렷한 정책변화를 보이고 있다.

한편 세계 의료 마리화나 시장에 대해 세계적인 시장전망사인 Technavio는 2018년 3월 보고서에서 2018~2022년 동안 마리화나 시장은 21% 이상 성장할 것으로 예측하였다. 의료 목적으로 대마초를 사용하는 국가들이 증가하면서 마리화나 수요가 늘어날 것이라고 전망한 것이다.[3]

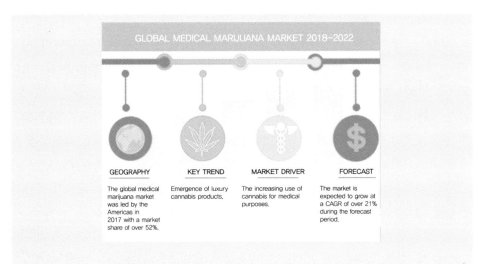

자료: Technavio, Global Medical Marijuana Market — Growth Analysis and Forecast, 2018.[4]

생육 중인 대마초

Ⅱ. 유엔의 약물정책의 방향성을 가늠하는 국제협약

유엔의 약물정책의 방향성을 가늠하는 국제협약은 「유엔마약단일협약」(UN Single Convention on Narcotic Drugs, 1961),5 「유엔향정신성물질협약」(UN Convention on Psychotropic Substances, 1971), 「유엔마약및향정신성물질불법거래방지협약」(UN Convention Against Illicit Traffic in Narcotic Drugs and Psychotropic Substances, 1988) 등이다.

이들 협약은 가입국들이 채택해야하는 최소한의 조치를 위한 가이드라인을 제시하는 것이며, 가입국이 보다 엄격한 통제 수단을 채택토록 하는 등의 강제성을 갖지는 않는다. 이 세 협약은 가입국이 약물규제와 관련한 입법적 및 제도적 조치를 다음과 같이 취할 것을 요구하고 있다.

첫째, 의약품의 제조·수출·수입·유통·거래·사용·소유는 적절한 조치가 필요하고, 의학적 및 과학적 목적으로 제한한다.

둘째, 헌법 및 법률 제도의 기본적 이념을 바탕으로 마약류(대마초 포함) 또는 향정신성 물질의 소지·구매·재배를 형사범죄로 처벌하는 국내법을 제정한다.

셋째, 마약범죄의 처벌방법은 구금, 신체적 자유 제한, 금전적 제재 및 마약류압수 등의 제재방법을 포함해야 한다.

넷째, 불법적인 약물거래로 인한 피해를 줄이고, 불법약물거래수익을 차단하며, 마약 및 향정신성 약물수요의 억제 및 감소 방안을 마련해야 한다.

한편 유엔마약단일협약은 규제약물의 종류 및 규제의 정도를 Schedule Ⅰ부터 Schedule Ⅳ까지 구분하고 있다.6 대마초는 Schedule Ⅰ과 Schedule Ⅳ에 포함되어 있다.7

▍표 5-1▍ 유엔마약단일협약상 규제약물

종류	규제 정도
Schedule I	의존성을 유발하고 심각한 남용의 위험이 있다고 평가되는 약물로 대마초와 대마초수지, 헤로인, 모르핀 등
Schedule II	의존성이나 중독성이 약한 약물류
Schedule III	Schedule I과 Schedule II의 성분을 추출하여 제조, 의약품으로 사용가능한 약물류
Schedule IV	의학적으로 미미한 치료적 효과가 있지만 남용위험이 있고, 특별한 위험성분을 가져 규제가 필요한 약물로 대마초 등

자료: UN Single Convention on Narcotic Drugs.

그런데 일부 국가는 마리화나 및 코카잎을 포함한 규제물질을 합법화하거나 비범죄화함으로써 유엔의 마약규제 체제에서 벗어나기 시작했다.

예를 들어 유엔마약및향정신성물질불법거래방지협약이 마리화나 소지를 범죄화할 것을 회원국들에게 요구했지만, 네덜란드는 레저용 대마초를 이른바 대마초커피숍에서 성인에 한하여 판매하도록 허용하였고,[8] 볼리비아는 코카잎의 전통적 사용을 인정하여 2012년 1월 유엔마약단일협약을 탈퇴했다가 1년 후 볼리비아는 이 협약에 재가입했다.[9]

우루과이는 2013년 12월에 레저용 대마초의 생산과 소비를 합법화한 최초의 국가가 되었다. 2014년에 미국의 워싱턴 주와 콜로라도 주는 레저용 대마초의 생산과 판매를 합법화하기 위한 법안을 발표했으며 알래스카, 오레곤 및 콜럼비아 특별구도 마리화나의 레저용 사용에 대한 투표 운동을 승인했다.[10]

그러나 이와 같이 대마초 등의 비범죄화 국가에 대하여 마약 협약의 이행을 감시하는 독립적인 준사법기관인 국제마약통제위원회(International Narcotics Control Board: INCB)는 이들 국가가 "약물의 생산·제조·수출·수입·유통·사용·소지를 의학적 및 과학적 목적으로만 엄격하게 허용하도록 한 단일협약 제4조(c)를 명확하게 위반하였다"고 지적하면서도 특별한 제재조치는 취하지 않았다.[11]

한편 유엔마약범죄국(United Nations Office on Drugs and Crime: UNODC)은 「2016년 세계마약보고서」(World Drug Report 2016)에서 2009년부터 2014년까지 129개 국가에서 대마초가 경작될 정도로 전 세계에 걸쳐 대마초가 보급되고 있다고 밝혔다.[12] 아편의 경작은 주로 아시아 및 아메리카국가 49개국으로 제한적이었으며, 코카의 경작은 주로 아메리카국가인 7개국으로 제한적이었다.

또한 대마초가 유엔단일마약협약상 234개의 규제물질 중 거래량이 가장 많은 것

┃그림 5-1 ┃ 세계의 대마초 사용 추세

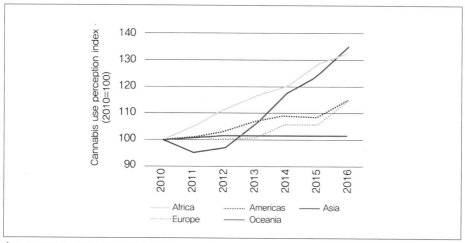

자료: UNODC, ANALYSIS OF DRUG MARKETS Opiates, cocaine, cannabis, synthetic drugs, 2018, 47.

으로 나타났다. 2014년의 경우 마약범죄를 보고한 가입국 중 95%가 대마초와 관련된 약물범죄 사실이 있다고 보고하였으며, 이들 국가가 보고한 약물범죄 중 절반 이상이 대마초와 관련된 것으로 나타났다.

대마초는 2016년에 전 세계적으로 가장 널리 소비된 약물로, 1억 920만명이 사용한 것으로 나타났다. 이는 15~64세의 전 세계 인구의 3.9%에 해당하는 것이다. 서부 및 중부 아프리카(13.2%), 북아메리카(12.9%) 및 오세아니아(11.0%)에서 매년 대마초의 사용률이 높은 것으로 나타났다.[13]

대부분의 국가에서 대마초는 전 연령대에 걸쳐 가장 널리 사용되는 약물로 UNODC가 세계 130개국에서 얻은 데이터를 바탕으로 처음으로 산출한 전세계 추정치에 따르면 2016년에는 15~16세 청소년(주로 학생)이 1,380만명이 지난 1년 동안 적어도 한 번 대마초를 사용했으며, 이는 해당 연령대 인구의 5.6%에 해당한다. 2016년을 기준으로 할 때 15~16세의 대마초의 연간 사용은 15~64세의 일반 인구(3.9%)보다 높은 것이다.

아프리카와 아시아의 많은 국가의 전문가들은 대마초 사용이 증가한 것으로 인식하고 있지만, 대다수 국가의 국가 조사에서 마약 사용의 정도에 대한 정보가 부족하고 더 많은 증거가 필요하다. 마리화나 사용은 북아메리카에서도 계속 증가하고 있으며 라틴 아메리카의 많은 국가에서도 사용 중이다. 대마초 사용은 서구 및 중부 유럽에서 여전히 높은 감염률을 보이는 국가에서 안정적으로 사용되는 반면, 대마초 사용이 적었던 몇몇 국가에서는 증가 추세를 보이고 있다.

III. 유엔의 마리화나 태도 변화

유엔의 약물규제 관련 협약은 약물의 공급을 성공적으로 줄임으로써 약물이 인류의 건강과 복지에 미치는 해악을 최소화 할 것이라는 믿음을 근거로 진행되었다. 이에 따라 아편과 같은 식물성 규제약물의 생산이 감소하였고, 암페타민 류의 각성제 또는 합성약물이 전 세계에서의 압수가 2014년에 173톤에 이르는 등의 효과를 가져왔다는 평가를 받았다.[14]

그러나 유엔의 약물규제 접근방식은 다음과 같은 문제점을 야기시켰다.[15]

첫째, 지나친 규제로 매년 3천억 달러로 추정되는 불법약물 범죄시장을 함께 창출하였다. 이러한 범죄시장은 공무원과 정치권에 뇌물을 제공하여 공공기관을 부패시키고, 마약 카르텔을 형성하며, 조직범죄와 인신매매 등 개발도상국의 안전을 해치고 있다. 둘째, 유엔의 규제정책이 마약류의 공급을 제거하는 데 초점이 맞춰져있어 세계적으로 마약의 수요문제에 효과적으로 대응하지 못하였다.[16]

이러한 지적을 반영하여 2009년 유엔총회는 「세계 약물문제 해결을 위한 통합적이고 균형적인 전략을 추구하는 국제협력에 관한 정치적 선언 및 행동계획」(the Political Declaration and Plan of Action on International Cooperation Towards an Integrated and Balanced Strategy to Counter the World Drug Problem)을 채택하게 된다.[17]

유엔은 이 정치선언 및 행동계획을 통해 3대 마약협약의 기조를 유지하면서 동시에 마약관련정책의 전환방향을 제시하였다.

즉 첫째, 공중보건체계를 통한 약물남용 및 의존을 감소시키며, 둘째, 국가 간 협력, 법률체계 등을 통하여 마약의 불법적인 공급을 감소시키며, 셋째, 대안적인 경제적 개발기회를 제공하여 마약류재배를 근절시키며, 마약자금세탁을 통제하고 사법적 처벌을 강화하는 국제협력을 강력하게 하는 것이다.

그러나 이 정치선언과 행동계획의 채택에도 불구하고 국제마약통제시스템은 일부 회원국, 특히 라틴아메리카국가들에 의하며 계속 도전을 받았다.[18]

2012년 미주기구(the Organization of American States: OAS)는 마약관련 범죄가 미주와 카리브 국가의 폭력과 부패에 심각한 영향을 미치고 있고, 유엔의 마약규제정책은 마약문제를 해결하는데 한계가 있다는 인식하에 연구를 의뢰했다.[19] 그리고 이 OAS보고서를 바탕으로 멕시코, 콜롬비아, 과테말라는 2012년 유엔총회에서 세계약물문제에 대한 특별회의를 촉구했고, 이는 2016년 4월 유엔총회마약문제특별회의를 채택하는 계기가 되었다.[20]

유엔총회마약문제특별회의(The UN General Assembly Special Session on the world drug problem: UNGASS 2016)는 2016년 4월 19일부터 21일까지 열렸으며 유엔의 3대 약물협약의 프레임 속에서 추진된 세계약물정책에 대한 성공과 문제점을 포함하여 정치선언 및 행동계획의 진척 상황을 평가하는 의견을 교환하였다.[21]

주요 토의내용은 첫째, 공중보건정책을 통하여 약물남용을 예방하고 치료, 둘째, 규제약물에 대한 의학적 그리고 과학적 개선, 셋째, 법집행을 통한 불법약물의 공급 감소, 넷째, 약물정책의 개발 및 집행 시 기본권의 보호 및 지원, 다섯째, 신향정신성물질의 사용을 포함한 다양한 문제들의 의견수렴 등이다.

UNGASS 2016은 유엔의 3대 마약협약에 대한 획기적인 개정방향을 제시하지는 못하였지만, 협약들의 목표와 목적을 토대로 하면서 유엔의 마약정책을 개선할 필요성이 있다는 의견을 도출하였다. 그리고 국제마약통제위원회(INCB)는 일부 회원국의 레저용 대마초 합법화가 3대 협약을 위반하는 것이며, 동시에 약물남용자 및 약물범죄자에 대한 치료 및 공중보건정책적 접근방식 역시 필요하다는 의견을 표시하였다.[22]

그리고 캐나다 보건부장관은 이 UNGASS 2016에서 캐나다는 2017년부터 대마초를 합법화하고, 그 피해를 최소화는 전략을 추구할 것이라고 발표하였다.[23] 그리고 2018년 10월 17일부터 전면적으로 합법화 하였다.

한편 태국 의회가 의료용 대마를 합법화하는 법안을 2018년 12월 25일에 통과시켰다. 기호용 대마는 아직 불법이다. 1930년대에 마리화나가 불법화되기 전까지, 대마는 태국에서 전통 약재로 쓰였다. 마약 관련 범죄를 굉장히 엄중하게 처벌하는 동남아시아 국가들 중 태국은 의료용 대마초를 합법화한 첫 국가가 됐다.[24]

한편 국내에서도 마약류관리에 관한 법률이 개정되어 희귀질환 환자 치료 등 의료 목적으로 대마 오일을 사용할 수 있게 되었다. 현재는 공무 또는 학술연구 목적으로만 사용할 수 있는 대마를 일반인이 의료 목적으로도 사용할 수 있도록 허용하는 것을 주요 골자로 하고 있다. 2019년 3월부터 대마성분이 함유된 의약품을 희귀·필수의약품센터를 통해 수입할 수 있게 된다. 이에 따라 희귀·난치 질환자

가 의사의 소견을 받아 허가된 의약품을 사용할 수 있게 된다.[25]

의료용 대마, 내년부터 수입한다

희귀 질환에 효과가 있는 대표적 성분으로는 카나비디올(Cannabidiol)을 꼽을 수 있다. 실제로 이 성분을 농축해서 만든 뇌전증 치료제인 에피디올렉스(Epidiolex)가 지난 6월 미국 FDA의 승인을 받아 주목을 끌고 있다.

당시 성분 검사 실험에 참여했던 미국의 뇌전증센터 연구진은 실험을 통해 에피디올렉스를 복용한 이들이 발작횟수가 크게 감소하는 현상을 확인했다.

뇌전증센터의 보고서에 따르면 매일 10mg의 에피디올렉스를 복용했던 실험자들은 발작이 37%가 줄어들었고, 20mg을 복용한 실험자들은 42%나 감소한 것으로 알려졌다. 또한 부작용이 거의 없다는 사실이 알려지면서 환자들에게 희망을 안겨주고 있다.

이 같은 결과에 대해 뇌전증센터의 관계자는 "카나비디올이 함유된 약물이 어떤 기전으로 이처럼 뛰어난 결과를 보여주는지는 아직도 밝혀내지 못했다"라고 언급하며 "아마도 뇌 화학물질을 변화시키는 수용체에서 카나비디올이 어떤 영향을 미치는 것으로 보인다"라고 덧붙였다.

문제는 중독성 여부다. 카나비디올 자체는 중독성이 거의 없는 성분이지만, 함부로 사용할 경우 오남용에 따른 폐해가 나올 수 있다는 지적이 제기되고 있다. …중략…

뇌전증 외에 WHO가 인정한 의료용 대마효과

알츠하이머병	신경 염증과 신경 퇴행 반응에 대한 항염증, 항산화, 항세포자멸 효능
파킨슨병	체내 도파민 활성화 손산의 감쇄, 신경보호, 정신병적 등급 향상과 환자의 악몽, 공격적 행동 감소
헌팅턴병	쥐 형질전환 모델에서 신경보호와 항산화 효과
정신병	정신 분열증 동물 모델에서 행동 및 신경 교종 변화 감쇄

자료: 사이언스타임지, 2018년 12월 28일자 보도.

Ⅳ. 이슈&디스커션

1. 의료용 마리화나 합법화의 허용과 개인의 건강추구권의 관계는?
2. 기호용 마리화나 합법화와 행복추구권의 관계는?
3. 유엔의 마리화나 전략의 변화의 방향성은?
4. 우리나라의 마리화나 전략의 변화 필요성은?

참고문헌

1 Colizzi, & Murray, 2018.

2 Compton, Han, Hughes, Jones, & Blanco, 2017; Live Science, 2017).

3 Technavio, Global Medical Marijuana Market ― Growth Analysis and Forecast, https://www.businesswire.com/news/home/20180309005278/en/Global―Medical―Marijuana―Market―――Growth―Analysis/

4 https://www.businesswire.com/news/home/20180309005278/en/Global―Medical―Marijuana―Market―――Growth―Analysis/

5 이 협약은 1972년에 개정되었으며, 모두 51개조 및 규제약물을 Schedule Ⅰ부터 Schedule Ⅳ까지 분류하고 있다(UN, 1972).

6 Taylor, S., Buchanan, J., & Ayres, T. (2016). Prohibition, privilege and the drug apartheid: The failure of drug policy reform to address the underlying fallacies of drug prohibition. Criminology & Criminal Justice, 16(4), 452―469.

7 UN, (1972). Single Convention on Narcotic Drugs, Retrieved 25 February 2017, from https://www.unodc.org/pdf/convention_1961_en.pdf/

8 김주일. (2016). "대마초사용의 가벌성에 관한 비판적 검토―독일사례를 중심으로", 「형사정책」, 28(1): 181―218.

9 Carter, C., & McPherson, D. (2013). Getting to tomorrow: A report on Canadian drug policy. Vancouver: Canadian Drug Policy Coalition.

10 허경미. (2016). 「현대사회와 범죄학」 제5판, 박영사, 414―415.

11 International Narcotics Control Board. (2015). Report of the International Narcotics Control Board For 2014. United Nations Publications. 25―26.

12 UNODC, (2016). World Drug Report 2016. New York: United Nations. 14.

13 UNODC, (2018). GLOBAL OVERVIEW OF DRUG DEMAND AND SUPPLY New York: United Nations. 11―13.

14 UNODC, (2016). World Drug Report 2016. New York: United Nations. 52.

15 Taylor, S., Buchanan, J., & Ayres, T. (2016). Prohibition, privilege and the drug apartheid: The failure of drug policy reform to address the underlying fallacies of drug prohibition. Criminology & Criminal Justice, 16(4), 452―469.

16 UNODC, (2009). Political Declaration and Plan of Action on International Cooperation Towards an Integrated and Balanced Strategy to Counter the World Drug Problem. New York: United Nations. 11.

17 UNODC, (2009). Political Declaration and Plan of Action on International Cooperation Towards an Integrated and Balanced Strategy to Counter the World Drug Problem. New York: United Nations.

18 Bewley―Taylor, D., & Jelsma, M. (2011). Fifty years of the 1961 single convention on narcotic drugs: A reinterpretation. Series on Legislative Reform of Drug Policies, 12, 1―20.

19 Armenta, A., Metaal, P., & Jelsma, M. (2012). A breakthrough in the making? Shifts in the Latin American drug policy debate. Legislative Reform of Drug Policies, 21. 1―16.

20 Carter, C., & McPherson, D. (2013). Getting to tomorrow: A report on Canadian drug policy. Vancouver: Canadian Drug Policy Coalition.

21 UNODC, (2016). World Drug Report 2016. New York: United Nations.

22 International Narcotics Control Board. (2015). Report of the International Narcotics Control Board For 2014. United Nations Publications.

23 Philpott, J. (2016). Plenary Statement for the Honourable Jane Philpott, Minister of Health Canada, Ottawa: Government of Canada.

24 BBC 뉴스 코리아, 대마 합법화: 태국, 의료용 대마 합법화, 2018년 12월 26일자 보도.

25 조선일보, 의료용 대마오일 사용 가능해진다…국회 본회의 통과, 2018년 11월 23일자 보도.

제11장

미국의 마리화나 합법화

Ⅰ. 문제의 출발

2019년 현재 미국 연방정부는 대마초(cannabis), 즉 마리화나(marijuana)를 규제약물로 간주하고 그 사용을 처벌하고 있지만, 주정부들의 대마초 산업은 그 수익성이 매우 높은 블루오션 산업으로 자리잡아가고 있다. 현재 30개 주는 대마초의 의학적(medical) 사용을, 그리고 9개 주와 콜럼비아 특별구는 기호용(recreation) 사용을 함께 허용하고 있다.1 대마초 산업을 평가하는 BDS Analytics사는 2017년 대마초 매출액이 약 90억 달러로 이는 미국 스낵바 업계 전체 매출액과 같은 규모라고 밝혔다.2 이 규모는 캘리포니아의 거대시장이 열리는 2018년에는 더욱 증가하여 2018년에는 110억 달러, 2021년에는 210억 달러 정도로 확대될 것으로 예측하고 있다. 또한 마리화나 산업은 막대한 일자리를 창출하여 자동차, 제조업체, 소매업체, 약국, 유통업체 등 다양한 분야의 고용효과를 창출한다고 평가받고 있다.3 경제적 효과는 또한 주정부들의 세수로 이어져 주정부들의 대마초 세수는 2016년 10억 달러, 2017년에는 14억 달러에 달하는 것으로 추정되고 있다.4

이에 따라 연방정부가 주정부의 대마초 합법화 추세를 규제하기에는 이미 그 한계를 넘어선 것으로 보이지만 트럼프 행정부는 여전히 대마초 규제정책을 고수하고 있어 주정부들과의 갈등을 겪고 있다.

최근 한국에서도 대마초의 전면적인 비범죄화 혹은 합법화 필요성을 주장하며, 미국 방문 시 대마초 사용의 위법성 여부, 나아가 대마초의 의약적 효과, 기호용 대

마초의 합법화 등에 대한 사회적 관심이 매우 높아지고 있다.5

　그러나 아직 범죄학 및 경찰학 등에서는 한국의 대마초 합법화에 대한 연구는 충분하지 않아 허경미(2017)의 캐나다의 대마초 비범죄화에 관한 연구와 박진실(2017)의 미국과 네덜란드의 대마초 합법화 비교분석 연구 등에 머물고 있다. 좀 더 학문적 외연을 확장하면 법학계에서 대마초의 합법화 보다는 좀 더 강력한 제재나 법적 정비 등을 강조하는 연구들을 찾아볼 수 있다. 전보경(2014)의 대마초 합법화의 세계적 추세에 따른 형법상 실효성 방안 연구 및 허순철(2016)의 미국에서의 의료용 마리화나 합법화의 시사점 연구 등이 이에 속한다. 인문사회학계에서도 대마초에 대한 연구는 매우 제한적인데 이들의 연구는 형사사법학계의 연구와는 달리 한국의 지나친 대마초 금기주의는 정부의 통제주의적, 군사주의적 문화정책의 산물이라는 비판적 입장을 보이고 있다. 조석연(2017)의 1970년대 한국의 대마초문제와 정부 대응연구와 이영미(2016)의 대마초 사건, 그 화려한 스리쿠션 연구 등이 이에 속한다.

　대마초의 합법화에 대한 연구가 활발하지 못한 것은 1970년대 대마초 파동을 겪으면서 대마초의 의료적 효과여부에 상관없이 대마초를 혐오적인 마약으로 인식하는 국민적 정서와 강력한 마약사범 단속 등이 영향이라고 할 것이다. 그러나 대마초 합법화 또는 비범죄화 국가가 증가하고 있고, 자유로운 해외여행 등으로 대마초와 그 보조식품, 의약품을 다양하게 경험할 수 있는 환경변화를 고려한다면 한국의 대마초 관련법과 정책의 변화는 매우 자연스러운 양상이라 할 수 있다.

II. 연방정부의 대마초 규제주의의 지난한 역사

1. 대마초는 규제약물이라는 프레임

1) 대마초의 독극물, 위험한 약물로의 정의: 연방순수식품, 의약품및화장품법
(Federal Pure Food, Drug, and Cosmetics Act of 1938)

　대마초는 18세기와 19세기에는 미국 전역에서 로프와 섬유로 사용되기 시작했고, 1839년에 윌리엄 오샤네스(William O'Shaughnessy)에 의해 설립된 웨스틴 제약(Western Medicine)이 대마 의약품을 만들어 약국에 보급하기 시작했다. 연방정부는 1906년에 순수식품및의약품법(The Pure Food and Drug Act of 1906)을 제정하여 대마초를 포함한 특정 의약품의 표면에 그 내용물을 정확하게 표시토록 하였다. 그러나 마약사용에 대한 비판이 계속 일자 대마초를 포함한 모든 마약을 독극물(poison)로 규정하고 의사의 처방전이 있을 경우에만 약국판매를 허용하는 내용으로 법 개정이 이루어지는 경향을 보이기 시작했다.6

1906년 콜롬비아 특별구는 콜롬비아특별구의약국영업및독극물판매규제법(An act to regulate the practice of pharmacy and the sale of poisons in the District of Columbia, and for other purposes)을 제정하였다. 이 법은 1938년에 연방순수식품, 의약품및화장품법(Federal Pure Food, Drug, and Cosmetics Act of 1938)에 반영되었다. 이 법은 의약품 및 처방 의약품 및 식품에 대한 기본 정의와 규제표준을 제시하고, 그 관장기관으로 식품의약품안전청(FDA)을 설치토록 하였다. 그리고 "이 법을 위반한 물품은 압류 및 파손할 수 있으며, 대마초는 위험한 약물(dangerous drug)"이라고 규정하였다.7

대마초에 대한 연방정부의 관련 입법은 캘리포니아(1906), 매사추세츠(1911), 뉴욕(1914), 메인(1914), 와이오밍(1915), 텍사스(1919), 아이오와(1923), 네바다(1923), 오레곤(1923), 워싱턴(1923), 아칸소(1923), 네브래스카(1927), 루이지애나(1927), 콜로라도(1929)의 주법에도 반영되었다.8.

2) 대마초에 대한 세금부과: 1937년 대마초세금법(Marihuana Tax Act of 1937)

연방정부는 1937년에 대마초세금법(Marihuana Tax Act)을 제정하였다. 이 법은 연방법에 따라 세금을 내고 거래되는 의료용 및 산업용 목적 외의 모든 대마의 소지 또는 거래는 불법으로 규정하였다. 그리고 대마의 수입업자 및 생산업자, 재배업자는 매년 주(株)당 24달러, 의료용 및 연구용은 1달러, 산업용의 경우 3달러의 세금을 내도록 하였다.9

3) 대마초 소지자 처벌: 보그스법(Boggs Act of 1952), 마약규제법(Narcotics Control Act of 1956)

연방정부는 대마 소지자에 대한 처벌을 강화하기 위하여 보그스법(Boggs Act of 1952)과 마약규제법(the Narcotics Control Act of 1956)을 제정하였다. 이 법들은 대마를 소지한 경우 2만 달러의 벌금과 최소 2년에서 최대 10년까지 구금형에 처하도록 하였다.10 그러나 1970년에 이 두 법은 폐지되었다.

4) 대마초, 규제물질로의 규정: 규제물질법(Controlled Substances Act of 1970)

연방대법원은 1969년 Leary v. United States 판결에서 대마초세금법이 헌법 제5조의 시민의 인권을 침해하며 위헌이라고 판결했다. 이에 따라 의회는 대마초세금법을 폐지하고, 1970년 규제물질법(Controlled Substances Act)을 제정하였다. 이 법은 대마초의 사용(의학적 용도 포함)을 금지하고, 대마초를 다른 불법 마약과 분리하였으며, 소량의 대마초 소지자에 대한 구금형을 삭제했다.11

즉, CSA는 대마초를 남용의 잠재력이 높고 의학적 용도로 허용되지 않는 약물로 간주하고, 그 의학적 사용을 금지하는 Schedule I로 분류하였다. 이 Schedule I에는 헤로인, LSD 및 페이오트(peyote)가 포함된다(DEA, Title 21 United States Code (USC) Controlled Substances Act).

5) 마약국(DEA)의 창설

연방정부는 1968년에 재무부의 마약국과 보건복지부의 약물남용규제국(Department of Drug Abuse Control)을 합병하여 마약및위험약물국을 개설하고 이를 법무부 산하로 이관하였다. 그러나 닉슨(Richard Nixon) 대통령은 마약법을 강력하게 집행할 수 있는 연방기관의 창설이 필요하다며 1973년 7월 1일 기존의 기관들을 모두 통합하여 마약국(DEA: Drug Enforcement Administration)을 창설하였다.12

6) 마약과의 전쟁, 삼진아웃제의 도입: 반약물남용법(Anti-Drug Abuse Act of 1986)

레이건(Ronald Reagan) 대통령은 1984년에 약물사범, 총기사범, 학교폭력사범 등에 대해 강력하게 처벌할 수 있도록 종합범죄통제법(Comprehensive Crime Control Act of 1984)을 개정하였다. 이에 따라 약물사범에 대한 엄격한 구금형주의가 가능해졌다.13

한편 연방정부는 1986년 반약물남용법(The Anti-Drug Abuse Act of 1986)을 제정하여 대마초의 대량배포 등에 대해 반드시 구금형을 선고토록 하였다. 이 법은 상습적 약물범에 대해 최고 사형까지 처할 수 있도록 하는 내용의 삼진아웃제법(Three-Strikes Law)으로 개정되었다.

2. 연방주의: 대마초 규제는 연방의 권한

1) 주정부에 대한 규제

연방정부는 대마초 정책에 대하여 주도권을 행사하기 위한 다양한 입법적 조치들을 마련하였다. 즉 연방정부는 1925년에 국가통일법체계위원회(National Conference of Commissioners on Uniform State Laws)를 만들어 모든 주의 마약에 대한 규제와 처벌 등이 동일한 정의와 기준에 관한 통일국가마약의약품법(Uniform State Narcotic Drug of 1932) 초안을 만들도록 하였다. 1932년에 의회를 통과한 이 법은 해리슨법(Harrison Act of 1914)과 연방수입및수출법(Federal Import and Export Act of 1922) 등의 내용이 반영되었다. 이 법은 연방정부가 마약에 대한 통일된 규제권을 가지며 연방마약국이 업무를 관장하고, 주정부는 이 법의 규정에 따르도록 하였다.[14]

또한 연방정부는 1990년에 솔로몬-라우텐베르크개정법(The Solomon-Lautenberg amendment law 1990)을 제정하여 각 주정부가 마약 범죄(대마초 소지자 포함)를 저지른 사람의 운전면허를 최소 6개월간 정지시키도록 하고, 이를 따르지 않는 주정부의 연방고속도로기금을 삭감토록 하였다. 결국 주정부들은 이 벌칙을 피하기 위해 관련 내용을 담은 주법을 제정하였다.

2) 연방정부와 캘리포니아 주의 대마초 규제에 대한 갈등

한편 연방정부의 강력한 대마초 규제주의적 정책에 맞서 캘리포니아는 1976년에 약물사용금지법의 개정 효과를 경제적으로 환산하는 연구를 시행하고, 이를 바탕으로 개인당 대마초 소지량이 1온스가 넘지 않을 경우 중범죄로 처벌하던 것을 최대 100달러의 벌금형에 처하는 경범죄로 완화하였다. 이에 따라 캘리포니아주는 매년 대마초 단속에 사용된 형사사법비용을 74% 정도 절감하는 효과를 거두었다.[15] 또한 캘리포니아는 1996년 11월 5일 의료용 대마초 합법화를 내용으로 하는 법안 215(Proposition 215), 즉 의료용대마초사용법(Compassionate Use Act of 1996)을 주민입법청원으로 제정하였다.[16]

이에 대해 연방정부는 1998년 9월 15일 "하원 합동 결의 117호(House Joint Resolution 117 (1998))"를 통해 약물의 안전과 효능을 결정하기 위한 기존의 연방 법적 절차에 대한 지지를 표명하고, 이를 회피하기 위한 어떠한 시도에도 반대한다는 의견을 명확히 하였다. 즉, 유효한 과학적 증거 및 FDA 승인 없이 의학적 용도로 대

마초 합법화를 반대한다며 캘리포니아주의 의료용대마초사용법에 반대하였다.[17]

3. 연방정부의 의료용 대마초 금지주의와 위헌 시비

연방정부의 의료용 대마초 사용에 대한 규제와 이에 반발하는 판매업자 및 시민, 주정부 간의 긴장과 갈등은 지속되었으며, 이는 헌법상 건강권 차원의 법정분쟁으로 이어졌다.

1) 의료용 대마초 판매 금지: 미국 대 오클랜드 대마초판매협동조합 사건

오클랜드시가 1996년에 의료용 대마초 사용을 허용하는 법안 215(passage of Proposition 215)를 제정하자 중대한 질병을 앓고 있는 환자에게 의료용 대마초를 제공한다는 취지로 오클랜드 대마초판매협동조합(Oakland Cannabis Buyers Cooperative)이 발족되었다. 그러나 연방정부는 이 조합을 단속하였고, 조합은 부당하다며 소송으로 맞섰다.[18] 대법원은 2001년 5월 14일 1970년 연방정부의 규제물질법이 제정되는 시점에 대마초가 의학적 용도로 분류되지 않았고, 의학적 용도의 예외조항을 두지 않았다며, 법안 215가 연방법을 위반한 것이고, 따라서 이 조합의 판매행위 역시 위법이라고 판결하였다.[19]

2) 개인의 대마초 재배, 배포는 연방법 위반: 곤젤라스 대 레이 사건

연방정부가 개인의 대마초의 재배, 배포에 대해 규제물질법을 위반한 것이라며 단속하자 이에 맞서 주법에 따라 대마초를 재배한 것이라며 소송을 제기하였다.[20] 즉, 곤잘레스 등 피고인들은 자신들이 재배한 대마초가 캘리포니아 주 내에서 재배, 성장, 운송 및 소비되었기 때문에 연방법의 상거래행위, 즉 주간거래 금지를 위반하지 않았다고 주장하였다. 이에 대해 연방대법원은 주정부가 승인한 의료용 대마초 프로그램에 따라 개인이나 사업장이 대마를 재배, 보급 또는 배포하였을지라도 이는 연방법을 위반하는 것이라고 판결한 내용이다. 즉, 대법원은 의료 목적을 위해 캘리포니아 주에서 자란 대마초라 할지라도 실제 시장에서는 불법 대마초와 구별될 수 없고, 의료용 대마초 시장 자체가 주간 불법 대마초 시장형성에 기여하기 때문에 상거래 조항에 해당한다고 판시하였다. 즉, 캘리포니아 주민이 주법에 따라 의료용 대마초를 재배할지라도 연방법에 의거하여 기소될 수 있다고 판시하였다.

이와 같이 연방정부는 주정부가 승인한 의학 대마초 입법과 싸우기 위해 의료용

대마초 사용자에 대한 추적과 체포, 대마초 재배자와 배포자에 대한 체포 및 압류를 계속했다.[21]

III. 주정부의 의료용 대마초 합법화

미국의 주정부와 시민들은 연방정부의 대마초 규제주의에 맞서 다양한 방식의 투쟁을 벌여왔다. 이를 의료적 측면과 기호용 측면으로 분리해서 살펴볼 수 있다.

1. 개인의 건강추구권과 대마초

1) 랜달 청원과 의료용대마초지원프로그램

1975년 워싱턴 주민인 랜달(Robert D. Randall)이 대마초 재배혐의로 FDA에 의해 체포되었다. 랜달은 연방정부를 대상으로 체포의 부당성을 주장하는 소송을 제기하며 자신의 녹내장 치료를 위해 대마초를 재배한 것이라며 법정에서 무죄를 주장하였다(Randall v. U.S.). 법원은 "피고가 질병으로 실명에 이를 수 있다는 증언이 있고, 대마초 흡연이 이를 더 악화시킨다는 의학적 증거는 제시되지 않았다. 피고의 대마초의 의학적 사용을 금지하려면 더 명확한 의학적 자료를 제시하여야 한다..."며 랜달의 편을 들어주었다. 이에 따라 연방정부의 식품의약국(Food and Drug Administration)은 1976년부터 랜달에게 대마초를 제공하다가 1978년에 중단하였다. 그러자 랜달은 공급을 지속해달라는 소송을 다시 제기하였다. 결국 연방정부는 국립약물남용연구소(National Institute on Drug Abuse)를 통해 의학적 사유로 대마초가 필요한 사람들의 신청서를 접수하고 이를 심사하여 최종 43명에게 대마초를 지급하는 이른바 의료용 대마초지원프로그램(Compassionate Investigational New Drug program of 1978)을 운영하게 되었다. 이 프로그램은 대상자들이 모두 사망한 2016년 초반까지 진행되었다.[22]

2) 대마초의 의료약물로의 전환 청원

1972년에 전국대마초법개혁조직(National Organization of Reform of Marijuana Laws)은 대마초를 약품목록에서 제외하여 의사가 처방전을 발급할 수 있도록 허용해줄 것을 연방정부에 청원하였다. 그러나 연방정부(DEA)는 이 청원서에 대한 청문회를 10년간 거부하다가 1988년 9월에야 공청회를 열었다(Marijuana Rescheduling Petition − DEA, 1988). 청문법관인 영(Francis L. Young)은 대마초는 의학적으로 가장 안전한 자연적 치료방법이라며 청원대로 대마초를 독극물이 아닌 의약품으로 분류할 것을 연방정부에 권고하였다.[23] 그러나 영의 권고는 거부되었다.[24]

3) 주민청원입법방식의 의료용 대마초의 최초 합법화: 의료용대마초사용법

캘리포니아주 의회는 의료용대마초합법화법을 1994년 및 1995년에 2회에 걸쳐 의회를 통과시켰지만 당시 주지사인 윌슨(Pete Wilson)에 의해 그 공포가 거부되었다. 결국 의료용 대마초 합법화를 지지하는 단체들이 시민들의 서명을 모아 주민청원입법을 발의하였다. 이에 따라 의료용대마초사용법(Compassionate Use Act of 1996)이 주민 56%의 지지를 얻어 제정되어 캘리포니아주는 대마초의 의학적 사용을 합법화하는 첫 번째 주가 되었다.[25]

이 법은 의사의 권고에 따라 암, 식욕부진, 에이즈, 만성통증, 경련, 녹내장, 관절염, 편두통 등의 치료를 위해 대마초의 재배, 소지, 사용을 허용하고, 환자 간병인들도 대마초 재배를 할 수 있게 하였으며, 안전하고 저렴한 대마초의 배포(판매) 역시 허용하였다.

캘리포니아주가 의료용대마초사용법을 제정하자 워싱턴, 오리곤, 알래스카, 콜롬비아 특별구는 1998년에, 1999년에는 메인이 1999년에 그리고 2000년에 네바다, 콜로라도, 하와이 등의 주정부 등도 잇달아 의료용 대마초 합법화법을 제정하였다.[26]

▌표 5-2 ▌ 의료용 대마초를 합법화한 주정부

주정부	시기	합법화 범주	관련법	기호용
알래스카	1998	1온스 미만, 6주 재배	Ballot Measure 8	√
애리조나	2010	2.5온스 미만, 12주 재배	Proposition 203	
아칸소	2016	2주간 3온스까지	Ballot Measure Issue 6	
캘리포니아	1996	8온스 미만, 성숙 6주 또는 미성숙 12주 재배	Proposition 215	√
콜로라도	2000	2온스 미만, 6주(성숙 3주 및 미성숙 3주) 재배	Ballot Amendment 20	√
코네티컷	2012	2.5온스까지	House Bill 5389 (96-51 H, 21-13 S)	
델라웨어	2011	6온스까지	Senate Bill 17 (27-14 H, 17-4 S)	
플로리다	2016	미정	Ballot Amendment 2	
하와이	2000	4온스 미만, 10주 재배	Senate Bill 862 (32-18 H; 13-12 S)	
일리노이	2013	2주간 2.5온스 미만	House Bill 1 (61-57 H; 35-21 S)	

주정부	시기	합법화 범주	관련법	기호용
메인	1999	2.5온스까지, 6주 재배	Ballot Question 2	√
메릴랜드	2014	30일간 사용-개인별 판정	House Bill 881 (125-11 H; 44-2 S)	
메사추세츠	2012	60일간 사용-개인별 판정	Ballot Question 3	√
미시건	2008	2.5온스 미만, 12주 재배	Proposal 1	
미네소타	2014	30일간 공급-비흡연용	Senate Bill 2470 (46-16 S; 89-40 H)	
몬태나	2004	1온스 미만, 4개주(성숙목), 12주 미성숙목 재배	Initiative 148	
네바다	2000	2.5온스 미만, 12주 재배	Ballot Question 9	√
뉴햄프셔	2013	10일간 2온스 미만	House Bill 573 (284-66 H; 18-6 S)	
뉴저지	2010	2온스 미만	Senate Bill 119 (48-14 H; 25-13 S)	
뉴멕시코	2007	6온스 미만, 16주(4주 성숙목, 12주 미성숙목) 재배	Senate Bill 523 (36-31 H; 32-3 S)	
뉴욕	2014	30일간 공급(비흡연용)	Assembly Bill 6357 (117-13 A; 49-10 S)	
노스다코타	2016	14일간 3온스 미만	Ballot Measure 5	
오하이오	2016	90일간 공급, 개인별 판정	House Bill 523 (71-26 H; 18-15 S)	
오리곤	1998	2.4온스 미만, 24주(6주 성숙목 18주 미성숙목) 재배	Ballot Measure 67	√
팬실베니아	2016	30일간 공급 가능	Senate Bill 3 (149-46 H; 42-7 S)	
로드아일랜드	2006	2.5온스 미만, 12주 재배	Senate Bill 0710 (52-10 H; 33-1 S)	
버몬트	2004	2온스 미만, 9주(2주 성숙목 7주 미성숙목) 재배	Senate Bill 76 (22-7) HB 645 (82-59)	√
워싱턴	1998	8온스 미만, 6주 재배	Initiative 692	√
콜롬비아 특별구	2010	2온스 미만	Amendment Act B18-622 (13-0 vote)	√
웨스트 버지니아	2017	30일간 공급	Senate Bill 386 (74-24 H; 28-6 S)	

자료: Procon, 2018.

2. 의료용 대마초 처방전 발급 불허와 반발

1) 의사의 대마초 사용 권유의 합법화: 코난트 대 월터스 사건

연방정부는 캘리포니아의 의료용대마초사용법이 제정된 후 대마초의 의학적 사용을 금지하면서 의사가 마약을 권고하거나 처방할 경우 의사의 처방전 작성권한을 박탈하고 나아가 기소하여 정부의 의료지원프로그램인 메디케이드에 참여하지 못하도록 한다는 방침을 발표하였다.[27]

이에 대해 미 의사협회 및 환자 등은 연방정부를 대상으로 "환자는 의사로부터 정확한 치료정보를 얻을 수 있으며 이는 헌법상 권리를 침해하는 것"이라며 소송을 제기했다. 연방대법원은 2003년 10월 4일 의사는 환자에게 의료용 대마초 사용을 권유할 권한이 있다고 판결하였다(Conant v. Walters 309 f.3d 629). 이에 따라 대마초의 의료적 사용이 합법화된 모든 주의 의사들은 환자에게 대마초 사용을 권장할 수 있게 되었다.

2) 오그덴 행정명령과 콜 행정명령

대마초의 의료용 사용에 호의적이던 오바마(Barack Obama) 대통령은 2009년 10월 법무차관 오그덴의 행정명령[28](David Ogden Memorandum, 2009)을 통하여 대마초 판매 중 돈세탁이나 불법무기거래 등이 발견되는 범죄자의 경우에만 처벌을 할 것이라고 발표하였다.[29] 그러나 법무부의 입장과는 달리 FDA는 대마초 판매상에 대한 지속적인 단속을 벌였다. 이에 대해 주정부들은 의료용 대마초 판매에 대한 연방정부의 명확한 입장표명을 요구하기에 이르렀다.

결국 2013년 8월 29일 제임스 콜(James M. Cole) 법무차관은 이른 바 콜 행정명령(Call Memorandum, 2013)을 발표하였다. 이 각서는 오그덴 행정명령의 효과는 유지되지만, 좀 더 유연하게 대마초가 주간 경계를 넘거나 불법적으로 거래되는 등의 경우에만 단속하겠다며 완화된 태도를 보였다.

3. 의료용 대마초 판매자에 대한 제재와 갈등

1) Rohrabacher-Farr 수정안(2014)

연방의회는 법무부가 의료용 대마초 판매자를 단속하여 기소하는 것을 금지하는 내용의 로하라베춰-파(Rohrabacher-Farr) 개정법을 2014년 5월에 통과시켰지만 법무부는 의료용 대마초판매자에 대한 기소를 계속하였다.[30] 이에 대해 제9 순회 항소법원(The Ninth Circuit Court of Appeals)은 2016년 8월 판결에서 법무부의 기소는 로하라베춰-파 개정법을 위반한 것이라며 소송을 기각시켰다(Nos. 10-50219, 10-50264).

2) 연방정부의 의료용 대마초의 주간 거래 단속 강화: 세션 행정명령

연방정부는 2018년 1월 4일 이른바 세션 행정명령(Sessions Memo)을 발표하였다. 즉 법무장관인 제프 세션(Jeff Sessions)은 연방정부가 앞으로 주간 의료용 대마초 거래를 단속할 것이며, 따라서 2013년에 의료용 대마초 거래에 대한 완화된 입장을 표명한 콜 행정명령을 폐지한다는 입장을 밝힘으로써 연방정부의 대마초 단속 의지를 강력하게 피력하였다.[31]

IV. 기호용(레저용) 대마초: 연방정부와 주정부의 싸움

1. 연방정부의 이중적 태도

1) 샤퍼위원회

미 연방정부는 1970년에 규제물질법이 통과되자 대마초 실태 진단과 향후 정책 대응을 위해 대마초 및 약물남용국가위원회(National Commission on Marihuana and Drug Abuse)를 구성하였다. 이 위원회는 위원장인 레이먼드 샤퍼(Raymond P. Shafer)의 이름을 붙여 샤퍼위원회(Shafer Commission)로 불리기도 한다. 샤퍼위원회는 1972년 3월 최종보고서를 통해 소량의 약물 소지 및 배포에 대한 형사처벌을 면제할 것을 닉슨 대통령에게 건의했지만, 채택되지 않았다.[32]

2) 인디언 거주지역의 대마초 합법화 허용

법무부는 2014년 12월 인디언의 자치구역에서 대마초의 사용 및 판매를 합법화하도록 허용하는 정책을 발표했다. 즉, 콜 행정명령이 적용되지 않았던 326개 지역의 인디언 자치지역의 대마초 정책에 대해 연방정부가 관여하지 않겠다는 것이다.[33]

2. 주민청원

1972년 캘리포니아는 기호용 대마초 합법화를 주요 내용으로 하는 캘리포니아 주민들의 대마초법(California Marijuana Initiative)에 대한 주 의회 투표를 시도하였지만 부결되었다. 그러나 이를 계기로 대마초 합법화 지지자들은 결속력을 가지게 되었다. 결국 2018년까지 모두 9개 주, 즉 알래스카, 캘리포니아, 콜로라도, 메인, 매사추세츠, 네바다, 오리곤, 버몬트 및 워싱턴주와 콜로라도 특별구에서 기호용 대마초 합법화가 이루어졌다.

대부분 주정부가 주민입법 발의 형태로 기호용 대마초 합법화법을 제정하였지만, 버몬트는 최초로 주 의회의 발의로 관련법을 제정하였다. 또한 매사추세츠주와 버몬트주는 대마초 판매세에 대한 입법적 정비를 위하여 그 판매를 연기하였다.[34]

❚표 5-3❚ 미국의 기호용 대마초 합법화 주정부

주정부	합법화 범주	판매소 개설시기
알래스카	21세 이상, 1온스, 사용, 소지, 운반, 재배	2016
캘리포니아	21세 이상, 1온스, 사용, 소지, 운반, 재배	2018
콜로라도	21세 이상, 1온스, 사용, 소지, 운반, 재배	2014
메인	21세 이상, 2.5온스, 사용, 소지, 운반, 재배	2018
매사추세츠	21세 이상, 1온스, 사용, 소지, 운반, 재배	2018. 7
네바다	21세 이상, 1온스, 사용, 소지, 운반, 재배(진료소 근처 25마일 이내 거주)	2017
오리곤	21세 이상, 1온스, 사용, 소지, 운반, 재배	2015
버몬트	21세 이상, 1온스, 사용, 소지, 운반, 재배	2019
워싱턴	21세 이상, 1온스, 사용, 소지, 운반, 재배는 의료용 면허 취득 한	2012
콜롬비아 특별구	21세 이상, 2온스 미만, 소지, 1온스 미만 운반, 판매 가능, 재배	2015

자료: Business Insider, 2018.

Ⅴ. 모험과 과제: 대마초 합법화

1. 법원: 대마초의 약리적 효과를 인정하다

미국의 의료용 대마초 사용은 대마초가 녹내장 질환을 완화한다는 민간요법적인 치료와 이에 대한 연방정부의 단속에 대한 법정투쟁, 법원의 대마초의 의학적 효과성을 인정하면서부터 사실상 연방정부가 대마초를 계속 규제물질(Controlled Substances)로만 분류하고 일반 시민의 접근을 제한하는 것은 한계가 있었다고 할 수 있다.

랜달 사건(Randall v. U.S, 1976)으로 연방정부 차원의 의료용대마초지원프로그램이 1978년부터 진행되었고, 캘리포니아주의 1996년 의료용대마초사용법을 근거로 한 의사의 대마초 처방전 발급 등을 연방정부가 단속하자 이에 대한 거부소송(Conant v. McCaffrey, 2000)에서 연방정부가 패소하였다. 즉 연방대법원은 일관성 있게 미 수정헌법상 개인의 건강추구권적 차원에서의 의료적인 대마초 사용에 대한 지지를 표명해왔다. 이는 연방정부와 입장이 배치되는 것으로 법원이 대마초의 약리적 효과를 인정하고 있음을 보여주는 것이다.

2. 허용과 금지 사이의 갈등: 연방정부

대마초는 미국 개척기 초기에는 로프와 섬유 등 산업용품으로 사용되었고, 점차 민간에서 의약품으로 보급되기 시작하였다. 따라서 민간에서는 가정용 상비 의약품으로 사용하였고, 연방정부 역시 순수식품및의약품법(1906)에서는 대마초를 의약품으로 규정하고 그 판매를 허용하기도 하였다. 그러나 이후 대마초를 독극물(Poison) 또는 규제약물로 분류하면서 대마초의 소지, 사용, 판매 등에 대한 단속을 벌였다. 한편으로는 닉슨 정부는 1972년 샤퍼위원회를 통하여 의료용 대마초의 허용효과성 여부를 진단시키기도 하였다. 또한 레이건 정부는 마약과의 전쟁을 벌여 반약물남용법을 통하여 대마초를 포함한 마약사범에 대한 삼진아웃제, 즉 무관용주의를 도입하여 엄격한 구금형주의를 채택하였다. 결과적으로 대마초 흡연 등 경미사범도 엄격한 구금형에 처해져 교도소 과밀화와 교정예산 낭비를 가져왔다는 비난에 시달리는 등의 문제에 봉착했다.[35]

오바마정부는 대마초 판매에 대한 우호적 태도를 보이는 일명 오그덴 및 콜 행정명령을 발표함으로써 대마초 사용에 대한 실질적인 단속을 유예하는 입장을 취하였지만, 트럼프 정부는 세션 행정명령을 발표하여 대마초 판매에 대한 단속 입장을 표명하고 있다.

이와 같이 연방정부의 정권변화에 따라 대마초 정책의 혼선이 반복되었지만, 주정부는 뚜렷하게 의료용 대마초의 합법화 경향을 보이고 있다. 즉 주민청원 형식의 입법화를 통하여 캘리포니아, 알래스카, 웨스트버지나 등 30여개 주정부가 이미 의료용 대마초의 사용, 소지, 판매, 재배 등을 허용하는 관련법을 제정한 것이다.

연방정부가 주정부에 대한 대마초 규제를 놓자 않으려 하는 배경은 대마초가 아직은 규제약물법상의 규제약물로 분류되어 있고, 통일국가마약의약품상 연방정부가 주정부단속권을 가졌다는 것이 표면적인 이유이다. 그러나 연방주의와 지방분권주의의 갈등과 충돌이 더 큰 요인이라는 지적들도 있다.[36] 즉 연방정부는 주정부에 대한 통제권을 수정헌법상 연방의회가 주정부 간 상거래행위에 대한 단속권 및 주간상거래행위에 대한 조건과 세금부과 등의 입법권을 갖는다는 조항[37]을 들어 연방정부가 대마초 정책에 대한 최종적인 결정권을 가져야 한다고 주장하고 있다. 이러한 주장은 연방주의적인 성향이 강한 공화당이 집권할 경우 더욱 뚜렷한 경향을 보인다. 이는 환자의 의료용 대마초의 필요성이나 개인의 행복추구 등에 대한 보다 근원적인 논의가 배제된 태도이며, 의료용 대마초를 허용한 주정부가 30개 주에 이르렀음에도 불구하고 대마초 단속을 강화하겠다는 세션 행정명령은 극명한 연방주의자의 모습이라는 지적이 보다 설득력이 있다.[38]

3. 기호용 대마초: 어디까지 풀어줄 것인가

대마초 사용실태 파악과 그 합법화 필요성 여부를 진단토록 한 이른바 샤퍼위원회가 1972년 3월 22일에 발간한 마리화나, 오해의 신호(Marihuana, A Signal of Misunderstanding)라는 최종보고서는 닉슨대통령에게 기호용 대마초의 사용허가를 제안하면서 제한된 양의 기호용 대마초 소지 및 사용자에 대한 처벌을 면하도록 하였지만 거부되었다.[39]

샤퍼위원회를 구성하여 대마초 합법화를 고려하였던 연방정부가 레이건정부가 들어서면서 반약물남용법과 종합범죄통제법을 제정하며 마약과의 전쟁을 벌이며 마약사범에 대한 삼진아웃제를 전면적으로 시행한 것은 정책의 무일관성 뿐만 아니라 개인의 대마초 접근권, 즉 행복추구권을 배려하지 않은 것이라는 지적이다. 즉, 의료용 대마초의 허용과 함께 제한적으로 기호용 대마초의 허용 범주를 규정하는 입법정비와 정책보완을 할 기회를 잃었다는 것이다. 결과적으로 2018년까지 무려 9개 주와 콜롬비아 특별구의 기호용 대마초 합법화를 수수방관할 수밖에 없게 되었다.[40]

레저용 대마초를 허용한 주정부들은 버몬트주를 제외하고는 그 제한 연령을 21세 이상으로, 그리고 사용량을 1온스 정도로 허용하는 등 균형성을 갖춤으로써 연방정부의 우려를 어느 정도 불식시키기는 하였지만, 연방정부가 보다 적극적으로 기호용 대마초의 허용 표준조건과 제품의 유형 등을 제안하지 못함으로써 대마초 성분이 미량이지만 포함된 아이스크림, 캔디바 등 청소년들이 접근할 수 있는 식품 산업으로까지 확대되었다는 비판도 있다.[41]

4. 대마초는 돈

2014년에 기호용 대마초를 합법화한 콜로라도의 경우 대마초 관련 세수가 2014년 67,594,323달러, 2015년 130,411,173달러, 2016년 193,604,810달러, 2017년 247,368,473달러로 증가하여 2017년의 경우 2014년에 비해 365%가량 증가하였다.[42]

대마초는 담배, 캡슐이나 구강스프레이 등의 의료용부터 사탕, 아이스크림, 버터,

음료수, 우유, 차 등 여러 음식에 첨가되어 식용산업으로 확장되면서 다양한 세금을 창출하고 있다. 간질이나 통증치료에 효과를 보이는 카나비딜(cannabidiol: CBD)은 오일이나 사탕의 형태로 보급되는데 이 CBD 산업은 2017년 3억 6000만 달러 정도에 달하였고, 2020년까지 11억 달러, 2022년까지 18억 달러로 성장할 것으로 예상되고 있다. 이에 따라 주정부들이 의료용을 벗어나 기호용까지 합법화 하는 것은 세수를 목적으로 시민의 건강을 해치는 것이라는 비난도 함께 일고 있다.43

그러나 기호용 대마초의 합법화는 대마초사범에 대한 지나친 무관용주의로 인한 경찰력 소모와 교정비용, 그리고 지역사회의 해체 등의 문제를 일정부분 해소하는 측면이 있고, 늘어난 세수를 활용한 교육과 의료체계를 정비하는 자원을 확보한다는 긍정적 평가도 있다.44

5. 캔디와 아이스크림 속의 대마초

기호용 대마초를 합법화한 9개 주 및 콜롬비아 특별구는 모두 21세 미만에게 대마초를 판매할 수 없도록 규정하고 있지만 현실적으로 청소년들의 대마초 접근을 모두 차단하기는 어렵다. 이미 청소년들이 미량의 대마초 성분이 함유된 식료품을 통하여 대마초에 접근하고 있고, 이러한 식료품의 반복적인 섭취는 청소년의 뇌 발달, 기억력, 인지 및 학업 성공에 부정적인 영향을 미칠 수 있다는 연구결과가 제시되고 있다.45

청소년의 대마초 접근은 의료용의 경우 보호자의 동의와 엄격한 의료적 진단이 따라야 하고, 기호용 대마초 판매소 인허가시 학교근처나 청소년 시설과 일정한 거리제한을 두며, 청소년에게 대마초를 판매할 경우 중범죄로 간주하는 등의 규정이 대마초의 의료용 또는 기호용 합법화 과정에 명확하게 반영되었어야 하지만 실제로는 각 주마다 그 차이를 보이고 있다.

따라서 기호용 대마초에 대한 청소년의 접근을 체계적으로 제한할 수 있는 표준법안이 연방정부에 의하여 제시되어야함에도 불구하고 대마초 규제에 대한 연방정부와 주정부의 해묵은 갈등으로 인하여 관련 문제를 해결하지 못한 상태에서 기호용 대마초의 합법화 고리가 풀렸다는 비판이 제기되고 있다.46

또한 국제사회의 대마초에 대한 변화를 제대로 반영하지 못했다는 비판도 함께 제기된다. 즉, 대마초 합법화는 비단 미국만의 현상이 아니라 세계적인 추세이다. 즉, 2016년 4월에 개최된 유엔총회세계마약특별회의(UNGASS)는 기호용 대마초의 합법화를 경계하면서도 사용자들에 대한 치료 및 공중보건적인 조치를 권장하는 등 매우 뚜렷한 정책변화를 보였다. 또한 캐나다는 이 회의에서 대마초의 전면적 합법화를 선언하였고, 이후 대마초허용과규제약물및물질개정법(Act respecting cannabis and to amend the Controlled Drugs and Substances Act: Bill C−45)을 2017년에 제정한 데 이어 2018년 10월부터 전면적인 합법화를 시행하고 있다.[47]

VI. 이슈&디스커션

1. 의료용과 기호용 대마초의 경계
2. 대마초 산업의 수익, 세금은 자치단체 혹은 중앙정부 누구의 것인가?
3. 인권과 대마초의 합법화
4. 대마초 중독과 기타 금지약물과의 상관성

참고문헌

1 허경미. (2018). 미국의 대마초 합법화 과정 및 주요 쟁점 연구. 한국경찰연구, 17(2), 291−316.

2 BDS Analytics. (2017). "BDS Analytics: Cannabis Consumer Insights, Industry Intel & GreenEdge". http://www.bdsanalytics.com/tag/marijuana/retrieved of 2018. 4. 16.

3 Keating, E. (2018). "Marijuana Licenses in California − Part 5: Growth and Comparisons to Other States", https://cannabiz.media/author/ekeating/retrieved of 2018. 4. 16.

4 Smith, A., (2018). "The U.S. legal marijuana industry is booming", http://money.cnn.com/2018/01/31/news/marijuana−state−of−the−union/index.html /retrieved of 2018. 4. 16.

5 YTN, 미국에서 출시된 '대마초 성분 음료', 2018. 3. 21; 메디컬투데이, 커피·대마초, 뇌 속 같은 영역에 작용, 2018. 3. 17; MBN, 봉투 열어보니 대마초…서울 주택가에 대마초 버린 외국인 검거, 2018. 3. 16

6 Belenko, S. R. (Ed.). (2000). Drugs and drug policy in America: A documentary history. Westport, CT: Greenwood Press.

7 한편 1925년 미국은 국제아편협약(the International Opium Convention)을 지지하였지만, 제네바불법거래협약(1936 Trafficking Convention The 1936 Geneva Trafficking Conventions)은 이 협약의 내용이 너무 미약하다는 이유로 서명하지 않았다.

8 Belenko, S. R. (Ed.). (2000). Drugs and drug policy in America: A documentary history. Westport, CT: Greenwood Press.

9 Abrams, D. I. (1998). "Medical marijuana: tribulations and trials". 「Journal of psychoactive drugs」, 30(2): 163−169.

10 Henry, J., & Boggs, J. W. (1952). "Child rearing, culture, and the natural world". 「Psychiatry」, 15(3): 261−271.

11 Belenko, S. R. (Ed.). (2000). Drugs and drug policy in America: A documentary history. Westport, CT: Greenwood Press.

12 Abrams, D. I. (1998). "Medical marijuana: tribulations and trials". 「Journal of psychoactive drugs」, 30(2): 163−169.

13 Akins, S., & Mosher, C. J. (2015). "Drug Use as Deviance". 「The Handbook of Deviance」, 349−368.

14 Belenko, S. R. (Ed.). (2000). Drugs and drug policy in America: A documentary history. Westport, CT: Greenwood Press.

15 Caulkins, J. P., Kilmer, B., MacCoun, R. J., Pacula, R. L., & Reuter, P. (2012). "Design considerations for legalizing cannabis: lessons inspired by analysis of California's Proposition 19". 「Addiction」, 107(5): 865−871.

16 Abrams, D. I. (1998). "Medical marijuana: tribulations and trials". 「Journal of psychoactive drugs」, 30(2): 163−169.

17 H.J.Res.117 − 105th Congress (1997−1998).

18 United States v. Oakland Cannabis Buyers' Cooperative, 532 U.S. 483 (2001).

19 Blaine, C. L. (2002). "Supreme Court 'Just Says No' 1 To Medical Marijuana: A Look at United States V. Oakland Cannabis Buyers'Cooperative". 「Hous. L. Rev.」, 39: 1195−1549.

20 Gonzales v. Raich 545 US 1 (2005)

21 Baker, E. D. (2017). Marijuana, the straight dope: guidance for federal policy reform Doctoral dissertation, Monterey, California: Naval Postgraduate School.

22 Wallack, G., & Hudak, J. (2016). "Marijuana Rescheduling: A Partial Prescription for Policy Change". 「Ohio St. J. Crim. L」., 14: 207－216.

23 Young, F. (1988). Note: In Judge Young's report cannabis is referred to as marijuana, http://www.ccguide.org/young88.php/retrieved of 2018. 4. 16.

24 Goelzhauser, G., & Rose, S. (2017). "The State of American Federalism 2016－2017: Policy Reversals and Partisan Perspectives on Intergovernmental Relations. Publius". 「The Journal of Federalism」, 47(3): 285－313.

25 Abrams, D. I. (1998). "Medical marijuana: tribulations and trials". 「Journal of psychoactive drugs」, 30(2): 163－169.

26 Baker, E. D. (2017). Marijuana, the straight dope: guidance for federal policy reform Doctoral dissertation, Monterey, California: Naval Postgraduate School.

27 Larkin Jr, P. J. (2015). "Medical or recreational marijuana and drugged driving". 「Am. Crim. L. Rev.」, 52: 453－516.

28 행정명령(memorandum)은 메모(memo)로도 표기되며, 행정명령, 지침 등으로 정책결정의 방향성을 제시하는 것을 말한다.

29 Reitz, K. C. (2015). An Environmental Argument for a Consistent Federal Policy on Marijuana. Ariz. L. Rev., 57: 1085－1111.

30 DiFonzo, J. H., & Stern, R. C. (2014). "Divided We Stand: Medical Marijuana and Federalism". 「Health Law」, 27(17): 1－15.

31 Savage, C. & Healy, J. (2018), "Trump Administration Takes Step That Could Threaten Marijuana Legalization Movement", https://www.nytimes.com/2018/01/04/us/politics/mariju ana－ legalization－justice－department－prosecutions.html/retrieved of 2018. 4. 16.

32 United States. Commission on Marihuana and Drug Abuse, & Shafer, 1972.

33 The Hill. (2017). "Who can control marijuana? The Constitution says it's the state, http://thehill.com/blogs/pundits－blog/state－local－politics/344538－sick－of－marijuana －according－to－the－constitution－power/retrieved of 2018. 4. 16.

34 Business Insider. (2018). "Here's where you can legally smoke weed in 2018", http://www.businessinsider.com/where－can－you－can－legally－smoke－weed－2018－1/retrie ved of 2018. 4. 16.

35 Moore, L. D., & Elkavich, A. (2008). "Who's using and who's doing time: incarceration, the war on drugs, and public health". 「American Journal of Public Health」, 98(5), 782－786.

36 The Hill. (2017). "Who can control marijuana? The Constitution says it's the state, Blaine, C. L. (2002). "Supreme Court 'Just Says No' 1 To Medical Marijuana: A Look at United States V. Oakland Cannabis Buyers' Cooperative". 「Hous. L. Rev.」, 39: 1195－1549.

37 (1) the Commerce Clause, which grants Congress authority to "regulate Commerce ... among the several States," and (2) the Necessary and Proper Clause, which says Congress may "make all Laws which shall be necessary and proper for carrying into Execution" certain itemized grants—including the Commerce Clause(United States Constitution (Article I, Section 8, Clause 3)).

38 Granowicz, J. (2018). "President Trump and Congress Extend Protections for the Medical Marijuana Industry", Goelzhauser, G., & Rose, S. (2017). "The State of American Federalism 2016−2017: Policy Reversals and Partisan Perspectives on Intergovernmental Relations. Publius". 「The Journal of Federalism」, 47(3): 285−313.

39 Eastland, J. O. (1974). Marihuana−Hashish Epidemic and Its Impact on United States Security. Hearings Before the Subcommittee to Investigate the Administration of the Internal Security Act and Other Internal Security Laws of the.

40 Wallack, G., & Hudak, J. (2016). "Marijuana Rescheduling: A Partial Prescription for Policy Change". 「Ohio St. J. Crim. L」., 14: 207−216.

41 Gaede, D. B., & Vaske, J. J. (2017). "Attitudes toward the legalization of marijuana on Colorado tourism". 「Tourism Analysis」, 22(2): 267−272.

42 Colorado Government. (2018). Marijuana Tax Data, https://www.colorado.gov/pacific/revenue/colorado−marijuana−tax−data/retrieved of 2018. 4. 16.

43 Staggs, B, E, (2018). High taxes spark sticker shock for cannabis, http://www.thecannifornian.com/cannabis−business/high−taxes−spark−sticker−shock−cannabis−customers−california/retrieved of 2018. 4. 16.

44 Business Insider. (2018). "Here's where you can legally smoke weed in 2018", http://www.businessinsider.com/where−can−you−can−legally−smoke−weed−2018−1/retrieved of 2018. 4. 16.

45 American Psychological Association. (2014). "Regular Marijuana Use Bad for Teens' Brains", http://www.apa.org/news/press/releases/2014/08/regular−marijuana.aspx/retrieved of 2018. 4. 16.

46 Larkin Jr, P. J. (2015). "Medical or recreational marijuana and drugged driving". 「Am. Crim. L. Rev.」, 52: 453−516.

47 캐나다의 트뤼도총리는 2018년 10월 17일부터 대마초를 판매할 것이라고 2018년 6월 20일 선언하였고, 캐나다 상원의회는 2018년 6월 25일 대마초합법화법(Bill C−45)을 2018년 6월 25일 통과시켰다.

제12장

캐나다의 마리화나 합법화

Ⅰ. 문제의 출발

캐나다는 인구의 10% 정도가 꾸준하게 대마초를 사용하는 등 레저용 대마초 사용자들을 계속 범죄인화(Criminalization)할 경우 형사사법적 비용 및 치료비를 국가가 감당하기 어렵다는 현실적인 문제인식에서 매우 적극적으로 대마초 합법화(Legalization) 전략을 추진하였다. 즉, 캐나다는 1908년 아편법(Opiun Act)을 제정한 이래로 다양한 특별법 및 행정규정을 통하여 100여년 동안 레저용 대마초를 포함한 마약사용을 엄격하게 제한했지만, 2017년까지 대마초의 전면적 합법화를 위한 관련법령의 정비 및 행정절차 등을 마친 후, 2018년 10월 17일부터 전면적인 합법화를 단행했다.[1]

캐나다의 대마초 사용실태는 「캐나다담배, 알콜, 약물조사」(Canadian Tobacco, Alcohol and Drugs Survey: CTADS)를 통하여 살펴볼 수 있다. 이 조사는 캐나다 통계청이 보건부로부터 위탁으로 받아 15세 이상 캐나다인들을 대상으로 담배, 술 및 마약 사용에 관하여 2년 마다 행하는 일반인구조사이다. 이것은 1999년부터 2012년까지 시행된 「캐나다담배사용모니터링조사」(CTUMS)와 2008년부터 2012년까지 시행된 「캐나다알코올및약물사용모니터링조사」(CADUMS)를 병합하여 2013년부터 이루어졌다.[2]

2017년 CTADS에 따르면, 15세 이상 캐나다인의 15%가 지난 12개월 동안 현재 담배를 피우거나 또는 대마초를 피웠다고 대답하였다. 술, 마약, 담배 및 기타 불법마약을 소비한 비율은 여성보다는 남성이 높았고, 그리고 남성 인구 중 20~24세 사이에서 가장 높았다.

대마초법(C-45)이 공식적으로 2018년 10월 17일에 발효됨에 따라 2017년 CTADS는 합법화 및 규제 이전에 캐나다의 대마초 소비를 알 수 있는 중요한 국가 자료라고 할 수 있다.

합법화에 앞서, 캐나다인 7명 중 1명이 담배를 피운 사람과 같은 비율로 대마초를 사용하는 것으로 나타났고, 15세 이상 캐나다 인구 중 15%, 즉 460만명 정도가 현재 담배를 피우며, 지난 12개월 동안 대마초를 피운 것으로 응답한 경우는 15%, 즉 440만명 정도로 나타났다. 또 캐나다인의 3%, 990,000명 정도는 지난 12개월 동안 대마초 이외의 불법 마약을 한 가지 이상 사용하였다.

한편 CTADS 2017는 다른 불법 약물을 사용한 캐나다의 하위 집단 중 대마초 사용 범위를 검사하는데도 사용할 수 있다. 이에 따르면 다른 불법 약물을 사용한 캐나다인 89%가 지난 해 대마초를 사용한 것으로 파악되었지만, 대마초 소비자 중 80%는 다른 불법 약물을 사용하지 않은 것으로 나타났다.

CTADS에 따르면, 캐나다인이 처음 물질을 사용하는 연령대는 담배의 경우 16.4세. 알콜은 18.3세, 대마초 18.6세, 대마초 이외 금지약물 19.2세로 나타났다. 대마초는 음주와 거의 비슷한 연령대부터 최초 시작하는 것을 알 수 있다.

┃표 5-4┃ 캐나다인의 최초 담배, 알콜, 마리화나, 금지약물 사용 연령대

연령대	담배	알콜	마리화나	금지약물 (마리화나 제외)
계	16.4	18.3	18.6	19.2
남성	16.3	17.7	18.3	19.5
여성	16.5	18.9	19.1	18.7

한편 캐나다 대마초 소비자의 약 3분의 2는 기호용으로 대마초를 사용하는 것으로 나타났다. 즉, 2017년에는 지난 12개월 동안 대마초를 사용한 사람들의 63%가 기호용으로 사용하였고, 사용한 사람의 37%만이 의료용으로 사용한 것으로 조사되었다.

대마초를 의학적으로 사용하는 사람들의 비율은 여성 46%, 남성 31%이었고, 의료 목적으로 대마초를 사용하는 사람들이 보고한 주요 질병은 만성 통증 46%, 불안 및 신경 18% 및 불면증 12%이었다. 대마초를 의료용으로 사용하는 연령대는 25세 이상 사용자 42%, 25세 미만 23%로 연령대가 높을수록 의료용으로 대마초를 사용하는 것을 알 수 있다.

┃표 5-5┃ 지난 12개월 동안 사용된 현재의 흡연 및 음주, 마약 및 기타 불법 마약을 신고한 사람 수, 대마초 사용, 15세 이상 가구 인구, 캐나다, 2017

	총계	마라화나 사용 (지난 1년 동안)	마리화나 비사용 (지난 1년 동안)
음주계	23,254.5	4,032.8	19,099.5
성별			
남성	11,646.2	2,503.3	2,315.0
여성	11,608.3	1,529.6	2,729.0
연령대			
15세~19세	1,133.0	355.2	776.3
20세~24세	1,954.3	754.0	1,194.3
25세 이상	20,167.2	2,923.6	17.128.8
금지약물 계 (마리화나제외)	989.1	876.0	113.1
성별			
남성	720.9	637.6	F
여성	268.2	238.4	F
연령대			
15세~19세	82.5	73.0	F
20세~24세	241.3	202.3	38.9
25세 이상	665.3	300.6	F
마리화나 계	4,390.8		
성별			
남성	2,719.5		
여성	1,671.2		
연령대			
15세~19세	387.0		
20세~24세	776.7		
25세 이상	3,227.1		

┃표 5-6┃ 지난 12개월 동안 대마초를 사용하면서 다른 금지약물을 함께 사용 실태

	총계	금지약물사용 (지난 12개월 동안)	금지약물 비사용 (지난 12개월 동안)
계	4,390.8	875.9	3,477.3
남성	2,719.5	637.6	2,045.1
여성	1,671.2	238.4	1,432.2
연령대			
15세~19세	387.0	73.0	313.7
20세~24세	776.7	202.3	572.3

II. 캐나다의 대마초 규제주의

캐나다는 마약에 관한 특별법을 제정하기 전에는 형법으로 금지해왔다. 마약류 사용을 규제하기 위해 최초로 제정된 특별법은 1908년 「아편법」(Opium Act)이다 (S.C. 1908, c. 50.). 이 법은 레저용 아편 사용을 금지하고 의료용에 한하여 아편사용을 부분적으로 허용하였다.

이어 1911년 「아편및마약법」(The Opium and Narcotic Drug Act)에 의하여 압수된 약물의 몰수명령 및 배상명령이 부과되었으며 약물소지자에 대해서도 처벌하는 규정이 강화되었다(S.C. 1911, c. 17.). 이 「아편및마약법」을 1923년에 개정하면서 대마초를 규제약물에 포함시키고 그 사용을 금지하였다. 그리고 캐나다 의회는 1938년에 이 법을 개정하여 보건부로부터 사전에 허가를 받지 않고서는 대마초를 재배할 수 없도록 하였다.[3]

이어 캐나다는 1961년에 「유엔마약단일협약」을 비준하고 그 권고사항을 이행하기 위해 「마약규제법」(the Narcotic Control Act)을 제정했다. 그리고 이 법을 1996년에 전면적으로 개정, 법명을 변경하여 「규제약물및물질법」(Controlled Drugs and Substances Act)으로 공포하였다(S.C. 1996, c. 19.). 이 법은 2016년 11월 30일자로 최종 개정되었으며, 현행 캐나다의 규제약물 관련 기본법이라고 할 수 있다.[4]

캐나다의 규제약물및물질법(CDSA)은 7개 장(Part) 및 95개 조문(Section)으로 구성되어 있으며, 규제약물 및 물질을 8가지 유형(Schedule)으로 구분하고 있다.[5]

이 법의 PART I은 규제약물 등과 관련된 5가지 유형의 범죄 및 처벌규정 (Offences and Punishment)을 규정하였다.

1) 약물소지(Possession (section 4(1))

schedules I, II, III에 규정된 어떤 약물이라도 사전에 허가받지 않는 소지는 불법이다. 처벌의 강도는 약물에 따라 다르다. schedules II의 대마초 및 III의 약물의 소지가 30g을 초과하지 않는 경우 유죄확정 및 벌금 $1,000 또는 6개월 구금 또는 병과될 수 있다.

2) 이중진료행위(Double-doctoring (section 4(2))

지난 30일 동안 약물을 처방받은 사실을 숨기고 의사로부터 어떤 약물이라도 처방을 받거나 구한 행위는 범죄이다.

3) 거래행위(Trafficking (section 5))

거래목적으로 schedules Ⅰ부터 Ⅳ까지 어떤 약물이라도 소지하는 경우 위법이다. 대마초의 경우 최고형은 종신형이며, 환각제의 경우 최저 1일 구금부터 최고 5년 구금형으로 처벌된다. 특히 폭력행위를 수반한 거래행위나 학교주변에서의 거래행위는 가중처벌 한다.

4) 수입 또는 수출행위(Importing and exporting (section 6))

schedules Ⅰ부터 Ⅳ까지 약물을 수입, 수출하는 행위는 위법이다. schedules Ⅰ 및 Ⅱ를 거래, 강압적인 수단, 접근이 금지된 지역에서 행한 경우 최소 일년 구금형에서 최고 종신형으로 처벌한다.

5) 생산(Production (section 7))

허가(라이센스)를 받지 않은 어떠한 약물의 생산도 위법이다. schedules Ⅰ 및 Ⅰ를 생산하는 경우 최고형은 종신형이다(대마초 제외). 대마초를 생산하는 경우 최대 14년의 구금형에 처해진다. 대마초는 최대 5개주(株)를 넘지 않고, 거래목적이었다면 최소한의 처벌규정을 충족한 것이다.

이 법의 Part Ⅱ는 법집행 방식으로 제11조부터 제12조까지 이 법의 위반사범에 대한 압수수색, 제13조는 재산의 압류 및 배상, 제14조부터 제23조는 구속명령과 범죄 관련 재산의 몰수 등을 규정하였다.

이 법의 Part Ⅲ는 압수된 물건의 처분으로 제24조부터 제29조까지 경찰 및 검찰 등에 의하여 압수된 물건의 처분방법을 규정하였다.

이 법의 Part Ⅳ는 이 법에 따른 법집행공무원의 권한으로 제30조부터 제32조에서는 법집행공무원의 권한 및 이에 대한 방해행위에 대한 처벌 근거를 두고 있다.

이 법의 Part Ⅴ는 지정된 규정(designated regulations)의 집행을 위한 특별한 법집행으로 제33조부터 제43조에서는 보건부장관은 지정된 규정에 위반하여 사람으로 인하여 건강 또는 안전이 위험한 경우 긴급명령(emergency order)을 특정지역에 발동할 수 있다.

이 법의 Part Ⅵ는 일반규정으로 제44조부터 제60조에서는 행위자가 처벌을 면하거나 감경받기 위해서는 자신에게 유리한 자격증이나 허가증 등의 제시의무(제48조), 정부의 광범위한 약물규제권(제55조), 규제약물의 의료, 과학 및 산업 응용을 위한 개발을 허용(제55조 제1항), 보건부장관의 의학적 또는 과학적 목적으로, 또는 공공의 이익을 위하여 규제약물의 사용허가권(제56조) 등을 두었다.

이 법의 Part Ⅶ는 유예규정(제61조), 후속적 개정(64조~93조의1), 조건부 개정(93조의2~93조의3), 철회(제94조), 강제시행(제95조) 등의 내용을 규정하고 있다.

┃표 5-7┃ 규제약물및물질법상 약물 및 물질

약물	물질
Schedule I	가장 위험한 약물 및 마약류로 아편, 몰핀, 헤로인, 코카인, 및 그 합성물 등
Schedule II	대마초 및 관련물질 등
Schedule III	환각제류 즉 LSD(lysergic acid diethylamide), 실로시빈(psilocybin)이 포함된 물질 등
Schedule IV	치료용 약물, 즉 위험성이 있지만 치료용(수면, 진정제 등)으로 사용되는 바르비투르 약제 등이 포함된 물질
Schedule V	프로필핵세딘(Propylhexedrine)이 포함된 물질 등
Schedule VI	아세트, 에페드린 등이 포함된 물질 등
Schedule VII	대마초 수지(3kg) 및 대마초(3kg)의 양
Schedule VIII	대마초 수지(1g) 및 대마초(30g)의 양

Ⅲ. 캐나다 연방대법원: 대마초 합법화의 문을 열다

1. 정부의 보수적 태도

캐나다 의회는 마리화나의 법적 규제의 효과 및 문제점을 지속적으로 연구했다. 1972년의 르댕위원회(LeDain Commission), 2002년의 상원불법약물특별위원회(the Senate Special Committee on Illegal Drugs), 2002년의 비의학적약물사용위원회(Committee of Non-Medical Use of Drugs) 등의 활동 보고서는 대마초의 불법화(범죄화) 정책의 문제점을 진단하였다.[6]

이 보고서들은 첫째, 대마초 범죄화 정책은 합법적인 공급과 시장형성을 차단시켜 결과적으로 지하시장을 만들고 불법자금을 축적시키는 통로역할을 하였으며, 둘째, 대마초 사용자들을 구속시킴으로써 이들에 대한 공중보건적 차원의 치료기회가 제대로 주어지지 못했고, 셋째, 대마초 금지정책을 유지하기 위한 사회적·형사사법적 비용 증가, 교도소 과밀화 등의 문제를 지적하였다.[7]

한편 법원 역시 규제약물및물질법(CDSA)이 시민의 기본권을 침해한다는 판결을 잇달아 내놓았다.

캐나다의 의료용 대마초 허용은 R. v. Parker 판결이 단초라고 할 수 있다.[8] 2000년 7월 31일 온타리오고등법원은 R. v. Parker 판결에서 시민은 의료용 대마초를 소지할 권리가 있다고 판시하면서 의료용 대마초를 소지하지 못하도록 한 규제약물및물질법(CDSA)이 위헌이라고 판시하였다.[9]

이에 따라 캐나다 보건부는 2001년에 「대마초의료접근규정」(Marihuana Medical Access Regulations: MMAR)을 제정했다(SOR /2001-227). 이 규정은 의료용 대마초가 필요하다는 의사의 처방전을 소지한 사람에 한해 보건부로부터 라이센스를 받은 생산업자가 제공하는 건조대마초를 구입할 수 있도록 허용하였다.

캐나다 보건부는 2013년에 「의료용대마초규정」(Marihuana for Medical Purposes Regulations: MMPR)을 제정했다(SOR/2013-119). 이 규정은 의료용 대마초의 생산 및 유통산업의 가이드라인을 제시하여 캐나다인이 의료용으로 안전하고 위생적인 조건에서 재배되고 품질이 관리된 대마초를 이용할 수 있도록 하였다. 그런데 연방대법원이 R. v. Smith 판결과 Allard v. Canada 판결을 통하여 이 규정의 문제점을 지적하였다.

2. 연방대법원의 개인의 안전추구권 인정

1) R. v. Smith 판결

캐나다 연방대법원은 2015년 6월 11일자 판결에서 의료용으로 비 건조 대마초를 금지하는 규정은 캐나다헌법 제7조상 개인의 권리 및 기본권에 포함되는 인간의 안전을 침해한다는 판결을 하였다.[10]

법원은 의료용대마초규정(MMPR)이 첫째, 부적절한 치료인 합법적인 방법과 적절한 치료인 불법적인 방법 사이에서 개인이 선택하도록 압력을 주고 있고, 둘째, 비 건조 의료용 대마초 금지는 합법적으로 의료용 대마초를 구하려는 환자의 건강 및 안전을 고려하지 않는 것이라고 판시하였다.[11]

2) Allard v. Canada 판결

캐나다 연방대법원은 2016년 2월 24일자 판결에서 허가를 받은 생산업자에게만 대마초를 구하도록 하는 규정은 대마초를 필요로 하는 사람이 원하는 품질, 양

(quantity) 등을 스스로 선택할 수 없도록 하는 것으로 캐나다헌법 제7조상 개인의 권리 및 기본권에 포함되는 인간의 안전을 침해한다는 판결을 하였다.[12]

캐나다 보건부는 연방대법원의 이 두 판결의 내용을 수용하여 2016년 8월 24일에 「의료용대마초접근규정」(Access to Cannabis for Medical Purposes Regulations: ACMPR)을 제정하였다(SOR/2016-230). 이 규정에 따르면, 의료용으로 마리화나를 필요로 하는 사람은 의사로부터 처방전을 받아야 한다. 의료용 대마초는 건조, 비 건조, 오일 형태로 원하는 대로 공급받을 수 있다. 그리고 의료용 대마초 사용자가 의료용 대마초 재배를 위해 캐나다 보건부에 등록할 수 있고, 다른 사람을 지정하여 등록하게 할 수 있다. 또한 허가된 생산업자에게 등록하여 대마초를 계속 공급받을 수도 있다. 의료용 대마초는 필요량의 30일 분량 또는 건조 대마초 150g 미만, 또는 다른 형태의 경우도 그와 같은 분량 정도만을 소지할 수 있다.[13]

한편 2015년 11월 취임한 저스틴 트뤼도(Justin Trudeau)수상은 2013년 4월 자유당 총수로 선출되면서 대마초 합법화를 자유당의 공약으로 내세웠다. 트뤼도 수상은 2015년 12월 4일 취임 의회연설에서 대마초 합법화 방침을 공식 선언하였다.[14] 이어 캐나다 정부는 2016년 4월 20일 UNGSS 2016에서 대마초 합법화를 추진할 것이라고 선언하였다.[15]

그리고 이러한 일련의 정책변화에 따라 의료용 대마초에 대한 접근을 보다 쉽게 하고, 나아가 레저용 대마초를 어떤 방식으로 허용할 것인지에 대한 정책마련을 위하여 2016년 6월 30일 「대마초합법화및규제태스크포스」(Task Force on Cannabis Legalization and Regulation)를 발족하고, 같은 해 12월 13일 그 결과보고서를 발표하였다. 이 보고서는 대마초 정책개혁과 관련하여 연방정부에게 모두 80개항의 권고안을 제시하였다. 이를 바탕으로 캐나다는 대마초 합법화 정책을 추진하게 된다.[16]

한편 캐나다 정부는 태스크포스의 권고에 따라 2017년말 까지 대마초 합법화와 관련한 법령정비 및 제도개선, 라이센스제 개선 등 일련의 작업을 추진하고,[17] 2018년 10월부터 전면적인 판매를 허용하고 있다.[18]

이에 따라 캐나다는 매년 약 40만kg에 달하는 대마초 시장이 형성되며, 매년 6억 18,00만 달러 정도의 세금을 징수할 수 있게 되며, 세금은 연방과 주정부가 60/40으로 배분한다. 한 해 사용자는 380만 명, 그리고 사용량은 약 57만 5천kg에 달할 것이라는 전망이다.[19]

Ⅳ. 캐나다의 대마초 합법화 전략

태스크포스는 캐나다의 대마초 비범죄화 정책 추진방향을 [그림 5-2]와 같이 제시하고, 그 구체적 추진방향을 5개 전략, 80개 항목으로 권고하였다.

▌그림 5-2▌ 캐나다의 대마초 비범죄화 정책 추진방향

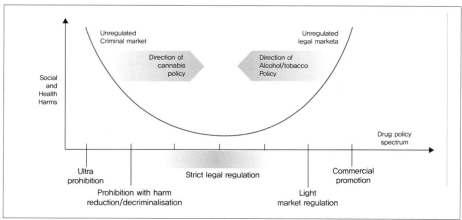

자료: Government of Canada, 2016.

1. 피해의 최소화

대마초 사용을 허용함에 있어 가장 중요한 요소는 대마초로 인한 피해를 최소화하는 것이며, 이를 위해 정부는 대마초 사용연령을 담배 및 알콜사용 허용 연령과 같게 18세 이상으로 할 것과 대마초 광고제한, THC 및 칸나비디올(CBD)의 양 및 위험성 등을 제품포장에 표기할 것, 대마초를 아동에게 친숙하게 보이는 캐릭터나 식품모양, 과자류, 캔디 형태 등으로 제조하지 못하게 할 것, 1회 섭취량 및 판매량 등을 제한할 것, 대마초가 함유된 알콜, 음료, 커피 등의 제조를 금지할 것, 제품에 경고라벨부착(예: 어린이의 손이 닿지 않는 곳에 보관), 대마초 생산 감독 및 세금체계 강화, 대마초 위험성에 대한 학교교육 및 지역사회 교육 강화, 연방 및 주정부간 협력체계 강화 등을 권고 하였다.20

2. 안전하고 책임 있는 공급체계

안전하고 책임 있는 대마초의 공급을 위해 현행 의료용 대마초 규제와 같이 연방

정부가 기본적인 대마초 생산량 및 관련물질 등에 대한 규제권을 행사하며, 라이선스제를 통한 대마초 소규모생산업자 활성화 및 유통 및 판매 추적시스템구축, 수수료징수, 알콜, 담배 등과 분리된 판매소지정, 판매지역 제한(학교근처나 공원, 공공기관 인근 금지 등), 판매자전문화교육, 통신판매 허용, 지방정부 승인 하 개인당 4주 이하 재배허용, 재배허용 시 대마초의 최대높이 100cm 이하 제한 등을 권고하였다.[21]

3. 공공안전 및 보호

대마초 허용과 함께 공공안전 및 보호를 위하여 태스크포스는 연방정부에 허가받지 않은 생산 및 소지, 수입, 수출행위, 청소년에 대한 매매행위 등을 처벌하고, 대마초통제법의 제정, 레저용 건조대마초의 판매한도는 30g 이하제한, 비 건조 대마초의 판매 및 소지제한, 대마초 흡연금지구역지정, 대마초 흡연지역 및 장소지정, 대마초흡연운전금지 및 관련 위험성에 대한 학교교육 및 시민대상 캠페인, 대마초 흡연운전을 탐지할 수 있는 전문장비 및 경찰력 확보 및 처벌법 등의 제정 등을 권고하였다.[22]

4. 의료용 접근

의료용 대마초 접근을 위하여 태스크포스는 연방정부에 의료용 및 레저용 접근시스템분리, 의료용 대마초 접근시스템모니터링, 기존 의료용 대마초 생산자 등 라이선스제의 재검토, 의료용 및 레저용 대마초의 동일한 세금부과, 대마초의 의료적 효과성에 대한 지속적인 연구지원 및 관련 정보의 홍보, 5년 내에 의료접근체계 진단평가 등을 권고하였다.[23]

5. 이 행

대마초규제체계의 성공적 이행을 위하여 연방정부는 대마초의 생산능력을 증대시키고, 판매망을 확충하며, 조사 및 감독, 면허 및 규제검사, 법집행 및 보건 교육, 각종 법령 등의 정비와 함께 대마초 정책변화에 대한 각 주정부와의 의견조정 및 원주민의견의 반영, 고용주, 교육자, 법집행기관, 산업계, 보건 종사자 및 시민들에 대한 지속적인 교육과 대마초국가연구조직의 설치 및 모니터링기구의 설치, 매 5년마다 프로그램 진단평가 등이 포함되었다.[24]

캐나다의 마리화나 축제

자료: SmokersGuide.com, 2018.[25]

V. 캐나다의 대마초 합법화 정책에서 배운다면

1. 의료용 대마초와 레저용 대마초의 이원화 전략

캐나다는 1923년 아편및마약법을 개정하면서 대마초를 규제약물에 포함시키고 규제한 데 이어 1961년 규제약물및물질법(CDSA)에서도 대마초를 규제약물에 포함시켰다. 그러나 2001년 대마초의료접근규정(MMAR), 2013년 의료용대마초규정(MMPR), 2016년 의료용대마초접근규정(ACMPR) 등의 제정으로 의료용 비 건조 대마초의 허용, 의료용 대마초의 자급적 생산 및 위탁 등에 이르기까지 허용범위를 확대하여 왔다.

이와 같이 캐나다 정부가 의료용 대마초의 소지에서부터 생산까지 허용범위를 확대하는데 중요한 영향을 끼친 판결은 R. v. Parker(2000), R. v. Smith(2015), A. v. Canada(2016) 등이다.

캐나다는 R. v. Parker(2000)를 통해서는 의료용 대마초의 허용을, R. v. Smith(2015)를 통해서는 비 건조대마초의 의료용 사용을, A. v. Canada(2016)를 통해서는 의료용 대마초재배 및 위탁재배 등을 허용하였다.

즉, 캐나다는 기본적으로 규제약물및물질법(CDSA) 등을 통하여 대마초를 규제약물로 규정하고는 있지만 대마초의 의학적인 효과를 인정하고 의료용 대마초를 제한적으로 허용해왔다. 이는 대마초사용 등의 제한이 캐나다 헌법위반이라는 법원의 해석에 기초를 두고 있다. 그러나 레저용의 경우 사용 등을 철저하게 제한하는 이 원적 전략을 취해왔다. 또한 2018년부터 합법화의 경우에도 의료용과 레저용의 대 마초의 소지량 및 접근방식을 이원화함으로써 대마초 남용 등의 부작용을 억제하려 는 입장을 취하고 있다.

2. 의회 및 연방정부, 주정부 등의 치밀한 대마초 합법화 전략

캐나다의 대마초 합법화는 레저용 대마초 사용자의 지속적인 증가와 관련 범죄 자의 문제, 그리고 2016년 유엔총회마약문제특별회의에서 제기된 레저용 대마초허 용이 유엔의 마약규제정책에는 배치되지만, 남용자들에 대한 공중 보건적 접근 및 치료적 관점의 접근방식으로의 전환 필요성에 대한 공감대 형성, 우루과이(2013년) 및 미국의 워싱턴 주 및 콜로라도 주(2014년) 등의 적극적인 대마초 합법화 등의 영 향을 받아 의회 및 행정부에서 매우 체계적으로 준비하여 왔다.

즉, 의회차원의 르댕위원회(1972), 상원불법약물특별위원회(2002), 비의학적약물 사용위원회(2002) 및 정부차원의 대마초합법화및규제태스크포스(2016) 등을 통해 대마초를 합법화할 경우 그 부작용을 최소화하기 위한 다각적인 대책과 사용연령, 제한량의 설정 등 그 가이드라인을 치밀하게 준비하였다는 특징이 있다. 특히 대마 초합법화및규제태스크포스의 최종보고서는 연방정부가 대마초 합법화의 중심축이 되지만, 각 주정부 및 원주민대표의 의견을 조율하며, 세금의 적정한 분배, 그리고 대마초사용 피해최소화, 대마초사용지역 및 장소 제한, 공급대마초량 및 품질표준 화, 전문치료시설 및 전문인력 양성 등을 제시함으로써 향후 캐나다의 대마초 합법 화의 프레임을 명확하게 하였다는 특징이 있다.

3. 체계적인 대마초 사용 실태파악

캐나다는 캐나다흡연모니터링조사(1999~2012), 캐나다알콜및약물사용모니터링조 사(2008~2012), 캐나다담배알콜약물조사(2013~) 등을 통하여 대마초 사용에 관한 전반적인 자료를 체계적으로 관리하였다. 캐나다 정부는 이와 같은 통계자료를 바 탕으로 보다 정교한 대마초 합법화의 정책 전략을 마련하였다는 특징이 있다. 또한 이와 같은 표준적인 통계자료는 대마초의 레저용과 의료용의 수요정도와 남용자 치 료를 위한 사회적 비용, 주정부와 연방정부간의 관련 정보공유 및 협력체계 구축자료로 활용하고 있다.

4. 약물관련 법령의 정비와 장기적 로드맵

캐나다는 1908 아편법의 제정 이후 1911년 아편및마약법, 1961년 마약통제법, 1996년 규제약물및물질법 등을 제정하였고, 유엔의 약물규제관련 3대협약 역시 모두 비준하는 등 약물(대마초)규제에 관한 매우 일관성 있는 법체계를 유지하고 있다. 그리고 대마초 관련 판례 등을 반영하여 행정규정을 정비하고 의료용 약물의 규제 및 허용의 범위를 조정하여 왔다. 그리고 2016년 태스크포스 작업을 바탕으로 2018년부터 전면적인 레저용 사용을 허용하겠다는 일련의 로드맵 전략을 실천하였다.

즉, 캐나다는 대마초의 규제체계를 유지하면서도 의료용에 한하여 사용을 허용하고, 이후 시민여론의견 및 판례 등을 존중하며 점차적으로 대마초를 전면적으로 확대함으로써 매우 장기적인 로드맵을 기초로 관련 정책을 추진한다는 특징이 있다. 이는 대마초의 전면적인 합법화로 인한 문제점을 최소화하고, 사회적 대비책을 좀 더 강구할 수 있다는 점에서도 매우 바람직하다고 할 수 있다.

5. 대마초의 전면적 비범죄화에 대한 공중보건정책 강구

캐나다는 규제약물및물질법(CDSA)을 통하여 규제약물을 Schedule Ⅰ부터 Schedule Ⅷ까지 분류하였다. 대마초의 경우 Schedule Ⅱ, Schedule Ⅶ, Schedule Ⅷ에서 규제약물에 포함하고 의약품의 경우 사용량 및 최대 소지량, 그리고 THC의 함유량의 재한 등 매우 상세한 제한 가이드라인을 규정함으로써 의료용 대마초가 남용되지 않도록 하였으며, 의료용 대마초 사용자에 대한 대안치료를 제공하는 등의 공중보건정책을 추진하였다는 특징이 있다. 또한 레저용 대마초를 허용할 경우에도 최우선은 그 피해의 최소화(Minimizing Harms of Use)에 둘 것을 대마초합법화및규제태스크포스는 결과보고서에서 명확히 하였다. 그리고 이를 실천하기 위하여 보건인력의 전문화 및 확충, 예산 등을 연방정부가 대마초 라이선스 등에서 얻은 세금으로 충당하며, 이를 주정부에 지원함으로써 레저용 대마초의 부작용을 억지하는 정책적 구상을 보이고 있다는 특징이 있다.

VI. 이슈&디스커션

1. 대마초 사용자는 다른 마약류의 이중 사용자인가?
2. 대마초 합법화, 산업과 의료, 세금수익의 함수
3. 대마초 합법화의 국가적 전략의 방향
4. 캐나다의 대마초 합법화 교훈

참고문헌

1 Justice Laws Website, Cannabis Act (S.C. 2018, c. 16), https://laws−lois.justice.gc.ca/eng/ acts/C−24.5/

2 Canadian Tobacco, Alcohol and Drugs Survey, 2017, https://www150.statcan.gc.ca/n1/en/ daily−quotidien/181030/dq181030b−eng.pdf?st=OX_mr06p

3 Senate Special Committee on Illegal Drugs, (2002). Cannabis: Our Position for Canadian Public Policy: Volume II, Part III − Policies and Practices in Canada. Ottawa: Parliament of Canada.

4 Justice Laws Website, (2016). Controlled Drugs and Substances Act (S.C. 1996, c. 19), Retrieved 25 February 2017, from http://laws−lois.justice.gc.ca/PDF/C−38.8.pdf/

5 Justice Laws Website, (2016) Controlled Drugs and Substances Act(S.C. 1996, c. 19).

6 Spithoff, S., Emerson, B., &Spithoff, A. (2015). Cannabis legalization: adhering to public health best practice. Canadian Medical Association Journal, 187(16), 1211−1216.

7 이에 따라 캐나다는 지역사회의 회복적 사법교정처우제의 도입 및 사회내처우제의 확대 등의 교정전략을 도입하는 등의 형사정책적 전략도 함께 추진해왔다(허경미 a, 2016).

8 이 판결은 1996년 7월 18일 Terrance Parker가 1996년 7월 18일 경찰에 체포되어 규제약물및물질법(CDSA)위반(대마초 재배죄)으로 처벌을 받고, 이어 1997년 9월 18일 다시 대마초 3주를 압수당하고 체포되면서 대마초 소지죄로 법원에 기소된 사건에서 시작되었다.
재판과정에서 파커가 의료용으로 대마초를 재배하고 이용한 사실이 밝혀졌다. 즉 간질병 환자였던 파커는 외과수술 등 다양한 치료에도 불구하고 간질병이 완쾌되지 않았지만, 우연히 대마초가 안정적인 생태를 유지하는데 도움이 된다는 사실을 알았다. 그러나 그는 금지약물인 대마초를 구하기 어려워 직접 대마초를 재배하기 시작했고, 결국 규제약물및물질법(CDSA)위반으로 체포된 것이다.

9 Court of Appeal for Ontario, Regina v. Parker, (2000). Retrieved 25 February 2017, from http://www.ontariocourts.ca/decisions/2000/july/parker.htm/

10 R. v. Smith, 2015 SCC 34.

11 Judgments of the Supreme Court of Canada, (2015). R. v. Smith, Retrieved 25 February 2017, from https://scc−csc.lexum.com/scc−csc/scc−csc/en/item/15403/index.do

12 Allard v. Canada, 2016 FC 236.

13 Health Canada, (2016). Fact Sheet: Access to Cannabis for Medical Purposes Regulations, Backgrounder, Retrieved 25 February 2017, from http://news.gc.ca/web/article−en.do?nid =1110409

14 트뤼도총리의 이 연설은 그의 공약을 실천하기 위한 것이기도 하지만 지난 10여년간 실시한 대마초 합법화에 대한 여론조사에서 꾸준히 캐나다인의 절 반 이상이 이를 지지하는 것으로 나타났기 때문이다(The Forum Poll, 2015).

15 Philpott, J. (2016). Plenary Statement for the Honourable Jane Philpott, Minister of Health Canada, Ottawa: Government of Canada.

16 globalrnews, Cannabis legalization means 'new reality' for Canadian health care: doctors, https://globalnews.ca/news/4531162/cannabis−legalization−health−care/

17 태스크포스는 2016년 6월 30일에 발족되어 같은 해 11월 30일까지 활동하였다. 태스크포스의 멤

버는 캐나다 연방 법무부장관, 보건부장관, 공공안전 및 비상대비장관 등 9명으로 구성되었다 (Government of Canada, a, 2016: 1−12). 태스코포스는 온라인 포털을 통하여 일반인들을 대상으로 하는 설문조사 및 연방정부 및 각 주 정부기관 의견조사, 전문가그룹패널조사, 원주민 대표자 등의 의견조사, 청소년그룹과의 회의, 의료용 대마초 환자그룹의 실태조사 등 각계각층에 대해 다양한 방법으로 의견을 수렴하였다. Government of Canada, (2015). Canadian Tobacco, Alcohol and Drugs Survey, Retrieved 25 February 2017.

18 Department of Justice, Cannabis Legalization and Regulation, https://www.justice.gc.ca/eng/cj−jp/cannabis/

19 Bloomberg, (2016. 11. 29). Canada Recreational Pot Sales Could Reach $4.5 Billion by 2021, Retrieved 25 February 2017, from https://www.bloomberg.com/news/articles/2016−11−28/canada−recreational−pot−sales−could−reach−4−5−billion−by−2021

20 Government of Canada, (2016). Plenary Statement for the Honourable Jane Philpott, Minister of Health − UNGASS on the World Drug Problem, 20 April 2016: 2−4.

21 Government of Canada, (2016). Plenary Statement for the Honourable Jane Philpott, Minister of Health − UNGASS on the World Drug Problem, 20 April 2016: 4.

22 Government of Canada, (2016). Plenary Statement for the Honourable Jane Philpott, Minister of Health − UNGASS on the World Drug Problem, 20 April 2016: 5−6.

23 Government of Canada, (2016). Plenary Statement for the Honourable Jane Philpott, Minister of Health − UNGASS on the World Drug Problem, 20 April 2016: 6.

24 Government of Canada, (2016). Plenary Statement for the Honourable Jane Philpott, Minister of Health − UNGASS on the World Drug Problem, 20 April 2016: 6−7.

25 https://www.smokersguide.com/featured/93/the_long_slow_road_to_cannabis_legalization_in_can.html#.XEiTqVUzbcc

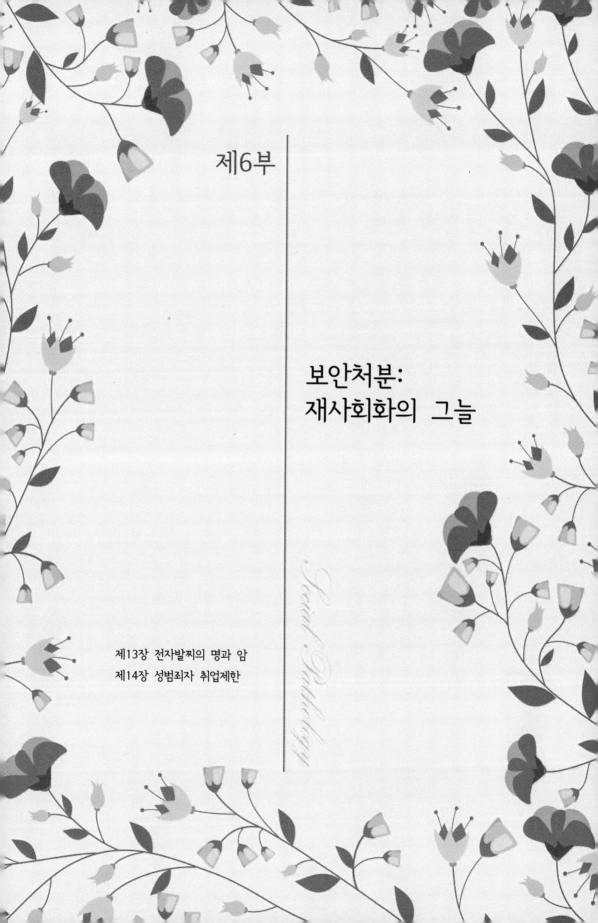

제6부

보안처분: 재사회화의 그늘

제13장
전자발찌의 명과 암

Ⅰ. 문제의 출발

최초의 전자발찌, 즉 전자감시(Electronic Monitoring)는 1984년 플로리다의 팜비치 카운티에서 가택구금프로그램(Home Confinement Program)으로 시행되었다. 한국의 경우 성폭력 범죄자의 재범을 억지하기 위해 2008년 9월부터 도입된 전자발찌 제도는 근거법인 특정 범죄자에 대한 위치추적 전자장치 부착 등에 관한 법률을 여러 번 개정하면서 그 적용 대상을 살인·유괴·강도죄까지 점점 더 확대하고 있다. 따라서 본래 제도의 도입취지대로 그 성과가 제대로 발하는지 여부 및 제도개선 여부에 대한 논쟁도 있다. 특히 전자발찌를 차고도 흉악사건이 발생하면서 전자감시제의 효용성 진단이 필요하다는 사회적 목소리가 높다.

전자발찌는 발에 차는 기기(발찌), 휴대용 위치추적기, 재택장치 3가지로 구성된다. 발찌와 휴대용추적지는 늘 몸에 지니고 있어야 한다. 두 기기 사이가 5m 이상 떨어지면 위치신호가 잡히지 않은 것으로 곧바로 관제센터에 탐지된다. 이 상태가 3분 이상 유지되면 관제센터에서 대상자에게 경고전화가 걸려 온다. 전화를 받지 않으면 보호관찰관이 직접 대상자를 확인 또는 체포하려고 찾아온다. 재택장치는 주거시설에 설치해준다. 위치추적기, 재택기기는 모두 GPS가 장착돼 있고, 배터리로 유지된다. 외출했다 집에 들어가면 재택장치가 울린다. 충전은 늘 절반 이상 되어 있어야 한다.1

전자발찌는 특히 그 착용자의 일상생활을 통제한다는 측면에서 인권적 시비가 끊

이지 않고 있고, 한편으로는 착용대상자를 늘려야 한다는 상반된 의견이 대립한다.[2]

▌그림 6-1▐ 전자발찌 구성도

착용장치	휴대용 추적장치	재택감독장치
-대상자의 발목에 착용 -휴대용 추적장치 소지여부 감독 -본체와 줄 훼손 감지	-위치를 측정해 관제센터로 전송 -필요에 따라 보호관찰관 및 관제센터와 음성통화 -장치훼손 감지	-피부착자의 주거지에 설치 대상자 귀가, 재택여부 파악 -휴대용 추적장치 충전 -장치훼손 감지

자료: 법무부 범죄예방정책국, 2018.

▌표 6-1▐ 대상 범죄 : 성폭력범죄, 미성년자 유괴범죄, 살인범죄, 강도 범죄 등 특정범죄

구분	항목	내용	비고
공통	특정범죄	성폭력, 미성년자 유괴, 살인, 강도	※만19세미만자부착금지(청구가능)
형집행 종료후 전자장치 부착	청구요건	성폭력, 강도 · 재범위험성 +【① 형 집행 종료 후 10년 이내 동종재범, ② 전자장치 부착 전력자가 동종 재범, ③ 2회 이상 범행(습벽 인정), ④ 19세 미만자 대상 범죄(성폭력만 해당), ⑤ 장애인 대상 범죄(성폭력만 해당)】 미성년자 대상 유괴범죄, 살인범죄 · ① 동종 재범위험성, ② 실형 전력자가 동종 재범(재범위험성 불요, 필요적 청구) 부착기간 법정형 상한이 사형 또는 무기징역 : 10년 ~ 30년 징역형 하한이 3년 이상의 유기징역 : 3년 ~ 20년 징역형 하한이 3년 미만의 유기징역 : 1년 ~ 10년 ※ 단, 19세 미만자 대상 범행시 하한 2배 가중 ※ 경합범에 대하여 가장 중한 죄의 부착기간 상한의 1/2까지 가중 가능(최장 45년)	
	소급적용 청구요건	성폭력범죄 · '08. 9. 1.(전자감독제도 시행일) 이전 유죄 확정 + '10. 7. 16. 기준【① 출소예정자(6개월 이상 남은 사람), ② 출소임박자(6개월 미만 남은 사람), ③ 출소자(징역형 등 집행 종료 후 3년이 경과되지 않은 사람)】 청구요건 · 재범위험성 +【①2회 이상 형 집행(형기 합계 3년 이상) 종료 후 5년 이내 동종 재범, ② 전자장치 부착 전력자가 동종 재범, ③ 2회 이상 범행(습벽 인정), ④ 13세 미만자 대상 범죄】 부착기간 · 최장 10년의 범위 내에서 결정	
	가해제	부착명령의 가해제 신청(집행 개시 후 3개월 경과시마다 피부착자 및 법정대리인 신청가능, 심사위원회 결정) ※ 부착명령 가해제 시 보호관찰 지속 가능	

가석방	부착 요건	가석방된 특정 범죄자 보호관찰 시 필요적 부착 (단, 보호관찰심사위원회 불요 결정 시 예외)
	기간	가석방기간(최장 10년)
가종료 가출소	부착 요건	특정 범죄자 치료감호 가종료·보호감호 가출소 시
	기간	치료감호심의위원회가 결정한 기간(보호관찰기간 내 최장 3년)
집행 유예	부착 요건	특정 범죄자 집행유예 + 보호관찰 판결 시
	기간	법원이 정한 기간(보호관찰 기간 내, 최장 5년)

자료: 법무부 범죄예방정책국.

II. 전자감시제의 효과에 대한 의문을 제기하다

1. 양적인 연구를 통한 효과성 평가

전자감시의 효과에 대한 의문은 꾸준히 이어져왔고 이를 확인하기 위한 다양한 연구들이 진행되었다.

이 연구들이 밝힌 공통점은 전자감시는 감시 실패율을 낮추는 데는 효과적이지만, 그러나 이것이 전자감시가 재범억제에 절대적인 영향을 미치는 독립변수라는 의미는 아니다.

커프리더와 커비(Cooprider and Kerby, 1990)의 연구는 전자감시의 재범률이 19%로 비감시자의 13%보다 더 높은 것으로 나타났다. 전자감시 대상자의 재범은 대부분 전자감시 규칙위반이 차지한 것으로 나타났다.[3]

카디간(Cadigan, 1991)의 연구에서는 중범죄자 중 전자감시자의 법정출석률은 5.4%, 비전자감시자 중 연방은 2.8%, 지역은 3.0%로 전자감시자의 비중이 더 높았다.[4] 재구속률은 중범죄자의 경우 전자감시자는 3.6%, 연방 1.9%, 지역은 2.1%로 전자감시자의 비중이 더 높았다. 경범죄자의 재구속률은 전자감시자 2.4%, 연방 1.0%, 지방 1.0%로 역시 전자감시자가 더 높은 것으로 나타났다.

조린과 스터팍(Jolin and Stipak, 1992)의 연구 결과 전자감시를 받는 약물중독치료자들의 재구속률이 단순한 전자감시대상자들 보다 더 높은 것으로 나타났다.[5] 이러한 결과가 나타난 원인에 대해서는 다양한 해석이 가능하다. 가장 용이한 해석으로는 24시간 내내 집중감시를 받는 약물중독 치료자들의 경우 그들이 지켜야 하는 규칙이 더욱 엄격하고, 감시가 더 용이한 점 등의 이유로 상대적으로 그들의 문제가 확연하게 노출될 수 있다는 것이다.

스펙(SPEC Associates, 2002)의 연구는 가석방을 받은 전자감시 대상자들의 재범률이 낮은 것으로 나타났고, 이들은 약물남용의 가능성이 2%로 비교집단의 7%보다 낮았으며, 약물남용치료프로그램에 보다 더 성실하게 출석하는 것으로 나타났다.[6]

커트릿트 등(Courtright, Berg, and Mutchnick, 1997)의 연구에서는 전자감시 대상자 및 교도소 수감자 간의 유의미한 차이를 보이지 않았고, 단지 1명만이 보호관찰이 취소되었다.[7] 이는 음주운전자에 대한 구속수감이 반드시 최고의 교정정책이 아니며, 오히려 전자감시의 긍정적인 효과를 보여주는 것이라 해석할 수 있다.

패디겟 등(Padgett, Bales, and Blomberg, 2006)[8]의 연구는 플로리다주에서 1998년부터 2002년까지 전자감시 및 재택구금감시를 받은 75,661명의 빔죄자를 대상으로 한 연구이다. 전자감시 대상자들은 다시 주파수 방식의 전자감시(Radio—Frequency: RF)와 위치추적 방식의 전자감시(Global Positioning System: GPS)로 구분되어 비교되었다. 즉, 첫째, 단순한 재택구금감시와 전자감시 대상자간의 재범성 비교, 둘째, RF방식과 GPS방식 간의 재범성 비교 등을 밝히는 것이 이 연구의 목적이었다.

연구결과 전자감시 대상자들의 재범성이 단순한 재택구금 대상자들보다 높았으며, GPS방식 대상자들의 재범성이 RF방식 대상자들보다 높은 것으로 나타났다. 이에 대해 Padgett, Bales, and Blomberg(2006)는 문명의 산물인 전자감시의 효과보다는 개인의 억지력이 더 영향을 주는 것이며, 한편으로는 범죄자 교정처우에 과학적인 기기(機器)의 영향력은 한계가 있다는 것을 보여준다(Greater technological control capacities need not always result in more control)고 해석하였다. 이들은 특히 GPS방식과 같이 개인의 사생활을 낱낱이 감시하고, 제한하는 방식의 교정처우는 단순히 범죄자에 대한 감시 차원을 넘어 일반 국민의 사생활 침해 및 보통사람으로서 범죄자가 누려야 하는 자유를 침해한다는 점에서 바람직하지 않다는 의견을 제시하였다. 또한 보편적인 사회적인 가치를 훼손한다고 우려하였다.

한편 베일즈 등(Bales, Mann et al. 2010)은 플로리다주에서 시행 중인 전자감시제에 대해 보다 정교하게 질적, 양적 연구를 진행하였다. 그 결과 다음과 같이 양적 연구 결과를 제시하였다.[9]

① 전자감시는 지역사회 보호감시(Community Supervision)의 실패가능성을 감소시킨다. 실패위험의 감소는 31% 정도이며, 이것은 범죄자들이 다른 지역사회 보호감시의 방식과 관련이 있다.

② GPS방식은 전형적으로 RF 방식보다 실패감소에 좀 더 효과적이다. 즉, GPS 방식은 RF방식보다 6% 정도 실패 감소율을 개선시켰다.

③ 전자감시는 성범죄, 약물범죄, 재물범죄, 기타 범죄보다 폭력범죄에 대한 효과는 상대적으로 덜한 것으로 나타났다.

④ 전자감시의 효과에 대한 연령대별 차이는 거의 없는 것으로 나타났다.

⑤ 전자감시의 효과는 다른 유형의 감시와 비교할 때 중요한 차이는 발견되지 않았다.

⑥ 전자감시의 시간 의존성은 매우 약하며, 전자감시의 장단이 재범억제에 대한 실질적인 영향은 없다.

2. 전자감시 대상자와의 인터뷰로 평가하다

전자감시의 범죄억제 효과를 단순하게 숫자적인 의미에서 파악하는 것보다 더 중요한 것은 범죄억제에 실제로 영향을 주는 요인이 무엇인가를 찾는 것이라 할 것이다. 특히 전자감시를 더욱 효과적으로 운용하기 위해서는 영향요인을 찾는 것은 매우 중요한 의미가 있다.10

전자감시가 대상자의 범죄억제에 영향을 주는 과정 요인을 찾는 선행연구는 많지 않지만, 베크 등(Beck, et al., 1990)11 및 패네 등(Payne and Gainey, 1999)12은 연방 교도소의 가석방자에 대한 가택구금의 효과를 연구하면서 과정평가를 실시하였다. 이들은 대상자들의 전자감시에 대한 태도, 감시집행, 장비성능, 재범률, 보호관찰관 및 대상자들과의 인터뷰, 규칙위반 경보 대상자에 대한 감시과정 등에 의하여 전자감시의 효과를 진단하였다.

베크 등(Beck, et al., 1990)은 전자감시 대상자들은 자신들의 주거지 이탈 등이 기계에 의해 반드시 체크될 것이라는 믿음을 가지고 있었고, 전자감시 비용은 하루 15달러 정도가 소요되며, 대상자의 13%가 규정위반 및 재범 등으로 가석방이 취소되어 교도소에 재수감되었는데 이는 전자감시 비대상자와 비교할 때 높지 않은 것이다. 또한 전자감시 대상자는 단순한 가택구금방식으로는 그 효과가 부족하고, 보호관찰관의 적절한 감시가 병행되어야 하며, 보호관찰관은 1인당 대상자는 25명이 넘지 말아야하며, 중간처우의 집에서 생활하는 범죄자들에 대한 전환처우로 가택구금을 실시하여야 한다고 주장하였다.

패네 등(Payne and Gainey, 1999)은 180명의 학생 및 29명의 전자감시 대상자들에게 전자감시에 대한 인식조사를 벌였다. 학생들은 전자감시에 대하여 부정적인 태도를 보였지만, 전자감시 대상자들은 자신의 권리를 포기해만 한다고 응답하였다. 그러나 학생들은 전자감시는 대상자의 범죄행위에 비교할 때 너무 가혹한 제재라고 응답하였다. 따라서 전자감시의 확대에는 이 프로그램에 대한 인식의 변화가 필수적이라고 주장하였다.

한편 베일즈 등(Bales, Mann et al., 2010)[13]은 플로리다주에서 시행 중인 전자감시제에 대한 연구에서 그 질적 연구의 결과를 진행하였다. 이들은 질적인 연구의 중점을 다음과 같이 여덟 가지로 설정하고, 그 결과를 도출하였다.

1) 전자감시제의 목적과 대상은 무엇인가? 목적과 대상에 따라 충실하게 프로그램을 운영하였는가?

이에 대해서는 플로리다교정국(the Florida Department of Corrections: FDOC) 보호관찰관들은 전자감시제의 목적 및 성공가능성에 대하여 의구심을 가지고 있었다. 즉, 전자감시제의 목적은 법원이 정한 전자감시의 규칙과 요건을 범죄자가 잘 준수하고, 재범을 스스로 억제함으로써 시민과 지역사회를 안전하게 만드는 것이라고 인식하고 있었다. 그러나 현실적으로 전자감시는 단지 보호관찰관의 보호관찰을 돕는 도구의 하나일 뿐, 전자감시가 결코 보호관찰관과 범죄자와의 직접 대면 관찰보다 그 효과가 크다고 인식하지는 않았다.

2) 전자감시는 지역사회 안전을 유지하면서 감시의 조건을 준수하고, 그 효과를 증대해가며 운용되고 있는가?

대체적으로 많은 범죄자들 및 보호관찰관들은 전자감시는 도주, 법원의 보호관찰 준수요건위반, 재범률을 낮추는데 기여한다고 생각한다. 특히 전자감시는 도주 보다는 재범 및 보호관찰 준수요건의 위반 억제에 더 영향을 주는 것으로 나타났다.

3) 전자감시는 대상자에게 가족관계, 대인관계, 자아관념, 고용기회 및 직업 유지의 측면에서, 법률 및 형사사법기관의 의도와는 다르게 부정적 영향을 주었는가?

범죄자와 경찰 모두 전자감시는 분명히 범죄자와 그들의 배우자, 친척, 친구, 그리고 자녀와의 관계를 부정적으로 작용하는 것으로 인식하였다. 특히 보호관찰관들은 이 사실을 범죄자 자신보다 더욱 강하게 생각하였다. 범죄자들은 전자감시가 자신들을 사회에서 낙인찍는 것이라 생각하며, 특히 언론이 자신들을 수치스러운 사람들로 묘사한다고 인식하고 있었다. 이를 위한 해결방안으로 보호관찰관들은 범죄자의 전자감시 본체, 전자발찌가 노출되지 않도록 칩을 벨트에 차도록 하거나 관련 기기를 아주 작게 만들어 외관상으로 표시가 되지 않도록 하는 기술개발이 필요하다고 제안한다.

한편 범죄자와 경찰 모두 전자감시가 고용 및 재고용 등에 차별적인 영향을 미치는 가에 대해서는 강하게 긍정하고 있었다. 이는 실제로 많은 선행연구들에서도 이미 증명된 것이다. 특히 성범죄자에 대한 거주지제한명령(Residency Restrictions Order)은 제도의 취지와는 다른 부정적인 결과를 야기하는 것으로 범죄자 및 보호관찰관 모두 인식하고 있었다. 특히 보호관찰관들의 인식이 더욱 부정적인 것으로 나타났다.

또한 법원은 전자감시비용을 범죄자에게 부담시키고 있지만, 이는 그 대상자들에게 매우 부담을 주는 것으로 나타났다. 이는 전자감시 대상자들은 대부분 저학력의 저숙련 노동자로 전자감시 비용 이외에도 주거비나 생활비 등을 충당하기에도 어려운 소득수준으로 이들의 경제적 사정을 배려하지 않는 정책이라는 것이다.

4) 다른 사회내 처우와는 확실하게 다른 방식의 특별한 방식으로 전자감시 대상자들을 관리하고 있는가?

이에 대해서는 보호관찰관들은 부정적으로 인식하고 전자감시 대상자를 현행처럼 양산하는 것이 바람직하지 않으며, 오히려 재범우려가 높은 범죄자에게만 전자감시명령을 행함으로써 보호관찰인력과 장비를 더욱 효율적으로 활용하여야 한다는 의견을 제시하고 있다. 즉 전자감시의 대상자 요건 및 그 운영방식에 대한 전략적인 정책진단이 필요하다는 것이다.

5) 전자감시는 구금처우의 대안으로서 이용되었는가?

전자감시의 목적 중 하나는 중범죄자에 대한 구금처우에 대한 다이버전 정책이다. 범죄자들 및 보호관찰관들은 전자감시가 아니었다면 그 대상자들은 구금형에 처해졌을 것이라고 대부분 동의하였다. 즉 전자감시 대상자 중 1/3은 법원이 전자감시의 선택권을 부여하지 않았다면 구금형에 처해졌을 것이라고 인식하고 있었다.

전자감시 보다 구금형은 여섯배의 비용이 들고, 구금형 이후 사회내 처우로 전환되는 비용까지 감안한다면 전자감시가 비용면에서는 매우 경제적이라는 데에도 동의하였다.

6) 전자감시 장비와 관련된 문제는 무엇이며, 감시 대상자들에게 어떤 일이 발생했는가?

기술적으로 GPS에 잡히지 않는 지역 및 건물내부 등의 사각지대에 대상자가 있는 동안, 즉 이른바 블랙아웃타임(Black Out Time)이 발생한다는 점이다. 대체로 한번 블랙아웃이 발생할 경우 기기가 원래대로 작동하는데 소요되는 시간은 15분 정도인 것으로 나타났다. 문제는 이 시간 동안 보호관찰관은 대상자가 규칙위반 및 기기훼손을 했다고 의심할 수 있고, 대상자 역시 자신이 블랙아웃 지역에 위치했다는 것을 알 경우 문제를 야기할 수도 있다는 점이다. 그러나 대상자들은 오히려 그러한 블랙아웃의 발생은 기계적인 혹은 시스템적인 문제임에도 불구하고 자신들을 의심한다고 반발하며, 기기교체를 요구하고 있다. 따라서 보호관찰관들은 이는 기기를 보급하는 업체와 교정당국이 해결해야 할 과제라고 지적하였다.

7) 보호관찰관, 공무원, 범죄자, 사법부 등은 전자감시를 결정하기 전에 전자감시제에 대한 적당한 정보를 교육받았는가?

보호관찰관들은 전자감시에 대한 사전적인 정보를 인식하고 있었다. 그러나 이들은 검사 및 판사 등 사법부가 전자감시의 원리, 그 효용성, 지역사회의 반응 등 전자감시에 대한 전반적인 인식이 부족하다고 생각하는 것으로 나타났다. 또한 보호관찰관들은 만약 사법부가 전자감시제에 대해 해박하게 이해한다면 전자감시 선고에 상당히 신중할 것이라는 반응이었다.

8) 전자감시제를 운용하면서 발견된 문제점은 적당하게 개선되었는가?

플로리다주 전체를 감시할 수 있는 관제센터의 설치로 일선 보호관찰관과 관제센터와의 협조체제가 더욱 긴밀해졌고, 이로 인해 보호관찰관은 지역내 보호관찰 업무에 좀 더 집중적으로 시간을 할애할 수 있게 되었다.

3. 미국의 전자감시제 진단이 주는 시사점

일부의 연구에서 전자감시 대상자의 재범률이 비전자감시 대상자 보다 높은 것으로 나타났다.14 패디겟 등(Padgett, Bales, and Blomberg, 2006)의 연구에서는 전자감시 대상자들의 재범성이 비전자감시 대상자 보다 높았고, GPS방식의 대상자들이 RF방식의 대상자 들 보다 재범률이 높았다. 그런데 2010년의 베일즈 등(Bales, Mann et al.)의 연구에서는 GPS방식이 RF방식 보다 효과가 높은 것으로 나타났고, 전자감시의 효과는 성범죄자 및 약물중독 등의 경우에는 효과가 있지만, 폭력범에게는 별 효과가 없으며, 전자감시의 기간의 장단이 별 영향을 주지 않는 것으로 나타났다.

이와 같은 결과는 전자감시의 기간을 길게 하는 것의 재범억제성의 검토 및 현재 한국에서 그 대상자들 최초의 성폭력범에서 살인범, 아동유괴범 등으로 점차 확대하는 것이 과연 바람직한 것인지에 대한 연구가 필요하다는 것을 보여주는 결과라 하겠다.

한편 질적인 연구에서 전자감시 대상자들은 기기에 의해 자신의 법규 위반이 확인될 것이라는 믿음을 가지고 있고, 다른 보호관찰 방법이 부과될 때 전자감시의 효과가 더욱 높아지는 것으로 나타났다. 한편 전자감시가 그 대상자의 가족, 친구 등과의 인간관계 및 직장생활 등에 부정적인 영향을 미치며, 보호관찰관들은 검사 및 판사들이 전자감시에 대한 이해가 부족하며, 만약 그들의 이해가 더 깊어진다면 전자감시명령에 신중해질 것이라고 생각하는 것으로 나타났다. 또한 전자감시 대상자 및 보호관찰관 모두 기기의 결함 및 GPS의 사각지대에 대한 문제점을 인식하고 있는 것으로 나타났다.

이와 같은 결과들은 전자감시만을 보호관찰의 조건으로 하는 것보다는 수강명령이나 보호관찰관 면담 등의 부과적인 처분들을 통하여 보호관찰관과 정기적으로 접촉하는 것이 대상자의 재범억제에 더 효과적이라는 것을 알 수 있고, 이는 양적인 연구를 통해서도 부분적으로 증명된 바 있다.

또한 보호관찰관들의 입장에서 검사 등의 사법부가 전자감시제에 대한 이해를 깊게 하고, 보다 신중한 처분을 요구하고 있다는 점에서 한국이 타산지석으로 삼을 수 있다. 나아가 기기결함이나 GPS사각지대 등의 기계적인 보완 역시 한국의 관련 문제를 해결해야 하는 과제라 할 것이다.

III. 한국의 전자감시제의 현실

1. 착용대상범죄의 확대문제

미국의 경우에서 확인된 것처럼 전자감시는 단독으로 행해지는 것 보다는 다른 보호관찰 방법과 함께 행해지는 것이 그 효과가 높고, 성폭력 및 약물 등의 범죄 이외의 폭력적 범죄에는 재범억제 효과가 낮다는 결과에 비추어본다면 현행처럼 전자감시의 대상을 살인 및 유괴범, 강도범 등에까지 확대하는 정책방향이 바람직한 것인지에 대한 지속적인 효과성 진단이 필요하다.

이는 특히 전자감시가 보안관찰처분이며, 헌법상 이중처벌금지의 원칙 및 소급효금지의 원칙 등을 위반한 것이 아니라는 헌법재판소의 결정이 있다하여도 전자감시의 비용 및 효과에 대한 정확한 진단 없이 지속적으로 그 적용대상을 확대하는 것은 바람직하지 않다.[15]

또한 전자감시의 집행원인별 현황을 살펴보면 가석방이 가장 높고, 다음이 형기종료, 집행유예, 가종료의 순으로 나타났다.

전자감시의 주요 대상이 성폭력, 살인범이라는 점을 감안한다면 이들 흉악범에 대한 가석방의 비중이 가장 높은 것은 매우 우려스러운 상황이라 할 것이다. 즉 이

┃표 6-2┃ 처분유형별 전자발찌 부착 현황

연도	계	가석방등				집행유예	형기종료		
		소계	가석방	가종료	가출소		소계	일반형기	소급형기
2011	1,146 (100)	621 (54.2)	597 (52.1)	14 (1.2)	10 (0.9)	58 (5.1)	467 (40.8)	103 (9.0)	364 (31.8)
2012	1,032 (100)	390 (37.8)	341 (33.0)	43 (4.2)	6 (0.6)	71 (6.9)	571 (55.3)	191 (18.5)	380 (36.8)
2013	1,521 (100)	463 (30.4)	421 (27.7)	21 (1.4)	21 (1.4)	43 (2.8)	1,015 (66.7)	224 (14.7)	791 (52.0)
2014	1,548 (100)	546 (35.3)	479 (30.9)	42 (2.7)	25 (1.6)	31 (2.0)	971 (62.7)	420 (27.1)	551 (35.6)
2015	1,428 (100)	581 (40.7)	491 (34.4)	67 (4.7)	23 (1.6)	14 (1.0)	833 (58.3)	478 (33.5)	355 (24.9)
2016	1,786 (100)	907 (50.8)	718 (40.3)	131 (7.3)	58 (3.2)	9 (0.5)	870 (48.7)	615 (34.4)	255 (14.3)

자료: 법무연수원, 2017년 범죄백서, 2018, 480.

들 범죄자 그룹은 범죄의 중대성 및 재범 우려성 등을 고려하여 전자감시명령을 받을 정도로 보다 충실한 교정교화 과정이 진행되어야 하고, 그 연장선상에서 가석방도 신중하게 진행되어야 하기 때문이다. 그런데 이들이 교도소에서 형기를 종료한 경우 보다 가석방 대상자의 전자감시 착수 비중이 높다는 것은 이들에 대한 가석방 결정이 상대적으로 더 신중할 필요가 있다는 점을 보여준다.

2. 소년범에 대한 전자발찌 부착

전자감독대상자의 연령은 19세 이상에서 80세 이상까지 매우 다양하게 분포되어 있다. 2011년에는 40세 이상~50세 미만이 35.8%로 가장 높은 비율을 차지하였고, 그 다음은 30세 이상~40세 미만이 26.9%의 순이었다. 2016년에도 40세 이상~50세 미만 비율이 29.8%로 가장 높은 비율을 차지하고 있으며, 그 다음으로 30세 이상~40세 미만이 25.7% 순이다.

한편, 2013년 이전에는 14세 이상~19세 미만 대상자가 한명도 없었으나, 2014년에는 5명이 있는 것으로 나타났다. 이는 2009년 8월 9일부터 법개정으로 19세 미만자에 대해서는 전자장치 부착명령 선고가 가능해졌으나 다만 집행은 19세 이후부터 하도록 함으로써 2014년부터 19세가 된 선고대상자가 있었기 때문인 것으로 보인다.

그리고 70세 이상의 비율은 2011년 2.7%, 2012년 2.8%, 2013년 1.8%, 2014년 0.8%, 2015년 1.8%, 2016년에는 1.7%를 보이고 있다.

3. 부착명령 기간의 확대

특정 범죄자에 대한 위치추적 전자장치 부착 등에 관한 법률의 개정에 따라 2010년 7월 16일부터 전자감시의 기간이 최장 30년으로 확대되었다.

전자감시 기간을 길게 적용한다는 것은 그 대상자에게 심리적 압박감을 주어 스스로 범죄를 억제할 것이라는 가정을 전제로 한 것이다. 그러나 앞서 플로리다주에서 이루어진 연구에서 지적된 것처럼 전자감시의 시행기간과 효과는 영향이 없다는 결과는 한국이 그 기간을 30년으로 확대한 법 개정 효과의 의문성을 갖게 한다.

전자감시가 개인의 행동을 통제하는 감시장치로서의 기능이 충분하다는 전제는 그 대상자가 얼마만큼 법규준수의지를 갖는가의 노력과 비례하는 것이므로 전자감시가 개인에게 주는 심리적 압박감 및 사회생활의 불편함 등을 고려한다면 감시시간을 길게 부과하는 것이 과연 바람직한 것인가는 진지한 성찰이 필요하다.

전자장치 부착기간은 법정형의 상한과 피해자의 연령에 따라 달라진다. 법정형의 상한이 사형 또는 무기징역인 특정범죄의 전자장치 부착명령 기간은 10년 이상~30년 이하이며, 법정형 중 징역형의 하한이 3년 이상의 유기징역인 특정범죄의 부착명령 기간은 3년 이상~20년 이하이다. 그리고 법정형 중 징역형의 하한이 3년 미만인 유기징역인 특정범죄의 경우에는 부착명령의 기간이 1년 이상~10년 이하이다. 13세 미만의 아동에 대하여 특정범죄를 저지른 경우에는 전자장치 부착기간의 하한을 위의 부착기간 하한의 2배로 하도록 규정하고 있다.

연도별로 전자장치 부착기간을 살펴보면, 2011년에는 6월 이상~2년 미만이 40.7%로 가장 높은 비율을 차지하였고, 2012년에는 4년 미만, 2013년과 2014년에는 6년 미만, 2015년에는 10년 미만이 가장 높은 비율을 차지하였으나, 2016년에는 다시 6월 이상~2년 미만이 가장 높은 비율을 차지하며 그동안 높아졌던 장기 부착자의 비율이 감소한 것으로 보인다.

4. 전자감시자의 재범

실제 전자감독제도 시행 후 성폭력 전자감독대상자의 동종 재범률은 1.8%로 제도 시행 전 5년간 성폭력 범죄자의 동종 재범률 14.1% 대비 1/8 수준으로 감소한 것으로 나타났다.

2016년 말 전자감독대상자 현재원은 2,696명이다. 연도별로 살펴보면, 2011년 932명, 2012년 1,032명, 2013년 1,703명, 2014년 2,129명, 2015년 2,313명으로 지속적으로 증가하고 있다. 이와 같이 전자감독대상자가 증가하고 있는 것은 2009년 이후 대상범죄가 성폭력에서 유괴(2009년), 살인(2010년), 강도(2014년)로 확대되었고, 2010년 7월 16일부터 2008년 9월 1일 이전에 제1심 선고를 받아 징역형 등이 종료된 지 3년이 경과하지 아니한 성폭력범죄자에 대해서도 전자발찌를 부착하는 소급형기종료자에 대한 전자장치 부착명령제를 추가하여 시행하게 되었기 때문인 것으로 보인다.

2016년 전자감독대상자 실시사건은 2,894건이며 재범자는 58명으로 2.0%의 재범률을 나타냈다. 연도별로는 2012년 21건 2.4%, 2013년 30건 1.7%, 2014년 48건 2.3%, 2015년 53건 2.0%로 재범사건이 증가하고 있으나 이는 대상자 증가에 기인한 것으로 재범률 2.0% 이내로 나타났다.[16]

전자발찌 성범죄자, 미용실 직원 무자비 폭행 뒤 자살···관리 소홀 논란

SBS는 피해 여성의 제보로 당시 폭행 장면이 담긴 CCTV 영상을 24일 공개했다.
사건이 벌어진 것은 지난 3일 경기도의 한 미용실. 여성 미용사 혼자 있던 시간에 덩치 큰
40대 남성이 들어왔다. 검은색으로 염색을 해 달라는 남성에게 염색약을 바르고 미용사
가 잠시 칸막이 뒤쪽 싱크대로 가자 남성이 뒤따라 들어갔다. 이 남성은 미용사의 목을
조르면서 마구 폭행했다. 미용사가 안간힘을 다해 벗어나려 했지만 남성은 얼굴을 마구
때리고 머리를 잡아 바닥에 수십 차례 내리찍었다. ···중략···
가해자는 성폭행 전과 때문에 전자발찌를 찬 보호관찰 대상자였다. 그는 피해자의 손발
을 테이프로 묶고선 달아나 스스로 목숨을 끊었다. 서울에 살고 있는 가해자가 약 20km
떨어진 경기도에서 범행을 저지르고 스스로 목숨을 끊을 때까지 보호관찰 담당 기관이 이
렇다 할 조치를 취하지 못 했다고 SBS는 지적했다.

자료: SBS, 2018년 1월 24일자 보도.

IV. 전자발찌와 대상자의 인권

획일적인 형태의 전자장치를 모든 대상자에게 적용할 필요가 있는지도 검토되어
야 한다. 앞서 패디겟 등(2006)의 연구에서는 RF방식의 전자감시 대상자들의 재범
률이 더 낮은 것으로 나타났고, 반대로 베일즈 등(2010)의 연구에서는 GPS방식이
더 효과적이라는 결과가 도출되었다. 이러한 연구결과는 RF방식이 갖는 대상자의
정서적 안정 및 프라이버시의 보호인식 등에서 오는 범죄억제력이 개인의 위치를
실시간으로 모니터링하는 GPS방식에서 얻어지는 기술적인 범죄억제력보다 더 강
할 수 있다는 가능성을 보여주는 것이다.[17] 따라서 대상자에 대한 보다 정밀한 위
치파악이나 기기적인 통제시스템의 개발 못지않게 보호관찰관과 대상자와의 긴밀
한 관계형성 및 사회적응훈련이 병행되어야 한다.

앞선 연구에서 전자감시제에 대하여 시민들은 대상자의 사생활침해가 지나치게
가혹하다고 인식하고 있었고, 전자감시 대상자들은 전자감시로 인해 가족 및 친구
등과의 관계가 악화되고, 취업 및 사회생활에 지장을 받는다고 호소하고 있다. 이와
같은 문제점은 한국의 경우도 예외가 아닐 것이며, 특히 전자감시와 신상정보 열람
등이 병행될 경우 일상적인 사회생활은 상당한 제약을 받을 것이다.

전자감시는 대상자의 범죄억제이지 대상자의 일상생활을 방해하고 대인관계를
어렵게 만드는 것이 주목적이 아닐 것이다. 따라서 이러한 부작용을 어떻게 해결할

것인지, 특히 전자감시로 인하여 취업 등에 지장을 받을 경우 이는 또 다른 사회문제로 이어지는 악순환이 반복된다는 점을 인식할 필요가 있다. 이미 한국에서도 전자감시 대상자들의 자살사건이 발생하고 있고, 앞으로도 전자감시에 대한 부적응으로 인한 대상자의 우울증, 대인관계 장애 등의 문제는 지속적으로 제기될 수 있다.

V. 이슈&디스커션

1. 전자발찌의 부착명령은 이중처벌인가?
2. 범죄인의 프라이버시권과 시민의 안전권은 충돌하는가?
3. 전자발찌의 긍정적 혹은 부정적 효과는?
4. 청소년 범죄자에 대한 전자발찌 부착명령 집행보류는 바람직한가?

참고문헌

1 조선일보, [여기자, 전자발찌 차다] ①압박감이란 이런 건가, 2018년 7월 25일자 보도.

2 김범식·송광섭. (2017). 위치추적 전자감시제도의 정당성과 그 개선방안. 형사법의 신동향, 191－237.

3 Cooprider, Keith W. and Judith Kerby (1990) Practical application of electronic monitoring at the pretrial stage, Federal Probation, 54: 28－35.

4 Cadigan, Timothy P. (1991) Electronic Monitoring in Federal Pretrial Release, Federal Probation, 55: 26－30.

5 Jolin, Annette and Brian Stipak (1992) Drug treatment and electronically monitored home confinement: An evaluation of a community－based sentencing option, Crime and Delinquency, 38: 158－170.

6 SPEC Associates (2002) Final evaluation report: Michigan department of correction's GPS pilot phase II. Detroit Michigan.

7 Courtright, Kevin E., Bruce L. Berg, and Robert Mutchnick (1997) Effects of house arrest with electronic monitoring on DUI offenders, Journal of Offender Rehabilitation Volume 24, Issue 3－4, 35－51.

8 Padgett, Kathy G., William D. Bales and Thomas G. Blomberg (2006) Under Surveillance: An Empirical Test of the Effectiveness and Consequences of Electronic Monitoring", Criminology & Public Policy. Vol. 5, No. 1, 61－92.

9 Bales, W., K. Mann et al. (2010). A Quantitative and Qualitative Assessment of Electronic Monitoring. Tallahassee, The Florida State University, College of Criminology and Criminal Justice: 64.

10 William Bales, Karen Mann, Thomas Blomberg, Gerry Gaes, Kelle Barrick, Karla Dhungana and Brian McManus, op cit., 12－13.

11 Beck, James, Jody Klien－Saffran, and Harold B. Wooten (1990) Home confinement and the use of electronic monitoring with federal parolees, Federal Probation, 54: 22－31.

12 Payne, Brian K. and Randy R. Gainey (1999) Attitudes toward electronic monitoring among monitored offenders and criminal justice students, Journal of Offender Rehabilitation, 29: 195－208.

13 Bales, W., K. Mann et al. (2010). A Quantitative and Qualitative Assessment of Electronic Monitoring. Tallahassee, The Florida State University, College of Criminology and Criminal Justice: 208.

14 Cooprider and Kerby, 1990; Cadigan, 1991.

15 헌법재판소, 전원재판부 2010헌가82, 2012.12.27.

16 법무연수원, 2017년 범죄백서, 2018, 575－576.

17 박정훈, (2010), 전자감시와 프라이버시의 관계 정립에 관한 연구, 법조, 645, 124－177.

제14장
성범죄자 취업제한

I. 문제의 출발

미국은 성범죄자 신상정보 등록과 공개 그리고 취업제한 등의 조치를 제이콥웨터링법(Jacob Wetterling Act), 메간법(Megan's Law), 아담월시법(Adam Walsh Act) 등을 통하여 이미 1990년대부터 순차적으로 도입하였다. 이어 2000년대 들어서서는 등록 성범죄자의 인터넷접근제한이나 해외여행시 여행국가에 성범죄자 관련 정보를 제공하는 내용의 국제메간법을 제정하는 등 성범죄자에 대한 통제를 더욱 강화하는 조치들을 취하고 있다. 그런데 이러한 규제에 대해 미국 연방대법원을 비롯하여 일부 주 법원들은 수정헌법을 위반한 것이라는 판결을 이어가고 있다.

즉, 현재 관련제도로 인한 긍정적 효과와 부정적 효과의 모순을 겪고 있고 이를 극복하기 위한 또 다른 대안을 마련할 수밖에 없는 악순환에 빠져든 것처럼 보인다.

II. 제이콥법과 메간법

1989년 10월에 당시 11세의 제이콥 웨터링(Jacob Wetterling)이 미네소타주에서 납치되어 살해되었다. 소년의 어머니 패티 웨터링(Patty Wetterling)은 미네소타주에 유죄판결을 받은 성범죄자의 데이터베이스가 없다는 사실을 발견하고 유죄확정 판결 성범죄자등록법 제정을 위한 입법청원 운동을 벌였다.1 결국 1994년 클린턴 대

통령은 연방법으로 일명 웨터링법(Jacob Wetterling Act)을 승인하고 서명하였다.[2]

그런데 같은 해 뉴저지주에서 7세의 메간 칸카(Megan Kanka)가 이웃의 성폭력 전과자에게 강간당하고 살해되는 사건이 발생했다. 메간의 부모는 성범죄로 유죄판결을 받거나 형기종료되어 석방되는 경우, 그리고 이주하는 경우 등은 이를 법집행기관에 신고하고 등록하며, 이를 지역사회에 공개하는 내용의 입법청원 운동을 벌였다. 이에 따라 뉴저지주 의회는 일명 메간법(Megan's Law)을 제정하였고, 이 역시 연방법으로 제정되었으며, 1996년 말까지 모든 주정부가 관련법을 제정하였다.[3]

그리고 이 두 법은 2006년 아담월시법(Adam Walsh Child Protection and Safety Act)이 제정되면서 폐지되었고, 이 두 법의 기본 골격 즉 성범죄자의 등록 및 공개제도는 아담 월시법에 반영되었다.[4]

III. 아담월시법과 취업장소의 공개 및 제한

아담 월시(Adam Walsh)는 1981년 7월 27일 플로리다의 한 쇼핑몰에서 납치되어 살해되었다. 그의 머리는 1981년 8월 10일 플로리다의 한 배수로에서 발견되었고, 경찰은 오티스 투레(Ottis Toole)를 납치살인범으로 지목하고 수사를 벌였다. 투레는 다른 연쇄살인 및 아담 월시 살인에 대해 자백했지만, 법원은 증거불충분으로 아담 월시건에 대해선 유죄판결을 선고하지 않았다. 오티스 투레는 1996년 9월 15일 교도소에서 간암으로 사망했다. 2008년 12월 16일 플로리다 경찰은 마침내 투레가 범인이라는 물적 증거를 확보하였고, 아담 월시의 납치살해범은 오피스 투레라는 사실을 확정짓고 수사를 종결했다.[5]

한편 아담 월시의 아버지인 존 월시(John Walsh)는 다른 아동납치 피해자 및 국회의원들과 연계하여 실종아동찾기운동(National and Missing and Exploited Children: NCMEC)을 벌이며 실종아동에 대한 수사와 피해자 지원, 그리고 범인에 대한 강력한 처벌을 할 수 있는 입법청원 운동을 계속하였다.

이에 따라 1984년에 미 의회는 실종아동지원법(Missing Children's Assistance Act)을 제정하였다. 이 법은 아담과 같은 실종아동을 찾고 그 가정을 도와주기 위한 것으로 이를 구체적으로 실행하기 위하여 국가실종및착취아동센터(National Center for Missing & Exploited Children: NCMEC)을 설치하였다.[6] 그리고 실종아동을 찾는 긴급 알람체계인 코드 아담(Code Adam) 프로그램을 도입하였다.[7]

이어 2006년 7월 25일 부시 대통령은 백악관에서 아담월시를 추모하며 제정된 이른바 아담월시법 즉, 아동보호및안전법(CHILD PROTECTION AND SAFETY)에 서명하였다(34 USC Ch. 209). 이 법의 주요 내용은 아동납치범에 대한 데이터베이스, 아동성범죄자처벌강화 및 아동성범죄자 및 공모자에 대한 연방조직범죄법(RICO)에 준한 처벌 등이다.[8]

아담월시법은 2006년에 시작한 실종아동지원등에 관한 예산지원사업을 지속적으로 승인하는 내용을 골자로 2016년에 개정되었다.[9] 아담월시법은 Title 1에서 성범죄자 등록 및 공개법(the Sex Offender Registration and Notification Act: SORNA)을 두어 포괄적인 국가성범죄등록시스템을 구축토록 하였다.[10]

SORNA는 등록 대상 성범죄자의 고용(직장) 주소를 성범죄자 등록 웹 사이트에 게시 할 것을 요구하고 있다. 이 규정은 이미 등록된 성범죄자의 경우 고용 재계약의 어려움에 직면할 수 있고, 신규 취업을 원하는 구직자의 경우 고용주가 성범죄자 등록 대상자라는 사실을 알 경우 고용계약을 거부할 수 있는 있는 장애요인으로 작용할 수 있다. 이러한 문제로 인해 일부 주는 SORNA가 규정한 성범죄자의 고용주 공개를 금지토록 관련법을 정비하는 경우도 있다.[11]

한편 SORNA는 성범죄자에 대해 직접적인 취업제한 규정을 두고 있지 않다. 그러나 주와 지방은 성범죄자가 고용될 수 있는 업종 및 장소를 제한하고 있다.[12] 즉 학교나 병원 등 특정 분야에 취업을 할 수 없도록 관련 자격증이나 면허를 취득하는 것을 금지하거나 유예시키는 등의 방법으로 취업을 제한하는 것이다. 주에 따라 그 차이가 있다.

┃표 6-3┃ 아동성범죄자의 취업제한 규정

구분	성범죄자의 아동관련 시설 운영 및 취업 금지 규정	아동관련시설의 취업자 범죄경력조회 규정	의무 위반시 아동관련 시설에 대한 제재 여부 규정
앨라배마	있음	있음	처벌(경범죄)
알래스카	있음	있음	처벌(경범죄)
애리조나	있음	있음	처벌, 1일 100$씩 벌금
아칸소	있음	있음(5년 마다 재 조회)	처벌, 1일 100$씩 벌금
캘리포니아	있음	있음	처벌, 최대 3,000$까지 벌금
콜로라도	있음	있음(2년 마다 재 조회)	처벌, 1일 100$씩 벌금
코네티컷	있음	있음	처벌, 1일 100$씩 벌금
델라웨어	있음	있음	처벌(경범죄), 취업자처벌(중대범죄)

구분	성범죄자의 아동관련 시설 운영 및 취업 금지 규정	아동관련시설의 취업자 범죄경력조회 규정	의무 위반시 아동관련 시설에 대한 제재 여부 규정
플로리다	있음	있음	처벌, 1일 100$씩 벌금
조지아	있음	있음	처벌, 1일 500$씩 벌금
하와이	없음	있음	처벌
아이다호	있음	있음	처벌(경범죄)
일리노이	있음	있음	처벌, 최대 1,000$ 벌금
인디애나	있음	았음	처벌
아이오와	있음	있음	처벌
캔자스	있음	있음	처벌, 1일 500$씩 벌금
켄터키	있음	있음	처벌, 벌금 500$, 아동과 성범죄자 접촉시 최대 1000$ 벌금
루이지애나	있음	있음	시설주, 취업자 모두 처벌(경범죄)
메인	있음	있음	처벌
메릴랜드	있음	있음	처벌
매사추세츠	있음	있음	처벌
미시간	없음	있음	처벌
미네소타	있음	있음	처벌
미시시피	있음	있음	처벌
미주리	없음	있음	처벌
몬태나	있음	있음	처벌
네브래스카	없음	있음	처벌
네바다	있음	있음	처벌
뉴햄프셔	없음	있음	처벌
뉴저지	있음	있음	처벌
뉴멕시코	없음	있음	처벌
뉴욕	있음	있음	처벌
노스캐롤라이나	있음	있음	처벌
노스다코타	있음	있음	처벌
오하이오	없음	있음	처벌
오클라호마	있음	있음	처벌
오리건	있음	있음	처벌
펜실베이니아	있음	있음	처벌, 최대 2,500$ 벌금
로드아일랜드	없음	있음	처벌
사우스 캐롤라이나	있음	있음	처벌
사우스다코타	있음	있음	처벌
테네시	있음	있음	처벌
텍사스	있음	있음	처벌

구분	성범죄자의 아동관련 시설 운영 및 취업 금지 규정	아동관련시설의 취업자 범죄경력조회 규정	의무 위반시 아동관련 시설에 대한 제재 여부 규정
유타	있음	있음	처벌, 1일 1,000$씩 벌금
버몬트	없음	있음	처벌
버지니아	있음	있음	처벌
워싱턴	있음	있음	처벌
웨스트 버지니아	있음	있음	처벌
위스콘신	있음	있음	처벌, 1일 1,000$씩 벌금
와이오밍	없음	있음	처벌

자료: United States Government Accountability Office, CHILD CARE Overview of Relevant Employment Laws and Cases of Sex Offenders at Child Care Facilities https://www.gao.gov/assets/330/322722.pdf/ 2018. 9. 30. 검색.

IV. 현행 취업제한제도

현행 아동·청소년의 성보호에 관한 법률은 아동·청소년대상 성범죄 또는 성인 대상 성범죄로 형이나 치료감호를 선고받아 확정된 자는 징역형(또는 치료감호)이 종료되거나 집행이 유예된 날, 벌금형이 확정된 날부터 일정기간 동안 아동·청소년 관련기관 등을 운영하거나 아동·청소년 관련기관 등에 취업(노무제공 포함)을 할 수 없도록 규정하고 있다.

취업제한의 대상자는 법원에서 성범죄 판결과 동시에 취업제한 명령을 선고받은 자로 최대 10년간 취업이 제한된다.

취업제한 대상기관은

유치원, 초. 중등학교, 학원, 교습소, 개인과외교습자
어린이집, 아동복지시설, 체육시설
청소년 보호·재활센터, 청소년활동시설, 청소년쉼터, 청소년 상담복지센터
성매매 피해 상담소, 청소년지원시설, 공동주택관리사무소(경비업무 종사자만 해당)
의료기관(의료인: 의사, 치과의사, 한의사, 간호사, 조산사), 가정방문 등 학습교사 사업장(아동청소년에게 직접 교육서비스를 제공하는 사람에 한함), 경비업 법인(경비업무 종사자만 해당), 인터넷컴퓨터게임시설 제공업소(일반 PC방), 복합유통게임 제공업소(멀티방). 청소년 게임 제공업소(일반 오락실), 청소년실을 갖춘 노래방 업소, 청소년활동 기획 업소, 대중문화예술기획 업소
대안교육 위탁교육기관

대학, 시·도교육청·교육지원청이 「초·중등교육법」 제28조에 따라 직접 설치·운영하거나 위탁하여 운영하는 학생상담 지원시설 또는 위탁교육시설, 「아동복지법」 제37조의 통합서비스 수행기관, 「장애인등에 대한 특수교육법」 제11조의 특수교육지원센터, 제28조의 관련서비스를 제공하는 기관·단체

「지방자치법」 제144조 공공시설 중 아동청소년이용시설, 「지방교육자치법」 제32조 교육기관중 아동청소년대상기관

아동·청소년 관련 기관 등의 장은 그 기관에 취업 중이거나 사실상 노무를 제공 중인 자 또는 취업하려 하거나 사실상 노무를 제공하려는 자에 대하여 반드시 성범죄 경력 조회를 경찰서에 신청하고 성범죄 경력 조회 회신서를 받아 성범죄 경력 유무를 확인해야 한다.

"지금이 어떤 시대인데" …여학생에 손댄 학원장 '직업 박탈'

자신의 학원에 다니는 여학생을 성추행한 혐의로 재판에 넘겨진 50대 원장에게 법원이 항소심에서도 취업제한을 명령해 학원 문을 닫게 됐다. 재판부는 "어떤 명목이라도 어린 학생에게 손을 대면 처벌받는 세상"이라고 질타했다.

서울고법 형사11부(부장판사 성지용)는 아동·청소년성보호법상 강제추행 혐의로 기소된 A씨(53)에게 징역 1년에 집행유예 2년을 선고한 원심을 파기하고 벌금 1000만원을 선고했다고 13일 밝혔다.

재판부는 A씨에게 40시간의 성폭력 치료 강의 수강을 명령하고 아동·청소년 관련 기관에 3년 동안의 취업제한도 명령했다. …중략…

A씨 측은 1심에서 명령한 취업제한을 풀어달라고 강하게 호소했다. 아동청소년성보호법은 성범죄로 유죄 판결을 받으면 일정 기간 아동·청소년 관련 기관을 운영하거나 취업할 수 없도록 한다. 미성년 학생을 교육하는 학원을 운영할 수 없게 되는 것이다. …중략…

그러나 법원은 A씨가 선처를 호소한 취업제한에 대해선 "학생에게 성적 행위를 한 사실에 대해 취업을 제한하지 않으면 입법 취지를 몰각한 것"이라며 "더군다나 A씨는 지금도 성추행을 하지 않았다고 다투는데 취업제한을 풀어주는 건 말이 안 된다"고 판단했다.

머니투데이, 2019년 1월 13일자 보도.

V. 헌법재판소의 입장

2017년 10월 헌법재판소는 아동·청소년이 등장하는 음란물을 소지하거나 배포한 사람을 처벌하면서 성범죄자 신상정보를 등록하도록 한 것은 헌법에 어긋나지 않는다고 결정하였다(헌법재판소, 전원재판부 2016헌마656, 2017. 10. 26.). 즉, 아동·청소년 이용 음란물 소지·배포자가 유죄 판결이 확정됐을 때 20년간 신상정보를 등록하도록 한 성폭력 범죄의 처벌 등에 관한 특례법(성폭력특례법) 42조 1항을 위헌이라며 제기한 헌법소원심판에서 재판관 8명 중 6명의 의견으로 청구를 기각한 것이다.

그런데 이 때 위헌이라고 주장한 소수의견으로 "신상정보 등록제도가 아동·청소년 대상 성범죄의 재범 방지를 목적으로 하면서도 등록대상자 선정에 있어 재범의 위험성을 전혀 요구하지 않고 있다"는 반대 의견이 제시되었다.[13]

즉 재판관 김이수, 재판관 이진성은 "등록조항은 아동·청소년대상 성범죄의 재범 방지를 주요한 입법목적으로 삼고 있음에도, 등록대상자 선정에 있어 '재범의 위험성'을 전혀 요구하지 않는다. 아동·청소년이용음란물배포·소지죄의 재범 비율이 높다는 점이 입증되지 않은 상황에서 아동·청소년이용음란물 배포·소지죄로 유죄판결이 확정된 자는 당연히 신상정보 등록대상자가 되도록 한 등록조항은 재범의 위험성이 인정되지 않는 등록대상자에게 불필요한 제한을 부과한다. 등록조항으로 인하여 비교적 경미한 아동·청소년이용음란물배포·소지죄를 저지르고 재범의 위험성도 인정되지 않는 이들에 대하여는 예외적으로 달성되는 공익과 침해되는 사익 사이에 불균형이 발생할 수 있다는 점에서 법익의 균형성도 인정하기 어렵다. 따라서 등록조항은 청구인의 개인정보자기결정권을 침해한다."며 42조 1항의 등록조항에 대한 반대의견을 제시하였다.

또한 헌법재판소는 2016년 4월 아동·청소년대상 성범죄로 형 또는 치료감호를 선고받아 확정된 자에 대하여 그 형 또는 치료감호의 전부 또는 일부의 집행을 종료하거나 집행이 유예·면제된 날부터 10년간 아동·청소년 관련기관 등을 운영하거나 이에 취업하거나 사실상 노무를 제공할 수 없도록 한 아동·청소년의 성보호에 관한 법률 제56조 제1항 중 아동·청소년대상 성범죄로 형 또는 치료감호를 선고받아 확정된 자에 대한 취업제한 조항이 청구인의 직업선택의 자유를 침해하고 있다고 판시하였다.[14]

즉 판시내용은 "...이 사건 취업제한 조항은 아동·청소년대상 성범죄 전력에 기초하여 어떠한 예외도 없이 그 대상자가 재범의 위험성이 있다고 간주하여 일률적으로 아동·청소년 관련기관 등의 취업 등을 10년간 금지하고 있는 점, 특히 이 사건 취업제한 조항은 치료감호심의위원회가 아동·청소년대상 성범죄의 원인이 된 소아성기호증, 성적가학증 등 성적 성벽이 있는 정신성적 장애가 치료되었음을 전제로 피치료감호자에 대하여 치료감호 종료 결정을 하는 경우에도 여전히 피치료감호자에게 재범의 위험성이 있음을 전제하고 있어 치료감호제도의 취지와도 모순되는 점, 이 사건 취업제한 조항이 범죄행위의 유형이나 구체적 태양 등을 고려하지 않은 채 범행의 정도가 가볍고 재범의 위험성이 상대적으로 크지 않은 자에게까지 10년 동안 일률적인 취업제한을 부과하고 있는 점 등을 종합하면, 이 사건 취업제한 조항은 침해의 최소성 원칙에 위배된다. 또한, 이 사건 취업제한 조항이 달성하고자 하는 공익이 우리 사회의 중요한 공익이지만 이 사건 취업제한 조항에 의하여 청구인의 직업선택의 자유가 과도하게 제한되므로, 이 사건 취업제한 조항은 법익의 균형성 원칙에도 위배된다. 따라서 이 사건 취업제한 조항은 청구인의 직업선택의 자유를 침해한다."며 위헌이라고 판결하였다.

이 두 판례에서 주목할 부분이 있다. 즉, 비록 전자의 경우 합헌판결이긴 하지만 소수의견이 제시되었고, 후자의 경우 위헌판결을 내림으로써 헌법재판소가 신상정보 등록 및 취업제한의 기본적인 입법취지의 필요성에 공감은 하지만 그 위헌성 여부를 문제 삼고 있다는 점이다. 특히 후자의 경우 획일적으로 대상자들에 대한 개별적 중간심사를 하지 않는다는 점을 문제로 삼고 있어 향후 다른 신상정보 등록제도 등에 대한 위헌성 시비의 소지는 여전히 존재한다는 점이다. 이는 성범죄자에 대한 신상정보 등록, 공개 및 취업제한제도에 대한 비판적 시각이 상당히 대두되고 있음에도 여전히 관련 법령과 제도의 강화를 끊임없이 모색하는 정부의 태도와는 사뭇 다른 입장이기도 하다.[15]

IV. 이슈&디스커션

1. 성범죄자의 취업제한명령과 헌법상 직업선택의 자유와의 관계는?
2. 취업제한명령과 성범죄 재범과의 긍정적 혹은 부정적 효과는?
3. 취업제한명령의 집행은 어떤 방식으로 운영되는 것이 바람직할 것인가?

참고문헌

1 Bedarf, A. R. (1995). Examining sex offender community notification laws. Calif. L. Rev., 83, 885－939.

2 Jacob Wetterling Crimes Against Children and Sexually Violent Offender Registration Act, Pub. L. No. 103－322, § 170101, 108 Stat. 1796, 2038－42 (1994) [hereinafter Jacob Wetterling Act], repealed by SORNA § 129(a).

3 Megan's Law, Pub. L. No. 104－145, sec. 2, § 170101(d), 110 Stat. 1345, 1345 (1996), repealed by SORNA, Pub. L. No. 109－248, § 129, 120 Stat. 587, 600－01 (2006).; Veysey, B. M., Zgoba, K., & Dalessandro, M. (2008). A preliminary step towards evaluating the impact of Megan's Law: A trend analysis of sexual offenses in New Jersey from 1985 to 2005. Justice Research and Policy, 10(2), 1－18.

4 National Sex Offender Search, NSOPW, https://www.nsopw.gov/en/home/about/ 2018. 9. 30. 검색.

5 Hollywood Florida Police Department, Original Adam Walsh police reports(Adam Walsh death Certificate), 1981. http://www.justiceforadam.com/hdp1/roll1.pdf/ 2018. 9. 30. 검색.

6 National Center for Missing & Exploited Children, http://www.missingkids.com/home/ 2018. 9. 30. 검색.

7 Unit, F. I., & Adam, T. (2001). NATIONAL CENTER FOR MISSING & EXPLOITED CHILDREN.; Laney, R., & Office of Juvenile Justice and Delinquency Prevention. (1995). National Center for Missing & Exploited Children.

8 Waxman, Olivia B. "The U.S. Is Still Dealing With the Murder of Adam Walsh". TIME.com. Retrieved 2016－08－19.; Protection, A. W. C. (2006). Safety Act of 2006. Public law, (109－248).; Bowater, B. (2007). Adam Walsh Child Protection and Safety Act of 2006: Is There a Better Way to Tailor the Sentences for Juvenile Sex Offenders. Cath. UL Rev., 57, 817.

9 U.S. Department of Justice, https://www.justice.gov/sites/default/files/criminal－ceos/legacy/ 2012/03/19/Adam_Walsh.pdf/ 2018. 9. 30. 검색.; McPherson, L. (2016). The Sex Offender Registration and Notification Act (SORNA) at 10 years: History, implementation, and the future. Drake L. Rev., 64, 741－796.

10 U.S. Department of Justice, https://www.justice.gov/criminal－ceos/sex－offender－registra tion－and－notification－act－sorna/ 2018. 9. 30. 검색.

11 IDAHO CODE ANN. § 18－8323(f) (West 2016).

12 United States Government Accountability Office , CHILD CARE Overview of Relevant Employment Laws and Cases of Sex Offenders at Child Care Facilities, https://www.gao.gov/assets/330/322722.pdf/ 2018. 9. 30. 검색.

13 헌법재판소, 전원재판부 2016헌마656, 2017. 10. 26.

14 헌법재판소, 전원재판부 2015헌마98, 2016. 4. 28.

15 박찬걸. (2010). 공법: 특정 성범죄자의 신상정보 활용제도의 문제점과 개선방안－성범죄자 등록, 고지, 공개제도를 중심으로. 법학논총, 27(4), 99－119.; 이정훈. (2013). 최근 개정된 아동, 청소년의 성보호에 관한 법률상 신상공개 및 취업제한 제도의 문제점과 개선방안. 경찰법연구,

11(2), 65−94.; 김태명. (2016). 성범죄자 신상정보 등록, 관리제도의 문제점과 개선방안. 형사정책, 28(1), 145−180.; 박경철. (2011). 최근의 성범죄 대응방안의 헌법적 문제점. 강원법학, 33, 1−47.; 김연희, & 이은영. (2016). 성범죄자 신상공개제도의 비판적 고찰. 교정복지연구, 44, 81−105.; 허경미. (2018). 현대사회와 범죄학, 제6판. 박영사. 287−303.

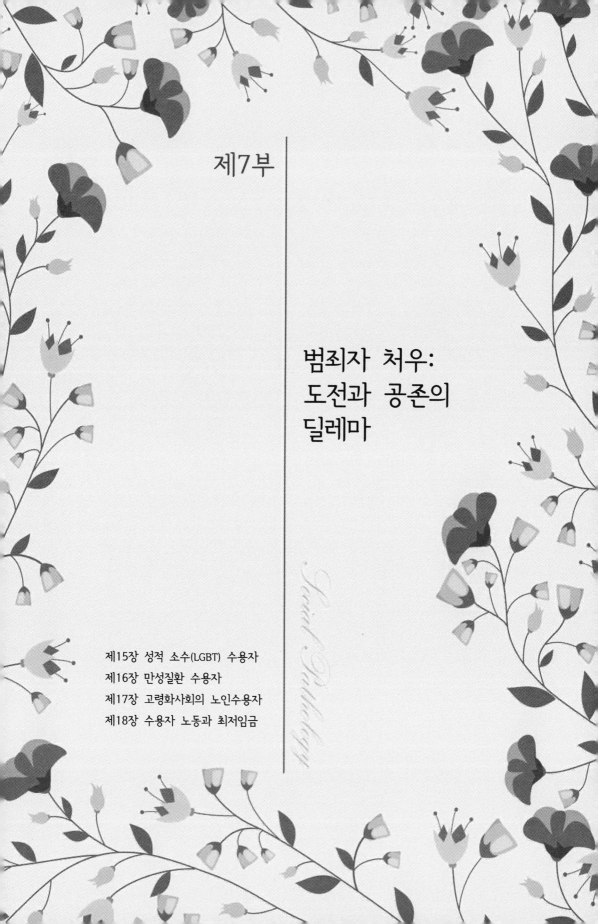

제7부

범죄자 처우: 도전과 공존의 딜레마

제15장
성적 소수(LGBT) 수용자

Ⅰ. 문제의 출발

　교정시설 수용자의 개인적 특성은 수용생활에 영향을 미칠 수 있고, 경우에 따라서는 그 개인적 특성이 범죄의 원인이었을 가능성이 매우 높다. 특히 개인의 성적 취향 및 성적 정체성은 대인관계를 비롯한 일상생활 전반에 영향을 미치며, 상호관계성을 가진다. 이는 수용자의 경우에도 예외는 아니다. 즉, 일반적인 수용자와 다른 성적 취향 및 성적 정체성을 가진 성적 소수(LGBT) 수용자는 특유의 일상생활 스타일을 가질 수 있다.

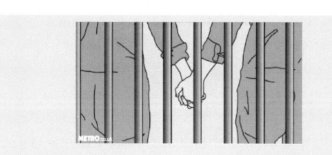

자료: METRO news, 2017.[1]

　성적 소수 또는 성적 소수자(LGBT)는 성적 취향 및 성적 정체성[2]이 대다수 평범한 사람들과는 다르다는 의미에서 성적 소수라고 하며, 레즈비언(Lesbian), 게이

(Gay), 양성애자(Bisexual), 성전환자(Transgender) 등을 모두 포함한 개념으로 사용된다. 통상 퀴어(Queer)라고도 한다.[3] 그런데 성적 소수자에 대한 정의는 성적 취향 및 성정체성에 대한 정의가 먼저 이루어져야 한다. 성적 취향(Sexual orientation)이란 다른 성별 또는 동일 성별 또는 한 명 이상의 성별에 대한 심오한 정서적, 애정 및 성적 매력에 대한 각 개인의 수용성을 의미한다. 성 정체성(Gender identity)이란 각 개인이 남성 혹은 여성, 또는 그 밖의 제3의 성별이라고 느끼는 내면적인 자아의식을 말하며, 이 정체성은 타고난 성, 개인적인 경험, 후천적인 변화(트랜스젠더: 수술 등에 의한 신체적인 외모 또는 기능), 복장, 언어 등에 의해 영향을 받으며, 동시에 영향을 준다.

한국에서는 LGBT에 대한 사회적 관심은 주로 여성학 또는 사회학 분야에서 진행되었지만 교도소나 구치소 등에 수감된 LGBT에 대한 관심은 그리 높지도 않고 관련 연구도 거의 진행되지 않았다. 교정시설이 성적 소수 수용자에 대한 교정처우 등에 대한 연구가 매우 제한적인 것은 한국 사회가 가지는 성적 소수자에 대한 비개방적인 태도와 문화가 그 원인일 수 있다. 나아가 이러한 사회적 태도와 문화로 인하여 성적 소수자의 커밍아웃이 어렵고, 결과적으로 LGBT 수용자의 실태파악 조차도 쉽지 않은 현실적인 요인도 배제할 수 없다.[4]

한국의 경우 교정시설에서 LGBT 수용자 현황이나 이들에 대한 차별과 폭력의 실태가 거의 드러나지 않고 있다. 즉, 공식적인 교정당국의 확인이나 통계 등이 확보(공개)되지 않고 있는 상황이어서 제대로 된 실태파악이 우선적 과제라는 것을 알 수 있다. 국가인권위원회에 의하면 LGBT 수용자가 교도관, 다른 수형자로부터 모욕적인 발언을 들었거나 의사에 반한 독거수용, 다른 수용자에게 요구하지 않은 HIV/AIDS 검사나 치료를 당한 적이 있다는 보고사례가 있다.[5]

II. 성적 소수 수용자의 교정 환경

미국에서 2015년에 전국단위로 실시된 LGBT 수용자 1,118명을 대상으로 한 설문조사 결과 좀 더 구체적인 실태가 밝혀졌다.[6] 이 보고서는 그 조사대상자나 조사범위 등을 고려할 때 LGBT 수용자의 현실을 잘 알 수 있는 자료라고 할 것이다.

LGBT 수용자들은 형사사법절차 및 특히 교정시설에서 교도관 및 동료 수용자들로부터 폭행, 언어적 성희롱, 추행, 강간 등의 피해를 당하거나 적절한 의료적 지원을 받지 못하며, 특히 트랜스젠더를 인정하지 않고, 생물학적 성을 기준으로 거실배치가 이루어지는 등의 어려움을 겪는 것으로 나타났다.

성적 소수 수용자들에 대한 교도관 및 동료 수용자에 의한 차별적 대우와 인권침해의 원인은 다양하지만 LGBT에 대한 혐오증(Hate), HIV/AIDS 나 기타 성병감염 등에 대한 두려움(Phobia), LGBT 수용자의 신체적 또는 성적, 정신적 특성에 대한 무시 등이 그 동기로 작용하는 것으로 나타났다.7

1) 변호사로부터의 차별대우

LGBT 수용자들을 대상으로 한 설문조사 결과 조사 대상자 1,118명 중 대부분이 자신들의 변호사로부터도 차별적 대우를 받았다고 응답하였다.8 또한 75%는 자신들의 보석금을 내지 못하여 구치소에 수감되어 있었고, 51%는 재판을 받기 위하여 일 년 이상 대기 수감 중이었고, 6%는 3년 이상 구치소에 수감되어 있었다.

2) 교도관 및 동료 재소자에 의한 폭력

LGBT 수용자들은 교도관들로부터 다양한 폭력피해를 당한 경우는 차별 70%, 언어적 성희롱 70%, 신체폭행 30%, 추행 37%, 강간 12%로 분류되었다.

┃그림 7-1┃ 교도관에 의한 폭력 행위

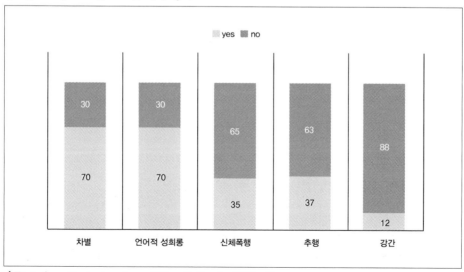

자료: Lydon, Carrington, Low, Miller & Yazdy. 2015, 41.

한편 LGBT 수용자들은 동료 수용자에 의하여 차별 77%, 언어적 희롱 83%, 신체적 폭행 64%, 추행 52%, 강간 31%를 당한 것으로 나타났다. 강간을 당한 경우 LGBT 수용자들 중 76%는 교도관이 자신들을 성폭력의 위험이 있는 상황에 고의적으로 배치하였다고 응답하였다.[9]

▎그림 7-2▎ 동료 수용자에 의한 폭력 행위

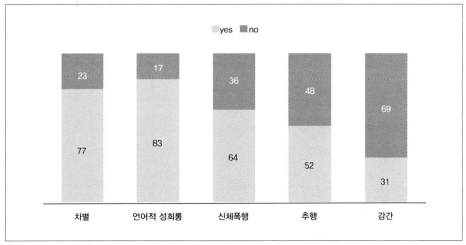

자료: Lydon, Carrington, Low, Miller & Yazdy. 2015, 44.

3) PREA의 위반: 나체 신체검사

교도소강간철폐법(Prevention Rape Elimination Act, PREA)은 수용자에 대한 반대 성(sex)을 가진 교도관에 의한 나체신체검사(Strip Searches)를 금지하고 있지만, 교정현실에서는 제대로 지켜지지 않아 응답자의 36%가 너무 많아 셀 수조차 없다(T.N.T.C.:too numerous to count)고 답하였다.[10]

4) 의료적 환경 및 질병

교정시설은 수용자의 건강관리를 위한 의료시설을 갖추고 있고, 응답자의 83%는 의사를 만날 때 진료비를 지불할 용의가 있다고 답하였다. 진료비는 일회에 최저 2달러에서 텍사스 주 교정시설은 수용자 당 연간 100달러를 지불하고 있었다. 다만, 응답자의 43%는 자신들이 필요로 하는 의료적 지원을 받지 못하고 있었고, 50%는 진료를 거부당한 경험이 있다고 답하였다. 응답자들 중 90%는 HIV/AIDS

감염여부 검사를 받은 적이 있고, 이 가운데 7%는 HIV/AIDS에 감염된 것으로 나타났다. 이러한 실태는 미국 전체 평균 HIV/AIDS 보균인구 0.04% 보다는 높지만,11 미국 남성 동성애자의 평균 감염률 20% 보다는 매우 낮은 수준인 것으로 나타났다.12

한편 응답자의 67%가 정신장애 진단을 받은 적이 있고, 이 가운데 63%는 약물치료를 받았다. 약물치료자 중 36%는 원하는 약물을 처방받지 못하였고, 30%는 강제적으로 약물을 처방받은 것으로 나타났다.13

III. 성적 소수 수용자 처우 관련 국제규범

LGBT 수용자에 대한 국제법상 인권규정은 세계인권선언, 시민 및 정치적 권리에 관한 국제규약, 고문 및 잔혹행위 방지를 위한 유엔협약, 유엔피구금자최저기준규칙, 교정 및 모든 구금시설 수용자에 대한 일체의 차별 없는 보호 및 대우에 관한 기본원칙 등이라고 할 수 있다. 이러한 국제법상 인권규정은 모든 수용자에 대한 차별적 대우를 해서는 안 되며, 인간의 존엄성 및 수용자로서의 인권이 보호되어야 한다고 강조하고 있다.14

1. 세계인권선언

세계인권선언(Universal Declaration of Human Rights) 제2조는 차별행위를 금지하고 있다. 즉, "모든 사람은 인종, 피부색, 성, 언어, 종교, 정치적 또는 그 밖의 견해, 민족적 또는 사회적 출신, 재산, 출생, 기타의 지위 등에 따른 어떠한 종류의 구별도 없이, 이 선언에 제시된 모든 권리와 자유를 누릴 자격이 있다. 나아가 개인이 속한 나라나 영역이 독립국이든 신탁통치지역이든, 비자치지역이든 또는 그 밖의 다른 주권상의 제한을 받고 있는 지역이든, 그 나라나 영역의 정치적, 사법적, 국제적 지위를 근거로 차별이 행하여져서는 아니 된다."고 규정하고 있다.15

2. 시민적 및 정치적 권리에 관한 국제규약

시민적 및 정치적 권리에 관한 국제규약(International Covenant on Civil and Political Rights: ICCPR) 제17조는 사생활에 대한 보호권을 규정하고 있다. 즉, "1. 어느 누구도 그의 사생활, 가정, 주거 또는 통신에 대하여 자의적이거나 불법적인 간

섭을 받거나 또는 그의 명예와 신용에 대한 불법적인 비난을 받지 아니한다. 2. 모든 사람은 그러한 간섭 또는 비난에 대하여 법의 보호를 받을 권리를 가진다."고 규정하고 있다.[16]

ICCPR의 위반을 감시하는 유엔인권위원회(United Nations Human Rights Committee)는 Toonen v Australia 사건에 대한 결정에서 합의한 동성애 행위를 범죄로 규정하는 법률은 ICCPR의 제2조와 제17조, 그리고 제26조를 위반하는 것으로 사생활 보호를 침해한다고 판결했다. 특히 ICCPR의 차별금지조항은 성적 지향에 근거한 차별을 포함하는 것으로 이해해야한다고 주장했다.[17]

3. 수용자에 대한 일체의 차별 없는 보호 및 대우에 관한 기본원칙

수용자에 대한 일체의 차별 없는 보호 및 대우에 관한 기본원칙(Body of Principles for the Protection of All Persons under Any Form of Detention or Imprisonment apply to all detainees and prisoners without discrimination) 제6조는 모든 수용자는 고문을 당하거나 잔인하고 비인도적이거나 굴욕적인 대우나 처벌을 받아서는 안 된다. 수용자에 대한 고문이나 잔혹하거나, 비인간적이거나 굴욕적인 대우나 처벌은 어떠한 상황에서도 정당화될 수 없다.

이어 "잔혹한, 비인간적이거나 굴욕적인 대우 또는 처벌이란 수용자에 대한 육체적 또는 정신적 학대, 또는 자연적 상태를 제한하는 것으로 최대한 확대해석하여야 한다"라고 부연하고 있다.

4. 족카르타선언

2006년에 국제사법재판소(the International Commission of Jurists) 및 국제인권기구(International Service for Human Rights)[18]는 성적 지향과 성 정체성에 근거한 인권침해를 방지하기 위하여 국가의 준수의무 및 책임을 국제법 및 각 국의 국내법에 반영하도록 하는 이른바 「성적 지향과 성 정체성에 관한 국제인권법 적용에 관한 족카르타선언」(Yogyakarta Principles on the Application of International Human Rights Law in relation to Sexual Orientation and Gender Identity: Yogyakarta Principles)을 선포하였다.

족카르타선언은 2006년 11월 6일부터 9일까지 세계 25개국의 대표들이 모여 성적 지향과 성 정체성에 관하여 국제법 및 각 국의 국내법 등의 제정시 반영되어야

할 인권적 가이드라인을 제시하였다는 점에 의의가 있다.[19]

이 선언 제9조는 A항부터 G에 이르기까지 "자유를 박탈당한 모든 사람들은 인간성과 인간의 타고난 존엄성에 대한 존중심으로 대우 받아야한다. 성적 취향과 성 정체성은 각 개인의 존엄성에 필수적이다"라고 전제하면서 구체적으로 수용자의 성적 정체성을 고려한 시설 배정, 의료정보 및 치료, 성별 진단 등의 접근, 구금 장소 결정에의 참여, 보호조치, 차별 없는 면접권의 보장, 모니터링, 교정시설 근무자의 인식제고 훈련 등이다"를 규정하고 있다.[20]

즉 구체적으로 "A. 수용자가 성 지향이나 성 정체성을 근거로 폭력, 학대, 신체적, 정신적 또는 성적 학대의 위험에 처하지 않도록 교정시설 내에서의 배치가 이루어져야 한다. B. 수용자는 성의학 보건, HIV / AIDS 정보 및 HIV / AIDS 관련 정보를 포함하여 성적 취향 또는 성 정체성을 근거로 한 개인의 특별한 필요에 적합한 의료 및 상담에 적절히 접근 할 수 있어야 한다. 그리고 수용자는 호르몬 또는 다른 치료법에 대한 접근, 원할 경우 성별 진단 및 처우시설의 재배정 등을 요구할 권리가 보장되어야 한다. C. 모든 수용자가 성적 취향 및 성 정체성에 적합한 구금 장소에 관한 결정에 가능한 한 참여할 수 있어야 한다. D. 수용자의 성적 취향, 성 정체성 또는 성별 표현을 이유로 행해질 수 있는 폭력이나 학대 위험에서 수용자를 보호할 수 있도록 보호조치가 이루어져야 하고, 이러한 보호조치는 교도소 수용인구의 적정한 범주를 감안하여 이루어질 수 있어야 한다. E. 수용자는 면접권이 허용되는 법적 범위 내에서는 방문하는 파트너의 성별에 관계없이 합법적인 방문을 보장하여야 한다. F. 수용자가 성적 정체성으로 차별받는지 여부에 대하여 국가 및 비정부기구에서 독립적으로 감시할 수 있어야 한다. G. 국가 및 민간 교정시설의 교도관 및 종사자들에게 국제인권규범 및 평등의식, 그리고 성적 정체성에 따른 비차별원칙 등에 대한 교육 및 인식강화 프로그램 등을 정기적으로 실시하여야 한다." 등 여섯 가지의 원칙을 제시하고 있다.

IV. 미국의 LGBT 수용자 관련 판례 및 PREA 제정

LGBT 수용자에 대한 열악한 처우와 차별적인 대우 그리고 성폭력 등의 문제를 극복하고자 LGBT 수용자들은 교정당국을 대상으로 끊임없이 이의를 제기하고 미국 수정헌법 정신을 위반한 인권침해라는 점을 부각시키며 오랜 기간 동안 다양한 법적 투쟁을 벌여왔다.

1. 성적 소수 수용자의 호르몬 치료권

매닝 사건(Manning v. Hagel)은 트랜스젠더 수용자가 교정시설에서 어떠한 권리를 갖는지, 그리고 호르몬치료의 유용성 및 허용의 한계, 적절한 거실지정의 문제에 대한 관심과 정책이 필요하다는 것을 부각시켰다.[21]

첼시 매닝(Chelsea Manning)은 2013년 7월 30일에 간첩행위 및 절도죄 혐의로 미국 군사재판에서 유죄확정판결을 받았다. 그는 미 역사상 가장 많은 군사적 기밀을 해킹하여 웹 사이트 위키리크스(Wikileaks)에 제공한 혐의를 받았다.[22] 그런데 매닝은 재판과정에서 자신은 아동기부터 이른바 성별불쾌장애(gender dysphoria)[23]로 고통받아왔다며, 자신이 남자가 아니라 여자라고 생각한다고 주장하였다. 그리고 성전환을 위한 호르몬치료(hormone therapy)를 받게 해달라고 요구했다. 매닝은 징역 35년에 처해지자 호르몬치료비를 본인이 부담하겠다며 군교도소가 호르몬치료를 허용해주도록 소송을 제기했다.[24] 결국 군교도소는 매닝의 에스트로겐치료요법을 승인하기에 이르렀다.[25]

2. 성적 소수 수용자의 성전환 치료방법 선택권

썬스트롬과 필즈 사건(Fields v. Smith)은 주정부가 수용자의 호르몬치료를 강제적으로 중단할 수 있는 것인지, 그리고 호르몬치료 대신 정신과적 약물치료로 대체할 수 있는 것인지, 나아가 호르몬치료 비용의 부담주체가 누구인지에 대한 것이 중요한 쟁점사항이었다.[26]

위스콘신주는 2005년에 교도소 의사가 트랜스젠더 수용자에 대한 치료방법을 결정하고, 관련 의료비 지급 금지를 주요골자로 하는 「수용자성전환금지법」(The Inmate Sex Change Prevention Act)을 통과시켰다.[27] 이에 따라 교도소 내에서 모든 종류의 성전환수술이나 호르몬치료가 금지되었다.[28]

한편 위스콘신 교도소에서 캐리 썬스트롬(Kari Sundstrom)은 1990년부터, 그리고 안드레 필즈(Andrea Fields)는 1997년부터 호르몬치료를 받고 있었지만, 더 이상 치료를 받을 수 없게 되자 수용자성전환금지법이 수정헌법 정신을 위반했다며 위헌소송을 제기했다. 즉, 이들은 위스콘신주법은 미국 수정헌법 제8조의 "범죄자에 대한 잔인하고 차별적인 처벌을 금지한다(the Amendment's Cruel and Unusual Punishment

Clause)"의 정신 및 제14조 "미국 시민은 그가 어디에 있던 동등하게 보호받을 권리가 있다(Equal Protection Clause)"의 정신을 위반하고 있다고 주장한 것이다.

한편 의료 전문가들은 썬스트롬과 필즈와 같은 성전환과정 중 호르몬치료 중단은 생명을 위협할 정도로 매우 위험하다는 의견을 법원에 제출하였다. 법원은 또한 호르몬치료비가 정신장애 약물치료비 보다 적게 든다는 것도 밝혀냈다. 이에 따라 연방순회법원은 2010년 7월 9일에 트랜스젠더 수용자가 개별화된 의료서비스를 이용할 수 없도록 한 위스콘신주법이 헌법 제8조 및 제14조를 위반했다고 판결하였다.29

이에 대하여 위스콘신주는 대법원에 항소했지만, 대법원은 2011년 8월 5일에 이를 기각했다.30 결국 썬스트롬과 필즈는 호르몬치료를 계속 받을 수 있게 되었다.

3. 성적 소수 수용자 호르몬치료 중단의 인권침해 여부

데롱타 사건(De'Lonta v. Angelone)은 성호르몬의 중단조치를 교도소가 일방적으로 행할 수 있는지, 이것이 수용자의 인권을 침해하는 것인지에 대한 것이 쟁점이었다.31

오헬리 아즈리엘 데롱타(Ophelia Azriel De'lonta)는 1983년부터 버지니아주 교정국 산하의 그린스빌교정센터(Greensville Correctional Center)에서 수감 중이었고, 의사로부터 성별불쾌장애 진단을 받아 1993년까지 여성으로의 전환호르몬치료를 받았다. 이 치료는 데롱타가 메클렌버그교정센터(Mecklenburg Correctional Center)로 이송된 후 1995년까지 계속되었지만, 1995년 9월 19일자에 발표된 버지니아 교정국은 더 이상 수용자에게 호르몬치료 또는 외과적 수술을 제공하지 않는다는 정책에 따라 중단되었다.

이에 따라 데롱타는 더 이상 호르몬치료를 받을 수 없게 되자 호르몬치료의 강제중단으로 우울증과 함께 자신의 성기를 20여 차례 찌르는 등 성기절단 충동으로 고통을 받았다. 결국 데롱타는 버지니아주 교정국의 정책이 수정헌법 제8조의 정신에 반하는 것이라며 1999년에 지방법원에 소송을 제기했지만 기각 당하였다.32

데롱타는 이에 대하여 연방순회법원에 항소하였지만 패소했고,33 이어 연방대법원에 상고하여 마침내 2003년 5월 27일 연방대법원은 지방법원의 판결을 기각하며, 사건을 환송하였다.34

연방대법원은 "데롱타를 자기성기절단증으로부터 보호하기 위해서는 호르몬치료가 반드시 필요하며, 교도소가 이러한 상황을 무관심하게 방치해서는 안 된다"고 판시하였다. 그리고 "어떠한 것이 데롱타의 인권을 보호하는 것인지에 대해 지방법원과 교도소가 더 고민하여야 한다"는 의견을 제시하였다.

4. 성적 소수자의 호르몬치료는 편안한 수용생활을 하려는 술책이 아니다

스펜서 사건(Gammett v. Idaho State Board of Corrections)은 트랜스젠더 수용자가 교정당국에 대하여 호르몬치료를 요구할 권리가 있으며, 교정당국은 이것을 수용해야 한다는 것이 쟁점이다.[35]

제니퍼 스펜서(Jenniffer Spencer)는 트랜스젠더 여성으로서 도난차량을 소지한 혐의로 10년 동안 아이다호교도소에 복역하였다. 스펜서는 복역기간 동안 75차례에 걸쳐 성별불쾌장애를 치료하기 위하여 호르몬치료를 요구했다. 그러나 교도소 측은 스펜서가 독방사용 등 보다 편안한 교도소 생활을 하려는 술책을 부린다며 스펜서의 요구를 번번이 거부하였다. 스펜서는 교도소 의사로부터 호르몬치료를 해줄 수 없다는 통보를 받고 자살을 시도했지만, 실패했다. 결국 스펜서는 면도칼로 자신의 성기를 거세하다가 죽을 뻔한 위험에 처했다.

아이다호 지방법원은 광범위한 의료적 자문을 수렴한 끝에 2007년 7월 27일 교도소 측이 스펜서에게 호르몬치료를 제공하여 그녀의 성별불쾌장애를 치료해주고, 특히 스스로 거세하면서 발생한 심각한 성기능저하증은 물론 정신적 장애까지 치료해주어야 한다고 결정하였다.[36] 결국 스펜서는 2007년 가을부터 호르몬치료를 받을 수 있게 되었다.

5. 성적 소수 수용자의 거실지정

파머 사건(Farmer v. Brennan)은 교정당국이 수용자의 생물학적 성별을 구분으로 사동과 거실을 배정하는 문제점을 지적하고 그 개선을 요구한 것이 쟁점이다(Kingwell, 1994). 즉, 연방대법원은 트랜스젠더 수용자의 거실지정은 트랜스 후의 수용자 성정체성이 충분히 고려되어야 한다고 결정하였다.[37]

디 파머(Dee Farmer)는 신용카드 사기죄로 그녀가 18세이던 1986년에 수감되어 12년간 많은 연방교도소를 전전하며 복역하다가 1989년 3월에 위스콘신주의 옥스퍼드교도소에서 인디애나주의 테레호트교도소로 이송되어 남성 일반시설(general population)에 수감되었다.

파머는 교도소에 수용되기 전부터 호르몬치료를 받아왔고, 성기제거수술을 받았으나 실패하여 고환을 완전히 드러내지는 못한 상태에서 가슴에 보형물을 넣어 여성으로 행동해 왔다. 파머는 4월 1일에 동료 수용자들로부터 강간과 폭행을 당하였다. 교도소 측은 파머가 AIDS 감염여부를 판정하기 위하여 중간보안시설로 거실을 변경하였다.

파머는 옥수포드교도소와 테레호트교도소의 교도관들이 자신이 트랜스젠더 여성이라는 것을 알면서도 남성교도소에 자신을 이송시킨 것은 잔인한 처벌을 금지한 수정헌법 제8조를 위반한 것이라며 1991년에 소송을 제기하였지만 지방법원에서는 패소했다.

그러나 대법원은 1994년 7월 6일 교도관들이 고의적으로 무관심(deliberate indifference)함으로써 파머가 강간을 당하도록 한 책임이 있으며, 또한 파머가 트랜스젠더 여성임에도 불구하고 남성 거실에 배치한 것은 수정헌법 제8조를 위반한 것이라고 판시하였다.

파머사건은 미 연방대법원이 최초로 교도소 내 강간사건의 심각성을 지적하고, 동시에 교도관들은 수용자들을 적극적으로 보호할 책임의 주체라고 지적함으로써 교도관들에게 경각심을 불러일으켰다는 데 의의가 있다.38 나아가 교도소 내 성폭력의 심각성을 알리고, 교도소강간철폐법의 제정 필요성을 부각시키는 계기가 되었다.39

6. 교도소강간철폐법(PREA)의 제정

1) 입법배경

부시대통령은 2003년 9월 4일에 교도소강간철폐법(Prevention Rape Elimination Act, PREA)에 서명하였다. 이 법의 목적은 연방, 주 및 지방 교정시설에서 발생하는 성폭력의 실태 및 영향을 분석하고 수용자를 보호하기 위한 정보, 자원, 정책 및 기금을 제공하는데 두었다. 특히 이 법은 무관용주의 및 국가표준(national standards) 개발을 통해 교정시설 내 성폭력에 대한 정보를 수집하고 대응하며, 예방함으로써 궁극적으로 교정시설 성폭력을 억제하려는 목적을 분명히 하고 있다.

이 법의 본격적인 시행을 앞두고 사법지원국(National Bureau of Justice Assistance)과 교정국(National Institute of Corrections), 그리고 통계국(National Institutes Statistics)은 우선적으로 교정시설 성폭력 실태 파악과 교도관 등에 대한 전문화 지원 등의

역할을 부여 받았다. 그리고 「국가교도소강간철폐위원회」(National Prison Rape Elimi-nation Commission)를 창설하고 교도소 성폭력 철폐를 위한 기준 초안을 작성하도록 하였다. 이 기준은 2009년 6월에 발표되었으며, 법무부는 이를 검토하여 2012년 5월 17일에 최종안을 발표하였고, 이는 같은 해 8월 20일부터 효력이 발생되었다(Department of Justice, 2012).

한편 사법지원국(Bureau of Justice Assistance)은 2010년에 국가교정시설강간철폐법운용센터(National PREA Resource Center)를 설립하여 이 센터가 주정부의 교정시설에 대한 기술적인 지원과 연방정부의 표준에 따라 실무에 적용할 수 있도록 지침을 마련하고 연구를 지속적으로 할 수 있도록 하였다.40

2) 주요 내용
PREA를 실천하기 위한 법무부 지침은 성적 학대의 예방(prevent), 탐지(detect), 대응(respond) 등 세 가지 전략을 명시하고 있다.

① 예방(prevent): 이 표준은 교정시설의 성적 학대를 방지하기 위해 다음과 같이
  조치할 것을 요구한다.
○ 성적 학대에 관한 무관용주의 정책을 개발하고 유지한다.
○ 표준 규정을 준수하기 위하여 PREA 담당자를 지정한다.
○ 성적 학대 피해를 당할 위험이 있는 수용자 및 성적 학대를 할 가능성이 있는 수용자를 선별하고, 이를 바탕으로 수용시설, 침대, 작업장, 교육, 프로그램 지원 등에 반영한다.
○ 적절한 인력배치 및 어느 곳에서나 감시가 가능한 비디오 모니터링, 그리고 적절한 인력배치 등의 개발 및 서류작업
○ 성적 학대의 예방 및 대응에 대한 교정시설 근무자의 책임에 대한 교육
○ 채용후보자에 대한 신원조사 및 성폭력 전과자 채용금지
○ 청소년 수용자를 성인과 수용하거나 감독자 없이 공동공간에서 성인수용자와의 접촉금지
○ 청소년 교정시설의 남성 및 여성 수용자와 교정시설 등에서 여성 수용자에 대한 남자 교도관에 의한 신체검사 금지
○ 레즈비언, 게이, 양성애자, 트랜스젠더, 간성(intersex), 성적 혼란(gender non-

conforming) 수용자 등의 특성을 교정훈련 및 선별 규정에 반영한다.

○ 수용자는 반대 성(性)을 가진 교도관 등에 의하여 부적절한 관찰을 받지 않으며 샤워, 생리욕구의 해소, 환복 등을 할 수 있어야 한다.

○ 취약한 수용자의 보호수단으로 독방수용은 금지되어야 한다.

○ 표준을 준수하기로 동의한 외부단체와만 계약을 체결하거나 갱신해야 한다.

② 탐지(detect): 이 지침은 교정시설의 성적 학대를 탐지하기 위해 다음과 같이 조치할 것을 요구한다.

○ 수용자가 시설 정책을 인식하게 하고 성적 학대를 신고하는 방법을 알린다.

○ 수용자가 외부 기관에 연락하는 것을 포함하여 성적 학대를 신고할 수 있는 여러 경로를 제공하고 원할 경우 수용자가 익명으로 학대를 신고하도록 허용한다.

○ 직원 및 기타 제3자가 수용자를 대신하여 학대를 신고 할 수 있는 방법을 제공한다.

○ 성적 학대를 보고하거나 조사에 협조하는 사람들에 대한 보복을 방지하고 탐지하는 정책을 개발한다.

○ 시설정책에 관한 효과적인 의사소통을 보장하고 영어가 서툰 수용자 및 장애인에게 성적 학대를 신고하는 방법을 알려준다.

③ 대응(respond): 이 지침은 교정시설의 성적 학대에 대응하기 위해 다음과 같이 조치할 것을 요구한다.

○ 성적 학대의 희생자에게 시의적절한 의료 및 정신 건강 치료를 제공한다.

○ 가능한 경우, 성적 학대와 관련한 피해자의 정서적 안정을 지원하는 강간위기센터(rape crisis centers)가 피해자를 지원한다.

○ 사건 후 증거를 보존하고 피해자에게 법의학 건강 검진을 무료로 제공할 수 있도록 증거 규정을 수립한다.

○ 성적 학대에 대한 모든 혐의를 즉각적이고 철저히 조사하고, 증거가 확보된 경우 입증된 것으로 간주한다.

○ 성적 학대를 저지르는 직원 및 수용자에 대한 징계 및 제재에 대한 명확한 규정을 두어야 한다.

○ 행정구제 조치를 취한 후 사법적 구제책을 추구할 수 있는 능력을 유지하기

위해 수용자에게 성적 학대에 관한 불만을 제기할 수 있는 완전하고 공정한 기회를 허용한다.

　ㅇ 학대 사건의 기록을 유지하고, 미래의 예방 계획에 관련 기록을 사용한다.

3) 실 천

　연방교정국(Federal Bureau of Prisons)은 이 지침을 준수하여야 하며, 연방교도소는 반드시 보조금의 5%를 표준 준수비용으로 사용하여야 한다. 그리고 주정부 교도소는 연방보조금의 5%를 표준준수에 사용하겠다는 확약을 하지 않는 한, 연방보조금이 5% 감축된다. 궁극적으로 표준준수에 대해 동의하지 않는 교정시설은 더 이상 연방보조금을 지원받지 않게 된다.

　그리고 이 지침은 법무부가 운영하는 교정시설뿐만 아니라 연방정부의 다른 부처가 운영하는 모든 구금시설에도 적용된다. 다른 연방부처는 이 지침에 대한 대통령 각서일로부터 120일 이내에 법무부장관과 협의하여 PREA의 요건을 충족시키는 데 필요한 규칙을 만들어 제안하고, 제안한 날짜로부터 240일 이내에 그러한 규칙이나 절차를 완료해야 한다.

　2012년 5월 17일에 오바마대통령은 PREA 실천에 관한 대통령명령(Presidential Memorandum-Implementing the Prison Rape Elimination Act)에 서명했다.[41]

V. 성적 소수 수용자 처우 관련 국내규범

　현행 국내법에서는 명확하게 성적 소수 또는 성적 소수자에 대한 적극적인 권리를 보장하거나 정의하는 등의 적극적인 표현을 적시한 경우는 찾기 어렵다.[42] 그러나 헌법의 행복추구권의 보장이나 평등권의 규정, 그리고 국가인권위원회법 및 형의 집행 및 수용자의 처우에 관한 법률 등에서 일부 성적 소수 수용자의 인권에 관한 간접적인 가이드라인 규정을 찾을 수 있다.

1. 헌 법

　헌법 제10조는 모든 국민의 행복추구권을 규정하고 있다. 즉 "모든 국민은 인간으로서의 존엄과 가치를 가지며, 행복을 추구할 권리를 가진다. 국가는 개인이 가지는 불가침의 기본적 인권을 확인하고 이를 보장할 의무를 진다."라고 규정함으로써 국민 개개인의 기본권과 이를 보장할 의무 주체로서의 국가의 책임을 명시하고 있다. 따라서 대한민국 국민이라면 누구나 그가 성적 소수자라 해도 천부인권을 가지며, 국가로부터 이를 보호받을 권리가 있다는 것을 보장하는 것이며, 이는 교정시설내 성적 소수 수용자인 경우에도 인간으로서의 존엄과 가치를 존중받아야 하며, 행복을 추구할 권리 및 국가로부터의 보호받을 권리가 있다는 당연한 논리적 귀결을 말해준다.

그러나 동시에 헌법 제37조는 국민의 기본권을 제한할 수 있는 예외적인 경우를 규정하고 있다. 즉, 제37조는 "① 국민의 자유와 권리는 헌법에 열거되지 아니한 이유로 경시되지 아니한다. ② 국민의 모든 자유와 권리는 국가안전보장·질서유지 또는 공공복리를 위하여 필요한 경우에 한하여 법률로써 제한할 수 있으며, 제한하는 경우에도 자유와 권리의 본질적인 내용을 침해할 수 없다."고 규정함으로써 국민의 기본권을 법률로써 제한할 수 있다는 것과 제한하더라도 본질적인 내용까지를 제한할 수는 없다고 원칙을 제시하고 있다.

이를 통하여 일반 수용자는 물론이고 성적 소수 수용자의 경우 성적 표현의 자유는 제한될 수 있다는 것을 알 수 있다. 다만, 성적 소수 수용자가 가지는 성적 정체성을 완전히 배제하려면 이에 대한 법률적 규정이 필요하다는 것을 알 수 있다.

2. 국가인권위원회법

국가인권위원회법 제2조는 이 법이 사용하는 용어의 정의에 대한 규정이며, 이를 통하여 차별에 대하여 정의하고 있다. 즉, 제2조 제3호는 "'평등권 침해의 차별행위'란 합리적인 이유 없이 성별, 종교, 장애, 나이, 사회적 신분, 출신 지역(출생지, 등록기준지, 성년이 되기 전의 주된 거주지 등), 출신 국가, 출신 민족, 용모 등 신체조건, 기혼·미혼·별거·이혼·사별·재혼·사실혼 등 혼인 여부, 임신 또는 출산, 가족 형태 또는 가족 상황, 인종, 피부색, 사상 또는 정치적 의견, 형의 효력이 실효된 전과(前科), 성적(性的) 지향, 학력, 병력(病歷) 등을 이유로 한 다음 각 목의 어느 하나에 해당하는 행위[43]를 말한다. 다만, 현존하는 차별을 없애기 위하여 특정한 사람(특정한 사람들의 집단을 포함)을 잠정적으로 우대하는 행위와 이를 내용으로 하는 법령의 제정·개정 및 정책의 수립·집행은 평등권 침해의 차별행위로 보지 아니한다."고 규정하였다.

즉, 성적 지향이라는 표현을 통하여 성적 소수자에 대한 차별을 금지하고 있으며. 다만, 현존하는 차별을 없애기 위한 우대행위 등에 대해서는 차별적 행위로 간주하지 않는다고 명시하였다. 이는 성적 소수 수용자에 대한 차별적 배려의 근거규정으로 해석할 수도 있지만, 교정당국이 차별적 배려를 하지 않았을 경우 이에 대한 적극적인 권리주장의 근거로 활용하기는 어렵다 할 것이다.

3. 형의 집행 및 수용자의 처우에 관한 법률

형의 집행 및 수용자의 처우에 관한 법률(형집행법)은 성적 소수(LGBT) 수용자에 대한 직접적인 처우에 대하여 규정하고 있지는 않다. 다만, 제4조의 인권존중 및 제5조의 차별금지 규정을 성적 소수 수용자에 대한 간접적인 처우 규정이라고 볼 수 있다. 즉, 제4조는 "이 법을 집행하는 때에 수용자의 인권은 최대한으로 존중되어야 한다."고 규정하였고, 제5조는 "수용자는 합리적인 이유 없이 성별, 종교, 장애, 나이, 사회적 신분, 출신지역, 출신국가, 출신민족, 용모 등 신체조건, 병력(病歷), 혼인 여부, 정치적 의견 및 성적(性的) 지향 등을 이유로 차별받지 아니한다."고 규정하였다.

제4조가 교정시설 수용자에 대한 보편적 인권을 규정하였다면, 제5조는 수용자처우의 평등성에 대하여 규정한 것으로 볼 수 있으며, 특히 성적 지향을 이유로 차별받지 아니한다고 규정함으로써 성적 소수 수용자의 소극적 평등성을 제시하고 있다.

다만, 이 규정이 외에는 특별히 LGBT 수용자에 대한 분류, 개별처우 등의 규정을 명확히 하지 않고 있다. 따라서 의료적 지원, 거실지정, 처우프로그램 등이 교정시설의 장의 재량 하에 이루어질 것으로 추측할 수 있다.

4. 행정규칙

일부 행정규칙은 보다 명확하게 LGBT에 대한 차별금지 규정을 명확히 하고 있다.44 이를 검토함으로써 향후 LGBT 수용자 처우개선을 위한 형집행법 등의 개정방향을 가늠해볼 수 있다.

1) 인권보호를 위한 경찰관 직무규칙(경찰청훈령, 2015)

제2조 4호에 '성적 소수자' 정의규정으로 "동성애자, 양성애자, 성전환자 등 당사자의 성 정체성을 기준으로 소수인 자"라고 규정하였다. 제76조(성적 소수자 수사)에

"성적 소수자가 자신의 성 정체성에 대하여 공개하기를 원하지 않을 경우에는 이를 최대한 존중하여야 하며, 불가피하게 가족 등에 알려야 할 경우에도 그 사유를 충분히 설명하여야 한다."라고 규정하여 프라이버시를 보호하도록 규정하였다. 제80조(사회적 약자에 대한 배려) 제4항에 "성적 소수자인 유치인에 대하여는 당사자가 원하는 경우 독거 수용 등의 조치를 취해야 한다."라고 규정하였다. 이는 최초로 행정규칙에 성적 소수자라는 용어를 명확히 하였다는 점에서 의의가 있다. 또한 당사자가 원하는 경우 독거수용 등의 조치를 취하여야 한다고 명시함으로써 매우 적극적으로 LGBT 피의자를 배려하고 있다.

2) 형사절차 피의자 유치 및 호송규칙(경찰청훈령, 2007)

제19조(유치인보호관의 근무요령) 중 제2항은 "유치인보호관은 근무 중 계속하여 유치장 내부를 순회하여 유치인의 동태를 살피되 특히 다음 각 호의 행위가 발생하지 않게 유의하여 사고방지에 노력하여야 하며 특이사항을 발견하였을 때에는 응급조치를 하고, 즉시 유치인보호 주무자에게 보고하여 필요한 조치를 취하도록 하여야 한다"고 규정하였다. 그리고 제11호에서 "장애인, 외국인, 성적 소수자 등을 괴롭히거나 차별하는 행위"라고 지칭함으로써 명확하게 성적 소수자에 대한 차별적 행위를 금지하고 관련 동태에 대한 관찰을 강조하고 있다.45

3) 형사절차 인권보호수사준칙(법무부훈령, 2006)

제4조(차별의 금지)는 "합리적 이유 없이 피의자 등 사건관계인의 성별, 종교, 나이, 장애, 사회적 신분, 출신지역, 인종, 국적, 외모 등 신체조건, 병력(病歷), 혼인 여부, 정치적 의견 및 성적(性的) 지향 등을 이유로 차별하여서는 아니 된다."고 규정함으로써 수사과정 중 성적 지향을 이유로 차별하지 않도록 명시하고 있다.

4) 징계입창자 영창 집행 및 처우 기준에 관한 훈령(국방부훈령, 2011) 등

제5조(차별금지)는 "징계입창자는 합리적 이유 없이 계급·나이·종교·학력·출신지역·용모·성적(性的)지향 등을 이유로 차별 받거나 부당한 대우를 받지 아니 한다."고 규정함으로써 평등한 처우를 명확히 하고 있다.

한편 징병 신체검사 등 검사규칙(2007)은 징병 신체검사에서 비뇨기과 검사시 원칙적으로는 개인별로 칸막이를 하고 검사를 해야 하나, 성전환자인 경우 법원 결정

서, 성전환자임을 알 수 있는 신체검사서 또는 방사선 소견서 등으로 검사를 대체
(제8조 제2항 10호 단서)할 수 있도록 함으로써 신체검사의 가이드라인을 제시하였다.

VI. 이슈&디스커션

1. LGBT 수용자 인권처우의 입법화를 위한 과제는?
2. LGBT 수용자 처우 개별화를 위한 과제는?
3. LGBT 수용자 전담 교정시설 및 거실 확보는 가능한가?
4. LGBT 수용자 호르몬치료 및 성전환수술 등 의료권 보장의 한계는?

참고문헌

1 https://metro.co.uk/2017/05/17/what−its−really−like−to−be−openly−gay−in−prison−
   6627486/?ito=cbshare

2 Jenness, V., & Fenstermaker, S. (2014). Agnes goes to prison: gender authenticity,
   Transgender inmates in prisons for men, and pursuit of "The Real Deal". Gender &
   Society, 28(1): 5−31.

3 이승례. (2016). 퀴어 (Queer), 원주민, 에로스. 문학과환경, 15(1): 71−98.

4 주재홍. (2017). 한국의 청소년 성소수자들로부터 알게 된 그들의 삶의 이야기들. 교육문화연구,
   23(1): 175−215.

5 장서연. (2014). 성적지향·성별정체성에 따른 차별 실태조사. 국가인권위원회.

6 Lydon, J., Carrington, K., Low, H., Miller, R., & Yazdy, M. (2015). Coming out of concrete
   closets: a report on Black & Pink's national LGBTQ prisoner survey. Black & Pink, 201.

7 Mullan, M. (2015). LGBT prisoners: An issue in need of reform.

8 Lydon, J., Carrington, K., Low, H., Miller, R., & Yazdy, M. (2015). Coming out of concrete
   closets: a report on Black & Pink's national LGBTQ prisoner survey. Black & Pink, 41

9 Lydon, J., Carrington, K., Low, H., Miller, R., & Yazdy, M. (2015). Coming out of concrete
   closets: a report on Black & Pink's national LGBTQ prisoner survey. Black & Pink, 44

10 Lydon, J., Carrington, K., Low, H., Miller, R., & Yazdy, M. (2015). Coming out of concrete
   closets: a report on Black & Pink's national LGBTQ prisoner survey. Black & Pink, 43

11 Lydon, J., Carrington, K., Low, H., Miller, R., & Yazdy, M. (2015). Coming out of concrete
   closets: a report on Black & Pink's national LGBTQ prisoner survey. Black & Pink, 49−50

12 Wejnert C, Le B, Rose CE, Oster AM, Smith AJ, et al. (2013) HIV Infection and Awareness
   among Men Who Have Sex with Men−20 Cities, United States, 2008 and 2011. PLoS ONE
   8(10): e76878. doi:10.1371/journal.pone.0076878.

13 Lydon, J., Carrington, K., Low, H., Miller, R., & Yazdy, M. (2015). Coming out of concrete
   closets: a report on Black & Pink's national LGBTQ prisoner survey. Black & Pink, 51

14 Atabay, T., & Atabay, T. (2009). Handbook on prisoners with special needs. UN. 112−
   113.

15 정인섭, & 편역. (2000). 국제인권조약집. 서울: 사람생각.

16 정인섭, & 편역. (2000). 국제인권조약집. 서울: 사람생각.

17 O'Flaherty, M., & Fisher, J. (2008). Sexual orientation, gender identity and international
   human rights law: contextualising the Yogyakarta Principles. Human Rights Law Review,
   8(2): 207−248.

18 이 기구는 1984년에 설립된 독립적 비영리단체로 뉴욕과 제네바에 지부를 두고, 인권활동가를
   지원하고, 인권수준 및 제도를 강화하며, 인권변화에 부응하는 인권조직의 참여 및 행동화를 이
   끄는 국제단체이다.
      국제인권서비스는 2006년부터 아프리카 국가동맹위원회(African Commission)즈음에 개최되는
   NGO포럼의 진행자로 활동하고 있으며, 2006년에는 족카르타원칙을 제안하여 유엔인권위원회와
   공동으로 채택하는데 기여하였으며, 2011년에는 인권운동들에 대한 안전을 보호하고 그 활동
   을 지지한다는 결의안을 유엔인권위원회와 채택하였으며, 2012년에는 국제엠네스티, 유엔인권위

원회, 기타 NGO등과 함께 인권피해자 및 활동가들과 좀 더 유기적인 협력관계를 유지할 수 있도록 제안하였으며, 2013년에는 세계인권단체들의 회의인 비엔나+20에서 세계인권활동가들의 안전보호안을 제시하여 채택하는 등 매우 활발한 활동을 이어가고 있다(International Service for Human Rights, 2017).

19 Anmeghichean, M., & Cabral, M. (2007). Yogyakarta Principles on the Application of International Human Rights Law in Relation to Sexual Orientation and Gender Identity. International Panel of Experts in International Human Rights Law and on Sexual Orientation and Gender Identity.

20 Atabay, T., & Atabay, T. (2009). Handbook on prisoners with special needs. UN. 112−113.

21 Rogers, J. (2014). Being Transgender behind Bars in the Era of Chelsea Manning: How Transgender Prisoners' Rights are Changing. Ala. CR & CLL Rev., (6): 189−202.

22 Savage, C. (2013). Manning Is Acquitted of Aiding the Enemy. New York Times.

23 성별 불쾌장애(gender dysphoria)는 성정체성 장애(gender identity disorder)의 일부로 자신의 신체적인 성별이나 성 역할에 대하여 불쾌하게 생각하는 증상을 가리킨다. 정신장애진단 및 통계편람(diagnostic and statistical manual of mental disorders)은 이를 정신장애로 분류한다.

24 Manning v. Hagel, No.1:14−cv−01609 (D.D.C. Sept. 23, 2014).

25 Vanden Brook, T. (2015). Military approves hormone therapy for Chelsea Manning. USA Today, 13.

26 Stroumsa, D. (2014). The state of transgender health care: policy, law, and medical frameworks. American journal of public health, 104(3): 31−38.

27 Wis. Stat. Ann. § 302.386(5m)(a).(Act 105).

28 Stroumsa, D. (2014). The state of transgender health care: policy, law, and medical frameworks. American journal of public health, 104(3): 31−38.

29 Fields v. Smith, 712 F. Supp. 2d 830 (D. Wis. 2010).

30 Fields v. Smith, 653 F.3d 550 (7th Cir. 2011).

31 Green, R. (2010). Transsexual legal rights in the United States and United Kingdom: Employment, medical treatment, and civil status. Archives of sexual behavior, 39(1): 153−160.

32 De'Lonta v. Angelone, No. CA−99−642−7(W.D. Va. Nov. 21, 2000).

33 De'Lonta v. Angelone, 00−7732 (4th Cir. 2001).

34 De'Lonta v. Angelone, 330 F.3d 630 (4th Cir. 2003).

35 Anderson, R. (2012). Way Out West: A Comment Surveying Idaho State's Legal Protection of Transgender and Gender Non−Conforming Individuals. Idaho L. Rev., (49): 587−620.

36 Gammett v. Idaho State Bd. Of Corr., No.CV05−257−S−MHW, 2007 WL2186896, at *18 (D. Idaho 2007).

37 Farmer v. Brennan, 511 U.S. 825 (1994).

38 Rifkin, M. (1994). Farmer v. Brennan: Spotlight on a obvious risk of rape in a hidden world. Colum. Hum. Rts. L. Rev., (26): 273.

39 Peek, C. (2003). Breaking out of the prison hierarchy: Transgender prisoners, rape, and the Eighth Amendment. Santa Clara L. Rev., (44): 1211−1248.

40 National PREA Resource Center, https://www.prearesourcecenter.org/ 2017년 4월 24일 검색.

41 The White House Office of the Press Secretary, Presidential Memorandum — Implementing the Prison Rape Elimination Act, https://obamawhitehouse.archives.gov/the—press—office/ 2012/05/17/presidential—memorandum—implementing—prison—rape—elimination—act/ 2017년 4월 24일 검색.

42 최유. (2014). 한국에서 성소수자의 법적 지위의 변화와 전망. 중앙법학, 16(3): 45—105.

43 가. 고용(모집, 채용, 교육, 배치, 승진, 임금 및 임금 외의 금품 지급, 자금의 융자, 정년, 퇴직, 해고 등을 포함한다)과 관련하여 특정한 사람을 우대·배제·구별하거나 불리하게 대우하는 행위
   나. 재화·용역·교통수단·상업시설·토지·주거시설의 공급이나 이용과 관련하여 특정한 사람을 우대·배제·구별하거나 불리하게 대우하는 행위
   다. 교육시설이나 직업훈련기관에서의 교육·훈련이나 그 이용과 관련하여 특정한 사람을 우대·배제·구별하거나 불리하게 대우하는 행위
   라. 성희롱[업무, 고용, 그 밖의 관계에서 공공기관(국가기관, 지방자치단체, 「초·중등교육법」 제2조, 「고등교육법」 제2조와 그 밖의 다른 법률에 따라 설치된 각급 학교, 「공직자윤리법」 제3조의2제1항에 따른 공직유관단체를 말한다)의 종사자, 사용자 또는 근로자가 그 직위를 이용하여 또는 업무 등과 관련하여 성적 언동 등으로 성적 굴욕감 또는 혐오감을 느끼게 하거나 성적 언동 또는 그 밖의 요구 등에 따르지 아니한다는 이유로 고용상의 불이익을 주는 것을 말한다] 행위

44 성적지향·성별정체성법정책연구회. (2016). 한국LGBT인권현황2015, 성적지향·성별정체성법정책연구회.

45 국민안전처훈령인 형사절차 피의자 유치 및 호송규칙(2011) 역시 이에 준하고 있다.

제16장

만성질환 수용자

Ⅰ. 문제의 출발

2017년 7월 13일 군산교도소에서 심근경색과 협심증을 앓던 수용자(62)가 쓰러진 것은 오전 6시 30분 정도였으나 교도소 의사가 출근하여 검진 후 인근병원으로 이송된 것은 10시 정도였고, 그마저도 다른 병원으로 다시 옮겨져 다음날 수술을 받았으나 사망했다.[1]

이 사건은 만성질환 또는 중증질환 수용자에 대한 교정시설의 응급대응체계의 문제점을 단적으로 보여주지만 이런 일이 처음도 아니다. 2016년 8월 부산교도소에서 당뇨병 수용자 등 2명이 사망한 일도 있다. 이와 같은 사건들의 공통점은 사망한 수용자들이 만성질환을 앓고 있었지만 의료교도소가 아닌 교도소의 일반사동 거실에서 생활하였고, 응급상황시 의사에 의한 적절한 의료적 조치가 매우 제한적이었다는 점이다.[2]

교정당국은 의료교도소의 설치를 비롯하여 관련법령 정비 등의 필요성을 인정하고 관련 정책을 추진하고 있지만 여전히 개선되어야 할 과제를 안고 있다. 더욱이 수용인구의 고령화로 인하여 만성질환을 포함한 중증질환 수용자 역시 증가하고 관련 의료비용 증액이 필요하다는 지적이지만 여전히 해당사안을 충분히 해결하지 못하는 것으로 보인다.[3]

보건복지부 질병관리본부는 암, 뇌혈관질환, 심장질환, 희귀성난치질환 등을 4대 중증질환으로 정하고 이를 치료하는 비용을 국민건강의료보험으로 대체할 수 있도록

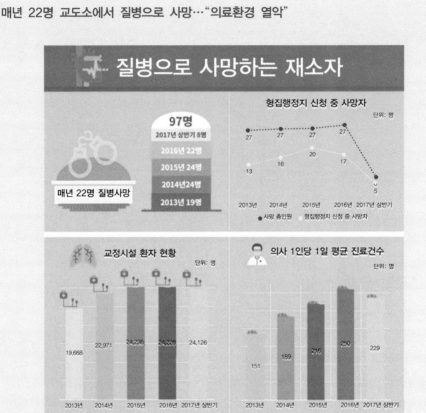

자료: 뉴스1, 2017년 10월 16일자 보도.

하였다.

질병관리본부에 의하면 암질환은 신체기능의 변화와 심리적으로는 불안, 두려움, 우울, 심리적 충격 및 절망감과 같은 다양한 정서적 변화를 경험하게 된다. 특히 영양관리와 통증을 줄여줄 수 있는 의약품, 환경 등이 필수적인데 통증은 암 환자들이 겪는 가장 흔하면서도 고통스러운 증상으로 초기암환자나 혹은 항암치료를 받고 있는 암환자의 약 30~50%가, 진행성암환자의 약 60~70%가, 말기암환자의 약 80~90%가 심한 통증으로 고통을 받고 있는 것으로 나타났다. 또한 암환자가 면역기능이 저하되면서 세균이나 정상적인 박테리아에 대한 저항능력이 감소되어 구강점막에 염증성 궤양반응인 구강점막염, 구내염 등이 수시로 나타나며, 이로 인해 정상적인 식생이 어려워 영양불균형 상태가 초래되고 결국 암치료를 어렵게 하는 악순환을 가져온다는 지적이다. 이와 같은 암환자의 고통은 수용암환자의 경우 열악한 의료처우 환경에서 더욱 가중될 수밖에 없고, 법무부가 금태섭의원에게 제출한 자료대로 매년 22명이 사망하고, 형집행정지중 사망하는 이유일 것으로 보인다.

수용자에 대한 의료적 처우에 대해 범죄자에 대한 지나친 배려라고 지적할 수도 있지만 적절한 치료처우를 제공하지 않는 것은 국제인권규범 및 헌법적 정신에 비추어볼 때 오히려 인권침해적 소지가 크며, 나아가 제대로 된 교정효과 역시 기대할 수 없다.4

II. 교정시설의 의료인프라 자화상

1. 의료인프라

국가인권위원회의 용역으로 실시된 연구에 따르면 2016년을 기준으로 전국 52개 교정시설의 의료인력은 정원 중 의사 79%, 간호사 98%, 의료기사 100%, 약사 85% 정도 밖에 충원되지 못한 것으로 나타났다. 이 밖에 군복무를 대신한 공중보건의가 49명에 달하였으며, 이는 매년 보건복지부가 배정하는 것이어서 고정적이지 않은 것으로 나타났다.5

그런데 기본적으로 남자 수용자가 대부분인 여주교도소(전문의 1명 모두), 춘천교도소(전문의 1명 모두), 부산구치소(전문의 2명 모두), 원주교도소(전문의 2명 중 1명이 산부인과), 창원교도소(전문의 1명 모두), 포항교도소(전문의 2명 모두), 울산구치소(전문의 1명 모두), 밀양구치소(전문의 1명 모두), 대전교도소 논산지소(전문의 1명 모두), 광주교도소(전문의 3명 중 1명) 등은 산부인과 전공의로 충원되어 있었다.

▌표 7-1▐ 교정시설의 의료인력

구분	의사			간호사			의료기사			약사			공중 보건 의
	정원	현원	충족률	정원	현원	충족률	정원	현원	충족률	정원	현원	충족률	
총계	104	82	79	103	101	98	33	33	100	13	11	85	49

자료: 주영수 외, 2016.

이는 실제 교정인구가 남자 수용자가 대부분이고, [표 7-2]에서 보는 것처럼 고혈압, 뇌경색, 뇌출혈, 협심증, 심근경색 등과 암 등은 내과적 혹은 외과적, 신경외과적 전문분야의 의료치료를 요하는 만성질환임에도 불구하고 적절한 치료를 받을 수 있는 환경이 되지 못한다는 것을 의미한다.

이마저도 안양교도소, 수원구치소, 화성직업훈련교도소, 수원구치소 평택지소, 경북북부 제1교도소, 경북북부 제2교도소, 경북직업훈련교도소, 안동교도소, 통영교도소, 천안교도소, 홍성교도소 서산지소, 군산교도소, 제주교도소, 정읍교도소 등은 아예 어떠한 전문의도 상주하지 않고 교정시설은 일반의나 외부 촉탁의의 진료로 대체되고 있다.

외부촉탁의 중 정신과의사나 신경정신과의사는 36개소에서 위촉하여 전체 69.2%에 달하였다. 이는 교정당국이 2012년도부터 각 지방교정청별로 1개 교정기관을 지정하여 교정시설 정신보건센터를 설립·운영하면서6 교정시설별로 수용자를 대상으로 인성교육 및 심리치료 등을 강화하는 처우프로그램을 집중적으로 시행한 때문으로 보인다.

이와 같이 교정시설의 의료환경은 전문의를 포함한 의사진이 절대적으로 부족하여 만성질환 수용자를 비롯한 주요 질환 수용자들의 의료적 수요를 제대로 충족하지 못하고 있고, 그 질적인 면에서도 충분한 의료적 처우가 이루어지지 않다는 것을 알 수 있다.

이러한 문제는 2017년 법무부가 더불어민주당 금태섭의원에게 제출한 자료에서 더욱 극명하게 그 실태가 드러났다.7 즉, 이에 따르면 교정시설의 환자는 2013년 19,668명, 2014년 22,971명, 2015년 24,238명, 2016년 24,226명으로 매년 평균 환자수는 22,776명으로 나타났다. 이는 2013년부터 2016년까지 매년 평균 수용인구 57,865명 가운데 39.3%로 수용자의 1/3 정도의 상당한 비중을 차지하는 것이다.

교정시설에서 질병으로 사망한 경우는 2013년 19명, 2014년 24명, 2015년 24명, 2016년 22명 등 모두 97명으로 평균적으로 매년 22명에 달하였다. 같은 기간 동안 질병으로 외부진료를 위해 형집행정지를 신청했지만 거부되어 끝내 외부진료를 받지 못하고 교정시설 내에서 사망한 경우는 66명으로 2013년 13명, 2014년 16명, 2015년 20명, 2016년 17명으로 나타나 중증질환자 처우의 한계를 드러냈다.

이와 같은 현실은 교정시설 의료진의 1일 평균 진료현황에서도 여실히 드러나는데 의사 1인당 1일 평균 진료건수는 2013년 151건, 2014년 189건, 2015년 216건,

2016년 250건으로 나타났다. 이를 다시 실제 의사의 일일 근무시간인 오전 9시부터 오후 6시(중식 시간 1시간 제외)까지 8시간으로 환산하면 평균 시간별 25명, 환자별 2.4분 정도를 진료한 것이어서 의료처우가 제대로 행해질 수 있는 것인지 여부가 가늠하기 어려울 정도로 그 환경이 열악하다는 것을 보여준다.

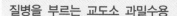

질병을 부르는 교도소 과밀수용

자료: 필리핀의 과밀수용 교도소.[8]

2. 만성질환 수용자

교정시설의 만성질환 수용자는 앞서 소개한 주영수 외(2016)의 자료를 이용하기로 한다. 이 연구는 2016년 9월 30일을 기준으로, 52개소 교정시설의 57,541명 수용자 전수를 대상으로 처방된 의약품 투약을 기준으로 유병률을 조사하였다.

[표 7-2]는 교정시설 수용자 환자 27,399명의 유병실태를 조사한 것이다. 이 가운데 9,361명, 즉 34.2%가 질병관리본부가 정한 4대중증질환에 속한다. 즉, 교정시설 수용자의 질병 중 뇌경색, 뇌출혈, 협심증, 심근경색, 고혈압 등과 암 등은 지속적인 치료와 섭생을 요구하는 만성질병이자 4대중증질병으로 분류된다.[9]

한편 [표 7-2]에서 보는 것처럼 치과질환의 경우, 2016년 9월 30일을 기준으로 3,661명(13.7%)에 달하는데도 전체 52개 교정시설 중 치과 전문의가 상주하는 곳이 전혀 없고 대부분 특정일에 촉탁의가 진료를 하며, 이마저도 없는 교정시설이 8개

┃표 7-2┃ 교정시설 수용자의 질병분류

질환분류		수용자(명)	유병률(%)
당뇨병		4868	8.5
고혈압		8286	14.4
폐결핵		115	0.2
바이러스성 감염		554	1.0
고지혈증		2764	4.8
뇌경색		139	0.2
뇌출혈		34	0.1
협심증		401	0.7
심근경색		263	0.5
요추부 염좌		622	1.1
요추 추간판탈출증		348	0.6
골절		155	0.3
폐렴		40	0.1
피부질환		368	0.6
부상 및 상해		93	0.2
눈, 코, 귀 등의 염증성 질환		236	0.4
기타		1688	2.9
치과질환	치아질환	2080	3.6
	잇몸질환	1274	2.2
	결손치	294	0.5
	턱관절장애	13	0.0
불면증		701	1.2
정신질환	우울증	1215	2.1
	조증	160	0.3
	조현병	450	0.8
암	소화기암	122	0.2
	혈액암	10	0.0
	부인과암	11	0.0
	비뇨기암	32	0.1
	호흡기암	19	0.0
	뇌종양	4	0.0
	기타	40	0.1
계		27,399	-

자료: 주영수 외, 2016.

소에 달하는 것으로 나타났다. 더욱 심각한 것은 치과의가 없어 실제로 치과적 유병이 더 높은데도 불구하고 치료를 포기한 수용자들까지 포함한다면 그 유병률이 더 높아질 것이다.

치과질환을 제대로 치료하지 않을 경우 정신적 불안과 우울증, 나아가 위장관암, 폐암 및 췌장암뿐만 아니라 혈구암 발병 증가와 직접적인 연관성이 있다는 연구들이 발표되고 있어 적절한 의료처우가 시급하다는 것을 보여준다.10

[표 7-2]는 질병관리본부의 분류기준에 따른 4대 만성질환 수용자의 비중을 알수 있어 이들에 대한 시급한 관심과 정책적 변화가 필요하다는 것을 단적으로 보여주는 조사결과라 할 수 있다.

III. 수용자의 건강권과 외부진료 자비부담치료의무의 충돌

형의 집행 및 수용자의 처우에 관한 법률 제35조는 "소장은 수용자가 부상을 당하거나 질병에 걸리면 적절한 치료를 받도록 하여야 한다."고 규정하여 수용자에 대한 국가의 치료의무를 명백히 하고 있다.11 그러나 같은 법 제38조는 "소장은 수용자가 자신의 비용으로 외부의사에게 치료받기를 원하면 교정시설에 근무하는 의사의 의견을 고려하여 이를 허가할 수 있다."고 규정함으로써 수용자의 자비부담을 원칙으로 외부의료시설에서의 치료가 이루질 수 있도록 하고 있다.

그런데 국민건강보험법 제54조(급여의 정지)를 통하여 보험급여를 받을 수 있는 사람이 교도소, 그 밖에 이에 준하는 시설에 수용되어 있는 경우(제4호) 건강보험 급여를 정지하도록 하였고, 제60조에서 법무부장관이 예탁금을 미리 공단에 예탁할 경우 그 범위 내에서 보험급여를 한다고 규정하였다. 이는 결국 자비부담을 하지 않고서는 법무부의 예산범위 내에서만 중증질환 수용자의 경우에도 외부진료를 받을 수 있다는 것을 의미하며 자비부담 능력이 없는 경우 외부진료 허가를 받기는 매우 어렵다는 것을 의미한다.

그러나 이는 헌법 제10조의 "모든 국민은 인간으로서의 존엄과 가치를 가지며, 행복을 추구할 권리를 가진다."라는 보편적 행복추구권의 이념에 비추어볼 때 수용자라 하더라도 특히 중증질환 수용자의 경우 인권적 차원에서의 적정한 의료처우가 이루어져야 하며 이것이 유엔피구금자최저기준규칙을 비롯한 국제규범이 요구하는 일관된 인권적 가이드라인이기도 하다.

특히 성적 소수자(LGBT)의 성전환 호르몬 치료비까지 국가가 부담해야한다는 일련의 판례, 즉 매닝 v. 헤겔사건,[12] 필즈 v. 스미스사건,[13] 데롱타 v. 안젤론사건[14], 가멧 v. 아이다호주정부사건[15]을 거쳐 결국 교도소강간철폐법(Prevention Rape Elimination Act, PREA)을 제정하여 성적소수자의 인권적 의료처우를 개선시킨 미국의 경우와 비교해보더라도 외부진료비의 자부담을 원칙으로 외부진료를 허용하는 현행법이 상당한 인권침해적 소지를 안고 있음을 부인하기 어렵다.[16] 미국의 경우에도 성적 소수자 수용자들이 자신들의 호르몬치료비를 정부가 부담할 것을 요구한 근거는 미국 수정헌법 제8조의 "범죄자에 대한 잔인하고 차별적인 처벌금지(Cruel and Unusual Punishment Clause Prohibit)" 및 제14조 "미국 시민은 그가 어디에 있던 동등하게 보호받을 권리가 있다(Equal Protection Clause)"는 기본권의 정신을 위반하고 있다는 것이었다.

나아가 유엔피구금자최저기준규칙, 유엔수용자처우기본원칙 등 국제사회가 요구하는 수용자에 대한 인권적 의료처우의 기본원칙과 충돌한다. 그리고 이와 같은 지적들이 그동안 학계를 통하여 지속적으로 지적되어 왔음에도 불구하고 관련법령의 개정 및 정책변화가 이루어지지 않았다.

한편 수용자가 자비부담을 해서라도 외부진료를 받고 싶었지만 신청하지 못한 수용자는 23.6%이며, 외부진료를 신청했으나 거부당한 경우는 17.0%이고, 이 가운데 19.2%는 교정시설 의사의 진찰 없이 거부당한 것으로 나타났다. 외부 병원 진료 신청 후 외부병원에 진료를 받기까지 걸린 시간은 평균 41.0일이었으며, 외부병원 이송 시 동행한 교도관 수는 평균 4명이 동행하는 것으로 나타났다.[17]

이러한 조사결과는 우선 외부진료허가의 결정시간이 너무 오래 걸리고, 외부시설로의 동행할 교도관을 확보하는 어려움으로 인해 문제가 더욱 악화된다는 것을 알 수 있다.

투석치료하던 수용자 C형 간염 감염, 수용자들 불안

2016년 7월 대전교도소 내 의료시설에서 혈액투석을 하던 70대 무기수가 C형 간염 양성 판정을 받았습니다. C형 간염은 혈액을 이용한 의약품이나 오염된 주사기 등에 감염되는 바이러스 질병으로 40% 정도가 간경변증과 간암으로 진행됩니다. 전파 가능성도 높은 만큼 함께 혈액투석을 했던 수용자들은 원인 모를 감염에 두려워 떨었습니다.

▷ 인터뷰 : 김모 씨(출소자)
– "불안했죠. 저희도 불안했고요. 만약에 (간염에) 걸렸을 경우 국가에서 보상해줄 거냐, 그것도 아니고 끝까지 추적해줄 거냐 그것도 아니잖아요."

또 다른 수용자에게선 바이러스가 검출되지 않았지만 추적관찰이 필요하다는 소견이 나왔습니다. 교도소 측은 관련 직원과 같은 건물 수용자를 대상으로 검사를 실시하는 등 뒤늦게 대책 마련에 나섰지만 9개월이 지나도록 감염 경로조차 파악하지 못하고 있습니다.

▷ 인터뷰 : 대전교도소 관계자
– "상급기관인 대전교정청에서 나와서 3일간 조사를 했어요. (감염경로가) 불투명하다. 판정을 내릴 수가 없어서 못 내렸어요."

C형간염의 전파 위험성이 높은 혈액투석실에서 위생장갑 착용 등 감염관리 수칙이 제대로 지켜지고 있는지 의심된다는 지적이 나오고 있습니다.

▷ 인터뷰 : 이상재 / 대전충남인권연대 사무국장
– "(교정시설의 목적은) 죄를 교화하고 재발 방지하는 것이거든요. 그런 의미에서 볼 때 교정시설과 안에 있는 의료시설에 대한 보다 근본적인 투자가 이뤄져야 한다고 생각합니다."
…중략…

자료: TJB 8뉴스, 2017년 3월 17일자 보도.

Ⅳ. 만성질환 수용자 의료처우 관련 국제규범

1. 유엔규범

1) 유엔피구금자최저기준규칙

「유엔피구금자최저기준규칙」(United Nations Standard Minimum Rules for the Treatment of Prisoners 1955: SMRs 1955)은 유엔에서 1955년에 채택되어 1957년에 1차개정규칙(663 C(24))을, 1977년 5월에 2차개정규칙(2076(62))을 승인하였다. 이어 2015년 12월에 3차개정규칙을 채택하여 만델라규약(Nelson Mandela Rules)이라고 칭한다.[18]

유엔피구금자최저기준규칙은 회원국에 대해 강제성을 띠지 않으며, 권고하고 수

용하는 선언적 의미를 지니지만 회원국들은 자국법의 제정에 이 규칙의 정신을 반영하고 있다.[19]

유엔피구금자최저기준규칙은 2개장 108개 규칙으로 구성되어 있으며 이 가운데 제22조와 제25조가 의료처우와 관련된 규정이다.

제22조 제1항은 "모든 교정시설은 전문의 자격을 갖춘 의료요원을 한 명 이상 배치하고, 국가의 일반보건체계 및 민간과의 협력체계를 구축하며, 모든 교정시설은 의료시스템을 갖출 것을 요구하고 있으며, 수용자에 대한 의료적 관찰과 보고의무 등을 규정하였다. 제22조 제2항에서 전문의가 필요한 경우 외부기관으로 이송할 것과 내부치료의 경우에도 외부진료기관과 동일한 수준의 치료를 받을 수 있어야 한다고 규정함으로써 중증장애 수용자에 대한 의료처우 가이드라인을 제시하고 있다.[20]

제25조는 제1항에서 교정시설의 의료진은 질병을 앓고 있는 수용자에 대한 치료와 관찰, 상담을 할 것과 제2항에서는 의료담당관은 매일 수용자의 건강상태 및 감염여부 등에 대하여 교정시설의 장에게 보고할 것을 규정하고 있다.

2) 유엔수용자처우기본원칙

「유엔수용자처우기본원칙」(United Nations Basic Principles for the Treatment of Prisoners 1990: A/RES/45/111)은 1990년 12월 14일 총회결의 45/111에 의해 채택 및 선포되었다. 이 기본원칙은 모두 11개 규칙으로 구성되어 있다.[21]

수용자의 의료처우에 대해 제9조에서 규정하고 있는데 "수용자는 그들의 법적 상황에 따라 차별 없이 자국에서 제공하는 의료적 서비스에 접근할 수 있어야 한다."고 규정하고 있다.

유엔수용자처우기본원칙은 중증질환 수용자에 대한 별도의 규정을 두는 대신에 법적 상황에 따라(on the grounds of their legal situation)라는 표현을 적시하고 있다.

3) 유엔경제사회이사회결의안 2004/35, 사전심리 및 교정시설에서의 HIV/ AIDS 확산 방지

「유엔경제사회이사회결의안 2004/35, 사전심리 및 교정시설에서의 HIV/AIDS 확산 방지」(United Nations Economic and Social Council Resolution 2004/35, Combating the spread of HIV/AIDS in criminal justice pre-trial and correctional facilities)는 2004년 7월 21일 제47차 본회의에서 채택되었다.

이 결의안은 모두 9개 규칙으로 구성되어 있다(UNODC, 2004). 이 가운데 제2조에서는 회원국들에게 "적절한 경우, 국내 법령에 따라 에이즈 보균자를 구금처우의 대안을 마련하고, 구금 중에는 조기석방 할 것을 권고한다"라고 규정하였다. 즉, HIV/AIDS의 보균자에 대한 형사사법단계에서의 치료기회를 부여하고 다른 사람에 대한 감염을 방지하기 위하여 비구금처우 및 구금중에도 조기석방 후 보호관찰 등의 기회를 부여할 것을 요구하고 있다.

2. 유럽연합

1) 유럽평의회 각료위원회 권고 No. R (93) 6

유럽평의회(Council of Europe) 각료위원회 권고안 No. R (93) 6 교도소의 에이즈를 포함한 감염질병 및 건강문제에 대한 교정처우 및 통제관련 회원국에 대한 권고 (Council of Europe Recommendation No. R (93) 6 of the Committee of Ministers to Member States concerning Prison and Criminological Aspects of the Control of Transmissible Diseases Including AIDS and Related Health Problems in Prisons)는 1993년 10월 18일 유럽각료회의에서 채택되었다(Abbing, 2013). 이 권고는 모두 30개 규칙으로 구성되어 있다(UNODC, 2004). 이 가운데 회원국들에게 제14조에서 "말기 HIV 보균질환을 가진 수용자는 가능한 조기석방하여 교정시설 밖에서 적절한 치료를 받을 수 있어야 한다."고 규정하였다.

2) 유럽평의회 각료위원회 권고 No. R (98) 7

교정시설 건강관리의 윤리적 및 조직적 측면에 관한 권고(Council of Europe, Committee of Ministers Recommendation No. R (98) 7 Concerning the Ethical and Organizational Aspects of Health Care in Prisons)는 1998년 4월 8일 유럽각료회의에서 채택되었다. 이 권고는 모두 74개 규칙으로 구성되어 있다(UNODC, 2004).22 이 가운데 회원국들에게 제51조에서 "중증질환을 앓고 있는 수용자의 외부의료시설로의 이송시기에 대한 결정은 의학적 견지에서 이루어져야 하며, 이송결정을 기다리는 시간동안 교정시설 의료센터에서 적절한 치료를 받을 수 있어야 하고, 외부에 위탁된 호스피스 간호를 받을 수 있어야 하며, 조기석방 또는 사면 등을 검토하여야 한다."고 요구하고 있다.23

이 권고는 중증질환자에 대한 임종호스피스와 조기석방, 사면 등을 권고한다는 점에서 의미가 있다.

3) 말기질환에 대한 세계의료협의회 선언

말기질환에 대한 세계의료협의회 선언(World Medical Association Declaration on Terminal Illness)은 제35차 세계의료협의회에서 1983년 10월에 채택되어 제57차 세계의료협의회에서 2006년 10월에 개정되었다.

이 선언은 모두 10개 규칙으로 구성되어 있다. 이 가운데 제1조는 "의사의 의무는 가능하면 환자의 고통을 덜어주고 이익을 보호하는 것이며, 이것은 난치병의 경우에도 예외가 없어야한다"고 규정하고 있다. 제2조는 "말기환자의 치료시 의사의 주요 책임은 환자가 삶의 질을 유지할 수 있도록 증상을 조절하고 심리사회적 요구를 유지해주며, 위엄과 편안함으로 죽음을 맞이할 수 있도록 도와주는 것이고, 환자에게 완화치료의 유용성, 이점 및 기타 잠재적 영향을 환자에게 알려야한다"고 규정하였다.[24]

이 선언은 수용자에 대한 직접적인 원칙은 아니나 의료인이 준수하여야 할 의료적 그리고 직업윤리적 가이드라인을 제시하였다는데 의미가 있다.

V. 만성질환 수용자 의료처우 관련 국내규범

1. 형의 집행 및 수용자의 처우에 관한 법령

형의 집행 및 수용자의 처우에 관한 법률은 수용자의료처우에 대한 규정으로는 제16조(신입자의 수용 등) 제3항에서 신입자에 대한 건강검진, 제20조(수용자의 이송)에서 수용자의 수용·작업·교화·의료, 그 밖의 처우를 위하여 필요시 다른 교정시설로의 이송, 제30조(위생·의료 조치의무)에서 수용자가 건강한 생활을 하는 데에 필요한 위생 및 의료상의 적절한 조치, 제34조(건강검진)에서 수용자에 대한 정기건강검진, 제35조(감염병 등에 관한 조치)에서 수용자에 대한 예방접종·격리수용·이송등 조치, 제36조(부상자 등 치료), 제37조(외부의료시설 진료 등)에서 수용자에 대한 적절한 치료 필요시 외부진료 허가와 가족에의 통지, 제38조(자비치료)에서 수용자가 자비로 외부진료 원할시 교정시설 의사 의견을 고려하여 허가, 제39조(진료환경 등)에서 교정시설의 의료인력과 설비구비, 제40조(수용자가 진료 또는 음식물의 섭취를 거부시 의학적인 조치) 등이다.

이와 같은 규정들은 의료적 가이드라인이긴 하나 특별히 만성질환 또는 중증질환자에 대한 처우규정은 없으며, 제37조(외부의료시설 진료 등)에서 수용자에 대한 적절한 치료 필요시 외부진료 허가 정도로 필요시 교정시설의 장이 재량권을 발할 수 있을 것으로 보인다.

형의 집행 및 수용자의 처우에 관한 법률 시행령은 제21조(형 또는 구속의 집행정지 사유의 통보)에서 수용자의 건강상의 사유로 형의 집행정지 또는 구속의 집행정지 신청시 의무관의 진단서첨부, 제52조(감염병의 정의), 제52조(감염병자의 조치), 제54조(의료거실 수용 등), 제54조의2(간호사의 의료행위), 제55조(외부의사의 치료), 제56조(중환자의 가족통지)에서 "소장은 수용자가 위독한 경우에는 그 사실을 가족에게 지체 없이 알려야 한다."고 규정하고, 제57조(외부 의료시설 입원 등 보고) 등을 규정하였다. 제56조의 중환자가 위독한 경우 가족에게 통지하는 것 외에는 중증질환 수용자에 대한 특별한 의료처우규정은 두고 있지 않다.[25]

형의 집행 및 수용자의 처우에 관한 법률 시행규칙은 제23조(의료설비의 기준)에서 교정시설에는 의료법상 의원급 수준 이상의 의료시설을 갖출 것을 24조(비상의료용품 기준)에서는 교정시설이 갖춰야 하는 비상의료용품의 종류 등을 규정하고 있다. 형의 집행 및 수용자의 처우에 관한 법률 시행규칙 역시 특별히 만성질환 수용자에 대한 처우규정을 두고 있지 않다는 것을 알 수 있다.[26]

2. 수용자의료관리지침

수용자의료관리지침은 수용자 의료처우와 관련된 사항을 규정하고, 제2조에서 수용자 의료처우에 관하여 다른 법령에 특별한 규정이 있는 경우를 제외하고는 이 지침이 정하는 바에 의한다고 규정하였다.[27]

모두 6개장 43개조에 달하며 중증환자 수용자에 대해서는 제9조(중환자 및 응급환자의 관리) 제1항에서 "중환자 및 응급환자는 신속히 외부의료시설에 이송진료하고, 수용생활을 지속할 수 없는 중증환자는 관계기관과 협조하여 형(구속)집행정지 건의 등의 조치를 취하여야 한다."고 규정하였다. 제2항에서는 "중증환자 등 응급상황 발생이 예상되는 환자에 대해서는 간병인을 지정하고, 특이동정에 관한 사항을 동정시찰 등에 철저히 기록하여야 한다."고 규정하였다. 중환자에 대해 신속한 외부시설로의 이송과 간병인의 지정 및 환자의 동정을 기록할 것을 유일하게 명시하였다는 특징이 있다.

제11조(후천성면역결핍증 환자의 관리)에서 후천성면역결핍증 양성반응을 보이는 수용자에 대해 시·도 보건환경연구원에 확인검사를 의뢰하고, 검사결과 후천성면역결핍증 확진자가 있는 경우 관할 보건소에 신고하며, 이들을 의무관의 의견을 들어 분리수용하는 등 적절한 조치를 취하고, 이들에 대한 인적정보보호를 규정하고 있다. 이 규정은 후천성면역결핍증 수용자에 대한 행정적 조치와 분리수용, 개인정보 보호 등을 비교적 명확하게 규정하였다는 특징이 있다.

제12조(의료거실 수용)에서 소장은 의무관이 중증환자 또는 집중치료가 필요하다고 판단한 경우 수용자를 의료거실에 수용하도록 하되, 의료거실이 부족한 경우에는 일반거실을 치료거실로 지정하여 수용할 수 있으며, 만성질환자 등 지속적인 요양관리가 필요한 환자를 위하여 별도의 치료거실을 지정하여 운영할 수 있으며, 치료거실 수용여부는 의무관의 의견을 들어 판단한다고 규정하였다. 이 규정은 의료거실과 치료거실의 지정과 수용대상자에 대한 소장의 결정시 의무관의 의견을 참작 등의 근거가 되고 있다.

3. 국제규범과 현행법령의 비교

유엔피구금자최저기준규칙을 비롯한 국제사회의 수용자 인권규범은 그 자체로 강제성은 없지만 회원국은 성실하게 자국법에 관련 규정을 담아 교정인권을 실천하게 되며, 이는 다양한 처우프로그램으로 나타난다. 중증질환 수용자에 대한 의료처우의 근거가 될 수 있는 국제규범과 국내 관련법령을 비교하면 [표 7-3]과 같다.

▌표 7-3▐ 국제규범과 국내 관련법령의 비교

구분	만성질환 수용자 의료처우
유엔피구금자최저기준규칙	전문의가 필요한 환자수용자의 경우 외부진료이송 명시, 내부치료시에도 외부기관과 동일한 치료수준 명시(제22조)
유엔수용자처우기본원칙	법적 상황에 따라 차별없이 라는 표현 적시(제9조)
유엔경제사회이사회결의안 2004/35	에이즈 보균자에 대한 비구금처우 및 조기석방 권고(제2조)
유럽평의회 각료위원회 권고 No.R (93) 6	말기 에이즈보균자에 대한 조기석방, 외부시설 치료기회 권고(제14조)
유럽평의회 각료위원회 권고 No. R (98) 7	중증질환자의 외부시설이송은 의료적 관점에서만 판단, 조기석방 및 교정시설 치료시 임종호스피스 제공(제51조)

구분	만성질환 수용자 의료처우
말기질환에 대한 세계의료협의회 선언	말기환자의 삶의 질, 위엄과 편안한 죽음을 맞이할 수 있도록 돕고, 연명치료의 유용성과 문제점 등 정보제공(제2조)
형의 집행 및 수용자의 처우에 관한 법률	외부시설 진료시 가족에의 통지(제37조)
형의 집행 및 수용자의 처우에 관한 법률 시행령	중환자의 가족에의 통지를 규정 (제56조)
형의 집행 및 수용자의 처우에 관한 법률 시행규칙	
수용자 의료관리지침	중환자 및 응급환자는 신속히 외부의료시설에 이송진료하고, 형집행정지 등 신청(제9조 제1항) 중환자에 대한 간병인 지정, 동정관찰(제9조 제2항) 후천성면역결핍증 환자의 분리수용(제11조) 중증환자의 의료거실 수용(제12조)

VI. 이슈&디스커션

1. 만성질환 수용자의 범주 및 처우는 어느 범주까지 할 것인가?
2. 교정시설에서의 임종 호스피스의 제공은 가능한 것인가?
3. 만성질환 수용자의 석방과 범죄책임과의 충돌은?
4. 교정시설의 만성질환 치료비는 누가 부담해야 할까?

참고문헌

1 노컷뉴스, 2017. 7. 17. "군산교도소 수용자 사망…유족 "늑장대응이 죽음 불러"", http://www.nocutnews.co.kr/news/4816681#csidx122dcdb77b93f0fac9f2be9cf23faac/2018. 1. 6.

2 연합뉴스, 2016. 8. 26. "재소자 사망 부산교도소 "큰 병원 가라"는 병원의견 무시", http://www.yonhapnews.co.kr/bulletin/2016/08/22/0200000000AKR20160822045551051.HTML/2018. 1. 6.

3 박찬걸. (2016), "자유형에 대한 형집행정지제도의 문제점 및 개선방안", 「형사정책연구」, 27(2), 95-128.; 연성진·노용준·김안식·정영진. (2008), "수용자의 보건·의료 실태와 개선방안에 관한 연구", 「형사정책연구원 연구총서」, 1-2.; 주영수·김명희·임준·김승섭·정민영. (2016), 「구금시설 건강권 실태조사」, 국가인권위원회.

4 박규규. (2010), "의료교정의 문제점과 개선방안", 「교정연구」, (48), 73-105.; 이세경·선준구·박인경·강현희·김소윤·손명세. (2009), "교정의료전달체계와 수용자 인권", 「한국의료법학회지」, 17(1), 121-150.; 주영수·김명희·임준·김승섭·정민영. (2016), 「구금시설 건강권 실태조사」, 국가인권위원회.

5 주영수·김명희·임준·김승섭·정민영. (2016), 「구금시설 건강권 실태조사」, 국가인권위원회.

6 정신보건센터는 천안교도소, 군산교도소, 진주교도소, 의정부교도소 등에 개설되어 있다.

7 2016년도 법무부가 금태섭의원에게 제출한 환자수(24,226명)와 주영수 외(2016)의 환자 수(27,399명)가 다른 것은 후자의 경우 투약을 기준으로 분석한 것이 그 원인으로, 실제 의사의 진료를 받지 않고도 기존의 처방전으로 약을 투약한 경우도 환자로 포함시켰기 때문으로 보인다(주영수 외, 2016: 148-149).

8 viral thread, The Philippines' 800-Person Prison Which 3,600 Inmates Call Home, http://www.viralthread.com/the-philippines-800-person-prison-which-3600-inmates-call-home/2019.1.5.

9 질병관리본부. "4대중증질환정보" http://health.cdc.go.kr/health/HealthInfoArea/Fourdisease.do./2018. 1. 6.

10 이신화·최영현. (2013), "염증-치주 질환과 암에 관한 최근 연구 동향", 「생명과학회지」, 23(4), 602-608.

11 연성진·노용준·김안식·정영진. (2008), "수용자의 보건·의료 실태와 개선방안에 관한 연구", 「형사정책연구원 연구총서」, 1-2.; 주영수·김명희·임준·김승섭·정민영. (2016), 「구금시설 건강권 실태조사」, 국가인권위원회.

12 Manning v. Hagel, No.1:14-cv-01609 (D.D.C. Sept. 23, 2014).

13 Fields v. Smith, 653 F.3d 550 (7th Cir. 2011).

14 De'Lonta v. Angelone, 330 F.3d 630 (4th Cir. 2003).

15 Gammett v. Idaho State Bd. Of Corr., No.CV05-257-S-MHW, 2007 WL2186896, at *18 (D. Idaho 2007).

16 허경미. (2017), "성적 소수 (LGBT) 수용자 인권처우의 한계 및 개선방향에 관한 연구", 「한국경찰연구」, 16(2), 193-220.

17 주영수·김명희·임준·김승섭·정민영. (2016), 「구금시설 건강권 실태조사」, 국가인권위원회.

18 penal reform, UN Nelson Mandela Rules (revised SMR), https://www.penalreform.org/priorities/prison-conditions/standard-minimum-rules/

19 최영신. (2015), "교정처우의 피구금자최저기준규칙 이행실태와 개선방안", 「교정담론」, 9(3), 255－277.; 허경미. (2017a), "노인수용자의 처우 관련 현행법의 한계 및 개정방향에 관한 연구－국제인권규범과의 비교를 중심으로", 「경찰학논총」, 13(4), 57－85.

20 Atabay, T., & Atabay, T. (2009), Handbook on prisoners with special needs. UN.

21 UN and the Rule of Law. https://www.un.org/ruleoflaw/blog/document/basic－principles－for－the－ treatment－of－prisoners/

22 UNODC. (2004), "ECOSOC Resolution 2004/35 Combating the spread of HIV/AIDS in criminal justice pre－trial and correctional facilities," http://www.un.org /en/ecosoc/docs/2004/resolution%202004－35.pdf/

23 Shaw, David M., and Bernice S. Elger. "Assisted suicide for prisoners? Stakeholder and prisoner perspectives." Death studies 40.8 (2016): 479－485.

24 World Medical Association. "WMA Declaration of Venice on Terminal Illness", https://www.wma.net/policies－post/wma－declaration－of－venice－on－terminal－illness/

25 대통령령 제28296호, 2017. 9. 19. 시행.

26 법무부령 제907호, 2017. 8. 22. 시행.

27 법무부예규 1109호 2016. 1. 21 시행.

제17장
고령화사회의 노인수용자

Ⅰ. 문제의 출발

최근 급격한 인구 고령화 현상은 정치, 경제, 사회, 문화 등 전반적인 영역에 변화를 가져오고 있다. 인구의 고령화는 교정시설 수용자의 고령화 현상을 동반하는 불가피한 결과를 가져왔다. 통계청에 따르면 한국의 인구 고령화 속도가 세계에서 가장 빠른 것으로 나타났다. 2000년에 이미 65세 이상 고령인구 비율이 7.2%로 고령화사회로 접어들었으며, 2019년에는 14.4%로 높아져 고령사회가 되고 다시 7년 뒤인 2026년에는 23.1%로 초고령사회가 될 것으로 전망됐다. 이와 같은 고령화 현상은 교정시설의 수용인구의 연령분포에도 영향을 미쳐 노인수용자의 비중이 점차

┃그림 7-3┃ 우리나라 인구고령화 추이 및 전망

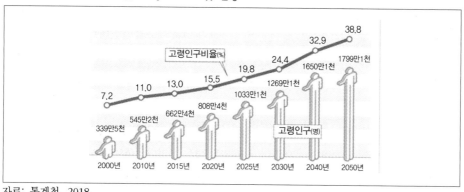

자료: 통계청, 2018.

높아지고 있다.[1]

> ### 20대 지적장애 여성 성폭행한 60~80대 마을 노인 7명 검거
>
> 강원지방경찰청은 영월군의 한 마을에서 성폭력 범죄의 처벌 등에 관한 특례법위반(장애인 강간 등) 혐의로 70대 A씨 등 7명을 붙잡아 이중 3명을 구속기소하고 4명은 불구속 입건했다고 20일 밝혔다. …중략…
> A씨 등 7명은 2014년부터 2018년 4월까지 자신의 주거지, 비닐하우스, 컨테이너박스 등에서 지적장애 여성인 20대 중반의 B씨를 성폭행했다. 경찰은 지난 4월부터 수사에 착수하여 피해자 A씨의 진술과 DNA 감정 결과를 통해 이들 피의자 7명 중 3명을 구속, 4명은 불구속 입건해 검찰에 송치했다.
>
> 자료: 중앙일보, 2018년 8월 21일자 보도.

수용자의 고령화는 노인층의 일상적인 생활스타일을 반영하여 고안된 교정시설 및 처우 프로그램의 도입 등 대대적인 리모델링이 필요하며, 나아가 노인의 보편적 인권이 노인수용자 처우정책에 반영해야 하는 과제에 직면한 것이기도 하다. 특히 교정시설 특유의 수용자의 노인증후군(geriatric syndromes), 즉 실제 생물학적 고령화가 진행되기 이전 연령대에 있는 사람이 신체적, 정신적으로 노화증세를 보이는 현상을 해결하기 위한 처우가 필요하다.[2]

II. 노인범죄자의 증가와 교도소 고령화 현실

경찰청 범죄통계에 따르면 지난해 기준 65세 이상 고령자 범죄는 2013년에 비해 45% 급증했다. 2013년 고령범죄자 수는 7만7260명이었는데 매년 증가해 지난해는 11만2360명으로 늘어 2013년을 기준으로 할 때 45% 증가하였다.

고령자 범죄 증가 추세는 전체 범죄 발생 건수가 2013년 185만 여건에서 지난해 166만 여건으로 다소 줄어든 것과 비교할 때 고령자의 범죄증가추세는 매우 뚜렷하다.

이 가운데 강력범죄자(살인·강간·방화)는 2013년 1,062명, 2014년 1,208명, 2015년 1,376명, 2016년 1,539명, 2017년 1,808명으로 늘었다. 폭력범죄자(상해·폭행)가 2013년 1만 4,216명, 2014년 1만 5,864명, 2015년 1만 8,261명, 2016년 1만 9,746

▌그림 7-4 ▌ 최근 5년 65세 이상 고령 범죄자 추이　　　　　　　(단위: 명)

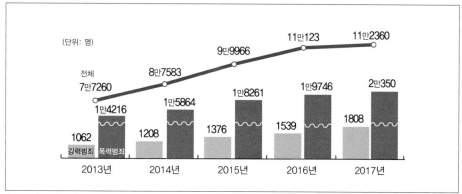

자료: 경찰청, 범죄백서, 해당년도.

명, 2017년 2만 350명으로 꾸준히 늘었다.

2017년의 경우 고령범죄자의 범행 동기로는 부주의가 13.5%, 우발적인 경우가 13.1%로 가장 많이 차지했다. 2013년부터 2016년까지도 이 두 가지 동기가 비슷한 비율로 가장 많았다.

기타는 25%(2만 8,194명), 미상은 38.3%(4만 3,044명)다. 범행 동기 중 '기타'는 생활비·사행심·보복·현실불만 등 유형에 해당하지 않을 때 분류한다. 동기가 2가지 이상인 경우에도 기타로 들어간다. '미상'은 수사관들이 범행동기를 입력하지 않았을 경우다. 고령자 범죄자 중 대부분이 정신 이상은 없었던 것으로 조사됐다. 고령자 범죄자 중 전과가 있는 경우는 지난해 기준 44.2%(4만 9,609명)였다.

노인인구의 증가 및 노인층의 높은 빈곤률 등에 따른 노인범죄 발생률이 높아지면서 수용자의 고령화의 추세는 더욱 빨라지고, 그 비중 또한 더욱 확대될 것으로 예측할 수 있다.

노인인구의 증가 및 노인층의 높은 빈곤률 등에 따른 노인범죄 발생률이 높아지면서 노인수용자의 고령화의 추세는 더욱 빨라지고, 그 비중 또한 더욱 확대될 것으로 예측할 수 있다. 노인수용자란 현행 형집행법시행령상 65세 이상 교정시설에 수용된 수용자를 말한다.

[표 7-4]와 같이 교정시설의 연령대별 수형인구의 연령대별 변화 역시 고령화 현상을 여실히 보여준다. 2016년 수형자 연령별 인원을 살펴보면 30세 이상 60세 미만이 전체의 약 74.6%를 차지하고 있으며, 세부적으로 보면 40대 수형자가 가장 많은 10,275명으로 전체 수형자의 28.2%를 차지하고 있다. 50대와 60대 수형자는

매년 증가하는 등 수형자 연령이 고령화 되어가는 추세로 2014년부터는 50대가 30대보다 많아졌다.[3]

또한 보호관찰 대상자 중 40대 이상의 재범률의 비중이 점차 높아지고 있어 이들의 교도소 입소율이 높아지면서 결국 교도소의 고령화는 더욱 가속화되고 있다.[4]

┃표 7-4┃ 교정시설의 연령대별 수형자 현황

연도	2010	2011	2012	2013	2014	2015	2016
구분	31,981 (100)	31,198 (100)	31,434 (100)	32,137 (100)	33,444 (100)	35,098 (100)	36,479 (100)
20세 미만	351 (1.1)	282 (0.9)	337 (1.1)	241 (1.1)	323 (0.9)	309 (0.8)	338 (0.9)
20대	5,752 (18.0)	5,052 (16.2)	4,686 (14.9)	4,693 (14.6)	4,761 (12.2)	4,853 (13.7)	5,092 (13.9)
30대	8,436 (26.4)	8,018 (25.7)	7,681 (24.4)	7,677 (23.9)	7,584 (22.7)	7,678 (21.8)	7,678 (21.0)
40대	9,925 (31.0)	9,708 (31.1)	9,714 (30.9)	9,714 (30.2)	9,986 (29.9)	10,310 (29.5)	10,275 (28.2)
50대	5,876 (18.4)	6,344 (20.3)	6,866 (21.8)	7,362 (22.9)	7,989 (23.9)	8,624 (24.5)	9,255 (25.4)
60대 이상	1,641 (5.1)	1,794 (5.8)	2,150 (6.8)	2,350 (7.3)	2,801 (8.4)	3,324 (9.7)	3,841 (10.6)

자료: 법무연수원, 2017년 범죄백서, 2018, 380.

III. 교도소 고령화의 후유증

1. 교정시설 의료인력의 부족 및 의료비의 증가

2016년을 기준으로 전국의 52개 전체 구금시설의 전체 의료 인력 현황을 살펴보면 정원 대비 현원의 충족률은 의사는 79%, 약사는 85%, 간호사는 98%, 의료기사는 100%으로 나타났다.[5] 서울지방교정청 산하 14개 교정시설 중 8개 기관(안양, 수원, 인천, 남부, 의정부, 춘천, 원주, 영월)이, 대구지방교정청 산하 18개 교금시설 중 5개 교정시설(대구, 경북북부1, 창원, 진주, 안동), 대전지방교정청 산하 8개 교정시설 중 3개 교정시설(대전, 청주, 천안), 광주지방교정청 산하 8개 교정시설 중 2개 교정시설(전주, 군산)의 의료인력이 정원미달로 전반적인 의료여건이 열악한 것으로 나타났다.

한편 국가인권위원회의 의뢰로 2016년 9월 30일을 기준으로 실시한 52개 전체 구금시설, 57,541명 수용자 전수를 대상으로 주요 질환 유병률을 조사한 결과 고혈압이 14.4%, 당뇨병이 8.5%, 고지혈증 4.8% 순으로 높게 나타나 노인성 질환의 비중이 높은 것으로 나타났다.6

법무부의 전체 구금시설 의료 관련 예산은 2014년 1,456,536만원에서 2015년 1,539,387만원으로 2016년에는 1,702,887만원으로 매년 10% 정도 증액 배정되는 것으로 나타났다.7

특히 이와 같이 의료비의 비중이 증가된 것은 2010년 '수용자 의료관리지침'이 개정된 이후 구치소나 교도소에 수용된 65세 이상 재소자가 6개월마다 외부전문기관에서의 건강검진을 의무화한 것이 가장 커다란 요인으로 분석되었다. 2012년부터 2016년까지 증액된 수용자의 의료비와 건강보험료는 총 40억원 정도인 것으로 나타났다.8

2. 자살 등 교정사고의 증가

교정시설 수용자의 자살시도 중 50대 이상이 가장 높은 비중을 차지하는 것도 교도소 고령화가 낳은 부작용의 한 현상이라고 할 수 있다.

법무부에 따르면 2010년부터 2014년까지 교정시설에서 자살을 시도한 경우는 모두 388명이며, 이 가운데 남성 수용자가 33명, 여성 수용자 1명으로 남성 수감자가 절대 다수인 것으로 나타났다.9

실제 자살에 이른 경우는 34명이며, 43% 정도가 60대 이상인 것으로 나타났다. 자살이유는 오랜 수감생활에 따른 자살 사유는 신병비관이 28명으로 가장 많았고 중형 부담 2명, 구속·재판 불만 2명, 죄책감 1명, 기타 1명 등이 뒤를 이었다.

한편 같은 기간에 일반 사회의 자살자현황을 보면 전체 자살자 중 60대 이상 연령대가 남성의 경우 33% 정도, 여성의 경우 35% 정도를 차지하는 것으로 나타났다.10

한편 스파크만(2017),11 윌리엄즈(2013)12는 노인수용자의 일반 수용인구 보다 높은 자살율이나 규범위반율은 노인의 인지능력 저하나 노인증후군13의 후유증적 차원에서 진단하고 노인수용자의 비구금처우를 주장하고 있다.

수용자의 고령화

자료: Global Health Aging, 2015.[14]

IV. 노인수용자 처우 관련 국제규범

1. 노인을위한유엔선언

유엔은 인구의 고령화 추세에 맞춰 1982년 12월 3일 총회에서 노인의 보편적 인권에 대한 국제사회의 가이드라인이 필요하다는 의견을 모아 「고령화행동계획」 (International Action Plan of Aging)을 결의문으로 채택하였다.[15]

유엔이 1991년 12월 16일에 채택한 노인을위한유엔선언(the United Nations Principles for Older People)은 서문에서 고령화행동계획 및 국제노동기구, 세계보건기구 및 기타 유엔기구협약, 권고안 및 결의안에 의해 이미 설정된 기준을 바탕으로 고령자의 권리와 필요에 적용되는 일반적인 원칙을 제시하면서 회원국의 국내법 및 정책에 반영할 것을 권고하고 있다.[16]

노인을위한유엔선언은 모두 5개 장 18개 규칙으로 구성되어 있다. 이 가운데 노인수용자에 대한 처우는 제12조-14조, 그리고 제17조-제18조에 규정되어 있다.

제12조는 노인은 자치, 보호 및 보살핌을 향상시키기 위해 사회 및 법률 서비스를 이용할 수 있어야 하며, 제13조는 노인은 인간적이고 안전한 환경에서 보호, 재활 및 사회적 정신적 자극을 제공하는 적절한 수준의 제도적 보호를 이용할 수 있어야 하며, 제14조는 노인은 자신의 존엄성, 신념, 욕구 및 사생활에 대한 존중을 포함하여 모든 피난처, 보호시설 또는 치료시설에 거주 할 때 인권 및 기본적 자유를 누릴 수 있어야하며, 자신의 보호 및 질(quality)에 관한 결정권을 가져야 한다고 규정하였다.

또한 제17조는 노인은 존엄과 안전을 지킬 수 있어야 하며, 착취와 신체적 또는 정신적 학대가 없어야 하며, 제18조는 노인은 나이, 성별, 인종 또는 민족 배경, 장애 또는 기타 지위에 상관없이 공정하게 대우받아야 하며, 경제적 수준에 상관없이 독립적 가치를 존중받아야한다.

이 선언은 노인의 연령에 대해서는 명확한 기준을 제시하지 않고, 단순히 노인(older persons)이라고만 표현함으로써 각 국의 인구수준이나 고령화 수준에 맞추도록 그 유연성을 보이고 있다.[17]

2. 유엔피구금자최저기준규칙

유엔피구금자최저기준규칙 제6조는 피구금자의 인종, 피부색, 성별, 언어, 종교, 정치적 견해 또는 여타 의견, 국가적 또는 사회적 출신, 재산, 출생 또는 기타 지위에 상관없이 공평하게 적용되어야 한다고 규정함으로써 교정시설 내에서 연령에 따른 차별을 금지하였다.

3. 세계보건기구의 권고

세계보건기구는 의료적 관점에서 회원국에게 노인수용자및만성질환자처우의 가이드라인(The older prisoner and complex chronic medical care)을 제시하였다.[18]

제1조. 노인증후군(geriatric syndromes)을 감안하여 노인수용자 의 연령은 50세부터 55세 정도가 적절하다.

제2조. 노인수용자의 증가에 대비한 건강관리서비스 및 의료비용 확보 등의 계획이 수립되어야 한다.

제3조. 노인수용자의 노인증후군 치료모델 및 우울증이 심한 노인수용자를 위한 팀기반처우모델을 개발하여야 한다.

제4조. 노인수용자의 약물중독을 예방하기 위하여 약물처방목록을 엄격하게 관리하여야 한다.

제5조. 노인수용자의 신체적, 정신적 건강 상태는 감각장애, 기능장애, 요실금 등 노인성 장애 등의 노인성 증후군에 중점을 두어 평가해야한다.

제6조. 교정시설은 신체적 장애나 노인수용자가 낙상이나 수용자 사회에서 고립되지 않도록 특정 거주여건 및 이동편의 등을 반영하여 시설환경을 평가하고 조정하여야 한다.

제7조. 노인수용자에 대한 선별검사나 치료계획은 그 위험성과 장점에 대하여 충분히 설명되어야 하며, 노인수용자의 기대수명 및 치료목표 등을 고려하여야 한다.

제8조. 감각, 기능 또는 인지 장애가 있는 노인수용자의 교정시설 규칙 및 그 위반에 대한 별도의 규정을 마련하여야 한다.

제9조. 지역사회에서 정상적인 사람도 교정시설에서는 기능장애를 겪을 수 있다. 특히 최초 입감되는 노인수용자는 숫자세기, 침대 올라가고 내려오기, 출입 및 알람시스템에 대한 응답, 일상적인 작업 등을 수행할 수 있는지 진단되어야 한다.

제10조. 노인수용자는 교도소에서 석방되기 전에 약품공급, 퇴원후약품공급계획, 진료예약, 건강기록, 사회적지원계획 및 연령대별 지역사회 지원기관추천 등이 포함된 개인별퇴소계획을 수립해야한다.

제11조. 노인수용자 중 중증장애 및 임종을 앞둔 수용자를 보호하고 호스피스간호를 제공할 수 있도록 교정시설 및 지역사회의 자원을 개발하고 확보하여야 한다.

이와 같이 세계보건기구의 노인수용자에 대한 의료처우 가이드라인은 노인수용자의 적정한 연령대, 노인증후군을 반영한 수용자처우계획 및 프로그램, 노인수용자에 대한 호스피스간호, 노인수용자 출소계획 등을 제시하였다는 특징이 있다.

V. 노인수용자 처우 관련 국내규범

1. 노인복지법

노인복지법은 노인의 질환을 사전예방 또는 조기발견하고 질환상태에 따른 적절한 치료·요양으로 심신의 건강을 유지하고, 노후의 생활안정을 위하여 필요한 조치를 강구함으로써 노인의 보건복지증진에 기여함을 목적으로 한다(제1조).

노인수용자 처우와 관련된 직접적인 규정은 노인의 연령 및 건강검진 대상 등을 규정한 것에서 그 연관성을 찾을 수 있다. 이 법은 노인의 연령에 대하여 65세 이상이라고 규정하고 있다(제1조의2, 제5호; 제26조, 제27조, 제28조).

즉, 제1조의 2는 "노인학대관련범죄"의 노인, 제26조는 경로우대 대상의 노인, 제27조는 건강검진의 대상으로서의 노인, 제28조는 상담소, 복지시설 입소 대상으로서의 노인 등을 65세 이상으로 명시하고 있다.

2. 형의 집행 및 수용자의 처우에 관한 법령

현행 형집행법상 노인의 수용자 처우와 관련된 직접적인 규정은 제1편 총칙 제5조(차별금지) 및 제2편 수용자의 처우 제54조(수용자에 대한 특별한 처우) 등이다.

즉 제5조는 "수용자는 합리적인 이유 없이 성별, 종교, 장애, 나이, 사회적 신분, 출신지역, 출신국가, 출신민족, 용모 등 신체조건, 병력(病歷), 혼인 여부, 정치적 의견 및 성적(性的) 지향 등을 이유로 차별받지 아니한다."고 함으로써 노인수용자에 대한 차별을 금지하고 있다. 제54조는 제1항에서 "소장은 노인수용자에 대하여 나이·건강상태 등을 고려하여 그 처우에 있어 적정한 배려를 하여야 한다."고 규정함으로써 노인에 대한 특별처우를 의무화하고 있다.

형의 집행 및 수용자의 처우에 관한 법률 시행령 제81조는 법 제54조제1항의 노인수용자란 65세 이상인 수용자를 말한다고 정의하고 있다.

3. 수용자의료관리지침

수용자의료관리지침 중 노인수용자와 관련된 직접적인 규정은 제4조(정기 건강검진의 실시)로 건강검진의 횟수에 대하여 19세 이상 65세 미만의 수용자에 대하여는 1년에 1회 이상, 19세 미만 수용자와 계호상 독거수용자에 대하여는 6개월에 1회 이상, 65세 이상 수용자에 대하여는 6개월에 1회 이상으로 명시하였다. 따라서 노인수용자는 6개월에 1회 이상 정기적으로 건강검진을 실시하여야 한다.

Ⅵ. 국제규범과 국내규범과의 비교

유엔의 노인을 위한 원칙 및 유엔피구금자최저기준규칙 등은 강제성은 없지만, 회원국은 이를 국내법의 노인수용자 처우규정에 반영할 의무가 있다.[19] 따라서 이 국제규범에 준하는 노인복지법과 형집행법령을 비교하였다. 현행 노인복지법은 유엔의 노인을 위한 원칙에 비해 노인수용자 처우에 반영할만한 규정이 건강검진에 관한 규정 이외에는 찾기 어렵다. 그리고 형집행법령의 경우에도 노인수용자에 대한 차별금지규정 이외에는 특별히 노인수용자와 관련된 규정은 찾기 어렵다. 노인수용자의 연령을 65세 이상으로 명시한 정도이다.

세계보건기구의 노인수용자및만성질환치료권고는 수용환경의 특성 및 수용자의 노인증후군을 고려하여 노인수용자의 연령을 50세에서 54세부터 시작할 것을 권고하고 있고, 노인의 연령을 노인특성을 반영한 교정시설 및 노인석방계획의 개별화, 호스피스간호 등을 갖추고 있다. 이에 비해 수용자의료관리지침은 노인수용자에 대한 정기건강검진실시만을 규정함으로써 전체적으로 노인수용자에 대한 의료적 처우 규정 역시 매우 부족하다는 것을 보여준다.

┃표 7-5┃ 노인을위한유엔원칙, 유엔피구금자최저기준규칙, 노인복지법, 형집행법령의 비교

노인을 위한유엔원칙	유엔피구금자최저기준규칙	노인복지법	형집행법령
사회적, 법률적서비스 접근보장(제12조)			-
보편적노인보호원칙 (제13조)			
보호시설등의기본적인권 보장(제14조)			
노인의 존엄과 안전(제17조)			
노인에 대한 차별금지(제18조)	노인수형자 의 차별금지(제6조)		수용자에 대한 차별금지(법률 제5조)
		노인연령규정 (제1조의2)	노인수형자 연령규정 (시행령 제81조)

VII. 이슈&디스커션

1. 노인수용자 처우개선을 위한 입법 과제는?
2. 고령화사회의 교정시설의 개선 과제는?
3. 노인범죄자에 대한 구금처우와 사회내처우의 효과성은?
4. 수용자의 노인증후군과 해결방법은?

참고문헌

1 일본의 경우 2016년 65세 이상 노인 수형자는 2천313명으로, 지난 1996년에 비해 4.5배나 늘었고, 전체 수용자 중 노인 비중은 10.7%로 수용자 9.3명 중 1명은 노인으로 나타났다. 2016년 일본의 고령화율은 26.7%로 세계에서 가장 높은 것으로 알려졌다. 연합뉴스, 초고령사회 일본, 교도소도 늙었다…노인 수형자, 전체의 10.7%, 2016. 11. 11.

2 World Health Organization. The older prisoner and complex chronic medical care in Prisons and Health. WHO Regional Office for Europe. 2014. 165.

3 법무연수원, 2017년 범죄백서, 법무부, 2018, 380-381.

4 50대 이상의 고연령층의 재범률과 보호관찰 대상자의 재범률도 증가하는 추세를 보이고 있다. 이는 연쇄적으로 수용자의 고연령화를 가속시키는 요인이 된다. 김상원. "노인범죄의 실태와 원인", 「공공정책연구」, 33.1, 2016, 47-69.

5 주영수 외, 구금시설 수용자 건강권 실태조사, 국가인권위원회, 2016, 175.

6 주영수 외, 구금시설 수용자 건강권 실태조사, 국가인권위원회, 2016, 180.

7 기획재정부, 2014-2016년도 예산개요, 대한민국정부, 2014-2016.

8 헤럴드경제, 교도소 고령화 '심각'…5060 재소자 10년새 3배. biz.heraldcorp.com/common_prog/newsprint.php?ud=20160212000897/ 2019.1.20.

9 뉴시스, 최근 5년간 교도소內 자살 시도 388명…34명 사망, 2014. 10. 9. http://mobile.newsis.com/view.html?ar_id=NISX20141009_0013220373/ 2019.1.20.

10 한국일보, 가장의 무게에 극단 선택… 중년 남성들이 위태롭다, 2017. 1. 3. http://www.hankookilbo.com/v/5d3d7f416ae64afea4eb87226d316894/ 2019.1.20.

11 Sparkman, Jennifer M. Reducing Mental Health Issues in the Elderly: The Effectiveness of a Holistic Model of Care Based on the HOPES Model. 2017.

12 Williams, John. Social care and older prisoners. Journal of Social Work 13.5. 2013, 471-491.

13 노인증후군(노인증후군(geriatric syndromes)이란 실제 생물학적 고령화가 진행되기 이전 연령대에 있는 사람이 신체적, 정신적으로 노화증세를 보이는 현상을 말한다. 교정시설의 수용자는 환경, 위생, 섭생 등의 여건이 일반사회 보다 열악하므로 일반인들보다 고령화가 일찍 진행된다고 지적되고 있다. World Health Organization. The older prisoner and complex chronic medical care in Prisons and Health. WHO Regional Office for Europe. 2014. 165.

14 https://globalhealthaging.org/2015/04/07/the-problem-with-being-old-and-incarcerated/

15 United Nations, Implementation of the International Plan of Action on Ageing and related activities, http://www.un.org/documents/ga/res/46/a46r091.htm/ 2019.1.20.

16 United Nations, United Nations Principles for Older Persons, http://www.un.org/documents/ga/res/46/a46r091.htm/ 2017년 9월 1일 검색.

17 Lassen, Aske Juul, and Tiago Moreira. Unmaking old age: Political and cognitive formats of active ageing. Journal of Aging Studies 30. 2014. 33-46.

18 World Health Organization. The older prisoner and complex chronic medical care in Prisons and Health. WHO Regional Office for Europe. 2014. 165-169.

19 최영신, "교정처우의 피구금자최저기준규칙 이행실태와 개선방안", 「교정담론」 9(3), 2015, 255-277.

제18장

수용자 노동과 최저임금

Ⅰ. 문제의 출발

2018년 8월부터 장장 20여일간 뉴욕의 아티카 교도소(Attica Correctional Facility) 수용자들이 주축이 되어 미국 전역의 수용자들은 노동과 식사를 거부하는 파업을 벌였다. 수용자들의 주장은 "자신들이 교정시설에서 일하는 만큼 정당한 보수를 받고 보다 안전한 시설에서 일할 수 있도록 조치하라"는 것이었다. 그런데 이와 같이 수용자노동의 정당한 대가(임금)를 요구하며 벌이는 수용자 파업은 이미 2016년부터 미국의 교정시설에서는 일상적으로 일어나고 있는 현상이다.[1]

미국의 2018년 교도소 파업 포스터

자료: Incarcerated Workers Organizing Committee, 2018.[2]

아티카교도소 수용자의 스트라이크

자료: The Nation, 2018.[3]

영국에서는 교도관노조가 수용자의 자유로운 작업환경 등으로 수용자통제가 어렵고, 교도관들의 안전이 위험해졌다며 파업을 벌이는 일들이 발생하였다. 그런데 이들의 공통점은 모두 수용자노동을 둘러싼 갈등이 촉발제가 되었다는 점이다.[4]

수용자나 교도관의 연대파업 등은 한국에서는 생소한 모습이지만, 수용자의 재사회화 및 교정예산 비용절감 등을 이유로 사실상 한국에서도 수용자노동이 다양하게 이루어지고 있다.

한국은 수용자노동을 정역(定役, forced labor), 노역(勞役, penal labor), 작업(作業, work) 또는 교도작업(矯導作業, prison work)으로 다양하게 사용하고 있다. 교도작업의 운영 및 특별회계에 관한 법률은 교도작업이란 "교정시설의 수용자에게 부과하는 작업을 말한다."고 개념을 정의하고 있다(제2조). 그리고 형의 집행 및 수용자의 처우에 관한 법률은 작업의 종류 등을 구분하고 있다.

그런데 UN의 피구금자최저기준규칙 및 유럽연합의 교도소규칙 등은 수용자노동(prison labor)이란 "수용자가 그 형의 일부로 교정시설에서 일정한 노동에 참여하여 물품을 생산하거나 노동력을 제공하는 일련의 과정"이라고 정의하고 있다.

수용자노동에 대한 국제사회의 입장을 살펴보고, 이를 바탕으로 한국의 관련 현황과 쟁점을 짚어보는 것은 의미가 있다. 영국은 좋은 개혁모델이 될 수 있다.

수용자노동의 목적은 크게 세 가지로 구분할 수 있다.[5]

첫째, 수용자에게 근로의욕을 갖게 하고, 적절한 직업훈련을 통하여 사회에 안정적으로 정착할 수 있도록 지원하는 의미가 있다. 현행 형의 집행 및 수용자의 처우에 관한 법률에도 그 이념이 반영되었다. 둘째, 교정시설의 질서를 유지하고 형벌을 집행하는 의미를 가진다. 즉, 수용자가 의무적으로 노동시간을 갖도록 함으로써 범죄를 반성하고, 노동을 통하여 성실한 생활태도를 갖게 하는 교정처우의 일환인 것이다. 그러나 유엔이나 유럽연합 등은 이러한 강제적인 노동, 즉 노역을 금지하고 있다. 셋째, 수용자노동으로 얻어진 수익금을 교정비용으로 활용함으로써 교정비용 부담을 줄이며, 일부 수익금을 피해자배상금으로 지원하는 등 회복적 사법이념을 실천하는 것이다. 이는 현행 교도작업의 운영 및 특별회계에 관한 법률에도 반영되었고, 영국이 수용자노동을 의무화하면서 내세운 이유이기도 하다.

II. 수용자노동 관련 국제규범

1. 유엔의 피구금자최저기준규칙

유엔피구금자최저기준규칙의 수용자노동과 관련된 핵심은 수용자가 유익한 노동을 할 수 있고, 수용자노동이 노예화하거나 민간업자가 아닌 공공기관에 의하여 운영되어야 한다는 가이드라인을 제시한 것이다. 그리고 일반사회에 준하는 작업환경 및 임금수준, 산업재해보상제 등을 제시하고 있다.

▮ 표 7-6 ▮ 유엔피구금자최저기준규칙의 수용자노동 관련 규정

제96조	수용자의 재활치료 기회보장, 평일에 유익한 노동이 보장되어야 한다.
제97조	1. 교도소 노동은 고통스럽지 않아야 하며, 수용자를 노예 상태 또는 예속상태에 두어서는 안되며, 수용자에게 교도관의 사적인 이익을 위해 일하도록 요구해서는 안 된다.
제98조	수용자의 출소 후 건전한 생활을 위한 직업훈련 및 능력을 갖추도록 하며, 또 이에 맞춰 일을 선택할 수 있도록 하며, 소년범에게는 직업훈련기회가 주어져야 한다.
제99조	수용노동의 조직 및 작업방법은 수용자의 사회복귀에 유익하도록 외부 사회와 유사한 작업과 방식으로 행하고, 영리추구가 주요 목적이 되어서는 안 된다.
제100조	노동현장은 사설 계약자가 아닌 교정당국이 직접 운영해야 하며, 교정시설 밖에서 작업하는 경우 정부부처의 일이 아닌 한 작업성과에 따라 일반인 수준급여를 지급해야 한다.
제101조	수용근로자의 안전과 건강을 위한 예방조치는 교정시설 작업장에서도 동등하게 준수되어야 하며, 산업재해 수용자는 일반 근로자와 동등하게 배상해야 한다.
제102조	수용자노동시간은 사회적인 관례를 고려하여 법 또는 행정규정에 의해 규정되어야 하며, 수용자의 여가생활 및 교정처우 등을 감안하여 매 주 일요일은 휴무일로 하여야 한다.
제103조	수용노동의 임금은 공평해야 하며, 소득은 자신과 가족을 위해 사용할 수 있어야 한다. 또한 출소 생활자금으로 저축되어야 한다.

2. 유럽연합의 인권조약 및 교도소규칙

유럽연합의 수용자노동과 관련된 입장은 유럽인권조약과 유럽교도소규칙 등에서 찾을 수 있다.

「유럽인권조약」(European Convention on Human Rights)은 1950년 11월 4일에 로마에서 서명되고, 1953년 9월 3일 발효되었다. 이 조약 제4조는 누구에게든지 노동을 강요해서는 안된다고 규정하고 있다(Article 4 § 2).6

또한 유럽평의회는 1973년에 1955년에 제정된 유엔결의안(UN Resolution 1955)을 바탕으로 「유럽피구금자최저기준규칙」(European Standard Minimum Rules for the Treatment of Prisoners : ESMRs)을 제정하였다. EU평의회는 이 교정규정을 1987년에 「EU 회원국 장관회의 유럽교도소규칙권고」(Recommendation of the Committee of Ministers to Member States of the European Prison Rules)로 개정하였다. 이를 통상 유럽교도소규칙(European Prison Rules)으로 칭한다.

▌표 7-7▐ 유럽교도소규칙의 수용자노동 관련 규정

26.1	형벌로서의 수용자노동 금지
26.2	수용자에 대한 유익한 일거리 제공
26.3	수용자노동은 가능한 출소후 생계유지에 도움이 되도록 할 것
26.4	수용자노동에 대한 남녀차별금지
26.5	수용자 특히 소년범에 대한 직업훈련
26.6	수용자가 직업훈련 또는 노동(고용) 중 선택할 권리인정
26.7	수용자노동환경은 일반시민들의 노동환경에 준하여 유지할 것
26.8	교정시설의 노동은 영리추구가 주요목적이 아니라 수용자의 전문성과 능력 등을 강화시키는 것이 우선되어야 한다.
26.9	수용자노동은 교정당국이 자체적으로 또는 외부민간회사와 계약을 맺어 교정시설내외에서 진행할 것
26.10	수용자에 대한 공평한 보상
26.11	수용자의 소득은 자신 및 수용자 가족을 위해 쓸 수 있도록 허용할 것
26.12	수용자의 소득은 저축, 출소 후 자금 또는 승인된 목적으로 쓰도록 허용할 것
26.13	작업환경은 안전을 고려해야 하며, 외부 일반인 보다 열악해서는 안 된다.
26.14	산업재해배상규정 및 이는 외부 일반인 시설보다 불리해서는 안 된다.
26.15	노동시간은 외부 일반인 노동법상 규정 보다 높아서는 안 된다.
26.16	최소한 주1회는 휴식보장 및 충분한 교육 및 활동시간이 보장되어야 한다.
26.17	수용자는 가능한 국가사회보장제도에 포함되어야한다.

이 규칙은 회원국들에게 강제성은 없으나 "회원국 정부는 본문에 명시된 원칙에 따라 자체 법규 및 지침을 수립할 것을 권고한다."고 규정하고 있다. 이 규칙은 2005년도에 다시 전면적인 개정작업을 거쳐 2006년 1월 11일 채택되어 현재에 이르고 있다(The 2006 European Prison Rules).[7]

유럽교도소규칙은 모두 9장 108개 조항으로 구성되었으며, 이 가운데 수용자노동은 제2장 26.1부터 26.17에 걸쳐 규정되어 있다.[8]

유럽교도소규칙의 핵심은 수용자노동을 형벌로 대체할 수 없으며, 노동조건은 외부 일반인의 시설과 동일해야 하며, 작업환경의 안전성 및 산업재해배상규정, 노동시간, 휴식시간 등의 가이드라인을 제시한 것이다. 이 규칙은 유엔과는 달리 외부 민간사업자와의 노동계약을 허용하고 있다. EU협약국은 이 가이드라인에 따라 자체 교정법 등에 수용자노동에 대한 규정을 세부적으로 규정하고 있다.[9]

III. 영국의 수용자노동 현황 및 쟁점

1. 노역의 폐지, 노동의 도입

영국의 수용자에 대한 징역형(Penal servitude)은 1776년에 제정된 형법에 최초로 도입되었다.[10] 노역자들은 미국독립전쟁으로 항해가 어려워진 템즈강 유역의 기존 항로를 대체할 다른 항로를 개척하는데 동원되었다.

잉글랜드 및 웨일즈 지방의 수용자 노역형은 1948년에 제정된 형사법(Criminal Justice Act 1948)에 의해 철폐되었다. 이 법은 법원이 기존에 가졌던 징역형 선고권은 구금형을 선고할 수 있는 권한으로 대체된다고 규정하면서 노역이 부과된 구금형, 즉 징역형을 철폐하였다(s.1(2).[11]

2010년 5월에 출범한 보수당과 노동당의 연합정부는 과밀교도소 문제나 재범률 증가 등의 문제를 해결하기 위해 2010년 12월 7일 의회에 일명 그린보고서(Green Paper)를 제출했다.[12] 이 보고서는 다음과 같이 여섯 가지의 교도소 경쟁전략(Prison Competition Strategy)을 제시하고 있다. 이는 수용자노동의 부활을 알리는 신호탄이기도 했다.

이에 따라 수용자노동이 부활되었고, 범죄인관리청(NOMS)은 이 교도소 경쟁전략을 더욱 강화하면서 2012년부터 「ONE3ONE Solutions」를 도입하였다. 이 솔루

선은 범죄인관리청이 수용자노동으로 수용자들의 기술을 향상시키고, 사회복귀를 원활하게 하며, 교정비용을 절감하여 지역사회에 기여한다는 전략이다.13

▌표 7-8▐ 그린보고서의 영국교도소 경쟁전략

처벌과 배상전략(Punishment and payback)	수용자노동의무 및 임금의 일부를 피해자 배상금으로 지급
범죄자의 사회화 및 재범예방 (Rehabilitating offenders to reduce crime)	개별처우 프로그램 도입, 직업훈련 및 직업알선
성과평가제(Payment by results)	교정시설 성과평가제, 성과평가에 따른 공영시설의 민영화, 민영시설의 계약 재조정
형집행 개선(Reforming Sentencing Strategy)	죄질별 형집행의 차별화, 사회내처우확대
소년처우제도의 개선(Youth Justice Strategy)	중범죄자에 대한 구금제확대 및 경범죄자에 대한 지역사회내처우 확대적용
회복적 사법 및 범죄해결을 위한 지역사회 협력확대(Promote community solutions to crime and restorative justice)	지역사회, 형사사법기관 및 교육기관 등의 범죄예방 및 교정처우 협력시스템 강화

영국정부는 이 개혁전략의 추진결과가 매우 성공적인 것으로 평가하고 있다. 즉, 범죄인관리청(NOMS)에 의하면 수용자노동은 2010년을 기준으로 2014년에 노동시간은 25.3% 증가하였고, 상시적인 평균 노동수용자는 13.1% 정도 증가한 것으로 나타났다.14 또한 영국정부는 2015년 2월에 향후 10년 동안 군인이 사용하는 일상용품 및 방어장비 등을 수용자들이 생산하여 납품하는 것을 조건으로 서비스수준계약서(service-level agreement: SLA)를 국방부와 체결했다고 발표했다. 이는 수용자의 기술을 향상시키고, 재활을 돕는 계기가 될 것이라고 평가하였다.15

2. 영국 수용자노동의 쟁점: 노동인가 vs 노예인가

그러나 이와 같은 수용자노동의 정책변화에 대한 비판이 제기되고 있다.

첫째, 수용노동 임금지급규정(Prison Service Order 4460 (2))에 따르면 단순한 수용자노동은 주당 £4를 지급하지만, 만약 민간업체에 고용된다면 숙련도에 따라 주당 £25까지 지급된다.16 그러나 실제로는 수용자들의 건강이나 숙련도가 떨어진다는 이유로 수령액은 주당 £3.25에 그쳤다. 결국 수용자노동에 대한 정당한 임금이 지급되지 않고, 형사사법기관과 민간기업이 수용자들의 노동력을 착취한다는 비판에 직면한 것이다.17

둘째, 수용자노동시간은 주당 40시간을 넘지 않도록 규정하였으나 실제로는 주당 60시간을 초과하는 경우가 허다하다는 것이다. 민간업체와의 생산계약목표를 맞추기 위해 노동시간이 늘어나는 일이 빈번해진 것이다.18

셋째, 교도소간 외부업체와의 계약경쟁이 심화되어 결국 수용노동의 환경이 열악해졌다. 즉, 민간업체들이 저임금 및 작업장 제시 등 유리한 조건을 제시하는 교도소와 작업계약을 체결하자 교도소간 단가를 낮추는 부작용이 야기된 것이다. 이는 결국 수용자의 임금을 더 낮추고 작업시간을 늘리는 악순환을 불러오고 있다.

넷째, 수용자노동은 교정시설의 작업장이 민간시설에 위탁되거나 교정당국이 운영하더라도 수용자노동과 수익에 비해 저임금이고, 무엇보다 수용자에게 선택의 여지가 없다는 점을 들어 강제노역(forced labor)이자 수용자를 노예(slavery)로 만드는 것이라는 주장이 끊임없이 제기되고 있다.

다섯째, 수용자노동은 교정시설의 자립도를 높여 결국 교도소의 민영화를 꾀하기 위한 전략이지만, 이는 국가가 부담해야 할 교정비용을 수용자에게 부담지우고, 나아가 민간교정기업의 수익을 높여주는 무책임한 실책이라는 지적이 있다. 실제로 교도소 노동시설을 운영하는 업체는 대부분 세계적인 민영교정시설이며, 이들의 영리성을 추구하는데 수용자들의 노동력이 이용된다는 비판에 직면한 것이다.19

IV. 한국의 수용자 노역 현황 및 쟁점

1. 법적 배경

한국은 형법, 형의 집행 및 수용자의 처우에 관한 법률, 교도작업의 운영 및 특별회계에 관한 법률 등에 의하여 수용자노동을 규정하고 있다.

형법 규정으로는 제67조(징역), 제69조(벌금과 과료), 제70조(노역장유치) 등을 들 수 있다. 형의 집행 및 수용자의 처우에 관한 법률 규정으로는 제67조(신청에 따른 작업), 제68조(외부 통근 작업 등), 제69조(직업능력개발훈련), 제70조(집중근로에 따른 처우), 제71조(휴일의 작업) 제72조(작업의 면제), 제73조(작업수입 등), 제74조(위로금·조위금), 제75조(다른 보상·배상과의 관계), 제76조(위로금·조위금을 지급받을 권리의 보호) 등을 들 수 있다. 형의 집행 및 수용자의 처우에 관한 법률 시행규칙으로는 외부통근자의 제120조(선정기준), 제121조(선정 취소), 제122조(외부통근자 교육), 제123조(자치활동) 등을 들 수 있다. 교도작업의 운영 및 특별회계에 관한 법률 규정으로는 제

2조(정의) 등을 들 수 있다.

2. 수용자 노역의 현황

교정본부는 작업의 종류를 다음과 같이 구분하고 있다.[20]

직영작업   민간기업의 참여 없이 교정기관이 작업의 운영 주체가 되어 직접 교도작업제품을 생산하거나 노무를 제공하는 작업을 말한다.

위탁작업   교도작업에 참여한 민간기업이 작업에 필요한 장비 및 재료의 전부 또는 일부를 제공하고, 교정기관은 시설 및 노동력을 제공하여 제품을 생산하여 임가공비를 지급하는 작업을 말한다.

그리고 위탁작업의 운영 방식은 수용자 일과진행 시간에 따라 운영되는 '일반 위탁작업'과 작업의 효율성을 높이고 수형자의 작업장려금도 증대할 수 있는 '집중근로제 위탁작업', 그리고 '자립형 위탁작업'으로 구분한다.

개방지역작업   민간기업 등이 교정시설의 주벽 밖의 개방지역 부지에 있는 작업장, 창고 등을 이용하여 작업에 필요한 장비·재료 등을 제공하여 수용자노동력으로 자유롭게 생산작업을 하고 약정공임을 지급하는 작업을 말한다.

외부기업통근작업   수형자의 건전한 사회복귀 및 기술습득을 촉진하기 위하여 모범수형자를 민간기업체에 통근시켜 일반근로자와 같이 작업하게 하고 약정공임을 지급받는 작업을 말한다.

이와 같은 교도작업을 통하여 교정본부는 2016년에 교도작업으로 [표 7-9]와 같이 623억원 정도의 생산실적을 올린 것으로 나타났다.

┃표 7-9┃ 2016년 교도작업 직종별 생산 현황 (단위: 백만원(%))

총계	목공	인쇄공	봉제공	철공	양화공	영농공	식품공
62,339 (100)	4,618 (7.4)	1,714 (2.7)	8,203 (13.2)	102 (0.2)	255 (0.4)	45 (0.1)	7,826 (12.6)
플라스틱공	전자공	축산공	장류공	직조공	스텐공	편직공	건설공사
430 (0.7)	690 (1.1)	645 (1.0)	2,736 (4.4)	1,473 (2.4)	49 (0.1)	3,404 (5.5)	201 (0.3)
비누공	화장지공	위탁작업	개방작업	외부통근	기타		
800 (1.3)	1,780 (2.8)	18,718 (30.1)	7,534 (12.1)	803 (1.3)	213 (0.3)		

자료: 법무연수원, 「2017년 범죄백서」, 2018, 403.

수용노역자에게는 작업장려금이 지급되는데, 이는 대상자의 기능등급과 교정성적, 작업시간 등을 기준으로 월단위로 개인통장에 입금된다. 작업장려금의 지급기준은 다음과 같다.

▌표 7-10 ▌ 작업장려금 1일 지급기준

구분	생산작업									비생산작업								
작업 종류	직영 개방지역 작업			집중근로 (위탁)			일반생산 작업 (위탁)			운영지원작업						직업훈련		
										일반운영 지원작업			취사원					
등급	상	중	하	상	중	하	상	중	하	상	중	하	상	중	하	상	중	하
지급액(원)	15,000	12,000	10,000	8,500 (8,000)	7,500 (7,000)	6,500 (6,000)	3,000 (2,500)	2,500 (2,000)	2,000 (1,600)	1,200	1,100	1,000	3,500	3,000	2,500	900	800	700

자료: 형의 집행 및 수용자의 처우에 관한 법률, 제73조; 교도작업특별회계 운영지침 별표7호.

한편 교도작업으로 인한 발생한 수익금은 원칙적으로 국고수입으로 한다. 그리고 이는 교도작업특별회계법에 따라 모두 교도작업특별회계의 세입금으로 처리된다. 교도작업 제품은 교도작업의 운영 및 특별회계에 관한 법률 제5조에 따라 국가기관, 공공단체, 국영기업체 등은 우선적으로 교도작업 물품을 우선적으로 사용해야 한다.

한편 수용자의 사회복귀 지원을 위한 공공직업훈련소가 전국의 33개소 교정시설에 설치되어 있다. 이 훈련소는 고용노동부장관의 훈련기준에 따른 직업훈련 프로그램과 각 교정시설의 기관장이 훈련기준에 따른 직업훈련 프로그램으로 구분하여 운영된다.

3. 수용자 노역의 쟁점

첫째, 작업장려금이 적정한가이다. 교정본부는 2016년의 경우 수용자 1인당 작업장려금으로 지급된 금액은 1일 평균 3,884원이라고 밝혔다. 그런데 2016년 민간분야의 최저임금(시급)은 6,030원이다.[21] 교정본부가 지급한 1일 평균 3,884원은 수용자가 1일 4시간 정도 작업을 하였을 경우로 가정한다면 시간당 971원 정도에 해당되며, 이는 정상적인 근로자 시급의 16% 정도에 해당되는 금액이다. 수용자의 능력이나 작업종류에 따라서는 실제 현장에서는 더 적은 작업장려금이 지급될 수도 있어 지나치게 저임금이라는 비난을 피하기 어렵다.

교정본부는 교도작업자(수용자)를 근로기준법이나 최저기준법상의 근로자라고 인정하지 않기 때문에 당연히 일반근로자에게 지급되는 최저임금을 지급할 필요가 없다고 주장할 수는 있다.

영국 역시 수용노동 임금지급규정(Prison Service Order 4460 (2))에 따른 임금수준에 훨씬 못 미치는 임금과 작업조건을 제시함으로써 수용자들의 노동이 노예화되고 있다는 비난에 직면하고 있음을 상기할 필요가 있다.[22]

둘째, 수용자의 권리에 대해 매우 소극적인 입장을 취하고 있다. 즉, 형의 집행 및 수용자의 처우에 관한 법률 제74조는 교도작업 중 작업 또는 직업훈련으로 인한 부상 또는 질병으로 신체에 장해가 발생한 때 또는 사망하는 경우 등은 본인이나 유가족에게 위로금 또는 조위금을 지급한다고 규정하고 있다. 또한 교정본부는 민간분야에 교도작업에 참여를 권유하면서 인건비가 저렴하고, 각종 보험(국민연금, 건강보험, 고용보험, 산재보험 등)의 부담이 없다는 점을 강조하고 있다.

수용자가 직업훈련으로 작업에 참여하는 경우는 예외라고 하더라도 위탁작업이나 그 외 외부통근 등의 작업 중에 산재를 당하거나 사망하는 경우 등에도 국가가 모든 부담을 갖는 것이 바람직한 것인가의 의문이 있다.

셋째, 교정본부는 교정시설에 있는 개방지역 작업장 및 구내 작업장을 참여기업체에 무상으로 제공함으로써 작업장에 대한 임차료 부담이 없다고 홍보하고 있다. 이와 같은 홍보에도 불구하고 실제 교도작업이 이루어지는 분야는 교도소마다 별 차이가 없다.

즉, 이는 획일적인 업종과 상품을 생산함으로써 직업훈련의 기회가 다양하지 못하고, 결국 사회복귀시 해당 업종 이외의 취업에 도움이 되지 않을 것이라는 문제와 특별한 기술을 배우지 못한다는 문제를 안고 있다는 것을 보여준다.[23] 나아가 관련 민간산업 분야의 기업간 경쟁력을 떨어뜨리고 특정 업체에 일감을 몰아주어 수익을 창출시키고, 다른 동종 업체들에게 피해를 줄 우려도 있다.[24]

이와 같은 문제점은 민영교정시설을 운영하는 영국이나 미국의 경우 이미 현실화된 것으로 교정시설이 특정 민간기업의 독점적 생산현장으로 전락되었고, 특히 관련 산업 일반인 종사자의 실직, 지역사회 해체 등의 문제로 이어진다는 다양한 연구사례들이 있다.[25]

넷째, 한국은 형법, 형의 집행 및 수용자의 처우에 관한 법률 등에 의하여 수용자노동을 강제하고 있지만, 유엔피구금자최저기준규칙 및 EU의 교도소규칙 등의 경우 이러한 강제규정을 담고 있지 않다. 그런데 앞서 살펴본 것처럼 영국의 경우에도 2010년부터 교정개혁전략의 일환으로 「ONE3ONE Solutions」를 통하여 수용자노동을 강화시키고 있다.26

한국과 영국 모두 표면적으로는 수용자의 사회복귀를 돕기 위하여 자활능력을 지원하는 것이 주요 목적이라고 주장하지만, 실제로는 수익사업을 통한 정부의 교정예산의 확보 및 수용자처우의 개선이라는 부차적 목적도 제시하고 있다. 그런데 형벌집행, 수용자에 대한 재사회화, 나아가 공공의 안녕과 질서유지 등이 모두 국가의 의무라는 점을 감안한다면 이러한 형사비용을 수용자노동 또는 그 생산품의 판매 등으로 보충하는 것이 타당한 가에 대한 비난은 여전히 남아있다.27

다섯째, 징역형에 따른 정역이나 직업훈련을 제외한 노동을 하는 수용자의 경우 이들에게 근로기준법상의 노동자로서의 지위를 어느 정도까지 인정할 것인가에 대한 논의가 없다는 점이다.

유엔이나 EU의 피구금자최저규칙은 수용자노동은 일반인의 노동환경 및 급여수준에 준해야 하며, 산업재해규칙이나 배상규정 등을 갖추도록 하고 있다. 또한 일반인에 준하는 노동자로서의 지위를 인정하도록 규정하고 있다. 영국의 경우도 이와 같은 규정을 모두 지키지 못함으로써 결국 수용자노동을 노예화하고 있다는 비난에 직면한 것이다. 그런데 이와 같은 비난은 비난 영국뿐만 아니라 독일이나 미국에서도 나타나고 있다.28

독일에서는 2014년 5월에 GG/BO(Gefangenengewerkschaft/Bundesweite Organization)라는 수용자노동조합이 최초로 창설된 이후 2016년 1월까지 독일 전역의 40여개 교도소에 약 800여명의 회원으로 늘어났다. 독일정부는 이 노동조합을 합법적으로 인정하지는 않고 있다. 2015년 12월에 오스트리아에서도 수용자노동조합이 결성되었다.29 미국에서는 수용자들이 강제노동을 거부하며 연대파업을 벌이는 등 이미 활발한 단체활동을 벌이고 있다.30

영국의 경우 수용자들의 노동조합은 결성되지 않았지만, 자유로운 수용자노동 및 외부통근 등으로 한정된 교도관으로는 감당하기 어렵다며 교도관들이 파업을 벌이는 등 부작용이 발생하고 있다.31

┃표 7-11┃ 교도소별 수용작업 생산물품

안양교도소	수용자복, 의류대, 속바지, 담요, 생활도자기, 복사용지, 서식류, 편지지
의정부교도소	닭, 쌀, 면도기
여주교도소	직원근무복, 수형자복, 두부, 건오징어, 견과류 멸치볶음, 고추장 멸치볶음
서울남부교도소	복사지, 공공기관 서식
춘천교도소	벌통, 구유, 티테이블, 사물함, 야외사각탁자, 야외그네의자, 야외원형탁자 밥상, 사물함, 편백침대, 지압발판, 다용도의자, 책장, 신발장,수용자복
원주교도소	내의류 원단, 러닝, 팬티, 수용자 동내의
대구교도소	복사지(A4), 편지지, 항소이유서, 행정봉투, 편지봉투, 수용기록카드 베개피, 수용자복, 담요,밥그릇, 찬그릇, 국그릇, 숟가락, 젓가락, 베개, 단추, 옷걸이, 자루, 바가지, 쓰레받기, 두부
경북제1교도소	직원근무복, 수용자복, 두부, P/L창호제작
창원교도소	국통·찬통(스테인레스), 교구장, 사물함, 복사지(A4), 편지지, 항소이유서, 수용기록카드, 각종 서식류 등
부산교도소	직원근무복, 수용자복, 직원모자, 학원용책걸상(쇼핑몰), 실험대후레임조립, 사이드후레임 조립, 공구대조립, 철재서랍조립, 프론트커버도장, 안전칸막이, 작업발판, 세면비누, 주방가 루세제, 세탁가루세제, 두부, 생선묵, 멸치젓
대전교도소	수용자복, 원단류, 백광목, 포승류, 면수건, 자수계급장, 직원근무복, 법복, 투명비닐가방, 직원단화, 스니커즈, 두부
청주교도소	수용자복
천안교도소	생선묵
청주여자교도소	수용자복, 한복속옷(속바지, 속치마)
공주교도소	된장, 고추장, 고춧가루, 수용자복, 방한대, 직원근무복, 수용자이불, 수용자양말, 면장갑, 필갑, 선비상, 책장, 명함함, 뒤주저금통, 휴대폰거치대, 연필꽂이, 사군자등, 교탁, 침대, 기타 주문 목제품
홍성교도소	벼루, 문진, 돌구이판
광주교도소	직원근무복, 기동복, 교도관점퍼, 수용자복, 영치품가방, 운동복, 방한모 OA가구, 교구재, 편백베개, 탄약목상자, 철사띠상자, 두부
전주교도소	바둑판, 책장, 평상, 선비상, 편백나무침대, 편백도마, 편백베게 등 수용자복, 메트리스, 실습복, 복사지, 책표지, 각종 서식류,두부, 화장지 등
순천교도소	수용자복, 환자복, 수술복, 병원침대커버, 직원근무복, 복사용지, 서식류
목포교도소	책장, 책상, 좌탁,바둑판 등 원목가구 OA사무용가구(책장, 책상, 옷장, 책꽂이, 사물함)
군산교도소	침낭, 이불, 수용자복, 누비안감
제주교도소	어상자, 복사용지, 중질지, 신문용지, 각종 서식류(교도관 근무일지, 항소장 등), 알타리무, 열무, 월동무, 고사리, 콩
장흥교도소	편백침대, 편백도마, 책장, 신발장, 발목펌프

자료: 교정본부.

V. 이슈&디스커션

1. 수용자노동과 노역, 혹은 노예의 차이는 무엇인가? 노역은 형벌권 남용인가?
2. 수용자 노동의 적정한 급여수준은?
3. 수용자 노동이라면 노동3권을 보장해야하나?
4. 영국의 수용자노동정책이 주는 시사점은?

참고문헌

1 VOX, America's prisoners are going on strike in at least 17 states, https://www.vox.com/ 2018/8/17/17664048/national – prison – strike – 2018/ 2019.1.20.

2 Incarcerated Workers Organizing Committee, Prison Strike 2018, https://incarceratedworkers. org/about/

3 자료: The Nation, Why Prisoners Are Going On Strike Today, https://www.thenation.com/ article/why – prisoners – are – going – on – strike – today/

4 quartz, US prisoners are going on strike to protest a massive forced labor system, http:// qz.com/777415/an – unprecedented – prison – strike – hopes – to – change – the – fate – of – the – 900000 – americans – trapped – in – an – exploitative – labor – system/ 2019.1.20.

5 De Vito, Christian G., and Alex Lichtenstein. "Writing a global history of convict labour." Global Convict Labour. Brill, 2015. 1 – 45.

6 유럽인권재판소는 이 규정에서 의미하는 강제노동 중 수용자에게 부과되는 일상적인 노동, 즉 직업훈련의 성격을 띠는 노동은 강제노동에 해당되지 않는다는 판결을 2016년 2월 9일에 내렸다 (no. 10109/14). council of europe, Switzerland: Compulsory prison work for pensioner does not breach human rights convention, hu, http://www.humanrightseurope.org/2016/ 02/switzerland – compulsory – prison – work – for – pensioner – does – not – breach – human – rights – convention/ 2019.1.20.

7 유럽교도소규칙은 1973년도에는 15개국이, 1987년에는 21개국이, 그리고 2005년에는 46개국이 참여하였다. 이 규칙은 1973년도에는 15개국이, 1987년에는 21개국이, 그리고 2005년에는 46개국이 참여하였다. Wikipedia, European Prison Rules, https://en.wikipedia.org/wiki/European_ Prison_Rules/ 2019.1.20.

8 제1장(1 – 13)은 범위와 적용, 그리고 기본 원칙을 규정하였으며, 제2장(14 – 38)은 영양, 위생, 법률 자문, 교육, 외부 세계와의 접촉, 노동, 사상, 양심 및 종교의 자유 등의 수용조건을 제3장 (39 – 48)은 구금 시설 내 건강 및 건강관리를, 제4장(49 – 70)는 질서와 안전을, 제5장(71 – 91) 은 관리 및 직원을, 제6장(92 – 93)은 검사 및 모니터링을, 제7장(94 – 101)은 미결수 처우를, 제 8장(102 – 107)은 수용자징계를, 제9장(108)은 규약개정 등을 규정하고 있다. COUNCIL OF EUROPE, Recommendation Rec(2006)2 of the Committee of Ministers to member states on the European Prison Rules, https://search.coe.int/cm/Pages/result_details.aspx?ObjectID = 09000016805d8d25/ 2019.1.20.

9 류여해, 독일의 교정사고 현황과 대책, 제35회 한국교정학회 학술발표회, 2008. 3 – 19.

10 Criminal Law Act 1776(6 Geo III c 43).

11 북아일랜드의 노역형은 1953년 제정된 형사법(Criminal Justice Act (Northern Ireland) 1953)에 의하여 폐지되었다. 이 법은 기존에 법원이 가졌던 노역형을 부과할 수 있는 권한은 구금형을 선고할 수 있는 권한으로 대체된다고 규정하였고, 동 법은 제정과 동시에 발효되었다(s.1(2)). legislation.gov.uk, Criminal Justice Act (Northern Ireland) 1953, http://www.legislation. gov.uk/cy/apni/1953/14?view = plain/ 2016년 11월 28일 검색. 스코틀랜드의 징역형은 1949년 에 제정된 형사법(criminal justice (scotland) act 1949)에 의하여 폐지되었다. 이 법은 기존에 법원이 가졌던 노역형을 부과할 수 있는 권한은 구금형을 선고할 수 있는 권한으로 대체된다고 규정하였고, 동 법은 1950년 6월 12일부터 시행되었다(s.1(2)). 이 법은 동시에 고등법원을 제외한 지방법원은 3년형이 초과하는 구금형을 선고하지 못하도록 하였다(s.16(1)). legislation.

gov.uk, Criminal Justice (Scotland) Act 1949, http://www.legislation.gov.uk/ukpga/Geo6/12−13−14/94/part/II/crossheading/institutions−for−offenders/enacted?view=plain/ 2019.1.20.

12 정식명칭은 「악순환 차단: 범죄자에 대한 효과적인 처벌, 재사회화, 형집행 전략」(Breaking the Cycle: Effective Punishment, Rehabilitation and Sentencing of Offenders)이다. Ministry of Justice, Breaking the Cycle: Effective Punishment, Rehabilitation and Sentencing of Offenders, London: Ministry of Justice, 2010. 54−65.

13 ONE3ONE Solutions, About us, http://one3one.justice.gov.uk/who−we−are/index.html/ 2019.1.20.

14 National Offender Management Service London, National Offender Management Service Annual Reports and Accounts 2014−2015, 2015. 27.

15 RT, "'Slave labor': Prisoners to manufacture British Army gear", https://www.rt.com/uk/228607−moj−prisons−army−gear/ 2019.1.20.

16 justice.gov.uk, Prison Service Orders (PSOs), https://www.justice.gov.uk/offenders/psos/ 2019.1.20.

17 The Nation, http://qz.com/777415/an−unprecedented−prison−strike−hopes−to−change−the−fate−of−the−900000−americans−trapped−in−an−exploitative−labor−system/ 2019.1.20.

18 WideShut.co.uk, "Slave Labour Comes To UK Prisons", http://wideshut.co.uk/slave−labour−comes−to−uk−prisons/ 2019.1.20.

19 RYAN, Mick; WARD, Tony. Prison abolition in the UK: they dare not speak its name?. Social Justice, 2015, 41.3: 107−119.

20 교정본부, 교도작업소개, https://www.corrections.go.kr/HP/TCOR/cor_mall/cor_info/introduce.jsp/ 2019.1.20.

21 디지털타임스, 최저임금 5210원 확정 노사 모두 불만족, http://www.dt.co.kr/contents.html?article_no=2013070502019919794015U/ 2016년 11월 28일 검색.

22 Cullen, Francis T., et al. "Seven Ways to Make Prisons Work." What is to Be Done About Crime and Punishment?. Palgrave Macmillan UK, 2016. 159−196.

23 Thompson, Heather Ann. "The prison industrial complex: A growth industry in a shrinking economy." New Labor Forum. Vol. 21. No. 3. The Murphy Institute/City University of New York, 2012.

24 Marable, Manning. How capitalism underdeveloped black America: Problems in race, political economy, and society. Haymarket Books, 2015.

25 Cooper, Rebecca, et al. "Hidden corporate profits in the US prison system: the unorthodox policy−making of the American Legislative Exchange Council." Contemporary Justice Review 19.3 (2016): 380−400.; Ryan, Mick, and Tony Ward. "Prison abolition in the UK: they dare not speak its name?." Social Justice 41.3 (2015): 107−119.

26 ONE3ONE Solutions, About us, http://one3one.justice.gov.uk/who−we−are/index.html/ 2019.1.20.

27 Davilmar, Cassandre Momique. "We Tried to Make Them Offer Rehab, but They Said, No, No, No: Incentivizing Private Prison Reform through the Private Prisoner Rehabilitation Credit." NYUL Rev. 89 (2014): 267.

28 허경미. "미국과 한국의 수형노동의 비교 및 쟁점." 한국공안행정학회보 22(4). 2013. 330−358.; 허경미. "프랑스 교정행정의 개혁과 과제." 교정연구 64. 2014). 59−86.

29 Global Labour Column, "Interview with German prisoners union GG/BO about the recent prison strike in December 2015", http://column.global−labour−university.org/2016/01/interview−with−german−prisoners−union.html/ 2019.1.20.

30 quartz, US prisoners are going on strike to protest a massive forced labor system, http://qz.com/777415/an−unprecedented−prison−strike−hopes−to−change−the−fate−of−the−900000−americans−trapped−in−an−exploitative−labor−system/ 2019.1.20.

31 the crime report, UK Prison Officers Stage Strike, Protesting Inmate Violence, http://thecrimereport.org/2016/11/15/uk−prison−officers−stage−strike−protesting−inmate−violence/ 2019.1.20.

찾아보기

저자약력

학   력
  - 동국대학교 대학원 경찰행정학과 졸업(법학 박사)
  - 동국대학교 행정대학원 공안행정학과 졸업(행정학 석사)
  - 동국대학교 법정대학 경찰행정학과 졸업(행정학 학사)

경   력
  계명대학교 사회과학대학 경찰행정학과 교수
  경찰청 인권위원회 위원
  대구지방검찰청 형사조정위원회 위원
  대구지방경찰청 손실보상심의위원회 위원
  대구경북지방노동위원회 차별심판 공익위원
  대구광역시 행정심판위원회 위원
  대구광역시 안전관리위원회 위원
  법무부 인권교육 강사
  통계청 범죄분류개발 자문위원
  한국양성평등교육진흥원 폭력교육모니터링 전문위원
  한국마약퇴치운동본부 전문위원
  한국소년정책학회 감사
  한국교정학회 부회장
  한국공안행정학회 제11대 학회장

수상경력
  경찰대학교 청람학술상(2000)
  계명대학교 최우수강의교수상(2008) 업적상(2014)
  한국공안행정학회 학술상(2009)
  대통령 표창(2013)

저서 및 논문

1. 경찰행정법, 법문사, 2003
2. 정보학특강, 계명대학교 출판부, 2005
3. 국립과학수사연구소의 혁신과 발전에 기여할 기본법 제정을 위한 연구 및 법령제정안 및 기준(지침)안 작성, 국립과학수사연구소, 2006(공저)
4. 조직폭력범죄의 대책에 관한 연구, 한국형사정책연구원, 2007(공저)
5. 범죄 프로파일링(criminal profiling) 기법의 효과적인 활용방안, 경찰대학 치안정책연구소, 2008
6. 현대사회와 범죄학, 박영사, 2005 초판, 2018 제6판
7. 경찰학개론, 박영사, 2008 초판, 2019 제7판
8. 피해자학, 박영사, 2011 초판, 2017 제2판
9. 경찰인사행정론, 박영사, 2013 초판, 2017 제2판
10. 크리미널 프로파일링, 박영사, 2018 초판
11. 허경미. (2012). 자생테러범의 급진과격화에 관한 프로파일링. 한국범죄심리연구, 8, 241-259.
12. 허경미. (2012). 핵티비즘 관련 범죄의 실태 및 대응. 한국공안행정학회보, 21, 368-398.
13. 허경미. (2013). 수사기관의 피의사실 공표죄의 논쟁점. 한국공안행정학회보, 22, 282-310.
14. 허경미. (2013). 미국 전자감시제의 효과성 및 정책적 시사점 연구. 교정연구, (59), 35-60.
15. 허경미. (2014). 독일의 교정 및 보호관찰의 특징에 관한 연구. 교정연구, (62), 79-101.
16. 허경미. (2014). 한국의 제노포비아 발현 및 대책에 관한 연구. 경찰학논총, 9(1), 233-259.
17. 허경미. (2015). 범죄 프로파일링 제도의 쟁점 및 정책적 제언. 경찰학논총, 10(1), 205-234.
18. 허경미. (2015). 영국의 교도소 개혁 전략 및 특징에 관한 연구. 교정연구, (69), 83-110.
19. 허경미. (2016). 교도소 수용자노동의 쟁점에 관한 연구. 교정연구, 26(4), 141-164.
20. 허경미. (2017). 캐나다의 대마초 비범죄화에 관한 연구. 한국공안행정학회보, 26, 241-268.
21. 허경미. (2017). 외국인 수용자 인권처우 관련 법령의 한계 및 개정 방향에 관한 연구. 교정연구, 27(2), 89-112.
22. 허경미. (2017). 교도소 정신장애 수용자처우 관련법의 한계 및 개정방향에 관한 연구. 경찰학논총, 12(2), 69-104.
23. 허경미. (2018). 성인지적 관점의 여성수용자 처우 관련 법령의 정비방향 연구. 矯正研究, 28(2), 81-110.

사회병리학: 이슈와 경계

초판발행	2019년 2월 20일
중판발행	2022년 11월 25일
지은이	허경미
펴낸이	안종만·안상준
편 집	한두희
기획/마케팅	장규식
표지디자인	김연서
제 작	우인도·고철민
펴낸곳	(주) **박영사**
	서울특별시 금천구 가산디지털2로 53, 210호(가산동, 한라시그마밸리)
	등록 1959. 3. 11. 제300-1959-1호(倫)
전 화	02)733-6771
f a x	02)736-4818
e-mail	pys@pybook.co.kr
homepage	www.pybook.co.kr
ISBN	979-11-303-0743-5 93350

정 가   25,000원